高职交通运输与土建类专业规划教材

公路施工组织与概预算（第二版）

GONG LU SHI GONG ZU ZHI YU GAI YU SUAN

主　编　梁世栋
副主编　王秀敏　于　燕　周　烨
主　审　付　慧　葛晓燕

人民交通出版社股份有限公司
China Communications Press Co.,Ltd.

内 容 提 要

本书为高职交通运输与土建类专业规划教材。全书共分为四个单元,主要内容包括单元一知识导入、单元二工程概预算、单元三工程案例、单元四公路工程造价管理系统简介。本书以交通运输部颁布的法规、规范与定额为依据,针对交通土建类专业中本课程教学特点和专业需要,精心组织编写且辅以实例解析。全书阐述系统、全面,概念清楚,培养目标明确。

本书适于作为高职高专道路桥梁工程技术专业、工程造价专业及工程监理专业学生教材使用,亦可供其他土建类工程专业学生及从事相关工作的工程技术人员参考。

图书在版编目(CIP)数据

公路施工组织与概预算/梁世栋主编. — 2版. — 北京:人民交通出版社股份有限公司,2014.12
ISBN 978-7-114-11862-3

Ⅰ.①公… Ⅱ.①梁… Ⅲ.①道路施工—施工组织—高等职业教育—教材②道路工程—概算编制—高等职业教育—教材③道路工程—预算编制—高等职业教育—教材
Ⅳ.①U415

中国版本图书馆 CIP 数据核字(2014)第 275031 号

书　　名:	公路施工组织与概预算(第二版)
著 作 者:	梁世栋
责任编辑:	杜　琛　卢　珊
出版发行:	人民交通出版社股份有限公司
地　　址:	(100011)北京市朝阳区安定门外外馆斜街3号
网　　址:	http://www.ccpress.com.cn
销售电话:	(010)59757973
总 经 销:	人民交通出版社股份有限公司发行部
经　　销:	各地新华书店
印　　刷:	北京盈盛恒通印刷有限公司
开　　本:	787×1092　1/16
印　　张:	19.25
字　　数:	505 千
版　　次:	2008年9月　第1版　2014年12月　第2版
印　　次:	2017年7月　第2次印刷　累计第8次印刷
书　　号:	ISBN 978-7-114-11862-3
定　　价:	41.00 元

(有印刷、装订质量问题的图书由本公司负责调换)

再版说明

《公路施工组织及概预算》于 2008 年由人民交通出版社出版，本书出版后，承蒙广大读者的厚爱，给予了很高的评价和鼓励。

本次修订参考专家及读者意见，全面审视了原教材中十一章的学习内容。修订的重点主要体现在以下四个方面。

一是按照规范，统一标准。本书以现行的《公路工程基本建设项目概算预算编制办法》(JTG B06—2007)、《公路工程概算定额》(JTG/T B06-01—2007)、《公路桥涵施工技术规范》(JTG/T F50—2011)、《公路路基施工技术规范》(JTG F10—2006)、《公路路面基层施工技术细则》(JTG/T F20—2015)、《公路隧道施工技术规范》(JTG F60—2009)等技术标准为依据。

二是突出高职教育，实现案例教学。本书在编写过程中，突出了"培养能力、适应需要"的思想，理论紧密联系实际，注重培养学生的操作能力、应用能力和实践能力，具有科学性、先进性、实用性及可操作性。

三是内容调整，加强实践。对照原教材，对内容进行了全面谨慎的梳理和调整，使其更加具有针对性，主要内容包括(四个单元)：单元一知识导入、单元二工程概预算、单元三工程案例、单元四公路工程造价管理系统简介。

四是增加内容，完善知识。为了使教学适应社会的发展需要，本书增加了第四部分即单元四公路工程造价管理系统简介，以及思考题。

因水平所限，本次修订工作难免会有不足乃至失误之处，恳请读者包涵，并能一如既往地提出宝贵意见，使本书臻于完善。

编　者

2014 年 6 月于哈尔滨

第二版前言

"公路施工组织及概预算"是高职高专公路运输大类专业的一门主干课程。其主要内容包括：公路工程的施工组织设计内容、施工方案的确定、施工进度计划与施工平面图设计、施工质量安全保证措施及公路工程定额的正确运用、公路工程概（预）算费用的组成、分类与计算及概（预）算文件的编制方法。通过学习本课程，学生可掌握公路施工过程的组织原理及公路工程概预算编制方法和计算程序技能，了解公路基本建设的内容、程序及基本建设投资的构成和资金来源等知识。

本书在编写过程中密切关注行业发展和最新的编制方法及定额，同时以培养面向施工第一线的技术技能型人才为目标，根据职业教育的特点和内容，以实用、实际、实效为原则，注重理论联系实际，强调解决实际问题。

本书由哈尔滨铁道职业技术学院梁世栋担任主编，王秀敏、于燕、辽宁交通高等专科学校周烨担任副主编；哈尔滨铁道职业技术学院付慧和中铁十四局集团有限公司葛晓燕担任主审。全书共分四个单元，具体编写分工如下：单元一项目一～项目三由哈尔滨铁道职业技术学院梁世栋编写；单元一项目四由哈尔滨铁路局哈尔滨铁路房建置业集体设计公司梁蕴峰编写；单元二项目一～项目三、单元三项目七由哈尔滨铁道职业技术学院于燕编写；单元三项目五、项目六由辽宁交通高等专科学校周烨编写；单元三项目一～项目四由哈尔滨铁道职业技术学院王秀敏编写；单元四由哈尔滨铁路局哈尔滨铁路房建置业集体设计公司韩艺编写；思考题由中铁三局集团第五工程有限公司李世安编写。

本书在编写过程中，得到了哈尔滨铁道职业技术学院、中铁三局集团第五工程有限公司、中铁十四局集团有限公司和哈尔滨铁路局哈尔滨铁路房建置业集体设计公司的大力支持和帮助，在此深表感谢。

由于时间仓促，编者水平有限，书中还存在不足之处，谨请各位读者批评和指正。

编　者
2014 年 8 月于哈尔滨

目 录

单元一 知识导入 ………………………………………………………………… 1

项目一 公路工程施工组织概述 ………………………………………………… 1
　　任务一　公路工程基本建设 ………………………………………………… 1
　　任务二　公路工程建设程序 ………………………………………………… 5
　　任务三　公路工程施工组织的研究对象和任务 …………………………… 9

项目二 公路工程施工组织设计 ………………………………………………… 11
　　任务一　施工组织设计概述 ………………………………………………… 11
　　任务二　施工组织设计的分类依据及文件组成 …………………………… 13

项目三 公路工程定额 …………………………………………………………… 15
　　任务一　定额概述 …………………………………………………………… 16
　　任务二　定额的分类 ………………………………………………………… 19
　　任务三　定额的运用 ………………………………………………………… 24

项目四 网络计划技术 …………………………………………………………… 29
　　任务一　概述 ………………………………………………………………… 30
　　任务二　双代号网络 ………………………………………………………… 34
　　任务三　单代号网络计划 …………………………………………………… 49
　　任务四　时间坐标网络 ……………………………………………………… 52
　　任务五　网络计划的优化与控制 …………………………………………… 54

单元二 工程概预算 ……………………………………………………………… 59

项目一 公路工程概预算概述 …………………………………………………… 59
　　任务一　概预算制度的形成与发展 ………………………………………… 59
　　任务二　工程投资与概预算 ………………………………………………… 60
　　任务三　公路工程概预算的分类、作用与投资额测算体系 ……………… 60
　　任务四　概预算编制方法 …………………………………………………… 65

项目二　概预算各种费用概念与计算 ………………………………………… 71
　　任务一　建筑安装工程费计算 ……………………………………………… 71
　　任务二　设备、工具、器具及家具购置费 ………………………………… 80
　　任务三　工程建设其他费用 ………………………………………………… 83
　　任务四　预备费 ……………………………………………………………… 87
　　任务五　回收金额 …………………………………………………………… 88
项目三　公路工程概预算文件的编制办法 ……………………………………… 89
　　任务一　概预算文件编制步骤 ……………………………………………… 89
　　任务二　各项费用计算程序及编制注意事项 ……………………………… 93
　　任务三　公路初步设计概（预）算表格样式 ……………………………… 94

单元三　工程案例 …………………………………………………………… 103
项目一　施工准备 ………………………………………………………………… 103
项目二　施工进度计划与施工平面图设计 ……………………………………… 116
项目三　路基、路面工程施工方案的编制 ……………………………………… 135
项目四　桥涵工程施工方案的编制 ……………………………………………… 160
项目五　隧道工程施工方案的编制 ……………………………………………… 172
项目六　其他文件施工方案的编制 ……………………………………………… 191
项目七　桥梁预算实例 …………………………………………………………… 227

单元四　公路工程造价管理系统简介 ……………………………………… 251
项目一　公路工程概预算文件的编制 …………………………………………… 251
项目二　公路工程清单计价文件的编制 ………………………………………… 260

思考题 ………………………………………………………………………… 283

参考文献 ……………………………………………………………………… 297

单元一　知　识　导　入

项目一　公路工程施工组织概述

【知识目标】 掌握公路工程建设的概念、作用、特点、分类施工程序;掌握公路工程施工组织的研究对象和任务。

【能力目标】 通过对公路建设的概念、作用、分类、任务等内容的学习,你应对施工组织在工程建设中的特点和作用有初步的了解和认识,为今后能从事造价员、施工员、技术员等岗位的工作奠定良好的基础。

【知识引入】 公路施工组织是研究公路建设在施工过程中诸要素之间合理组织的学科。施工组织研究的是如何根据公路建设的特点,从人力、资金、材料、机械、施工方法五个主要因素进行科学、合理的安排,在一定的时间和空间内,实现有组织、有计划、均衡地施工,使整个工程达到时间上耗费少、工期短,质量上精度高、功能好,经济上资金省、成本低的目的。

任务一　公路工程基本建设

任务描述

作为公路工程施工人员,了解和掌握公路工程基本建设的基本概念,是提高业务水平和工作能力的重要环节。

分组讨论1　公路工程基本建设的概念、作用及特点

技能训练

公路工程基本建设的概念是什么?

基本知识

一、公路工程基本建设的概念

基本建设是指固定资产的建筑、添置和安装,是国民经济各部门为了扩大再生产而进行的增加固定资产的建设工作。即把一定的建筑材料、设备等,通过购置、建造和安装等活动,转化为固定资产的过程,诸如工厂、矿山、公路、铁路、港口、学校、医院等工程的建设,以及机具、车辆、各种设备等的添置和安装。

公路工程基本建设就是通过勘察、设计和施工以及有关的经济活动等,将一定建筑材料,按设计要求与技术标准使用机械设备建造成公路构造物的过程。

二、公路工程基本建设的作用

（1）为交通运输部门建立固定资产，提供生产能力，是扩大再生产、促进国民经济发展的重要手段。

（2）是提高国民经济技术水平、实现"四化"的重要条件。通过基本建设，增加国民经济各部门的固定资产，提高劳动者技术装备程度，提高生产的机械化、自动化水平。

（3）是有计划地调整旧的部门结构，建立新的部门结构的重要物质基础。通过基本建设投资在国民经济中正确分配，可以改变不符合发展需要的生产比例，建立新的合理的生产部门，促进国民经济按比例地协调发展。

（4）是合理分布生产力的重要途径，通过基本建设，使各生产部门和产品数量在地区分布上保持协调比例。

（5）为改善和提高人民的物质文化生活创造物质条件。

三、公路工程基本建设的特点

（1）产品固定性。公路工程的构造物固定于一定的地点不能移动，只能在建造的地方供长期使用。

（2）产品多样性。由于公路的具体使用目的、技术等级、技术标准、自然条件以及功能不同，而使公路的组成、结构千差万别，复杂多样。

（3）产品形体的庞大性。公路工程是线性构造物，其组成部分的形体庞大，占用土地及空间多。

（4）产品部分结构的易损性。公路工程构造物受行车作用及自然因素影响，其暴露于大自然的部分以及直接受行车作用的部分，极易损坏。

（5）工程施工流动性大。公路建设线长、点多、面广，工程数量分布不均匀，其构造物在建造过程中和建成后都无法移动。由于产品的固定性和严格的施工顺序，在组织各类工作人员和各种机械施工时，围绕这一产品，只能在同一工作面不同时间，或同一时间不同工作面上进行施工活动，这就需要科学地解决空间与时间之间的矛盾。

（6）工程施工协作性高。公路工程类型多，施工环节多，工序复杂，每项工程又具有不同的功能、施工条件，不仅要进行个别设计，而且要进行个别组织施工。每项工程都涉及建设、设计、施工等单位的密切配合，需要材料、动力、运输等各个部门的通力协作，因此，施工过程中的综合平衡和调度、严密的计划和科学管理就显得特别重要。

（7）工程施工周期性长。公路工程包括路基、路面、桥梁、涵洞、隧道、交通工程设施等工程。产品形体特别庞大，产品固定并具有不可分割性，在较长时间内大量占用和耗费人力、物力、财力，直到整个工程施工周期完结。

在施工过程中，各阶段、各环节必须有条不紊地组织起来，在时间上不间断，空间上不脱节。如果施工的连续性受到破坏或中断，必然会拖延工期，大量占用资金，造成人力、物力、财力的浪费。所以，要求工作人员统筹安排，遵守施工程序，合理、科学地组织施工。

（8）受外界干扰及自然因素影响大。公路工程施工大部分是露天作业，因此，受自然条件的影响很大，如气候冷暖、地势高低、洪水、雨雪等。设计变更、地质情况、物资供应条件、环境因素等对工程进度、工程质量、成本等都有很大影响。此外，由于公路部分结构的易损性，需不断进行维修养护，才能维持正常的使用性能。

分组讨论2　公路工程基本建设分类

技能训练

建设项目划分的依据是什么？

基本知识

项目是指在一定的约束条件下(限定资源、限定时间、限定指标、限定质量)具有特定明确目标的一次性事业(任务)。

建设项目是指在一个总体设计或初步设计范围内，由一个或若干个单项工程所组成，经济上实行统一核算、行政上实行统一管理的基本建设单位。如一个工厂、一所学校、一座大桥、某标段公路等工程。

基本建设包括以下几种划分形式。

一、按基本建设项目的性质划分

(1)新建项目。新建项目是指为增加新的生产能力(或增加新的效益)而"平地起家"的项目或虽不是从无到有，但其原有基础小，经扩大建设规模后，增加的固定资产价值超过原有固定资产价值的3倍以上的项目。

(2)扩建项目。扩建项目是指原有生产企业为扩大原有产品的生产能力或效益或增加新的产品的生产能力，而新建主要车间或工程的项目。

(3)改建项目。改建项目是指原有企业为提高生产效率，改进产品质量或改变产品方向，对原有设备或工程进行技术改造的项目。例如，为提高原有公路线路的通过能力，对线路和车站设备进行的技术改造。

(4)恢复项目。恢复项目是指由于某种原因(如自然灾害、战争等)使原有固定资产全部或局部报废，以后又用基本建设投资按原来规模重新恢复的项目。

在上述四类性质中，一个建设项目只能有一种性质，在项目按总体设计全部建成之前，其建设性质是始终不变的。新建项目在完成原总体设计之后，再进行扩建或改建，则另作为一个扩建或改建项目。

二、按投资主体划分

(1)国家投资建设项目。国家投资建设项目是指全部或主要由国家财政性资金、国家直接安排的银行贷款资金和国家统借统还的外国政府和国际金融组织及其他资金投资的建设项目。

(2)地方政府投资的建设项目。地方政府投资的建设项目主要是指以各级地方政府(含省、地、市、县、乡)财政性资金及其他资金投资的建设项目。

(3)企业投资的建设项目。企业投资的建设项目是指企业(全民所有制企业、企业集团、集体所有制企业、乡镇企业等)用自有资金和自筹资金投资的建设项目。

(4)"三资"企业的建设项目。"三资"企业的建设项目的主要形式有中外合资企业、中外合作企业和外商独资企业投资的建设项目。

三、按基本建设投资构成划分

投资构成是反映基本建设投资用于不同种类的基本建设项目，并反映基本建设部门与国民经济其他部门的联系。按投资构成的不同内容可分为五大类：建筑工程、安装工程、设备工器具购置和其他费用。

分组讨论3　公路工程基本建设项目的组成及内容

技能训练

公路工程基本建设项目的组成是什么？

基本知识

一、基本建设项目的组成

基本建设工程可依次划分为：基本建设项目、单项工程、单位工程、分部工程和分项工程。

1. 基本建设项目（简称建设项目）

每项基本建设工程，就是一个建设项目。建设项目一般是指有总体设计，经济实行独立核算，行政管理上具有独立组织形式的建设单位。在我国基本建设工作中，通常以一个企业、事业单位，或一个独立工程作为一个建设项目。如交通运输建设方面的一条公路、一条铁路、一个港口。

2. 单项工程（又称工程项目）

单项工程是建设项目的组成部分。一个建设项目，可以是一个单项工程，也可以包括许多个单项工程。所谓单项工程是具有独立的设计文件，竣工后可以独立发挥生产能力或效益的工程，如某公路建设项目中的某独立大中桥梁、某隧道工程等。

3. 单位工程

单位工程是单项工程的组成部分，一般是指不能独立发挥生产能力（或效益），但具有独立施工条件的工程。如某隧道单项工程，可分为土建工程、照明和通风工程等单位工程；一条公路可分为路线工程、桥涵工程等单位工程。

4. 分部工程

分部工程是单位工程的组成部分，一般是按照单位工程的各个部位划分的，例如基础工程，桥梁上、下部工程，路面工程，路基工程等。

5. 分项工程

分项工程是分部工程的组成部分，是按照工程的不同结构、不同材料和不同施工方法等因素划分的，如基础工程可划分为围堰、挖基、砌筑基础、回填等分项工程。分项工程的独立存在是没有意义的，它只是建筑或安装工程的一种基本的构成因素，是为了组织施工以及为确定建筑安装工程造价而设定的一个中间过程。

二、公路基本建设的内容

公路基本建设项目的内容构成主要有以下三部分。

1. 建筑安装工程

（1）建筑工程，如路基、路面、桥梁、隧道、防护工程、沿线设施等。

（2）设备安装工程，如高速公路、大型桥梁所需各种机械、设备、仪器的安装、测试等。

2. 设备、工具、器具的购置

3. 其他基本建设工作

如勘察、设计及与之有关的调查和技术研究工作，征用土地、青苗补偿和安置补助工作等。

任务二 公路工程建设程序

任务描述

作为公路工程施工人员,了解和掌握公路工程建设程序,是提高业务水平和工作能力的重要环节。

分组讨论1 公路工程基本建设程序

技能训练

公路工程基本建设有哪些程序?

基本知识

基本建设项目在整个建设过程中各项工作的先后顺序,称为基本建设程序。这个程序是由基本建设进程的客观规律(包括自然规律和经济规律)和政府管理体制决定的。

公路工程基本建设程序如图1-1-1所示。所有新建及改建的大中型项目,都应严格按照程序进行。对于小型项目,可根据具体情况适当合并或删去某些程序。

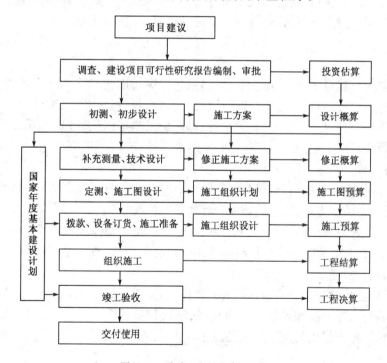

图1-1-1 公路工程基本建设程序

现将公路工程基本建设程序的具体内容分述如下。

一、项目建议书阶段

根据国民经济发展的长远规划和公路网建设规划,由地方政府和公路部门提出项目建议书。项目建议书是进行各项准备工作的依据,它对建设项目提出包括目标、要求、原料、资金来源等的文字设想说明,为下一步进行可行性研究提供依据。

二、可行性研究阶段

公路可行性研究按其工作深度分为预可行性研究和工程可行性研究。

编制预可行性研究报告,应以国民经济与社会发展规划、路网规划和公路建设五年计划为依据,重点阐明建设项目的必要性。通过踏勘和调查研究,提出建设项目的规模、技术标准,进行简要的经济效益分析,经审批后作为编制工程可行性研究报告的依据。

编制工程可行性研究报告,应以批准的预可行性研究报告和项目建议书为依据,通过必要的测量(高等级公路必须做)、地质勘探(大桥、隧道及不良地质地段等),对不同建设方案从经济、技术上进行综合论证,提出推荐建设方案,经审批后作为测量以及编制初步设计文件的依据。工程可行性研究的投资估算与初步设计概算之差,应控制在10%以内。

公路建设项目可行性研究报告的主要内容包括:建设项目依据、历史背景;建设地区综合运输网的交通运输现状和建设项目在交通运输网中的地位及作用;原有公路的技术状况及适应程度;论述建设项目所在地区的经济特征,研究建设项目与经济发展的内在联系,预测交通量、运输量的发展水平;建设项目的地理位置,地形、地质、地震、气候、水文等自然特征;筑路材料来源及运输条件;论证不同建设方案的路线起讫点和主要控制点、建设规模、标准,提出推荐意见;评价建设项目对环境的影响;测算主要工程数量、征地拆迁数量,估算投资,提出资金筹措方式;提出勘测、设计、施工计划安排;确定运输成本及有关经济参数,进行经济评价、敏感性分析。收费公路、桥梁、隧道尚需作财务分析,评价推荐方案,提出存在问题和有关建议。

三、设计阶段

设计文件是安排建设项目、控制投资、编制招标文件、组织施工和竣工验收的重要依据。

公路工程基本建设项目,一般采用两阶段设计,即初步设计和施工图设计。对于技术简单、方案明确的小型建设项目,可采用一阶段设计,即一阶段施工图设计;技术复杂而又缺乏经验的建设项目或建设项目中个别路段、特殊大桥、互通式立体交叉、隧道等,必要时采用三阶段设计,即初步设计、技术设计和施工图设计。

初步设计,应根据批准的可行性研究的要求和初测资料,拟订修建原则,选定设计方案,计算主要工程数量,提出施工方案的意见,编制设计概算,提供文字说明及图表资料。初步设计文件经审查批准后,是国家控制建设项目投资及编制施工图设计文件或技术设计文件(采用三阶段设计时)的依据,并且为订购和调拨主要材料、机具、设备,安排重大科研试验项目,征用土地等的筹划提供资料。

技术设计,应根据批准的初步设计和补充初测(或定测)资料,对重大、复杂的技术问题通过科学试验、专题研究,加深勘探调查及分析比较,解决初步设计中未能解决的问题,落实技术方案,计算工程数量,提出修正的施工方案,编制修正设计概算。经批准后作为编制施工图设计的依据。

一阶段施工图设计,应根据批准的可行性研究报告和定测资料,拟订修建原则,确定设计方案和工程数量,提出文字说明和图表资料以及施工组织计划,编制施工图预算,满足审批的要求,适应施工的需要。

两阶段(或三阶段)施工图设计,应根据批准的初步设计(或技术设计)和定测(或补充定测)资料,进一步对所审定的修建原则、设计方案、技术设计加以具体和深化,最终确定工程数量,提出文字说明和适应施工需要的图表资料以及施工组织计划,编制施工图预算。

设计文件必须由具有相应等级的公路勘察设计证书的单位编制,其编制与审批应按交通运输部现行的《公路工程基本建设管理办法》办理。

四、纳入政府基本建设计划

当建设项目的初步设计及其概算经上级批准后,才能列入国家基本建设年度计划。建设单位根据国家发展和改革委员会颁发的年度基本建设计划,按已批准的可行性研究报告和设计文件,编制本单位的年度基本建设计划,报经批准后,再编制物资、劳力、财务计划,并经招、投标落实施工单位。

五、施工准备

为了保证施工顺利进行,在施工准备阶段,建设主管部门应根据计划要求的建设进度,指定一个企业或事业单位组织基建管理机构,办理登记及拆迁,做好施工沿线有关单位和部门的协调工作,抓紧配套工程项目的落实,组织分工范围内的技术资料、材料、设备的供应。勘测设计单位应按照技术资料供应协议,按时提供各种图样资料,做好施工图的会审及移交工作。施工单位应组织机具、人员进场,进行施工测量,修筑便道及生产、生活等临时设施,组织材料、物资采购,加工,运输,供应,储备,做好施工图的接收工作,熟悉图样的要求,编制实施性施工组织设计和施工预算,提出开工报告,按投资隶属关系报请交通运输部或省(市)、自治区基建主管部门核准。建设银行应会同建设、设计、施工单位做好图样的会审,严格按计划要求进行财政拨款或贷款。

六、组织施工

施工单位要遵照施工程序合理组织施工,施工过程中应严格按照设计要求和施工规范,确保工程质量,安全施工,推广应用新工艺、新技术,努力缩短工期,降低造价,同时应注意做好施工记录,建立技术档案。

七、竣工验收、交付使用

建设项目的竣工验收是基本建设全过程的最后一个程序。竣工验收包括对工程质量、数量、期限、生产能力、建设规模、使用条件的审查,对建设单位和施工企业编报的固定资产移交清单、隐蔽工程说明和竣工决算等进行细致检查。特别是竣工决算,它是反映整个基本建设工作所消耗的全部国家建设资金的综合性文件,也是通过货币指标对全部基本建设工作的全面总结。

当全部基本建设工程经过验收合格,完全符合设计要求后,应立即移交给生产部门正式使用,迅速办理固定资产交付使用的转账手续,加强固定资产的管理。竣工决算上报财政部门批准核销。在验收时,对遗留问题,由验收委员会(或小组)确定具体处理办法,报主管部门批准,送交有关单位执行。

分组讨论2　公路工程施工程序

技能训练

施工程序主要有哪些阶段?

基本知识

施工程序是指施工单位从接受施工任务到工程竣工验收阶段必须遵守的工作顺序。施工程序包括接受施工任务、签订工程承包合同、施工准备工作、组织施工和竣工验收等各个阶段。

一、签订工程承包合同

施工企业接受施工任务通常有三种方式：一是上级主管单位统一布置任务，安排计划下达；二是经主管部门同意，自行对外接受的任务；三是参加投标，中标而获得任务。随着我国社会主义市场经济体制的建立和发展，施工任务将主要通过参加投标，通过建筑市场竞争而取得。

接受施工任务，是以签订工程承包合同加以肯定的。建筑安装企业，凡接受工程项目，都必须同建设单位签订工程承包合同，明确各自的经济技术责任。合同一经签订，即具有法律效力，双方要严格履行合同。

施工承包合同内容，一般包括承包的依据、承包方式、工程范围、工程质量、施工工期、开工竣工日期(包括中间交工日期)、工程造价、技术物资供应、拨款结算方式、奖惩条款和各自应做的准备工作及配合关系等。承包合同应满足工程施工的需要，反映工程的特点，合同内容要具体，责任要明确，条款要简明，文字解释要清楚，便于检查。

二、施工准备工作

1. 技术准备

（1）熟悉、核对设计文件、图样及有关资料

组织有关人员熟悉、了解设计文件、图样和有关资料，使施工人员明确设计者的设计意图，熟悉施工图的内容和结构物的细部构造，掌握各种原始资料。对设计文件和图样必须进行现场核对，其主要内容如下。

①各项计划的安排、设计图样和资料是否符合国家有关方针、政策和规定，图样是否齐全，图样内容及相互之间有无错误和矛盾。

②掌握设计内容和技术条件，弄清工程规模、结构特点和形式。

③设计文件所依据的水文、地质、气象、岩土等资料是否准确、可靠、齐全。

④核对路线中线、主要控制点、转角点、三角点、基线等是否准确无误；重要构造物的位置、尺寸大小、孔径等是否恰当，能否采用先进的技术或使用新型材料。

⑤路线或构造物与农田、水利、铁路、电信、管道、公路、航道及其他建筑物的互相干扰情况和解决办法是否恰当，干扰可否避免。

⑥对地质不良地段采取的处理措施，对水土流失、环境影响的处理措施。

⑦施工方法、料场分布、运输方式、道路条件等是否符合实际情况。

⑧临时房屋、便道、便桥、电力、电信设备、临时供水、供电等场地布置是否恰当。

⑨各项协议书等文件是否完善、齐备。

⑩明确建设期限，包括分期、分批工程期限的要求。

现场核对，发现设计不合理或错误之处，应提出修改意见报上级机关审批，然后根据批复的修改设计意见进行施工测量、补充图样等工作。

（2）补充调查资料

进行现场补充调查，为修改设计和编制实施性施工组织设计搜集资料。调查研究、搜集资料是施工准备工作中不可缺少的内容。

（3）编制实施性施工组织设计、施工预算

这是施工准备工作阶段中一项深入细致的工作，是指导施工的重要技术文件。由于公路建筑生产的特点，不可能采用一个定型的、一成不变的施工方法，所以，每个建设工程项目都需要分别确定施工方案和组织方法，故要求在施工阶段必须编制实施性施工组织设计和施工预算。

(4)组织先遣人员进场,做好后勤准备工作。

在大批施工人员进场之前,施工先遣人员的任务是根据总任务的具体安排,结合施工现场实际情况,具体落实施工人员进场后在生产、生活等方面必须解决的问题。对施工中涉及其他部门的问题,做好联系,签订协议书或合同;及时与当地政府取得联系,争取当地政府部门的支持和帮助。

2. 施工现场准备

依据设计文件及已编制的实施性施工组织设计,做好施工现场准备工作。

(1)测出占地和征用土地范围,拆迁房屋、电信设备等各种障碍物。
(2)平整场地、做好施工放样。
(3)修建便桥、便道,搭盖工栅和大型临时设施(预制场、机修厂、沥青加工场、混凝土搅拌站等)。
(4)料场布置,安装供水、供电设备等。
(5)各种施工物资资源的调查与准备,包括建筑材料、构件、施工机械及机具设备、工具等的货源安排,进场的堆放、入库、保管及安全工作。
(6)建立工地实验室,进行各种建筑材料和土质的试验,为施工提供可靠依据。
(7)施工机构设置、施工队伍集结、进场及开工上岗前的政治思想工作及安全技术教育。

上述各项具体准备工作全部就绪后,即可向建设单位或监理工程师提出开工报告。必须坚持"没有做好施工准备工作不准开工"的原则。

三、组织施工

做好施工准备并报请批准后,才能进行正式施工。施工时要严格按照施工图进行,要按照施工组织设计确定的施工顺序、施工方法以及进度要求,科学、合理地组织施工,而且对施工过程要注意全面质量管理及成本控制。对大中型工程建设项目,要严格执行监理制度。

对各分项工程,特别是地下工程和隐蔽工程,施工时要做好原始记录,每道工序施工完毕并经监理工程师检验合格后,才能进行下一道工序。施工要严格按照设计要求和施工验收技术规范的规定进行,保证质量,不留隐患,发现问题及时解决。

组织施工时应具有以下基本文件:

(1)设计文件;
(2)施工规范和技术操作规程;
(3)各种定额;
(4)施工图预算;
(5)施工组织设计;
(6)公路工程质量检验评定标准和施工验收规范。

四、竣工验收

建设项目和单位工程都要按照设计文件所规定的内容全部建完,完工后以批准的设计文件为依据,根据国家有关规定,评定质量等级,进行竣工验收,并经监理工程师签认。

任务三 公路工程施工组织的研究对象和任务

任务描述

作为公路工程施工人员,了解和掌握公路工程施工组织的研究对象和任务,是提高业务水平和工作能力的重要环节。

分组讨论1　公路施工组织研究的目的

技能训练

什么是公路工程施工组织？

基本知识

随着社会经济的不断发展和施工技术的不断进步，工程施工过程已经越来越成为一项涉及面大、控制面广的系统、复杂的生产活动。对于任何一个工程施工现场，都要组织各类专业施工操作工人和相当数量的建筑材料、设备等有条不紊地投入到各个施工过程中，组织各类专业工人投入施工，组织各种材料、制品、构配件的采购、运输、存放、供应，组织各种施工机械设备的进出现场、安装调试、维修保养和使用，布置施工现场生产、生活所需要的各种临时房屋、仓库、堆料场以及现场的临时道路、供水、供电、供热等设施。

工程施工组织就是针对工程施工的复杂性来研究工程施工过程的统筹安排与系统管理的客观规律，研究如何组织、计划一项拟建工程的全部施工，制订多种可行的施工方案，再依据从中选定的最优施工方案编制而成的规划和指导拟建工程施工的全面性技术、经济和组织的综合性文件，以期使拟建工程施工取得最优的经济效益和社会效益。

分组讨论2　公路施工组织的研究对象

技能训练

公路工程施工组织要解决哪些问题？

基本知识

公路施工组织是研究公路建筑产品生产过程中诸要素合理组织的学科。具体来说，就是一个具体的建筑产品（建设项目、单位工程等）在生产（施工）过程中的诸要素，即直接使用的建筑工人、施工机械、建筑材料、构件等的组织问题。

施工组织研究的就是如何根据公路建设的特点，从人力、资金、材料、机械、施工方法五个主要因素进行科学合理的安排，在一定的时间和空间内，实现有组织、有计划、均衡地施工，使整个工程达到时间上耗费少、工期短；质量上精度高、功能好；经济上资金省、成本低的目的。

分组讨论3　公路施工组织的主要任务

技能训练

工程施工组织设计的主要任务是什么？

基本知识

工程项目的施工，一般是由许许多多的施工过程或工序组成的；每一个施工过程可以采用不同的施工方法和施工机械设备。因此，任何一个施工项目，通常都有许多可行的施工方案供施工人员选择，但不同的施工方案其经济效果各不相同。施工人员必须根据拟建工程的具体特点和工期长短，工人的素质、数量，机械化、预制化程度，材料供应及运输状况等各项条件，从经济与技术统一的全局出发，从多种可行方案中选出最优方案。

工程施工组织设计的主要任务是：在国家各项建设方针、政策的指导下，从施工的全局出发，选择最优的施工方案;科学地协调人力、资金、材料、机械和时间五大施工要素之间的关系;协调各施工单位、各工种之间的关系;在规定工期内编制出最优的施工进度计划、资源供应计划和施工准备工作计划;合理地设计施工现场平面布置图,达到科学、合理地组织施工生产,使工程施工做到人尽其力,物尽其用,优质、安全、低成本、高速度地按期完成施工任务。

公路施工的具体任务如下:
(1)确定开工前必须完成的各项准备工作。
(2)计算工程数量,合理部署施工力量,确定劳动力、机械台班、各种材料、构件等的需要量和供应方案。
(3)确定施工方案,选择施工机具。
(4)安排施工顺序,编制施工进度计划。
(5)确定工地上的设备停放场、料场、仓库、办公室、预制场地等的平面布置。
(6)制订确保工程质量及安全生产的有效技术措施。

项目二　公路工程施工组织设计

【知识目标】掌握施工组织设计的作用;掌握编制施工组织设计的基本原则与依据;掌握施工组织设计的分类及文件的组成;掌握施工组织设计的编制程序。

【能力目标】通过对公路工程施工组织设计等内容的学习,你应对公路施工组织设计的内容和要求有所了解,为今后能从事工程施工和管理工作奠定良好的工作能力。

【知识引入】施工组织设计是按科学的程序组织施工,建立正常的施工秩序,有计划地开展各项施工活动。施工方案是施工组织设计的技术基础,也是现场组织管理的基本对象。施工组织设计可分为投标施工组织设计、施工组织总设计和单位(专业)工程实施性施工组织设计。

任务一　施工组织设计概述

任务描述

作为公路工程施工人员,了解和掌握施工组织概述,是提高业务水平和工作能力的重要环节。

分组讨论1　施工组织设计的作用

技能训练

施工组织设计的作用是什么?

基本知识

(1)施工组织设计是沟通工程设计和施工之间的桥梁,既要体现基本建设计划和设计的要求,又要符合施工活动的客观规律,对建设项目的施工全过程起到战略部署和战术安排的双重作用。

(2)施工组织设计也是指导拟建工程从施工准备到施工完成的组织、技术、经济的综合性的设计文件,对施工全过程起指导作用。

(3)施工组织设计是施工准备工作的重要组成部分,也是及时做好其他有关施工准备工作的依据,它对施工准备工作也起到保证作用。

(4)施工组织设计是对施工活动实行科学管理的重要手段,是编制工程概、预算的依据,是施工企业整个生产管理工作的重要组成部分,是编制施工生产计划和施工作业计划的主要依据。

因此,编好施工组织设计,就可以按科学的程序组织施工,建立正常的施工秩序,有计划地开展各项施工活动,及时做好各项施工准备工作,保证劳动力和各种技术物资的供应,协调各施工单位之间、各工种之间、各种资源之间以及平面、空间上的布置和时间上的安排之间的合理关系。为确保施工的顺利进行,如期按质按量完成施工任务,取得较好的施工经济效益,施工组织设计对现场组织管理起到十分重要的作用。

分组讨论2 编制施工组织设计的基本原则

技能训练

施工组织设计的原则是什么?

基本知识

(1)严格按基本建设程序和施工程序,搞好施工管理,并按标准高、质量好、进度快、成本低的要求组织施工。

(2)按公路工程施工的客观规律科学地安排施工顺序,合理地安排施工工期,在保证质量的前提下,尽可能缩短工期,加快建设速度。

(3)严格执行公路技术管理规程、公路设计规范、公路施工规范及其他有关的技术标准规程规则等,确保工程质量和施工安全。

(4)尽量应用先进的施工技术和设备,不断提高施工机械化程度,提高劳动生产率。

(5)根据各地区季节性气候特点,应用科学的计划方法制订最合理的施工组织方案,搞好施工安排,组织好均衡性生产,同时落实好季节性施工的措施,尽量做到全年不间断施工。

(6)合理布置施工平面图,节约施工用地;充分利用已有设施,尽量减少临时性设施费用;尽量利用当地资源,减少物资运输量;尽量避免材料二次搬运,正确选择运输工具,降低运输成本,提高经济效益,以达到节约基建费用、降低工程成本的目的。

分组讨论3 施工组织设计的编制依据

技能训练

施工组织设计的编制依据是什么?

基本知识

(1)工程承发包合同、协议、纪要。

(2)国家或建设单位对建设项目的修建要求。

(3)施工设计文件及工程数量,设计文件鉴定或审查意见。

(4)施工调查资料。

(5)施工队伍的编制、技术工种专业化程度、机械设备情况。

(6)本单位所掌握的国内外新技术、工法和各种施工统计资料。

(7)上级机关编制的指导性、综合性施工组织设计和投标施工组织设计。

(8)各类施工组织设计,分别采用概算指标、预算定额及施工定额。

任务二 施工组织设计的分类依据及文件组成

🎯 任务描述

作为公路工程施工人员,了解和掌握施工组织设计的分类依据及文件组成,是提高业务水平和工作能力的重要环节。

分组讨论1 施工组织设计的分类

技能训练

什么是施工组织设计?

基本知识

施工组织设计文件按编制单位和设计深度划分有施工方案、施工组织计划、施工组织设计三种。其中,施工方案是施工组织设计的技术基础,也是现场组织管理的基本对象。施工组织计划是为施工企业在承包工程前由设计单位所做的施工过程的安排,是指导施工企业完成施工组织设计的依据。施工组织设计特指由施工企业在开工前或施工过程中完成的计划文件,通常称为具有实施性的施工组织文件;但另一层含义泛指具有指导现场施工组织管理的所有指导性文件。

施工企业在开工前,以设计单位编制的施工组织设计为依据,结合施工单位的具体情况进行编制。按性质不同分为指导性施工组织设计和实施性施工组织设计。

施工组织设计是各种施工组织文件的统称。施工企业重点有下列施工组织设计文件。

1. 投标施工组织设计

该阶段是向建设单位显示出本企业素质的手段,又是中标后施工的指导方案,它是编制投标报价的依据。在编制时,必须以招标文件规定的竣工日期为起点,逆排施工工序,计算人力、物力的需用量。尽量采用机械化、专业化施工。施工组织应反映出采用的新技术、新结构、新材料、新设备、新动向,表现出为建设单位创建优质工程、降低造价的举措,显示出本企业综合素质、优势和长处,为中标创造条件。

2. 施工组织总设计

该阶段是由项目总承包单位承揽的综合建设项目施工的总体部署,是指导所属项目经理部进一步编制施工组织设计的依据,也是编制项目总承包单位全年、季度施工生产计划的依据。其编制单元可以是某地区中标的某一个标段,也可以是同时中标的多个标段。

3. 单位(专业)工程实施性施工组织设计

该阶段是中标的项目经理部或项目工程队编制具体组织施工的技术、经济文件,它是施工技术交底和月作业计划的依据。

施工组织设计既是指导施工的战略部署文件,也是测算概预算费用的基础。因此,工程项目进行的每一阶段都应该有相应的施工组织设计,只是编制的侧重点不一样而已。

分组讨论2 施工组织设计的文件组成

技能训练

施工组织设计文件由哪几部分组成?

基本知识

1. 施工组织总设计

(1)说明。

①初步设计(或技术设计)审批意见的执行情况。

②施工组织、施工期限,主要工程的施工方法、工期、进度及措施。

③劳动力计划及主要施工机具的使用安排。

④主要材料供应、运输方案及临时工程安排。

⑤对缺水、风沙、高原、严寒等地区以及冬季、雨季施工所采取的措施。

⑥施工准备工作意见(如拆迁,用地,修建便道、便桥、临时房屋、临时电力、临时电信设施等)。

(2)工程进度图(包括劳动力计划安排)。

(3)主要材料计划表(包括型号、规格及数量)。

(4)主要施工机具、设备计划表。

(5)临时工程表(包括通往工地、料场、仓库等的便道、便桥及电力、电信设施等)。

(6)重点工程施工场地布置图绘出仓库、工棚、便道、便桥、运输路线、构件预制场地、沥青(或水泥)混凝土拌和场地、材料堆放场地等工程和生活设施的位置。

(7)重点工程施工进度图。

2. 单位(专业)工程实施性施工组织设计

(1)对设计阶段施工组织计划的内容、要求、表格等按照施工单位的具体情况计算、核实,根据指导施工的要求将编制对象进一步细化,时间计划一般到月或旬,劳动组织方面可以班组为对象。

(2)实施性的开工前准备工作。

(3)在设计阶段施工组织计划编制的材料计划表的基础上,进一步编制材料供应图表。

(4)运输组织计划。

(5)附属企业及自办材料的开采和加工计划。

(6)供水、供电、供热及供气。

(7)实施性施工组织设计的技术组织措施计划。

(8)重点工程施工进度图和施工平面布置。

(9)制订相应的管理机构、管理制度,如项目部机构设置、施工安全、质量管理制度等。

从以上内容可以看出,实施性施工组织设计与施工组织总计划的内容十分接近,只是更偏重具体实施这一方面。

分组讨论3　施工组织设计的编制程序

技能训练

施工组织设计的编制程序是什么?

基本知识

编制施工组织设计要遵守一定的程序,要按照施工的客观规律,协调和处理好各个影响因素的关系,用科学的方法进行编制。同时,必须注意有关信息的反馈。编制流程见图1-2-1。一般的编制程序如下:

(1)分析设计资料,进行必要的调查研究。

(2)计算工程数量。
(3)选择施工方案,确定施工方法。
(4)编制工程进度图。
(5)计算人工、材料、机具需要量,制订供应计划。
(6)制订临时工程、供水、供电、供热计划。
(7)工地运输组织。
(8)布置施工平面图。
(9)编制技术措施计划与计算技术经济指标。
(10)确定施工组织管理机构。
(11)编制质量、安全、环保和文明施工措施计划。
(12)编写说明书。

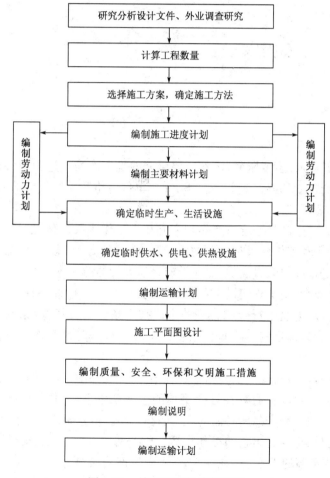

图 1-2-1 施工组织的编制程序

项目三 公路工程定额

【知识目标】了解定额的特点与作用;掌握定额的分类;理解定额的应用。
【能力目标】通过对《公路工程施工定额》、《公路工程概算定额》、《公路工程预算定额》、《公路工程机械台班费用定额》等内容的学习,你应对公路工程概(预)算定额在工程建设中的特点和作用有比较好的认识和掌握,为今后能从事造价员工作提供良好的学习基础和知识技能。

【知识引入】计价依据是指用以计算工程造价的基础资料的总称,包括定额、指标、费率、基础单价,工程量数据及政府主管部门颁发的各种有关经济、政策、计价办法等。一般分为两部分:一是工程定额;二是费用定额。公路工程定额具有科学性、系统性、统一性、法令性、稳定性的特点。

任务一 定 额 概 述

任务描述

作为公路工程施工人员,了解和掌握公路工程定额的基本内容,是提高业务水平和工作能力的重要环节。

分组讨论1 定额的定义

技能训练

什么是定额?

基本知识

定额就是规定的标准额度或限额,定额所要研究的是生产消耗过程中各种因素的消耗数量标准,即在正常的生产(施工)技术组织条件下,完成单位合格产品所规定的人力、机械、材料、资金等消耗量的标准。

在社会生产中,为了生产某一合格产品和完成某一工作成果,都要消耗一定数量的人力、物力或资金。不同的产品和工作成果有不同的质量要求,没有质量的规定也就没有数量的规定,因此,不能把定额看成是单纯的数量表现,而应看成是质和量的统一体。

定额是一个综合概念,是工程建设中各类定额的总称,它包括许多种类的定额。可表述为:在合理的生产组织、合理地使用资金和合理的生产技术条件下,经过国家或主管部门科学的测定、分析、计算而加以合理确定的生产单位合格产品或完成一定量工作所消耗的人力、机械、材料、资金等数量的标准。

什么是工程定额? 在建筑安装工程施工过程中,为完成某项工作或某项结构构件,都必须消耗一定数量的劳动力、材料和机具。在社会平均的生产条件下,将科学的方法和实践经验相结合,生产质量合格的单位工程产品所必需的人工、材料、机具数量标准,就称为工程定额。工程定额除了规定数量标准外,也规定出它的工作内容、质量标准、生产方法、安全要求和适用的范围等。它属于生产消费定额的性质,是在一定的社会生产力发展水平的条件下,完成工程建设中的某项产品与各种生产消费之间特定的数量关系。此关系是客观的,也是特定的。

由于定额是在正常施工条件下,完成规定计量单位的符合国家技术标准、技术规定(包括设计、施工、验收等技术规范)和质量评定标准,并反映一定时间施工技术和工艺水平所必需的人工、材料、施工机械台班消耗量的额定标准。在建筑材料、设计、施工及相关规范未有突破性的变化之前,其消耗量具有相对的稳定性。

定额是规定在生产中各种社会必要劳动的消耗量的标准额度,是计算人工、材料、机械台班消耗量的依据,它是随着现代化大生产的出现和管理科学的产生而产生的。定额的产生和发展,与企业管理科学化及管理科学的发展不可分割地联系在一起,是反映社会商品生产发展的必然产物,也是反映一个国家生产力水平和科技水平的标志。

▌分组讨论2　定额制订的原则

技能训练

如何制订定额?

基本知识

(1)定额要具有平均先进水平。要考虑新技术的应用与先进的操作方法及推广,又要从实际出发,考虑客观条件,处理好数量、质量和安全三者的关系;要有利于降低生产要素(劳动力、材料、机具设备)的消耗,又提高劳动生产率;要有利于考核工人的劳动成果,又实现按劳分配原则,兼顾国家、企业和个人三者利益;要经过努力,多数企业和工人可以达到,先进企业和工人可以超额,少数企业和工人能够接近定额水平;还要照顾到各部门工种间的定额水平,力求达到协调平衡,避免出现明显的差距。

(2)定额制订要准确、及时、科学、合理。

(3)定额结构要简明实用。项目齐全,粗细恰当,步距合理,文字通俗,计算简便。

(4)定额编制要专群结合。坚持专职定额人员、工程技术人员和工人三结合,并以专职定额人员为主的原则,这是对定额质量提供组织保证。

▌分组讨论3　定额的特点

技能训练

定额的特点是什么?

基本知识

公路工程定额具有科学性、系统性、统一性、法令性、稳定性的特点。

1. 定额的科学性

定额的科学性主要表现在以下两个方面。

(1)公路定额必须和生产力发展水平相适应,反映公路工程施工中物资消耗的客观规律,作为公路基本建设计划、调节、组织、预测、控制的可靠依据。

(2)定额管理在理论、方法和手段上是科学的、合理的、先进的,以适应现代科学技术和信息社会发展的需要。

定额中的各类参数是在认真研究客观规律的基础上,自觉地遵照客观规律的要求,运用科学的方法确定的。其次,表现在技术方法上,吸取了现代科学管理的成就,具有一套严密、科学的确定定额的技术方法。

2. 定额的系统性

一种专业定额是一个完整独立的系统。公路工程定额从测定到使用,直至再修订都是为了全面反映公路工程所有的工程内容和项目。与公路技术标准、规范配套,完全准确反映公路工程施工工艺流程中的每一个环节。公路工程定额是为公路建设的实体系统服务的,公路项目分解可以做出成千上万道工序,而其内部却层次分明。任何一个分部分项工程在公路定额中都能一一确定,而且在编制定额的过程中,每一个不同工作都有不同的计算规则或计算模型,它们互相协调组成一个完整的系统。

3. 定额的统一性

公路定额由初期借助于国家统一的技术标准、规范到现在依据交通工程的统一标准、规范，在我国交通运输部定额总站的统一领导下，按照定额的制订、颁布和贯彻执行的统一行动，使定额工作及定额的管理工作有统一的程序、统一的原则、统一的要求、统一的用途。

4. 定额的法令性

定额的法令性表现在我国定额权威性和强制性两方面，且在一定条件下具有经济法规的性质，同时也看出，我国定额的信誉和信赖程度极高，也说明定额及定额管理的刚性约束和严肃性。

定额的强制性，意味着在规定的范围内，对于定额的使用者和执行者来说，不论主观上是否愿意，都必须严格按定额的要求和规定执行。但定额毕竟是主观对客观的反映，定额的科学性受人们认识水平的限制，所以定额的法令性也不能绝对化，要适应市场经济形势下的经济政策。

5. 定额的稳定性

定额所反映的是一定时期内的施工技术和先进工艺的水平，所以表现为一定的稳定性。另一方面，定额的稳定给政府决策和经济的宏观调控带来有力的保证。定额的稳定是必需的，也是相对的；定额的变化是绝对的，定额修编及完善是不断进行的。

分组讨论4　定额的作用

技能训练

从计划经济向市场经济转轨的过程中，定额所起的作用是什么？

基本知识

(1) 定额是节约社会劳动和提高生产效率的工具。一方面，生产性的施工定额直接作用于建筑安装工人，企业以定额作为促使工人节约社会劳动(工作时间、原材料等)和提高劳动效率、加快工作进度的手段，以增加市场竞争能力，获取更多利润；另一方面，作为工程造价计算依据的各类定额，又促使企业加强管理，把社会劳动的消耗控制在合理的限度范围内；第三，作为项目决策的定额指标，又在更高层次上促使项目投资者合理而有效地利用和分配社会劳动。所有这些都说明，定额在工程建设中节约社会劳动和优化资源配置方面起着十分重要的作用。

(2) 定额是国家对工程建设项目进行宏观调控和管理的手段。

(3) 定额有利于市场竞争。

(4) 定额是对市场行为的规范。定额既是投资决策的依据，又是价格决策的依据。定额在上述两个方面规范了市场主体的经济行为。因而对完善我国固定资产投资市场和建筑市场，都能起到重要作用。

(5) 定额有利于完善市场的信息系统。

(6) 定额有利于推广先进的施工技术和工艺。定额水平中包含着某些已成熟的先进的施工技术和经验，工人要达到和超过定额，就必须掌握和应用这些先进技术；如果工人要大幅度超过定额水平，就必须创造性的劳动。第一，在自己的工作中注意改进工具和改进技术操作方法，注意原材料的节约，避免原材料和能源的浪费。第二，企业或主管部门为了推行施工工具和施工方法，所以贯彻定额也就意味着推广先进技术。第三，企业或主管部门为了推行定额，往往要组织技术培训，以帮助工人能达到或超过定额。这样，新技术、新工艺、新材料、新经验就很容易推广而大大提高全社会的劳动生产效率。

任务二　定额的分类

任务描述

作为公路工程施工人员,了解和掌握定额的分类,是提高业务水平和工作能力的重要环节。

分组讨论1　按定额反映的实物消耗内容分类

技能训练

定额按实物消耗分类有哪几种?

基本知识

在施工生产中起主要作用的有三大要素,即劳动力、材料、机械。公路工程定额是建立在实物量法的编制基础上的,所以工、料、机三因素在公路定额中是主要内容。其分类图如图1-3-1所示。

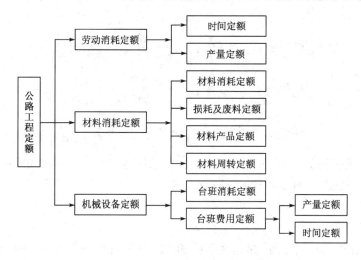

图1-3-1　公路定额实物消耗分类

一、劳动消耗定额

劳动消耗定额简称劳动定额,亦称工时定额或人工定额。它是在正常的生产技术和生产组织条件下,为完成单位合格产品所规定的劳动量消耗标准,是计算完成单位合格产品或单位工程量所需人工的依据。

劳动定额有两种表现形式:时间定额和产量定额。

1. 时间定额

时间定额是指在技术条件正常、生产工具使用合理和劳动组织正确的条件下,工人为生产单位合格产品所消耗的劳动时间。每一工日除潜水工作按6h、隧道工作按7h外,其余均按8h计算。时间定额的计算方法如下

$$时间定额 = \frac{必需耗用工时数量}{完成单位合格产品数量} \qquad (1\text{-}3\text{-}1)$$

2. 产量定额

产量定额是指在技术条件正常、生产工具使用合理和劳动组织正确的条件下，工人在单位时间内完成合格产品的数量，即

$$产量定额 = \frac{完成合格产品数量}{必需耗用时间数量} \tag{1-3-2}$$

3. 时间定额与产量定额的关系

(1) 时间定额和产量定额两者是互为倒数关系，即

$$时间定额 \times 产量定额 = 1 \tag{1-3-3}$$

例如《公路工程预算定额》(JTG/T B06-02—2007)中，人工挖运（人工运输 20m）普通土，产品单位 $1000m^3$，时间定额是 181.1 工日。它的工作内容包括挖松、装土、运送、卸除、空回全部操作过程。由此可见，完成 $1000m^3$ 普通土的时间定额为 181.1 工日$/1000m^3$，则产量定额为

$$\frac{1}{181.1 \text{工日}/1000m^3} = 0.00552 \times (1000m^3/\text{工日}) = 5.52(m^3/\text{工日})$$

(2) 时间定额与产量定额成反比关系。时间定额降低，产量定额相应增加，反之亦然。它们的关系如下：

$$时间定额降低百分率(\%) = \frac{产量定额增加百分率}{1 + 产量定额增加百分率} \tag{1-3-4}$$

$$产量定额降低百分率(\%) = \frac{时间定额增加百分率}{1 - 时间定额增加百分率} \tag{1-3-5}$$

例如，人工挖运普通土，时间定额降低 10%，则产量定额提高 $\frac{0.1}{1-0.1} \times 100\% = 11.1\%$。

那么，每工日应多挖运土 $0.61m^3$。也就是说，人工挖运普通土由于时间定额降低了 10%，每工日产量定额由 $5.52m^3/\text{工日}$ 提高到 $6.13m^3/\text{工日}$。

二、材料消耗定额

材料消耗定额（简称材料定额）是指在节约和合理使用材料的条件下，生产单位合格产品所必需消耗的一定品种规格的材料、半成品、配件和水、电、燃料等的数量标准。其计算单位是以材料的实物计量单位表示，如 m、m^3、kg、t 等。它包括材料的净用量和必要的工艺性损耗及废料数量。

如在浇制混凝土构件或砌体浆砌时，所需混凝土混合料或砂浆混合料在搅拌运输过程中由于不可避免的损耗以及振捣后体积变得密实等原因，材料定额中应加入损耗量，如每 $1m^3$ 实体的混凝土产品就需要耗用 1.01（预制）~ 1.02（现浇）m^3 的混凝土混合料。工艺性材料损耗量以百分率表示，即损耗率，它等于材料损耗量和材料净用量之比。一般材料消耗定额的基本计算公式为

$$材料消耗定额 = (1 + 材料损耗率) \times 完成单位产品的材料净用量 \tag{1-3-6}$$

例如《公路工程预算定额》(JTG/T B06-02—2007)中，现浇 C30 混凝土墩、台帽，每完成 $10m^3$ 实体需要消耗 $10.2m^3$ 的 C30 混凝土拌和料，其中 $10m^3$ 为混凝土拌和料的净用量，$0.2m^3$ 为混凝土拌和料的损耗量，则完成 $10m^3$ 实体原材料消耗定额按式(1-3-6)及基本定额混凝土配比计算如下

$$32.5 级水泥 = (1 + 2\%) \times 377kg/m^3 \times 10m^3 = 3845kg$$

$$中(粗)砂 = (1 + 2\%) \times 0.46 m^3/m^3 \times 10 m^3 = 4.69 m^3$$
$$4cm 碎石 = (1 + 2\%) \times 0.83 m^3/m^3 \times 10 m^3 = 8.47 m^3$$

完成 10m³ 实体合格产品的其他材料消耗定额还有原木 0.186m³、锯材 0.307m³、铁件 27.7kg、铁钉 2.9kg、水 12m³、其他材料费 8.6 元等。

材料消耗定额还有以下两种表现形式。

(1)材料产品定额。材料产品定额是指用一定规格的原料,在合理的操作条件下获得的标准产品的数量。

(2)材料周转定额。材料周转定额是指产品所消耗的材料中包括工程本身使用的材料和为工程服务所用的辅助材料(如模板、支撑等),辅助材料应按规定进行周转使用。这种周转性材料在施工中,合理周转使用的次数和用量称为材料周转定额。在现行预算定额中,周转性材料均按正常周转次数摊入定额之中,具体规定详见《公路工程概算定额》(JTG/T B06-01—2007)和《公路工程预算定额》(JTG/T B06-02—2007)总说明及附录。

三、机械台班消耗定额(简称机械定额)

在正常施工条件下,合理地组织生产与合理地利用某种机械完成单位合格产品所必需的机械台班消耗标准,或在单位时间内机械完成的产品数量。机械台班定额按其表现形式分为机械时间定额和机械产量定额两种。

机械时间定额是指在一定的工作内容和质量安全要求的条件下,规定某种机械完成单位产品所需要的时间,如台时或台班等。机械产量定额与机械时间定额互成倒数。

四、机械台班费用定额

机械台班费用定额是编制工程概预算、进行经济核算和结算的依据。

该定额的用途主要有以下几方面。

(1)分析计算台班单价。即按预算定额总说明中规定编制预算的台班单价进行分析计算。

(2)计算台班消耗人工、燃料等实物量。为了编制施工组织设计,需要统计人工、材料、机械的实物量,以确保劳动力和材料等的供应。有关机械所消耗的各种物资的实物量,要根据定额分析计算确定。

(3)直接引用编制预算:某些省、市或地方,可按当地交通主管部门的规定,直接引用定额中的基价作为台班单位来编制预算。

机械台班费用是由不变费用和可变费用组成的。不变费用是指不因施工机械的归属单位、施工地点和条件不同而变化的费用。它包括折旧费、大修理费、经常修理费、安装拆卸及辅助设施费。可变费用是指机械工作过程中直接发生的费用,它随工作地区的不同和物价的浮动而变化。它包括机上作业人员的工资、燃料动力费、养路费及车船使用税。因此,在编制工程概预算时,就必须以一个台班为单位,按其所消耗的工时、燃料及费用折算为货币形式表示,这就是机械台班费用定额。施工中所用驾驶工人数、燃料消耗数,可根据工程所需各种机械台班总数,分别按机械台班费用定额计算。

> **分组讨论2 按用途和编制程序分类**

> **技能训练**

定额按用途如何分类?

基本知识

在公路基本建设分组讨论中,工程建设工作所处的阶段不同,编制工程造价文件的主要依据也不同。按使用要求可分为施工定额、预算定额、概算定额、估算指标,如图1-3-2所示。

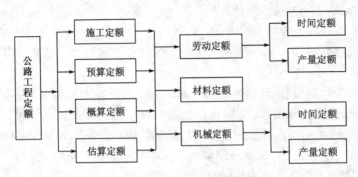

图1-3-2 公路定额按用途和编制程序

一、施工定额

施工定额是属于施工企业内部使用的定额,体现一个企业在激烈的市场竞争中,对于完成同样产品的工程量所表现出来的竞争力。施工定额是在施工阶段及施工准备阶段使用的定额,一般只有施工企业内部人员使用。各个施工企业的施工定额不一定相同,为保持企业具有较强的竞争力,企业之间的施工定额应该是保密的。所以,施工企业内部要不断进行深化改革和技术进步,以提高自身定额水平,不断增强投标报价的竞争力。

施工定额是规定建筑安装工人或小组在正常施工条件下,完成单位合格产品的劳动力、材料和机械消耗的数量标准,是施工企业组织生产、编制施工阶段施工组织设计和施工作业计划、签发工程任务单和限额领料单、考核工效、评奖、计算劳动报酬、加强企业成本管理和经济核算、编制施工预算的依据,也是编制预算定额和补充定额的基础。它表现为时间定额和产量定额两种形式。在定额中采用的产品单位一般比较细,其中时间一般以工日或工时计,产品以最小单位(如 m、m^2、m^3 等)计,定额子目多,细目划分复杂。

二、预算定额

预算定额的性质是属于计价定额的性质,体现一个工程项目在正常条件下,用货币形式描述的一定时期的工程造价。预算定额的定额水平是社会平均水平,它具有广泛的社会性,但它比施工定额水平低。对一个工程造价的确定,是施工单位、建设单位、银行以及监理单位都十分关心的编制依据。

预算定额是在施工定额的基础上经综合扩大通过一定的计算方法编制出来的。它是按分项工程和结构构件的要求,以一定产品单位来规定劳动力、材料和机械的消耗数量。预算定额采用的产品单位比施工定额大,如时间以工日、台班计,产品单位以 $10m$、$1000m^2$、$10m^3$ 等计,主要是为了满足编制施工图预算的要求。它是编制施工图预算的基本依据;是确定和控制基本建设投资额,对结构的设计方案进行技术经济比较,对新结构、新材料进行技术经济分析的依据;是编制施工组织计划,确定劳动力、材料和机械需要量的依据;是工程结算、施工企业进行经济核算和经济分组讨论分析的依据;是编制概算定额和概算扩大定额的基础。

三、概算定额

概算定额在性质上与预算定额是相同的。在基本建设程序中,概算文件是国家对工程项目造价进行宏观控制,国民经济部门对资金流向进行控制的主要依据。所以概算定额与预算定额同样重要,只是偏重及编制的阶段不同。

概算定额是在预算定额的基础上加以综合而成的,因而产品常使用更大的单位来表示,如:小桥涵以1座来表示。概算定额的定额水平比预算定额的定额水平低,概算定额是编制设计概算、修正概算的主要依据;是进行设计方案和施工方案的经济比较和选择的重要依据;是主要材料申请计划的计算基础,也是编制估算指标的基础。

四、公路工程估算指标

估算指标是根据国家发展与改革委员会统一安排,由原交通部公路工程定额站主编,各省、自治区、直辖市交通厅(局)和部属公路设计单位共同参与编制的。估算指标是在有关单位总结多年全国公路建设项目的设计资料和竣工文件的基础上,选用合理的工程量,各种标准施工图,以现行的公路工程技术标准、技术规范、《公路工程概算定额》(JTG/T B06-01—2007),各项费用定额为依据制订的。

估算指标的作用,主要是为了做好公路基本建设项目可行性研究中的投资估算工作,为经济效益评价提供建设项目计算依据。它包括综合指标和分项指标两部分。

(1)综合指标。综合指标是以人工、主要材料和其他材料费、机械使用费消耗量及各项费用指标等全部工程造价为表现形式的指标。其项目划分按全国省区、公路等级、地质地貌划分的类型,以千米为单位编制的实物量指标。它是编制建设项目建议书(预可行性研究)和编制规划估算投资的依据。

(2)分项指标。分项指标是以各项工程的人工、主要材料和其他材料费、机械使用费消耗量及施工管理费指标为表现形式的指标。其项目的划分与概算定额十分接近。它是编制设计计划任务书前的工程可行性研究估算投资的依据。

分组讨论3 按编制单位和执行定额的范围不同分类

技能训练

定额按编制单位和执行定额的范围不同如何分类?

基本知识

(1)全国统一定额。全国统一定额是由国务院有关部门制订和颁发的,并在全国范围内执行的定额,如全国统一安装工程定额。

(2)地方统一定额。地方统一定额是由各省、自治区、直辖市在全国统一指导下,结合本地区客观特点编制的定额,只在本地区范围内执行。

(3)行业统一定额。行业统一定额考虑到各行业部门专业工程技术特点以及施工生产和管理水平编制的,一般只在本行业和相同专业性质的范围内执行的定额,如公路工程定额、铁路工程定额等。

(4)企业定额。企业定额是由企业自行编制,只限于本企业内部使用的定额,是企业综合实力的一个标志。企业定额水平一般应高于国家现行定额。

(5)补充定额。补充定额是指设计、施工技术大发展,现行定额不能满足需要的情况下,为了补充缺项所编制的定额。

任务三 定额的运用

📖 任务描述

作为公路工程施工人员,了解和掌握定额的运用,是提高业务水平和工作能力的重要环节。

分组讨论1 关于费用定额的编号

技能训练

定额的基本组成部分有哪些?

基本知识

在公路建设生产分组讨论中,正确地使用定额是非常重要的。为了正确使用定额,必须全面了解、深刻理解、熟练地掌握定额。最好通过编制概(预)算等的实践,熟练地运用定额,也可以通过练习题的方法掌握定额。

一、定额的基本组成

现行的《公路工程概算定额》(JTG/T B06-01—2007)和《公路工程预算定额》(JTG/T B06-02—2007)的组成部分均包括颁发定额的文件号;目录;总说明;章、节说明;定额表。《公路工程预算定额》(JTG/T B06-02—2007)还包括附录。

1. 总说明

总说明规定了使用范围、使用条件、定额使用中的一般规定(如特殊符号、文字)等,对正确运用定额具有重要作用,在使用定额时应特别注意总说明中的规定。

2. 章、节说明

章节说明对每一章、节的具体使用要求及注意事项作出了说明,特别是工程量计算规则。章、节说明对于正确运用定额具有重要作用。要想准确而又熟练地运用定额,必须透彻地理解这些说明,而且争取全面记住。故需反复、认真地学习好这些说明。

3. 定额表

定额表是各类定额最基本的组成部分之一,是定额指标数额的具体表示;概算定额和预算定额的表格形式基本相同。其基本组成有表号及定额表名称、工程内容、计量单位、顺序号、项目、代号、细目及栏号、小注等。现将定额表的构成和主要栏目说明如下。

(1)表号及定额表名称,如《公路工程预算定额》(JTG/T B06-02—2007)填前夯(压)实及填前挖松,见表1-3-1。表号是编制概预算文件时与其对应定额时的一一对应的关系符号,名称表达了一张定额表的基本属性或分类。

(2)工程内容,主要说明定额表所包括的操作内容及对应详细工艺流程。查定额时,将实际发生的操作内容与表中的工程内容进行比较,若不一致时,应进行补充或采取其他措施。

(3)定额单位,即工程项目计量单位,如 $10m$、$10m^3$ 构件、$1000m$、$1km$、1 公路千米、1 道涵长及每增减 $1m$ 等。

(4)顺序号,表征人、料、机及费用的顺序号,起简化说明的作用。

(5)项目,即定额表的工程所需人工、材料、机具、费用的名称、规格。

填前夯(压)实及填前挖松　　　　　　表1-3-1

工程内容:填前夯(压)实,包括原地面平整,夯(压)实
填前挖松:将土挖松
单位:1000m³

顺序号	项目	单位	代号	填前夯(压)实				填前挖松
				人工夯实	履带式拖拉机 功率(kW)		12~15t 光轮压路机	
					75以内	120以内		
				1	2	3	4	5
1	人工	工日	1	32.9	2.8	2.8	2.8	6.2
2	75kW以内履带式拖拉机	台班	1063	—	0.17	—	—	—
3	120kW以内履带式拖拉机	台班	1065	—	—	0.12	—	—
4	12~15t光轮压路机	台班	1078	—	—	—	0.30	—
5	基价	元	1999	1619	227	229	261	305

注:1.夯压实如需用水时,备水费用另行计算。
　　2.填前挖松适用于地面横坡1:10~1:5。
　　3.二级及二级以上等级公路的填前压实应采用压路机压实。

(6)代号,当采用电算方法来编制公路工程概、预算时,可引用表中代号作为对工、料、机名称的识别符号,也称数组变量代号。

(7)工程细目,表征定额表所包括的工程细目,如表1-3-1中的"人工夯实"、"填前挖松"等,也称子目、栏目。

(8)栏号,是指工程细目编号,如表1-3-1所示定额中"人工夯实"栏号为1,"填前挖松"栏号为5,也称子目号、栏目号。

(9)定额值,即定额表中各种资源的消耗量数值。其中,括号内的数值一般是指所需半成品的数量(定额值)。如"C30水泥混凝土"所对应的"(10.20m³)",是指现浇10m³墩、台帽,需消耗C30水泥混凝土10.20m³。注意此值在编制概预算文件时不可直接列入。

(10)基价,亦称定额基价。它是指该工程细目的在指定时间与地点的工程价格。

(11)注,有些定额表列有"注",是对本表的特别说明。使用定额时,必须仔细阅读,以免产生错误。

4.附录

在预算定额中列有附录,如路面材料计算基础数据、基本定额、材料周转及摊销和定额基价人工、材料单位质量、单价表。附录是编制定额的基本数据,也是编制补充定额的依据,同时还是定额抽换的依据。

二、定额的编号

在编制概预算文件时,在计算表格中均要列出所用的定额表号。一般采用[页号-表号-栏号]的编写方法。例如《公路工程预算定额》(JTG/T B06-02—2007)中[8-1-1-5-3]就是指引用8页的表1-1-5-3(即第一章1-1-5表)中的第3栏,即120kW以内履带式拖拉机填前夯(压)实土方。这种编号方法容易查找,复核检查方便,不易出错。但书写字码较多,在概预算表中占格较宽。

另一种编号方法是省去页号,按[章-表-栏]三符号法。如《公路工程预算定额》(JTG/T B06-02—2007)中浆砌片石基础的定额号为[4-5-2-1]。而目前一般情况下采用电算法编制概预

算文件,在编制预算文件时,采用 8 位数进行编码,即章占 1 位,节占 2 位,表占 2 位,栏占 3 位,如 40502001 表示预算定额第 4 章第 5 节第 2 个表第 1 栏。

定额编号在概预算文件中十分重要。一方面是保证复核、审查人员利用编号快速查找,核对所用定额的准确性;另一方面,对如此繁多的工程细目的工作内容以编号形式建立一一对应的模式,便于计算机处理及修编定额人员的统计工作。第三,在概预算文件的 08 表中,"定额代号"一栏必须填上对应的定额细目代号。无论手工计算,还是计算机处理,都必须保证该栏目的准确性。

三、运用定额的步骤

所谓运用定额,就是平时所说的"查定额",是根据编制概预算的具体条件和目的,查得需要、正确的定额的过程。

为了正确地运用定额,首先必须反复学习定额、熟练地掌握定额;其次,必须搜集并熟悉中央及地方交通主管部门有关定额运用方面的文件和规定。在此前提下,运用定额的基本步骤如下:

(1)根据运用定额的目的,确定所用定额的种类。

(2)根据概(预)算项目表,依次按目、节确定欲查定额的项目名称,再据此在定额目录中找到其所在页次,并找到所需定额表。但要注意核查定额的工作内容、作业方式是否与施工组织设计相符。

(3)查到定额表后再进行如下步骤。

①看看定额表工程内容与设计要求、施工组织要求有无出入。若无出入,则可在表中找到相应的细目,并进一步确定子目(栏号)。

②检查定额表的计量单位与工程项目取定的计量单位是否一致、是否符合规定的工程量计算规则。

③看看定额的总说明、章说明、节说明以及表下的小注是否与所查子目的定额查定有关。若有关,则采取相应措施。

④根据设计图和施工组织设计,检查一下子目中有无需要抽换的定额,是否允许抽换。若应抽换,则进行具体抽换计算。

⑤依子目各序号确定各项定额值,可直接引用的就直接抄录,需计算的则在计算后抄录。

(4)重新按上述步骤复核。

(5)该项目的细目定额查完后,再查定该项目的另外细目的定额,依次完成后,再查另一项目的定额。

当熟练运用之后,上述步骤可不必依次进行。

四、运用定额应注意的问题

(1)要学习和理解定额的总说明和章、节说明及附注、附录的规定。

(2)掌握分部、分项工程定额所包括的工作内容和计量单位。在使用定额前,必须弄清一个工程由哪些工作项目组成,每个项目的工作内容是否与定额的工作内容一致,定额的计量单位是否采用扩大计量单位,计量单位要与项目单位一致。

(3)弄清定额项目表中各子目栏工作条目的名称、内容和步距划分。然后以定额的计量单位为标准,将该工程各个项目按定额子目栏的工作条目逐项列出,做到完整齐全,不重不漏。

(4)了解定额项目表中人工、材料、机械台班名称、耗用量、单价和计量单位。

(5)熟悉工程量计算规定及适用范围。按规定和适用范围计算工程数量,有利于统一口径。

在计算工作数量时,工作条目与定额条目要对口,计算单位要一致,以保证正确使用定额,避免计算错误。

(6)对于分项工程的内容,应通过深入施工现场和工作实践,理解其实际含意,只有对定额内容深入了解,在确定工程条目,套用、换算定额或编制补充定额时,才会快而准确。

五、定额单位与工程数量

工程量的正确与否,直接影响概预算造价,由于设计图中的工程量或工程量清单中工程量,它们的单位和内容与所用定额的单位和内容并不完全一致,需要造价人员根据定额的需要进行换算或调整,以达到计算造价与实际造价相符的目的。

分组讨论2 定额的套用

技能训练

在什么情况下可以直接套用定额?

基本知识

一、定额套用的要点

(1)当设计要求与定额条件相符时,可直接套用定额(即直接查找定额)。套用时应注意以下几点:

①正确选用定额条目。根据设计图要求及说明,选择与工作项目内容相符的定额条目,并对其工作内容、技术特点和施工方法仔细核对,做到内容不漏、不重、不错。

②核对计量单位。条目选定后,核对并调整所列工程项目的计量单位,使之与定额条目的计量单位相一致。

③明确定额中的用语、符号及定额表中数据的意义,区分"以内""以外"和"以上""以下"的含义。

④注意定额的换算。当工程设计与定额内容部分不相符,而定额允许换算时,要先对套用的定额进行必要的换算后才能使用。

(2)当工作项目与定额内容部分不相符时,则不能直接套用定额,应在定额规定的范围内根据不同情况加以换算。

二、直接套用定额

如果设计图的要求、工作内容及确定的工程项目完全与相应定额的内容符合,可直接套用定额。但要特别注意各定额的总说明、章节说明、定额表中的小注、工程量单位等,应细心阅读,以免在使用中发生错误。

【例1-3-1】 某桥的草袋围堰工程,装草袋土的运距为220m,围堰高2.2m,确定该工程的预算定额值。

【解】

(1)由预算定额目录可知,该定额在287页,定额表号为4-2-2。

(2)确定定额号为[287-4-2-2-6]或[40202006]。

(3)该定额节说明2规定,该定额中已包括50m以内人工挖运土方的工日数量,当取土运距超过50m时，按人工挖运土方的增运定额增加运输用工。

(4)确定辅助定额号为[9-1-1-6-4]或[10106004]。

(5)计算定额值。即

人工：$38.8 + 18.2 \times (220 - 50) \div 10 \times 68.41 \div 1000 = 59.97$（工日）

草袋：1139个

土：($68.41 m^3$)不计价

基价：$3150 + 895 \times 17 \times 68.41 \div 1000 = 4190.86$（元）

三、复杂定额的套用

复杂定额是指一个定额的工程内容与设计图不符，为了加以完善而需进行另外相关定额的补充定额，即必须由多个定额才能完成一道工艺流程的组合定额。

如果按设计图的要求、工作内容及确定的工程项目，不完全与相应定额的工程项目符合，则不能直接套用简单定额。这些工艺流程必须由几个定额联合起来才能完成。

【例1-3-2】 用《公路工程预算定额》(JTG/T B06-02—2007)确定自卸汽车配合挖掘机联合作业$1000 m^3$普通土所消耗的人工、机械数量(4t自卸汽车运距1.5km，挖掘机挖斗容积$0.5 m^3$)。

【解】 根据路基工程的土石方工程查《公路工程预算定额》(JTG/T B06-02—2007)[15-1-1-11-5+6]。

工程内容：(1)装、运、卸；(2)空回。

定额单位：$1000 m^3$。

分析工艺流程，缺挖土工序，补查《公路工程预算定额》(JTG/T B06-02—2007)[12-1-1-9-2]。

工程内容：安设挖掘机，开辟工作面，挖土，装车，移位，清理工作面。

定额单位：$1000 m^3$。

分析两表的工艺流程，合并相加后，定额单位$1000 m^3$，工程数量为$1000 m^3$，则消耗的人工、机械数量为：

人工：$4.5/1000 m^3 \times 1000 m^3 = 4.5$（工日）

推土机：$0.72/1000 m^3 \times 1000 m^3 = 0.72$（台班）

挖掘机：$3.37/1000 m^3 \times 1000 m^3 = 3.37$（台班）

自卸汽车：$[13.65 + 2.02 \times (1.5 - 1)/0.5]/1000 m^3 \times 1000 m^3 = 15.67$（台班）

四、定额的换算

当工作项目与定额内容部分不相符时，则不能直接套用定额，应在定额规定的范围内根据不同情况加以换算。

(1)在使用预算定额时，路面基层材料、混凝土、砂浆的配合比与定额不相符时，以及水泥强度等级与定额中的水泥强度等级不同时，水泥用量可按预算定额附录二基本定额中的混凝土、砂浆配合比表进行换算。

(2)钢筋工程中，当设计用Ⅰ、Ⅱ级钢筋比例与定额比例不同时，可进行换算。

(3)就地浇筑钢筋混凝土梁用的支架及拱圈用的拱盔、支架，如确因施工安排达不到规定的周转次数时，可根据具体情况进行换算并按规定计算回收。

(4)如施工中必须使用特殊机械时，可按具体情况进行换算。

【例1-3-3】 某桥梁的台帽工程设计为C25钢筋混凝土，采用32.5级水泥，4cm碎石，台帽钢筋为光圆钢筋 25t,带肋钢筋 30t,确定混凝土及钢筋的预算定额值(木模施工,非泵送混凝土,32.5 级水泥单价为 300 元/t,中粗砂单价为 27 元/m³,碎石单价为 28.8 元/m³,光圆钢筋单价为 2700 元/t,带肋钢筋单价为 2850 元/t)。

【解】

(1)由预算定额目录可知,定额在 447 页,定额表号为 4-6-3。

(2)确定定额号为[477-4-6-3-1]或[40603001]和[479-4-6-3-10]或[40603010]。

(3)该定额子目中混凝土配合比与设计配合比不同;光圆钢筋和带肋钢筋的比例不同需进行换算。

(4)计算定额值。

混凝土:查基本定额 1011 页混凝土配合比表(不可作为施工配合比使用)可知

$1m^3$ C25 混凝土需:32.5 级水泥 335kg,中粗砂 $0.48m^3$,碎石 $0.83m^3$。

人工 29.8 工日,原木 $0.186m^3$,锯材 $0.307m^3$,铁件 27.2kg,32.5 级水泥 $10.2 \times 0.335 = 3.417(t)$,水 $12m^3$,中粗砂 $10.2 \times 0.48 = 4.896(m^3)$,碎石 $10.2 \times 0.83 = 8.466(m^3)$,其他材料费 8.6 元,20t 以内汽车式起重机 0.37 台班,小型机具使用费 13.5 元。

基价:$4743 + (3.417 - 3.845) \times 300 + (4.896 - 4.69) \times 27 + (8.466 - 8.47) \times 28.8 = 4620.05(元)$

钢筋:定额中光圆钢筋、带肋钢筋比例为 1:5.029;设计为 1:1.2,需要换算。

设光圆钢筋为 X、带肋钢筋为 Y,则

$$\begin{cases} \dfrac{X}{Y} = \dfrac{25}{30} \\ X + Y = 1.025 \end{cases}$$

解得:$\begin{cases} X = 0.466 \\ Y = 0.599 \end{cases}$

人工 9.3 工日,光圆钢筋 0.466t,带肋钢筋 0.559t,电焊条 2.8kg,20~22 号铁丝 3.6kg,32kV·A 以内交流电焊机 0.43 台班,小型机具使用费 24.1 元。

基价:$4031 + (0.466 - 0.17) \times 2700 + (0.559 - 0.855) \times 2850 = 3986.6(元)$

五、定额的补充

随着科学技术的发展,新结构、新工艺、新材料、新设备在公路工程上推广使用很快,但是定额的制订必须要有一定的周期,在新定额未颁布以前,为了合理、正确地反映工程造价,获得经济效益,在现行使用的概、预算定额基础上,需要编制补充定额。

项目四 网络计划技术

【知识目标】 掌握公路工程网络计划技术学习;掌握公路工程网络计划的基本知识和基本要求。

【能力目标】 通过对公路工程网络计划技术等内容的学习,你应对施工组织在工程建设中的特点和作用有了初步的了解和认识,为今后能从事造价员、施工员、技术员等工作奠定了良好的基础。

【知识引入】 网络计划技术是随着现代科学技术和工业生产的发展而产生的,20 世纪 50 年

代后期产生于美国。1956年,美国杜邦公司为管理公司内不同业务部门的工作,开发了一种面向计算机描述工程项目的合理安排进度计划的方法,此方法后来被称为关键线路法(CPM)。1958年,美国海军武器部在研制"北极星"导弹核潜艇时,应用了计划评审方法(PERT),计划评审技术的应用,使原定6年的研制时间提前了两年完成。20世纪60年代,网络计划技术在美国得到了迅速发展并在欧洲、日本等广泛应用。目前,网络计划技术已广泛应用于世界各国的工业、农业、建筑业、国防和科学研究各个领域,成为一种比较盛行的现代计划管理方法,可以运用计算机进行网络计划绘制、网络优化、分析和控制。

任务一 概 述

任务描述

作为公路工程施工人员,了解和掌握网络计划技术,是提高业务水平和工作能力的重要环节。

分组讨论 网络计划技术的基本知识

技能训练

什么是网络计划?其表示方法有哪几种?

基本知识

一、网络计划技术的发展简史

我国是从20世纪60年代开始研究和运用网络计划技术。1965年,著名数学家华罗庚教授结合我国实际,在吸收国外网络计划技术理论的基础上,将CPM、PERT等方法统一定名为统筹法。网络计划技术现在在我国已广泛应用于国民经济各个领域的计划管理中。我国泸州长江大桥3号墩的施工过程中,由于使用网络计划方法进行施工计划和管理,而提前一个月完工,节省投资60万元。20世纪90年代,国家技术监督局和原建设部先后颁发了中华人民共和国国家标准《网络计划技术》(GB/T 13400—1992)及中华人民共和国行业标准《工程网络计划技术规程》(JGJ/T 121—1999),标志着我国网络计划技术走上规范化、科学化的轨道。

二、网络计划技术的基本概念

网络计划技术的基本原理是:首先应用网络图形来表示一项计划中各项工作的开展顺序及相互之间的关系;通过对网络图时间参数的计算,找出计划中的关键工作和关键线路;不断改进网络计划,寻求最优方案,以求在计划执行过程中对计划进行有效的控制与监督,保证劳动力、材料设备和资金等各种资源达到有效配置,获得较好的经济效果。

网络图是网络计划技术的基本模型,是由箭线和节点组成的,用来表示工作流程有限、有向、有序的网络图形。在网络图上加注工作的时间参数而编成的进度计划,称为网络计划。用网络计划对任务的工作进度进行安排和控制,以保证实现预定目标的科学的计划管理技术,即称为网络计划技术。

网络计划技术与传统的横道图计划管理比较,具有以下几个特点:

(1)从工程整体出发,统筹安排,能明确地表达各工作间的先后顺序和相互制约、相互依赖关系。

（2）通过网络时间参数计算，能找出决定工期的关键线路和关键工作以及有机动时间的非关键工作，从而使管理者抓住主要矛盾，优化资源强度，调整工作进程，从而降低成本，缩短工期。

（3）通过优化，可在若干可行方案中找出最优方案。

（4）有利于计算机技术的应用，网络计划图的绘制、时间参数计算、优化、调整，可以利用计算机完成，从而提高管理效率。

三、网络计划的分类

1. 按代号分类

（1）单代号网络计划。单代号网络计划是以单代号网络图表示的网络计划。网络图中，每个节点表示一项工作，箭杆仅用来表示各项工作间相互制约、相互依赖的关系。

（2）双代号网络计划。双代号网络计划是以双代号表示法绘制的网络计划。网络图中，箭线和两端的节点用来表示一项工作。

2. 按性质分类

（1）肯定型网络计划。肯定型网络计划是指工作、工作与工作之间的逻辑关系以及工作持续时间都肯定的网络计划。在这种网络计划中，各项工作的持续时间都是确定的单一的数值，整个网络计划有确定的计划总工期。

（2）非肯定型网络计划。非肯定型网络计划是指工作、工作与工作之间的逻辑关系和工作持续时间三者中一项或多项不肯定的网络计划。在这种网络计划中，各项工作的持续时间只能按概率方法确定出三个值，整个网络计划无确定计划总工期。

3. 按网络计划最终目标和目标分类的多少分类

（1）单目标网络计划。单目标网络计划是指只有一个终点节点的网络计划，即网络图只具有一个最终目标，如完成一个基础工程或建造一个建（构）筑物的相互有工作组成的网络计划。

单目标网络图可以是有时间坐标与无时间坐标的；也可以是肯定型与非肯定型的。但在一个网络图上只能有一个起始节点和一个终点节点。

（2）多目标网络计划。多目标网络计划是指由若干个独立的最终目标与其相互有关工作组成的网络计划。如工业区的建筑群以及负责许多建筑工程施工的建筑机构等。

在多目标网络计划中，每个最终目标都有自己的关键线路。因此，在每个箭线上除了注明工作的持续时间外，还要在括号里注明该工作属于哪一个最终目标的，是指终点节点不止一个的网络计划。此种网络计划具有若干个独立的最终目标。

4. 按有无时间坐标分类

网络图根据有无时间坐标刻度，又分为有时间坐标与无时间坐标两种形式。前面出现的网络图都是无时间坐标网络图，图中箭线的长度是任意的。

有时间坐标网络图，简称时标网络计划。在网络计划上附有时间刻度（工作天数、日历天数及公休日）的网络图，称为有时间坐标网络图。有时间坐标网络图，其特点是每个箭线长度与完成该项工作的持续时间成比例进行绘制。工作箭线往往沿水平方向画出，每个箭线的长度就是规定的持续时间。当箭线位置倾斜时，它的工作持续时间按其水平轴上的投影长度确定。有时间坐标网络图的优点是一目了然（时间明确、直观），并容易发现工作是提前完成还是落后于进度。有时间坐标网络图的缺点是随着时间的改变，就要重新绘制网络图。

5. 按网络计划包含的范围分类

（1）局部网络计划

局部网络计划是以计划任务的某一部分为对象编制的网络计划。

(2)单位工程网络计划

单位工程网络计划是指以一个单位工程为对象编制的网络计划。

(3)综合网络计划

综合网络计划是以一个单项工程或整个建设项目为对象编制的网络计划。

6.搭接网络计划

搭接网络计划是按照各种规定的搭接时距绘制的网络计划。由于篇幅有限,本书不做介绍。

四、网络计划技术在项目计划管理中应用的一般程序

网络计划技术在计划管理中起着举足轻重的作用,其应用的程序如下。

1.准备阶段

(1)确定网络计划目标。在编制网络计划时,首先应根据需要选择确定网络计划的目标。常见的目标有以下几个:

①时间目标;

②时间—资源目标;

③时间—成本目标。

(2)调查研究。为了使网络计划科学而切合实际,计划编制人员应通过调查研究,拥有足够、准确的各种资料。其调查研究的内容主要包括以下几方面:

①项目有关的工作任务、实施条件、设计数据资料;

②有关定额、规程、标准、制度等;

③资源需求和供求情况;

④有关经验、统计资料和历史资料;

⑤其他有关技术经济资料。

调查研究可使用的方法有:实际观察、测量与询问、会议调查、查阅资料、计算机检索、信息传递、分析预测等。通过对调查的资料进行综合分析研究,就可掌握项目全貌及其间的相互关系,从而预测项目的发展及其变化规律。

(3)工作方案设计。

①在计划目标已确定并做了调查研究的基础上,就可进行工作方案的设计,主要内容包括以下几方面:

a.确定施工顺序;

b.确定施工方法;

c.选择需用的机械设备;

d.确定重要的技术政策和组织原则;

e.对施工中的关键问题的技术和组织措施的制订;

f.确定采用网络图的类型。

②在进行工作方案设计时,应遵循以下几项基本要求:

a.尽可能减少不必要的步骤,在工序分析基础上,寻求最佳程序;

b.工艺应达到技术要求,并保证质量和安全;

c.尽量采取先进技术和先进经验;

d.组织管理分工合理、职责明确,充分调动全员积极性;

e.有利于提高劳动生产率,缩短工期,降低成本和提高经济效益。

2. 绘制网络图

（1）项目分解。根据网络计划的管理要求和编制需要，确定项目分解的粗细程度，将项目分解为网络计划的基本组成单元——工作。

（2）逻辑关系分析。逻辑关系分析就是确定各项工作开始的顺序、相互依赖和相互制约关系，它是绘制网络图的基础。

（3）绘制网络图。根据新选定的网络计划类型以及项目分解和逻辑关系表，就可进行网络图的绘制，具体方法参见后面内容。

3. 时间参数计算

按照网络计划的类型不同，根据相应的方法，即可计算出所绘网络图的各项时间参数，并确定出关键线路。

4. 编制可行网络计划

（1）检查与调整。对上述网络计划时间参数计算完后，应检查：工期是否符合要求；资源配置是否符合资源供应条件；成本控制是否符合要求。如果工期不满足要求，则应采取适当措施压缩关键的持续时间，如仍不能满足要求时，则需改变工作方案的组织关系进行调整；当资源强度超过供应可能时，则应调整非关键工作使资源降低。

（2）编制可行网络计划。对网络计划进行检查和调整之后，必须计算时间参数。根据调整后的网络图和时间参数，重新绘制可行网络计划。

5. 网络计划优化

可行网络计划一般需进行优化，方可编制正式网络计划。

（1）网络计划优化目标的确定。常见的优化目标有以下几种，可根据工程实际需要进行选择。

①工期优化；

②"时间固定，资源均衡"的优化；

③"资源强度有限，时间最短"的优化；

④时间—成本优化。

（2）编制正式网络计划。根据优化结果，即可绘制拟实施的正式网络计划，并编制网络计划说明书，其内容包括以下几方面：

①编制说明；

②主要计划指标一览表；

③执行计划的关键的说明；

④需要解决的问题及主要措施；

⑤其他需要说明的问题。

6. 网络计划的实施

（1）网络计划的贯彻。正式网络计划报请有关部门审批后，即可组织实施。一般应组织宣讲，进行必要的培训，建立相应的组织保证体系，将网络计划中的每一项工作落实到责任单位。作业性网络计划要落实到责任者，并制订相应保证计划实施的具体措施。

（2）计划执行中的检查和数据采集。为了对网络计划的执行进行控制，必须建立健全相应的检查制度和执行数据采集报告制度。检查和数据采集的主要内容有关键工作的进度、非关键工作的进度及时差利用、工作逻辑关系的变化情况、资源状况、成本状况、存在的其他问题。对检查的结果和搜集反馈的有关数据进行分析，抓住关键，及时制订对策。对网络计划在执行中发生的偏差，应及时予以调整，从而保证计划的顺利实施。计划调整的内容常见的有工作持续时间的调整、工作项目的调整、资源强度的调整、成本控制。

7. 网络计划的总结分析

为了不断积累经验,提高计划管理水平,应在网络计划完成后,及时进行总结分析,并应形成制度。通常总结分析的内容包括以下几方面:

(1)各项目的完成情况,包括时间目标、资源目标、成本目标等的完成情况;

(2)计划工作中的问题及原因分析;

(3)计划工作中的经验总结分析;

(4)提高计划工作水平的措施总结等。

任务二　双代号网络

任务描述

学习双代号网络计划图绘制的基本要素、绘图规则和双代号时间参数的计算及关键线路。

分组讨论1　双代号网络计划图的绘制

技能训练

什么是关键工作?如何确定关键线路?

基本知识

一、双代号网络计划图的组成

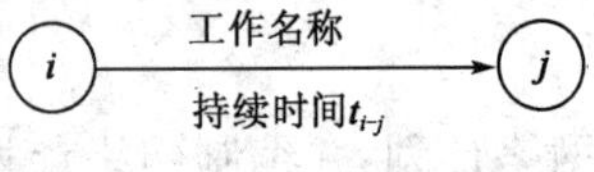

图 1-4-1　双代号网络图表示方法

双代号网络图是应用较为普遍的一种网络计划形式。它是以箭线及其两端节点的编号表示工作的网络图,如图 1-4-1 所示。

双代号网络图中,每一条箭线应表示一项工作。箭线的箭尾节点表示该工作的开始,箭线的箭头节点表示该工作的结束。

二、网络图的基本要素

双代号网络图一般由工作、节点和线路三个基本要素组成。

1. 工作

工作是指计划任务按需要粗细程度划分而成的。该工作可以是作为成本计算对象的单位工程,如路基工程、路面工程、桥梁工程和交通工程等,也可以是进一步细分的分项工程,如面层、基层、基础工程、墩台身等,甚至还可细分到具体的工序,如主模、扎筋、混凝土浇筑等。就具体的网络计划而言,箭线所代表的工作,主要取决于网络计划的详细程度。

在双代号网络图中,工作用一根箭线和两个圆圈来表示。工作的名称写在箭线的上面,完成工作所需要的时间写在箭线的下面,箭尾表示工作的开始,箭头表示工作的结束。圆圈中的两个号码代表这项工作的名称。工作通常可以分为三种:第一种为需要消耗时间和资源,用实箭线表示,如钢筋混凝土梁的制作这项工作,完成它需消耗一定的工、料、机和时间;第二种为只消耗时间不消耗其他资源(如油漆的干燥,混凝土构件的自然养生等),前两种均称为实工作;第三种为既不消耗时间,也不消耗资源,称为虚工作,用虚箭线表示。虚工作只表示相邻前后工作之间的逻辑关系。如图 1-4-2 所示，②—③工作即为虚工作。

从虚工作的作用可以看出，虚箭线在双代号网络图中是很重要的。那么，什么情况下引入虚箭线呢？通常是先主动增设虚箭线，待网络图构成后，再删去不必要的虚箭线。删除多余虚箭线的方法有以下几个。

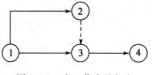

图 1-4-2　虚工作表示方法

（1）如果虚箭线是进入一个节点的唯一虚箭线，则一般可将这个虚箭线删除，如图 1-4-3 所示。

但当这个虚箭线是为了区分两个节点间两个同时开始同时结束的工作时，这个虚箭线不能删除，如图 1-4-4 所示。

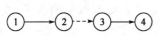

图 1-4-3　可删除的虚箭线

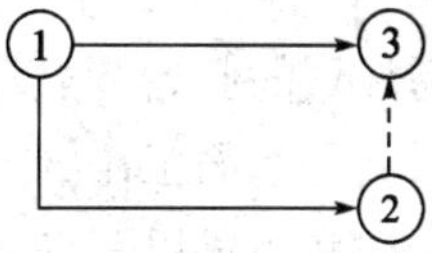

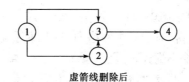

图 1-4-4　不可删除的虚箭线

（2）当一个节点有两条箭线进入，且均为虚箭线时，则可以消除其中的一条虚箭线，如图 1-4-5 所示。

虚箭线删除前　　　　　　　　虚箭线删除后

图 1-4-5　可删除的虚箭线

但应注意，是否会改变工作关系，若改变则不能删除，如图 1-4-6 所示。

分析网络图 1-4-7a），在施工顺序上，由支模→扎筋→浇混凝土，符合施工工艺的要求。在流水关系上，同工种的工作队由第一施工段转入第二施工段再转入第三施工段，符合要求。在网络逻辑关系上有不符之处。第一施工段的浇筑混凝土（浇1）与第二施工段的支模板（支2）没有逻辑上的关系；同样，第二施工段的浇筑混凝土（浇2）与第三施工段的支模板也不发生逻辑上的关系；但在图中都相连起来了，这是网络图中原则性的错误，它将导致一系列计算上的错误，正确的画法如图 1-4-7b）所示。

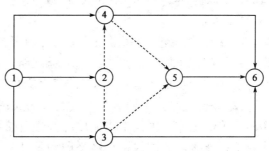

图 1-4-6　不可删除的虚箭线

工作箭线的长度和方向，在无时间坐标的网络图中，原则上讲可以任意画，但必须满足网络逻辑关系，在有时间坐标的网络图中，其箭线长度必须根据完成该项工作所需持续时间的大小按比例绘图。

2. 节点（也称结点、事件）

在网络图中箭线的出发和交汇处画上圆圈，用以标志该圆圈前面一项或若干项工作的结束和允许后面一项或若干项工作的开始的时间点称为节点。

在网络图中，节点不同于工作，它只标志着工作的结束和开始的瞬间，具有承上启下的衔接作用，而不需要消耗时间或资源。节点的另一个作用如前所述，在网络图中，一项工作用其前后

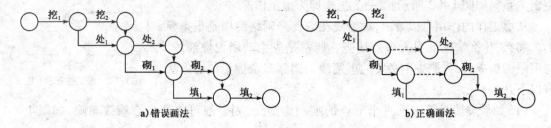

图 1-4-7 网络图画法

两个节点的编号表示。

箭线出发的节点称为开始节点,箭线进入的节点称为结束节点或后面节点。在一个网络图中,除整个网络计划的起始节点和终点节点外,其余任何一个节点都有双重的含义,既是前面工作的结束节点,又是后面工作的开始节点。

在一个网络图中,可以有许多工作通向一个节点,也可以有许多工作由同一个节点出发。我们把通向某节点的工作称为该节点的紧前工作(或前面工作);把从某节点出发的工作称为该节点的紧后工作(或后面工作)。

表示整个计划开始的节点称为网络图的起始节点,整个计划最终完成的节点称为网络图的终点节点,其余称中间节点。

在一个网络图中,每一个节点都有编号,以便计算网络图的时间参数和检查网络图是否正确。从理论上讲,对于一个网络图,只要不重复,各个节点可任意编号,但习惯上从起始节点到终点节点,编号由小到大,并且对于每项工作,箭头的编号一定要大于箭尾的编号。

节点编号的方法可从以下两个方面来考虑。

根据节点编号的方向不同,可分为两种:一种是沿着水平方向进行编号;另一种是沿着垂直方向进行编号。

根据编号的数字是否连续又分为两种:一种是连续编号法,即按自然数的顺序进行编号;另一种是非连续编号法,一般按单数(或偶数)的顺序来进行编号。采用非连续编号,主要是为了适应计划调整,考虑增添工作的需要,编号留有余地。

3. 线路

(1)线路的概念。网络图中从起始节点开始,沿箭线方向连续通过一系列箭线与节点,最后到达终点节点的通路称为线路。每一条线路都有自己确定的完成时间,它等于该线路上各项工作持续时间的总和,也是完成这条线路上所有工作的计划工期。

(2)关键线路。工期最长的线路称为关键线路(或主要矛盾线)。位于关键线路上的工作称为关键工作。关键工作完成的快慢直接影响整个计划工期的实现,关键线路用粗箭线或双箭线连接。关键线路在网络图中不止一条,可能同时存在几条关键线路,即这几条线路上的持续时间相同。位于关键线路上的工作称为关键工作,它没有机动时间(即无时差)。

关键线路并不是一成不变的,在一定条件下,关键线路和非关键线路可以互相转化。当采用了一定的技术组织措施,缩短了关键线路上各工作的持续时间,就有可能使关键线路发生转移,使原来的关键线路变成非关键线路,而原来的非关键线路却变成关键线路。

位于非关键线路的工作除关键工作外,其余称为非关键工作,它有机动时间(即时差)。非关键工作也不是一成不变的,它可以转化为关键工作;利用非关键工作的机动时间可以科学、合理地调配资源和对网络计划进行优化。

(3)关键线路的确定。关键线路确定的方法有很多,下面介绍两种简单易行的方法。

①关键线路上所有工作的总时差均为零。反过来,如果工作的总时差为零,则它必是关键工作。由此,只要连接网络计划中总时差为零的工作,就可以确定出关键线路。

②节点不一定是关键线路上的节点,要成为关键线路上的节点,还需加上条件:箭尾节点时间 + 工作持续时间 = 箭头节点时间。满足此两条件的工作,即为关键工作。

(4)关键线路的特性。

①关键线路上各工作的总时差均为零。

②关键线路在网络计划中不一定只有一条,有时存在多条,但关键工作所占比重并不大。有利于工程项目的管理者集中精力抓住主要矛盾,搞好计划管理工作。

③非关键工作如果将总时差全部用完,就会转化为关键工作。

④当非关键线路延长的时间超过它的总时差,关键线路就转变为非关键线路。

三、双代号网络计划图的逻辑关系(表 1-4-1)

双代号网络计划逻辑关系　　　　表 1-4-1

序号	逻辑关系	双代号表示法
1	A 完成后进行 B B 完成后进行 C	
2	A 完成后进行 B 和 C	
3	A 和 B 都完成后进行 C	
4	A 和 B 都完成后进行 C 和 D	

续上表

序号	逻辑关系	双代号表示法
5	A 完成后进行 C A 和 B 都完成后进行 D	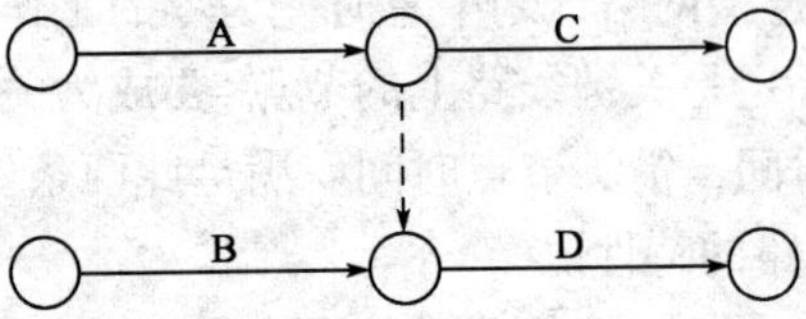
6	A 和 B 都完成后进行 D A、B、C 均完成后进行 E D、E 均完成后进行 F	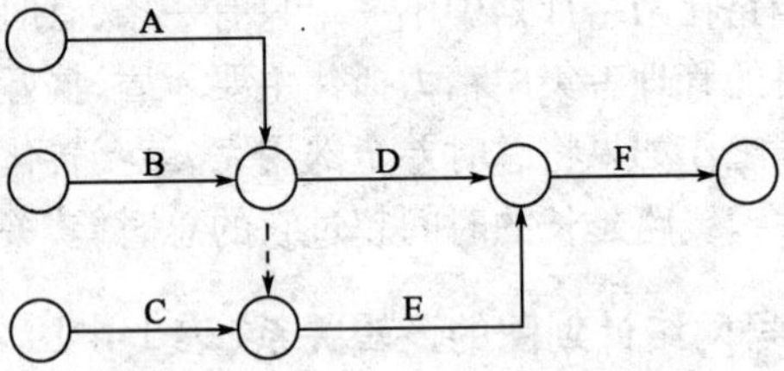
7	A、B 均完成后进行 C B、D 均完成后进行 E	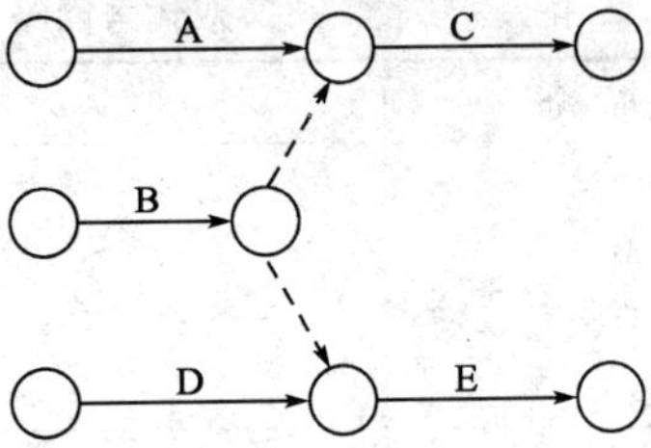
8	A 完成后进行 C A、B 都完成后进行 D B 完成后进行 E	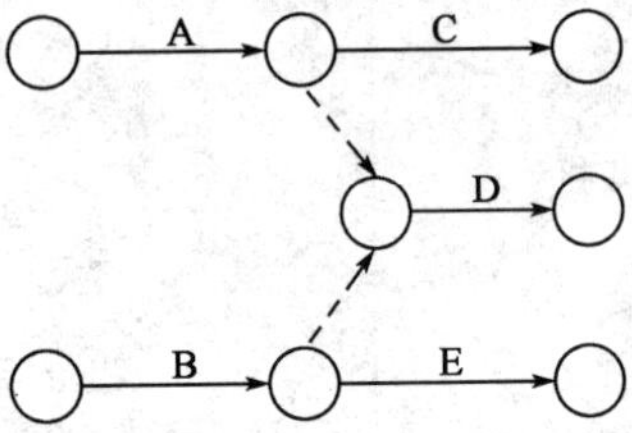
9	A、B 两项工作流水施工；A_1 完成后进行 A_2、B_1；A_2 完成后进行 A_3、B_2；B_1 完成后进行 B_2；A_3、B_2 同时完成后进行 B_3	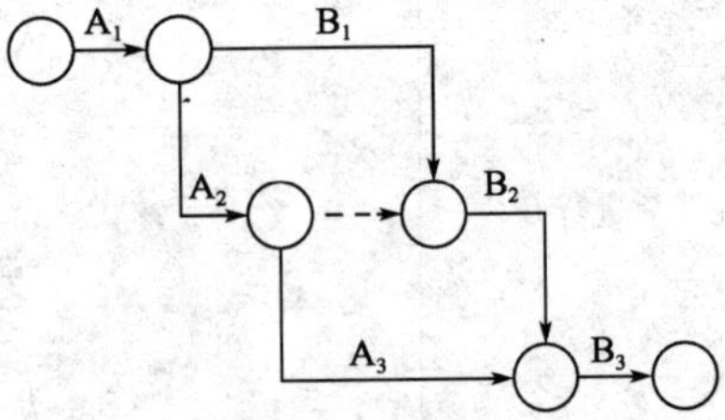

四、双代号网络图的绘图规则

(1) 双代号网络图必须正确表达已定的逻辑关系；由于网络图是有限、有向、有序的网状图形，所以必须严格按照各工作间的逻辑关系绘制。

(2) 双代号网络图中，严禁出现循环回路。所谓循环回路是指从一个节点出发顺着某一条线路又回到原出发点的线路。如果出现循环回路，则造成逻辑关系混乱，使工作无法按顺序进行。如图 1-4-8 所示，网络图中存在循环回路②—③—⑤—④—②。当然此时节点编号也发生错误。

(3)双代号网络图中,在节点之间严禁出现带双向箭头或无箭头的连线。图1-4-9即为错误的工作箭线画法,因为工作进行的方向不明确,与网络图有向的特征相背离。

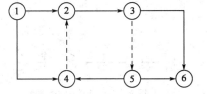

图1-4-8 网络图错误画法　　　　　　　图1-4-9 网络图错误画法

(4)双代号网络图中,严禁出现没有箭头节点或箭尾节点的箭线。图1-4-10即为错误的画法。

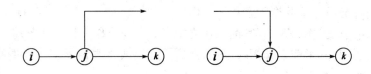

图1-4-10 网络图错误画法

(5)当双代号网络图的某些节点有多条外向箭线或多条内向箭线时,在保证一项工作有唯一的箭线和对应的一对节点编号前提下,允许使用母线法绘图。箭线线形不同,可在从母线上引出的支线上标出,如图1-4-11所示。

(6)绘制网络图时,箭线不宜交叉,当交叉不可避免时,可用过桥法或指向法,如图1-4-12所示。

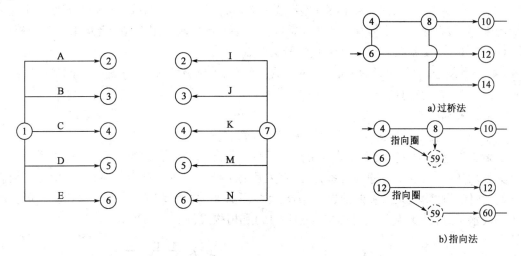

图1-4-11 母线画法　　　　　　　　图1-4-12 箭线交叉的表示方法

(7)双代号网络图是由许多条线路组成的、环环相套的封闭图形,只允许有一个起始节点和一个终点节点,而其他所有节点均是中间节点(既有指向它的箭线,又有背离它的箭线)。如图1-4-13所示,网络图中有两个起始节点和两个终点节点,该网络图的正确画法如图1-4-14所示。

五、双代号网络图的绘制

1. 绘图步骤

绘制网络图的关键是明确各工作间的逻辑关系,当已知每一项工作的紧前工作时,其绘制步骤如下。

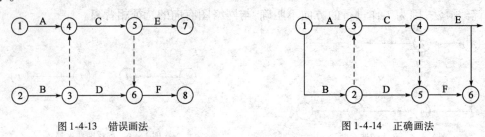

图1-4-13 错误画法　　　　　　　图1-4-14 正确画法

（1）绘制没有紧前工作的箭线，使它们自同一个节点开始。

（2）依次绘制其他工作箭线。

当工作只有一项紧前工作时，则将该工作箭线画在紧前工作箭线之后即可；若该工作有多项紧前工作时，应具体分析以下几个问题：

①对于所要绘制的工作，若在其紧前工作之中存在一项只作为该工作紧前工作的工作，则应将该工作箭线直接画在其紧前工作箭线之后，然后用虚箭线将其他紧前工作的箭头节点与该工作箭线的箭尾节点分别相连。

②对于所要绘制的工作，若在其紧前工作之中存在多项只作为该工作紧前工作的工作，应先将这些紧前工作的箭头节点合并，在从合并的阶段后画出该工作箭线，最后用虚箭线将其他紧前工作的箭头节点与该工作箭线的箭尾节点分别相连。

③对于所要绘制的工作，若不存在情况①和②时，应判断该工作的所有紧前工作是否都同时作为其他工作的紧前工作。如果上述条件成立，应先将这些紧前工作箭线的箭头节点合并后，再从合并的节点开始画出该工作箭线。

④对于所要绘制的工作，若不存在情况①～③时，应将该工作箭线单独画在其紧前工作箭线之后的中部，然后用虚箭线将其紧前工作箭线的箭头节点与该工作箭线的箭尾节点分别相连。

（3）合并没有紧后工作的工作箭线的箭头节点。

（4）节点编号。当已知每一项工作的紧后工作时，绘制方法类似，只是其绘图的顺序由上述的从左向右改为从右向左。

2. 绘图要求

绘制网络图要尽可能满足三方面要求：正确、简洁、美观。

所谓正确指的是逻辑关系正确。要正确反映工作之间的既定逻辑关系，使有关系的工作一定把关系表达准确，且不要漏画关系；使没有关系的工作一定不要扯上关系；简洁指的是绘制网络图时，在保证逻辑关系正确的前提下，力求减少不必要的箭线和节点；为了达到美观可将网络图绘制成水平式（图1-4-15）、对称式（图1-4-16）和桁构式（图1-4-17）。

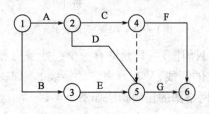

图1-4-15 水平式网络图

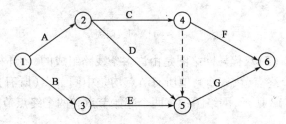

图1-4-16 对称式网络图

3. 绘图示例

现举例说明双代号网络图的绘制方法。

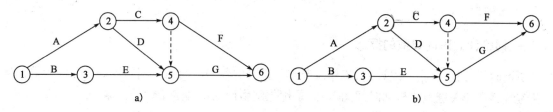

图 1-4-17 桁构式网络图

【例 1-4-1】 已知各工作逻辑关系如表 1-4-2 所示，试绘制其双代号网络图。

工作项目划分及逻辑关系　　　　　　　表 1-4-2

工 作	A	B	C	D
紧前工作	—	—	A、B	B

【解】 根据表中所列关系，确定 A 工作为开始工作，然后根据今后工作与本工作之间的关系，逐步前进绘图，直至网络图的终点。绘制的双代号网络图如图 1-4-18 所示。

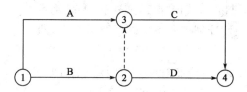

图 1-4-18 双代号网络图

【例 1-4-2】 某城市道路扩建工程，工作项目划分与工作之间的逻辑关系如表 5-2 所示，试绘制双代号网络计划图。

【解】 根据表 1-4-3 中所列关系，确定 A 工作为开始工作，然后根据今后工作与本工作之间的关系，逐步前进绘图，直至网络图的终点。绘制的双代号网络图如图 1-4-19 所示。

工作项目划分及逻辑关系　　　　　　　表 1-4-3

工作代号	A	B	C	D	E	F	G	H
工作名称	测量	土方工程	路基施工	安装排水	清理杂物	路面施工	路肩施工	清理现场
紧后工作	B	C、D、E	F、G	F	G	H	H	—
持续时间	1	10	2	5	1	3	2	1

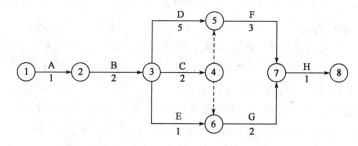

图 1-4-19 某道路扩建工程双代号网络计划图

分组讨论2　双代号时间参数的计算及关键线路

技能训练

何谓关键线路？它有何特点？

基本知识

一、网络计划时间参数的概念

所谓时间参数,是指网络计划、工作及节点所具有的各种时间值。网络计划的时间参数是确定关键线路和非关键线路机动时间的基础;是优化网络计划和确定工期的依据。

1. 工作持续时间

工作持续时间是指一项工作从开始到完成的时间。在双代号网络计划中工作 $i—j$ 的持续时间用 t_{i-j} 表示。

2. 工期

工期泛指完成一项任务所需要的时间。在网络计划中,工期一般有以下三种。

(1)计算工期。计算工期是根据网络计划参数计算而得到的工期,用 T_c 表示。

(2)要求工期。要求工期是任务委托人所提出的指令性工期,用 T_r 表示。

(3)计划工期。计划工期是指根据要求工期和计算工期所确定的作为实施目标的工期,用 T_p 表示。网络计划的计划工期应按式(1-4-1)或式(1-4-2)确定。

①当已规定了要求工期时,计划工期不应超过要求工期,即

$$T_p \leq T_r \tag{1-4-1}$$

②当未规定要求工期时,可令计划工期等于计算工期,即

$$T_p = T_c \tag{1-4-2}$$

3. 工作的时间参数

除工作持续时间外,网络计划中还有六个时间参数:最早可能开始时间、最早可能完成时间、最迟必须完成时间、最迟必须开始时间、总时差和自由时差。

(1)工作的最早可能开始时间(ES):是指一项工作在其紧前工作都完成后,可以开始工作的最早时间。

(2)工作的最早可能完成时间(EF):正常情况下,工作 $i—j$ 若能在最早可能开始时间开始,对应就有一个最早可能完成时间,它就等于箭尾节点的最早可能实现时间或者工作的最早可能开始时间加上工作 $i—j$ 的持续时间 t_{i-j}。

(3)工作的最迟必须完成时间(LF):是指一项工作在不影响工程按总工期结束的条件下,最迟必须完成的时间,它必须在紧后工作开始之前完成。

(4)工作的最迟必须开始时间(LS):在正常情况下,与工作的最迟必须完成时间相对应,有工作的最迟必须开始时间,即为工作最迟完成时间减去该工作的持续时间。

(5)总时差(TF):在网络图中,关键线路上的时差等于零。在非关键线路上有时差,其开始的作业时间在一定的范围内是有伸缩性的。时差反映工作在一定条件下的机动时间范围,这为有计划、机动灵活地组织施工创造了条件。使用最多的是总时差和自由时差。

工作的总时差是指在不影响总工期的前提下,本工作可以利用的机动时间。具体来说,它是在保证本工作以最迟完成时间完工的前提下,允许该工作推迟其最早开始时间或延长其持续时间的幅度。工作 $i—j$ 的总时差计算公式如下

$$\begin{aligned}
TF_{ij} &= LT_j - ET_i - t_{i-j} \\
&= LF_{i-j} - ES_{i-j} - t_{i-j} \\
&= LF_{i-j} - EF_{i-j} \\
&= LS_{i-j} - ES_{i-j}
\end{aligned} \tag{1-4-3}$$

由上式看出，对任何一项工作 i—j，其总时差可能有以下三种情况：

① $TF_{i-j}>0$，说明该工作存在机动时间。

② $TF_{i-j}=0$，说明该工作没有机动时间。

③ $TF_{i-j}<0$，说明该工作存在负时差，计划工期长于规定工期，应采取技术组织措施予以缩短，确保计划总工期。

（6）自由时差（FF）：是指在不影响其紧后工作的最早可能开始时间的条件下，本工作可以利用的机动时间。具体来说，它是在不影响紧后工作按最早开始时间开工的前提下，允许该工作推迟其最早开始时间或延长其持续时间的幅度。工作 i—j 的自由时差计算公式如下

$$FF_{i-j} = \min\{LF_{j-k} - EF_{i-j}\}$$
$$= \min\{LF_{j-k} - ES_{i-j} - t_{i-j}\} \quad (1\text{-}4\text{-}4)$$

① 总时差对其紧前工作和紧后工作均有影响。

② 一项工作的自由时差只限于本工作利用，不能转移给紧后工作利用，对紧后工作的时差无影响，但对其紧前工作有影响，如运用将使紧前工作时差减少。

4. 节点时间参数

（1）节点的最早可能实现时间（ET）。节点的最早可能实现时间（ET）是指以计划起始节点的时间 $ET_{(1)}=0$ 为起点，沿着各条线路达到每一个节点的时刻。

（2）节点的最迟实现时间（LT）。节点的最迟实现时间（LT）是指在计划工期确定的情况下，从网络计划图终点节点开始，递向推算即得各节点的最迟实现时间。

二、双代号网络计划时间参数的计算

【例 1-4-3】 双代号网络计划时间参数的计算

【解】

1. 按工作计算法

所谓按工作计算法就是以网络计划中的工作为对象，直接计算各项工作的时间参数。这些参数包括工作的最早开始时间和最早完成时间、工作的最迟完成时间和最迟开始时间、工作的总时差和自由时差。此外，还应计算网络计划的计算工期。

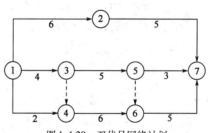

图 1-4-20 双代号网络计划

下面以图 1-4-20 所示双代号为例，说明按工作计算法计算时间参数的过程。计算结果如图 1-4-21 所示。

（1）计算工作的最早开始时间和最早完成时间。工作最早可能开始时间和最早可能完成时间的计算应从网络计划的起始节点开始，顺着箭线方向依次进行。其计算步骤如下：

① 以网络计划起始节点为开始节点的工作，当未规定其最早开始时间时，其最早可能开始时间为零。例如在本例中，工作 1—2、工作 1—3 和工作 1—4 最早可能开始时间均为零，即

$$ES_{1-2} = ES_{1-3} = ES_{1-4} = 0$$

② 工作的最早完成时间可利用式（1-4-5）进行计算。

$$EF_{i-j} = ES_{i-j} + t_{i-j} \quad (1\text{-}4\text{-}5)$$

式中：EF_{i-j}——工作 i—j 的最早可能完成时间；

ES_{i-j}——工作 i—j 的最早可能开始时间；

t_{i-j}——工作 i—j 的持续时间。

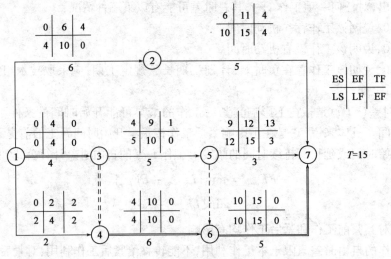

图 1-4-21 双代号网络计划

例如在本例中,工作 1—2、工作 1—3 和工作 1—4 最早可能完成时间分别为

工作 1—2：$EF_{1-2} = ES_{1-2} + t_{1-2} = 0 + 6 = 6$

工作 1—3：$EF_{1-3} = ES_{1-3} + t_{1-3} = 0 + 4 = 4$

工作 1—4：$EF_{1-4} = ES_{1-4} + t_{1-4} = 0 + 2 = 2$

③其他工作的最早开始时间应等于其紧前工作最早完成时间的最大值,即

$$ES_{i-j} = \max\{EF_{h-i}\} = \max\{ES_{h-i} + t_{h-i}\} \tag{1-4-6}$$

式中：ES_{i-j}——工作 i—j 的最早可能开始时间；

EF_{h-i}——工作 i—j 的紧前工作 h—i 的最早可能完成时间；

ES_{h-i}——工作 i—j 的紧前工作 h—i 的最早可能开始时间；

t_{h-i}——工作 i—j 的紧前工作 h—i 的持续时间。

④网络计划的计算工期应等于以网络计划终点节点为完成节点的工作的最早完成时间的最大值,即

$$T_c = \max\{EF_{i-n}\} = \max\{ES_{i-n} + t_{i-n}\} \tag{1-4-7}$$

式中：T_c——网络计划的计算工期；

ES_{i-n}——以网络终点节点 n 为完成节点的工作的最早可能开始时间；

EF_{i-n}——以网络终点节点 n 为完成节点的工作的最早可能完成时间；

t_{i-n}——以网络终点节点 n 为完成节点的工作的持续时间。

在本例中,网络计划的计算工期为

$T_c = \max\{EF_{2-7}, EF_{5-7}, EF_{6-7}\} = \max\{11, 12, 15\} = 15$

(2) 确定网络计划的计划工期。网络计划的计划工期应按式(1-4-1)或式(1-4-2)确定。在本例中假设未规定要求工期,则其计划工期等于计算工期,即 $T_p = T_c = 15$。

计划工期应标注在网络图终点节点的右上方,如图 1-4-21 所示。

(3) 计算工作的最迟完成时间和最迟开始时间。工作最迟完成时间和最迟开始时间的计算应从网络计划的终点节点开始,逆着箭线方向依次进行。其计算步骤如下。

①以网络计划终点节点为完成节点的工作,其最迟完成时间等于网络计划的计划工期,即

$$LF_{i-n} = T_p \tag{1-4-8}$$

式中：LF_{i-n}——以网络终点节点 n 为完成节点的工作的最迟必须完成时间；

T_p——网络计划的计划工期。

例如在本例中，工作 2—7、工作 5—7 和工作 6—7 的最迟必须完成时间为

$LF_{2-7} = LF_{5-7} = LF_{6-7} = T_p = 15$

②工作的最迟开始时间可利用式(5-17)进行计算

$$LS_{i-j} = LF_{i-j} - t_{i-j} \tag{1-4-9}$$

例如在本例中，工作 2—7、工作 5—7 和工作 6—7 的最迟必须开始时间分别为

$LS_{2-7} = LF_{2-7} - t_{2-7} = 15 - 5 = 10$

$LS_{5-7} = LF_{5-7} - t_{5-7} = 15 - 3 = 12$

$LS_{6-7} = LF_{6-7} - t_{6-7} = 15 - 5 = 10$

③其他工作的最迟完成时间应等于其紧后工作最迟开始时间的最小值，即

$$LF_{i-j} = \min\{LS_{j-k}\} = \min\{LF_{j-k} - t_{j-k}\} \tag{1-4-10}$$

式中：LF_{i-j}——工作 i—j 的最迟必须完成时间；

LS_{j-k}——工作 j—k 的最迟必须开始时间；

LF_{j-k}——工作 j—k 的最迟必须完成时间；

t_{j-k}——工作 j—k 的持续时间。

例如在本例中，工作 3—5、工作 4—6 的最迟必须开始时间分别为

$LF_{3-5} = \min\{LS_{5-7}, LS_{6-7}\} = \min\{12, 10\} = 10$

$LF_{4-6} = LS_{6-7} = 10$

(4)计算工作的总时差。工作的总时差等于该工作最迟完成时间与最早完成时间之差，或该工作最迟开始时间与最早开始时间之差。

利用公式 $T = \sum K_{i,i+1} + T_n + \sum(Z_1 + Z_2 - Z_3)$ 得到本例中 $TF_{3-5} = LF_{3-5} - EF_{3-5} = 10 - 9 = 1$

或

$TF_{3-5} = LS_{3-5} - ES_{3-5} = 5 - 4 = 1$

(5)计算工作的自由时差。工作自由时差的计算应按以下两种情况分别考虑。

①对于有紧后工作的工作，其自由时差等于本工作紧后工作最早开始时间减本工作最早完成时间所得之差的最小值。

利用公式 $T = (m + N - 1)t$ 得到本例中工作 1—4 和工作 3—5 的自由时差分别为

$FF_{1-4} = ES_{4-6} - EF_{1-4} = 4 - 2 = 2$

$FF_{3-5} = \min\{ES_{5-7} - EF_{3-5}, ES_{6-7} - EF_{3-5}\} = \min\{9 - 9, 10 - 9\} = 0$

②对于无紧后工作的工作，也就是以网络计划终点节点为完成节点的工作，其自由时差等于计划工期与本工作最早完成时间之差。

将公式 $T = (m + N - 1)t$ 中 ES_{i-j} 替换为 T_p，得到本例中工作 2—7、工作 5—7 和工作 6—5 的自由时差分别为

$FF_{2-7} = T_p - EF_{2-7} = 15 - 11 = 4$

$FF_{5-7} = T_p - EF_{5-7} = 15 - 12 = 3$

$FF_{6-7} = T_p - EF_{6-7} = 15 - 15 = 0$

需要指出的是，对于网络计划中以终点节点为完成节点的工作，其自由时差与总时差相等。此外，由于工作的自由时差是其总时差的构成部分，所以当工作的总时差为零时，其自由时差必然为零，可不必进行专门计算。

(6)确定关键工作和关键线路。在网络计划中，总时差最小的工作为关键工作。特别地，当

网络计划的计划工期等于计算工期时,总时差为零的工作就是关键工作。例如在本例中工作1—3、工作4—6 和工作6—7 的总时差为零,所以它们都是关键工作。

找出关键工作之后,将这些关键工作首尾相连,便构成从起始节点到终点节点的通路,位于该通路上各项工作的持续时间总和最大,这条通路就是关键线路。在关键线路上可能有虚工作存在。

关键线路上各项工作的持续时间总和应等于网络计划的计算工期,这一特点也是判别关键线路是否正确的准则。例如在本例中①—③—④—⑥—⑦为关键线路。

2. 按节点计算法

所谓按节点计算法,就是先计算网络计划中各个节点的最早时间和最迟时间,然后再据此计算各项工作的时间参数和网络计划的计算工期。

下面是将图 1-4-20 所示双代号网络计划,按节点计算法计算时间参数的过程,其计算结果如图 1-4-22 所示。

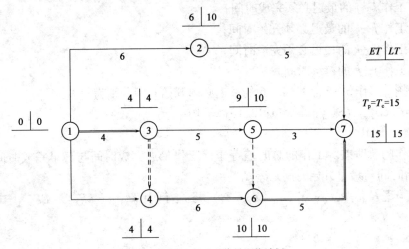

图 1-4-22　双代号网络计划

(1)计算节点的最早时间和最迟时间。

①计算节点的最早时间。节点最早时间的计算应从网络计划的起始节点开始,沿着箭线方向依次进行。其计算步骤如下:

a. 网络计划起始节点,如未规定最早时间时,其值等于零,本例中 $ET_1 = 0$。

b. 其他节点的最早时间应按式(1-4-11)进行计算

$$ET_j = \max\{ET_i + t_{i-j}\} \tag{1-4-11}$$

式中:ET_j——工作 i—j 的结束节点 j 的最早时间;

ET_i——工作 i—j 的开始节点 i 的最早时间;

t_{i-j}——工作 i—j 的持续时间。

在本例中,节点③和④的最早时间为

$ET_3 = ET_1 + t_{1-3} = 0 + 4 = 4$

$ET_4 = \max\{ET_1 + t_{1-4}, ET_3 + t_{3-4}\} = \max\{0 + 2, 4 + 0\} = 4$

c. 网络计划的计算工期等于网络计划终点节点的最早时间,即

$$T_c = ET_n \tag{1-4-12}$$

式中:T_c——网络计划的计算工期;

ET_n——网络计划终点节点 n 的最早时间。

本例中计算工期 $T_c = ET_7 = 15$。

②确定网络计划的计划工期。网络计划的计划工期应按公式 $V_i = \sum_{i=1}^{n}\sum_{i=1}^{n} R_i S_i$ 或公式 $t_i = \dfrac{P_i}{R_i b} = \dfrac{Q_i}{S_i R_i b}$ 确定,本例中假设为规定要求工期,则其计划工期应等于计算工期,即 $T_p = T_c = 15$。

③计算节点的最迟时间。节点最迟时间的计算应从网络计划的终点节点开始,逆着箭线方向依次进行。其计算步骤如下:

a. 网络计划终点节点的最迟时间等于网络计划的计划工期,即

$$LT_n = T_p \tag{1-4-13}$$

式中:LT_n——网络计划终点节点 n 的最迟时间;
T_p——网络计划的计划工期。

例如在本例中,终点节点⑦的最迟时间为 $LT_7 = T_p = 15$。

b. 其他节点的最迟时间应按式(1-4-14)进行计算

$$LT_i = \min\{LT_j - t_{i-j}\} \tag{1-4-14}$$

式中:LT_i——工作 i—j 的开始节点 i 的最迟时间;
LT_j——工作 i—j 的结束节点 j 的最迟时间;
t_{i-j}——工作 i—j 的持续时间。

例如在本例中,节点⑥和⑤的最迟时间分别为

$LT_6 = LT_7 - t_{6-7} = 15 - 5 = 0$
$LT_5 = \min\{LT_6 - t_{5-6}, LT_7 - t_{6-7}\} = \min\{10 - 0, 15 - 3\} = 10$

3. 根据节点的最早时间和最迟时间计算工作的时间参数

(1)工作的最早可能开始时间等于该工作开始节点的最早时间,即

$$ES_{i-j} = ET_i \tag{1-4-15}$$

在本例中,工作 1—2 和工作 2—7 的最早可能开始时间分别为
$ES_{1-2} = ET_1 = 0$
$ES_{2-7} = ET_2 = 6$

(2)工作的最早可能完成时间等于该工作开始节点的最早时间与其持续时间之和,即

$$EF_{i-j} = ET_i + t_{i-j} \tag{1-4-16}$$

在本例中,工作 1—2 和工作 2—7 的最早可能完成时间分别为
$EF_{1-2} = ET_1 + t_{1-2} = 0 + 6 = 6$
$EF_{2-7} = ET_2 + t_{2-7} = 6 + 5 = 11$

(3)工作的最迟必须完成时间等于该工作完成节点的最迟时间,即

$$LF_{i-j} = LT_j \tag{1-4-17}$$

在本例中,工作 1—2 和工作 2—7 的最迟必须完成时间分别为
$LF_{1-2} = LT_2 = 10$
$LF_{2-7} = LT_7 = 15$

(4)工作的最迟必须开始时间等于该工作完成节点的最迟时间与其持续时间之差,即

$$LS_{i-j} = LT_j - t_{i-j} \tag{1-4-18}$$

在本例中,工作 1—2 和工作 2—7 的最迟必须开始时间分别为

$$LS_{1-2} = LT_2 - t_{1-2} = 10 - 6 = 4$$
$$LS_{2-7} = LT_7 - t_{2-7} = 15 - 5 = 10$$

(5)工作的总时差为

$$TF_{i-j} = LF_{i-j} - EF_{i-j} = LT_j - (ET_i + t_{i-j}) = LT_j - ET_i - t_{i-j} \quad (1\text{-}4\text{-}19)$$

由式(1-4-19)可知,工作的总时差等于该工作完成节点的最迟时间减去该工作开始节点的最早时间所得差值再减其持续时间。在本例中,工作1—2和工作3—5的总时差分别为

$$TF_{1-2} = LT_2 - ET_1 - t_{1-2} = 10 - 0 - 6 = 4$$
$$TF_{3-5} = LT_5 - ET_3 - t_{3-5} = 10 - 4 - 5 = 1$$

(6)工作的自由时差可根据公式为

$$FF_{i-j} = \min\{ES_{j-k} - ES_{i-j} - t_{i-j}\} = \min\{ES_{j-k}\} - ES_{i-j} - t_{i-j} = \min\{ET_j\} - ET_i - t_{i-j} \quad (1\text{-}4\text{-}20)$$

由式(1-4-20)可知,工作的自由时差等于该工作完成节点的最早时间减去该工作开始节点的最早时间所得差值再减其持续时间。在本例中,工作1—2和工作3—5的自由时差分别为

$$FF_{1-2} = ET_2 - ET_1 - t_{1-2} = 6 - 0 - 6 = 0$$
$$FF_{3-5} = ET_5 - ET_3 - t_{3-5} = 9 - 4 - 5 = 0$$

特别需要注意的是,如果本工作与其各紧后工作之间存在虚工作时,其中的ET_j应为本工作紧后工作开始节点的最早时间,而不是本工作完成节点的最早时间。

4. 确定关键线路和关键工作

在双代号网络计划中,关键线路上的节点称为关键节点。关键工作两端的节点必为关键节点,但两端为关键节点的工作不一定是关键工作。关键节点的最迟时间与最早时间的差值最小。特别地,当网络计划的计划工期等于计算工期时,关键节点的最早时间与最迟时间必然相等。关键节点必然处在关键线路上,但由关键节点组成的线路不一定是关键线路。

当利用关键节点判别关键线路和关键工作时,还要满足下列判别式

$$ET_i + t_{i-j} = ET_j \quad (1\text{-}4\text{-}21)$$

或

$$LT_i + t_{i-j} = LT_j \quad (1\text{-}4\text{-}22)$$

如果两个关键节点之间的工作符合上述判别式,则该工作必然为关键工作,它应该在关键线路上。否则,该工作就不是关键工作,关键线路也就不会从此处通过。本例中①—③—④—⑥—⑦为关键线路。

5. 关键节点的特性

在双代号网络计划中,当计划工期等于计算工期时,关键节点具有以下一些特性,掌握好这些特性,有助于确定工作的时间参数。

(1)开始节点和完成节点均为关键节点的工作,不一定是关键工作。

(2)以关键节点为完成节点的工作,其总时差和自由时差必然相等。

(3)当两个关键节点间有多项工作,且工作间的非关键节点无其他内向箭线和外向箭线时,则两个关键节点间各项工作的总时差均相等。在这些工作中,除以关键节点为完成的节点的工作自由时差等于总时差外,其余工作的自由时差均为零。

(4)当两个关键节点间有多项工作,且工作间的非关键节点有外向箭线而无其他内向箭线时,则两个关键节点间各项工作的总时差不一定相等。在这些工作中,除以关键节点为完成的节点的工作自由时差等于总时差外,其余工作的自由时差均为零。

任务三 单代号网络计划

任务描述

学习单代号网络计划图的绘制与计算,掌握单代号网络图的概念及表示方法。

分组讨论 单代号网络计划图的绘制与计算

技能训练

单代号网络图的概念及表示方法是什么?

基本知识

一、单代号网络计划图的构成

1. 单代号网络图的概念

单代号网络图中的节点,一般用圆圈或方框来绘制,它表示一项工作,在圆圈或方框内可以写上工作的编号、名称和需要的作业时间,就形成单代号网络图,工作之间的逻辑关系用箭线表示。

2. 单代号网络图的表示方法

单代号网络计划图和双代号网络计划图一样,也由三要素组成,但其含义却完全不同。

(1)节点。单代号网络计划图中的节点,一个节点表示一项具体的工作。节点所表示的工作的名称、持续时间和代号一般都标注在圆圈内,计算所得的时间参数标注在节点两侧,如图1-4-23所示。

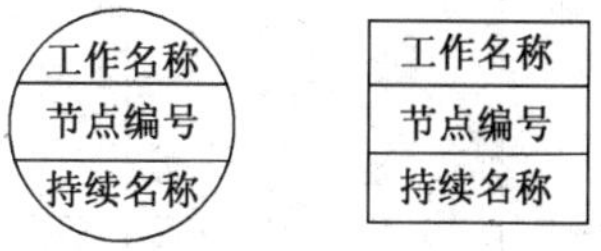

(2)箭线。在单代号网络计划图中箭线表示工作之间的相互关系,它既不消耗时间也不消耗资源。单代号网络计划图中不用虚箭线,箭线的箭头方向表示着工作的前进方向。

(3)代号。在单代号网络计划图中,一项工作只能有一个代号,不得重复。箭头节点的号码也应大于箭尾节点的号码。

图1-4-23 单代号网络图中工作的表示方法

3. 单代号网络图与双代号网络图相比所具有的特点

(1)工作之间的逻辑关系容易表达,且不用虚箭线,故绘图较简单。

(2)网络图便于检查和修改。

(3)由于工作的持续时间表示在节点之中,没有长度,故不够形象直观。

(4)表示工作之间逻辑关系的箭线可能产生较多的纵横交叉现象。

实际工作中最好是用单代号时标网络图,即横道图加上工序间的逻辑关系,计算出时差。

二、单代号网络图的逻辑关系绘制

1. 单代号网络图的绘制原则

(1)网络图中有多项起始工作或结束工作时,应在网络图的两端分别设置一项虚拟的工作作为该网络图的起始节点和终点节点。

(2)其他绘制原则与双代号网络图的绘制原则相同。

2. 单代号网络图的逻辑关系

单代号网络图的逻辑关系如表1-4-4所示。

单代号网络图的逻辑关系

表 1-4-4

序号	逻辑关系	单代号表示法	序号	逻辑关系	单代号表示法
1	A 完成后进行 B B 完成后进行 C	(图)	6	A、B 均完成后进行 C B、D 均完成后进行 E	(图)
2	A 完成后进行 B 和 C	(图)	7	A 和 B 都完成后进行 D A、B、C 均完成后进行 E D、E 均完成后进行 F	(图)
3	A 和 B 都完成后进行 C 和 D	(图)	8	A 完成后进行 C A、B 都完成后进行 D B 完成后进行 E	(图)
4	A 和 B 均完成后进行 C	(图)	9	A、B 两项工作流水施工 A_1 完成后进行 A_2、B_1 A_2 完成后进行 A_3、B_2 B_1 完成后进行 B_2 A_3、B_2 同时完成后进行 B_3	(图)
5	A 完成后进行 C A 和 B 都完成后进行 D	(图)			

3. 绘制实例

【例 1-4-4】 绘制如表 1-4-5 所示逻辑关系的单代号网络计划图。

某工作逻辑关系   表 1-4-5

工作代号	A	B	C	D	E	F	G	H	f
紧后工作	G	D、E	E、F	G	H	j	—	—	—

【解】 单代号网络计划图,如图 1-4-24。

【例 1-4-5】 绘制如表 1-4-6 逻辑工作关系的单代号网络计划图。

某工作逻辑关系   表 1-4-6

工作代号	A	B	C	D	E	F
紧后工作	D、E、F	D、F	E、F			

【解】 单代号网络计划图如图 1-4-25 所示。

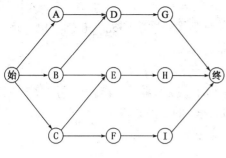
图1-4-24 单代号网络图

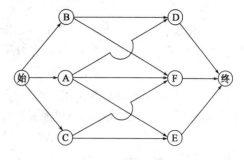
图1-4-25 单代号网络图

三、单代号网络计划图的时间参数计算

单代号网络图与双代号网络图只是在表现形式上不同,他们表达的内容和参数的计算方法等是相同的,下面以图1-4-26为例,介绍单代号网络计划的时间参数的计算。

1. 工作最早时间的计算

工作的最早可能开始时间和工作的最早可能完成时间应从起始节点开始计算,顺箭线方向依次逐项计算。定义开始节点的最早可能开始时间为零,$ES_1 = 0$。除开始节点外,其余节点的最早可能开始时间为其所有紧前工作的最早可能完成时间的最大值,如工作B和D的最早可能完成时间为4和5,则其紧后工作E的最早可能开始时间为5。用公式表示为

$$ES_i = \max\{EF_h\} \tag{1-4-23}$$

式中:EF_h——工作i的紧前工作的最早可能完成时间。

工作i的最早可能完成时间的计算公式为

$$EF_i = ES_i + t_i \quad (i = 1,2,3,\cdots,n) \tag{1-4-24}$$

式中:t_i——工作i的持续时间;

n——网络计划图中终点节点的编号。

2. 网络计划工期的确定

最后一项的最早完成时间即为该网络计划的计算工期T_c,同时还要根据有无规定的要求工期分别确定。

3. 工作的最迟必须完成与最迟必须开始时间的计算

计算工作的最迟时间应从终点节点开始,逆箭线方向,向起始节点逐项计算上一节点时,看外向箭线取紧后节点最迟必须开始时间的最小者,作为该节点的最迟必须完成,直到起始节为止,即

$$LF_i = \min\{LS_i\} \tag{1-4-25}$$

如工作E的最迟必须完成时间为工作F和I的最迟必须开始时间8和10的最小值,即为8。

定义终点节点的最迟必须完成时间等于终点节点的最早可能完成时间,即$LF_n = EF_n$,则$LS_n = LF_n - t_n$。由此可得,工作的最迟必须开始时间的计算公式为

$$LS_i = LF_i - t_i \quad (i = n, n-1, \cdots, 3, 2, 1) \tag{1-4-26}$$

如工作E的最迟必须开始时间为$LS_5 = LF_5 - t_5 = 8 - 3 = 5$。

4. 工作的各种时差的计算

(1)工作的总时差计算:在单代号网络计划图中,工作的总时差的概念与双代号网络图完全相同。其计算公式为

$$TF_i = LF_i - ES_i - t_i = LF_i - EF_i = LS_i - ES_i \qquad (1\text{-}4\text{-}27)$$

（2）工作的自由时差计算：工作的自由时差的概念与双代号网络图完全相同。由于该工作的紧后工作的最早可能开始时间不一定相同，所以计算公式为

$$FF_i = \min\{ES_j\} - ES_i - t_i = \min\{ES_j\} \qquad (i < j) \qquad (1\text{-}4\text{-}28)$$

这表示当工作 i 紧后有若干项工作时，工作 i 的自由时差应为紧后工作 j 中工作最早可能开始时间的最小值，减去工作的最早可能完成时间。例如工作 i 的自由时差 $FF_8 = \min\{ES_9\} - EF_8 = 11 - 9 = 2$。

5. 关键线路的确定

单代号网络计划图中，确定关键线路的方法与双代号网络计划基本相同，将总时差为零的工作连接起来所形成的自始至终的线路即为关键线路。如图 1-4-26 所示，①—④—⑤—⑥—⑨为关键线路。

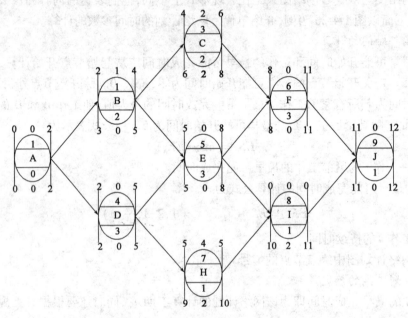

图 1-4-26　单代号网络计划时间参数计算

任务四　时间坐标网络

@ 任务描述

学习时间坐标网络计划。掌握时标网络图的优点。

| 分组讨论　时间坐标网络计划

技能训练

时标网络图有何优点？

基本知识

双代号时标网络计划（简称时标网络计划）是以水平时间坐标为尺度绘制的网络计划。在时标网络计划中，以实箭线表示工作，实箭线的水平投影长度表示该工作的持续时间；以虚箭线

表示虚工作,由于虚工作的持续时间为零,故虚箭线只能垂直画;以波形线水平投影长度表示工作与其紧后工作之间的自由时差。

时标网络计划,既具有网络计划的优点,又具有横道计划直观易懂的优点,它将网络计划的时间参数直观地表达出来。时标网络计划图主要供计划管理人员分析计划和实施资源优化使用。

一、时标网络计划的绘制方法

时标网络计划宜按各项工作的最早开始时间绘制。在绘制前可按已确定的时间单位绘出时标标尺。在编制时标网络计划之前,应先按已经确定的时间单位绘制时标网络计划表。时间坐标可以标注在时标网络计划表的顶部或底部。当网络计划的规模比较大,且比较复杂时,可以在时标网络计划表的顶部和底部同时标注时间坐标。必要时,还可以在顶部时间坐标之上或底部时间坐标之下同时加注日历时间。

时标网络计划的绘制方法有间接绘制法和直接绘制法两种。

1. 间接绘制法

所谓间接绘制法,是指先根据无时标的网络计划草图计算其时间参数并确定关键线路,然后在时标网络计划表中进行绘制。在绘制时,应先将所有节点按其最早时间定位在时标网络计划表中的相应位置,然后再用规定线形(实箭线和虚箭线)按比例绘出工作和虚工作。当某些工作箭线的长度不足以到达该工作的完成节点时,须用波形线补足,箭头应画在与该工作完成节点的连接处。图1-4-27所示为按各项工作的最早开始时间绘制的时标网络计划图。

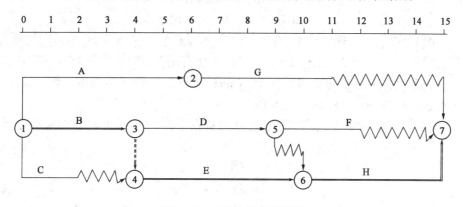

图1-4-27 双代号时标网络计划

2. 直接绘制法

所谓直接绘制法,是指不计算时间参数而直接按无时标的网络计划草图绘制时标网络计划。

(1)将网络计划的起始节点定位在时标网络计划表的起始刻度线上。

(2)按工作的持续时间绘制以网络计划起始节点为开始节点的工作箭线。

(3)除网络计划的起始节点外,其他节点必须在所有以该节点为完成节点的工作箭线均绘出后,定位在这些工作箭线中最迟的箭线末端。当某些工作箭线的长度不足以到达该节点时,须用波形线补足,箭头画在与该节点的连接处。

(4)当某个节点的位置确定之后,即可绘制以该节点为开始节点的工作箭线。

(5)利用上述方法从左至右依次确定其他各个节点的位置,直至绘出网络计划的终点节点。

在绘制时标网络计划时,特别需要注意的问题是处理好虚箭线。首先,应将虚箭线与实箭线等同看待,只是其对应工作的持续时间为零;其次,尽管它本身没有持续时间,但可能存在波形线,因此,要按规定画出波形线。在画波形线时,其垂直部分仍应画为虚线。

二、时标网络计划的关键线路和时间参数的判定

时标网络计划的关键线路,应自终点节点逆箭线方向朝起始节点观察,在图 1-4-27 中,线路①—③—④—⑥—⑦自始至终未出现波形线,是关键线路。

时标网络计划的时间参数判定如下。

(1)计算工期的判定。时标网络计划的计算工期,应是其终点节点与起始节点所在位置的时标值之差。如图 1-4-27 所示,计算工期为 15－0 ＝15。

(2)工作最早时间的判定。时标网络计划中,每个工作的起始节点中心所对应的时标值为该工作的最早可能开始时间。无波形线的工作的结束节点所对应的时标值为该工作的最早可能完成时间。有波形线的工作箭线的实线部分右端点为该工作的最早可能完成时间。

(3)工作自由时差的判定。时标网络计划中的工作自由时差值等于其波形线在坐标轴上的水平投影长度,如工作箭线右端只有虚工作,则这些波形线最短者的水平投影长度即为该工作的自由时差。

(4)工作总时差的判定。时标网络计划中工作的总时差不能直接判定,但可以利用自由时差逆着箭线的方向进行判定。其值等于各紧后工作总时差加本项工作与该紧后工作之间的时间间隔之和的最小值,即

$$TF_{i-j} = \min\{TF_{j-k} + LAG_{i-j-k}\} \quad (1\text{-}4\text{-}29)$$

式中:LAG_{i-j-k}——本工作 i—j 与其紧后工作 j—k 之间的时间间隔。

$$LAG_{i-j-k} = ES_{j-k} - EF_{i-j}$$

例如,在图 1-4-27 中,关键工作 4—6 的总时差为 0,工作 1—4 与 4—6 的时间间隔为 2,则工作 1—4 的总时差为 0＋2＝2。工作 3—5 的紧后工作有两个:工作 5—7 和 6—7,工作 3—5 与 5—7 和 6—7 的时间间隔分别为 0 和 1,而 5—7 的总时差为 3,6—7 为关键工作,总时差为 0,故工作 3—5 的总时差为 $\min\{3＋0,0＋1\} ＝1$。

(5)工作最迟时间的判定。工作的最迟时间是在总时差与最早时间的基础上计算出来的,即

$$LS_{i-j} = ES_{i-j} + TF_{i-j} \quad (1\text{-}4\text{-}30)$$

$$LF_{i-j} = EF_{i-j} + TF_{i-j} \quad (1\text{-}4\text{-}31)$$

例如,在图 1-4-27 中,工作 3—5 的最迟必须开始时间 $LS_{3-5} = ES_{3-5j} + TF_{3-5} = 1＋4＝5$,其最迟必须完成时间 $LF_{3-5} = EF_{3-5j} + TF_{3-5} = 1＋9＝10$。

任务五　网络计划的优化与控制

📖 任务描述

学习网络计划的优化与控制,掌握网络计划优化的原理。

分组讨论　网络计划的优化与控制

技能训练

网络计划优化的原理是什么?

基本知识

网络计划的优化是指通过不断改善网络计划的初始方案,在满足给定网络计划的约束条件下,利用最优化原理,按照某一衡量指标(如时间、成本、资源等)来寻求一个最优的计划方案。根据网络计划优化条件和目标不同,通常有工期优化、资源优化和成本优化等。

一、工期优化

在网络计划中,关键线路控制着任务的总工期,因此,工期优化一般是通过压缩关键工作持续时间的方法来达到缩短工期的目的。在优化过程中,要注意不能将关键工作压缩成非关键工作。当在优化过程中出现多条关键线路时,必须将各条关键线路持续时间压缩同一数字,否则不能有效地将工期缩短。

1. 工期优化的步骤

(1)找出网络计划中的关键线路并计算出计划工期。

(2)按要求工期计算应缩短的时间 ΔT,即

$$\Delta T = T_c - T_r \tag{1-4-32}$$

(3)按下列因素选择应该优先缩短持续时间的关键工作。

①缩短实施时间对质量和安全影响不大的工作。

②有充足备用资源的工作。

③缩短持续时间所增加费用最少的工作。

(4)将应该优先缩短的关键工作压缩至最短持续时间,并找出关键线路,如被压缩的工作变成了非关键工作,则应将其持续时间延长,使之仍为关键工作。

(5)若计算工期仍超过要求工期,则重复以上步骤,直到满足工期要求或工期已不能再缩短为止。

(6)当所有关键工作的时间都已达到最短持续时间而工期仍不能满足要求时,应对计划的原技术、组织方案重新调整或对要求工期重新审定。

(7)缩短关键线路持续时间的措施。

①增加工作班次。

②改变施工方法。

③组织流水作业。

④增加资源数量,包括将非关键工作上的资源调到关键工作上,或从网络计划外部调集资源。

⑤采取技术措施或其他组织措施。

2. 实例分析

【例1-4-6】 已知某网络计划如图1-4-28所示,括号外数字为正常持续时间,括号内数字为最短持续时间,假如要求工期为100天,根据实际情况并考虑选择应缩短持续时间的关键工作宜考虑的因素,压缩顺序为 B、C、D、E、G、H、I、A。试对网络计划进行优化。

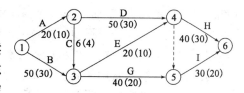

图1-4-28 某网络计划图

【解】

(1)先计算网络计划初始方案的工期,并在图中标出关键线路及关键工作,如图1-4-29所示,关键线路为①—③—⑤—⑥,计算工期 $T_r = 120$ 天。具体计算过程从略。

(2)按要求工期计算应缩短的时间 ΔT。

$$\Delta T = T_c - T_r = 120 - 100 = 20（天）$$

(3)根据资源供应和工作面条件,先将 B 工作压缩至最短持续时间 30 天,绘出第一次优化的网络图,如图 1-4-30 所示,找出关键线路为①—②—④—⑥,计算出工期 $T = 110$ 天,由于工作 B 持续时间缩短了 20 天,而工期只缩短了 120 - 110 = 10 天,且关键线路发生了转化,没有达到目标要求。如图 1-4-30 所示。

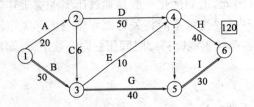

图 1-4-29 网络计划初始方案关键线路　　图 1-4-30 将 B 工作压缩至 30 天时的网络计划

(4)将 B 工作的持续时间调整为 40 天,使原关键线路仍为关键线路,如图 1-4-31 所示,关键线路有两条为①—②—④—⑥和①—③—⑤—⑥,计算出工期 $T = 110$ 天。

(5)根据压缩顺序,将 D、G 工作的持续时间同时压缩 10 天,绘出优化的网络图,如图 1-4-32 所示,关键线路有两条为①—②—④—⑥和①—③—⑤—⑥,计算出工期 $T = 100$ 天,已满足工期要求,优化完成。

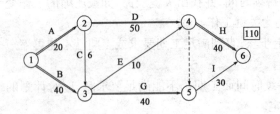
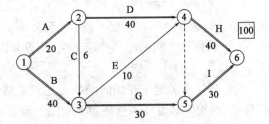

图 1-4-31 将 B 工作压缩至 40 天时的网络计划　　图 1-4-32 压缩 D、G 工作达到工期目标的优化方案

在采取这种方法进行工期优化时,工作的持续时间不可以随意压缩,一定要在工作面允许、资源满足供应的情况下进行压缩。否则,计划在实际中根本行不通。此外,实际工作中,工期优化可以将组织措施优化和时间优化结合起来进行。

二、时间—费用优化

时间优化是在不考虑费用情况下进行的。事实上,在一般工程项目中,要加快某项工作,通常都需要增加劳动力,或加班加点,或增加设备,而这些都会引起费用的增加。因此,费用与工期有着密切的关系。公路工程项目的总费用包括直接费用和间接费用。其中,直接费用指完成工程所需要的劳动力、原材料、机械设备等费用;间接费用则包括管理、公用福利事业费用、利息和一切不便于计入直接费用的其他附加费用。直接费用随着工期的缩短而增加,而间接费用是随着工期的缩短而减少的。因此,对于某一个项目来说,就不能简单地认为缩短工期就会增加费用,或者延长工期就会减少费用。这里存在一个时间—费用的优化问题。所谓时间—费用优化,就是求网络计划的最小费用的最优工期。解决这一问题的途径,可这样进行:先确定间接费用与工期的关系曲线,再确定直接费与工期的关系曲线;两曲线叠加即得到总费用与工期的关系曲线,该曲线的最低点即为最小费用,此费用对应的工期即为最优工期。

一般情况下,时间与间接费用的关系可视为线性关系。所以,主要问题是如何确定时间与直接费用的关系。该关系可由正常工期条件下,每缩短单位时间需增加费用的数量大小,在工期直接费的坐标中找出相应的坐标位置。通过若干次缩短单位时间后,在坐标中就可标出相应次数的坐标位置,用光滑曲线将这些点连成线,即可得到工期与直接费的关系曲线。再将直接费、间接费与工期的关系叠加即得总费用与工期的关系曲线,从而找出最小费用的最优工期。具体优化方法请参阅有关书籍。

三、资源优化

资源是指为完成任务所需的劳动力、材料、机械设备和资金等。前面对网络计划的计算和调整,一般都假定资源供应是完全充分的。然而,在大多数情况下,在一定时间内所能提供的各种资源有一定限额。一项好的工程计划安排,一定要合理使用现有的资源。如果工作进度安排不恰当,就会在计划的某些阶段出现对资源需求的高峰。

而在另一些阶段出现对资源需求的低谷。这种高峰与低谷的存在,势必使劳动管理复杂,管理费用增加,给施工企业带来不必要的经济损失。因此,就需要根据资源情况对网络计划进行调整,在保证规定工期和资源供应之间寻求相互协调和相互适应的途径,这就是资源优化。

资源优化通常有以下两种不同的情况:

(1)在工期规定的条件下,力求资源消耗均衡,即规定工期的资源均衡问题。
(2)在资源供应有限制的条件下,寻求计划的最短工期,即"资源有限,工期最短"的问题。

1. 规定工期的资源均衡

所谓规定工期是指工程项目网络计划的计划工期不能超过有关规定。下面介绍削峰填谷法和利用此法实现规定工期的资源均衡问题。其基本原理是:首先将计划中的所有工作按最早时间安排,根据资源的逐日需要量,作出资源曲线图;在此基础上,找出整个计划中的资源高峰时段,选择位于该高峰时段的能推迟到高峰之后开始的非关键工作,将其推迟到某时该开始,这样就使得整个计划中资源高峰得到一次削低,该高峰之后的资源低谷也就相应地得到一次填补,重复上述步骤,找出新的资源高峰,选择适当的非关键工作,进行下一次调整。这样逐步的削峰填谷,直到整个计划的资源高峰再也不能削低为止。

被推迟的非关键工作应该有一定的时差,以便在被推迟时不会影响计划工期。这些非关键工作的调整应按以下两条优先推迟规则进行:

(1)优先推迟资源强度小的工作(资源强度是指单位时间内资源需要量)。
(2)当有几项工作的资源强度相同时,优先推迟有效机动时间大的工作。

2. 资源有限,工期最短

当一项工程计划通过资源均衡之后,如果所需要的资源很充足,就可以下达实施了。但是,当资源供应有限时,计划在执行过程中就可能出现资源供不应求的现象,这就需要合理安排资源,可采用有限资源的分配方法,即备用库法来处理。

备用库法分配有限资源的基本原理是:设可供分配的资源储存在备用库中,任务开始后,从库中取出资源,按工作的优先安排规则给即将开始的工作分配资源,并考虑到尽可能的最优组合,分配不到资源的工作就推迟开始。随着时间推移和工作的结束,资源陆续返回到备用库中。当库中的资源达到能满足即将开始的一项或数项工作的资源需要时,再从备用库中取出资源,按这些工作优先安排规则进行分配,这样循环反复,一直到所有工作都分配到资源为止。资源分配的优先安排规则有以下几个:

(1)优先安排机动时间小的工作。
(2)当数项工作的机动时间相同时,优先安排持续时间短和资源强度小的工作。

需要注意的是,必须在保障关键工作的资源条件下,力争减少资源的库存积压,提高利用率。灵活地利用以上优先安排规则,并考虑尽可能的最优组合,这样虽然由于资源有限工期有可能要延长,但这种延长是最短的。

这里介绍的资源优化问题,只是单项资源的调整问题,而且只考虑每项工作每天的资源需要为常数的简单情况。实际工程要复杂得多,大量的实际问题是要解决多种材料、机械设备的多资源而且需要量为变数的问题。但是复杂问题往往是以简单问题为基础的,它们的基本原理是一致的。因篇幅有限,复杂问题在此不作讨论。

四、网络计划的控制

网络计划的控制主要是指网络计划的检查和调整。

1. 网络计划的检查

网络计划实施情况的检查内容主要有关键工作的进度、非关键工作进度及时差利用情况及工作之间的逻辑关系。

对关键工作进度检查的目的在于保证工期目标的顺利实现,按期完成施工任务。

对非关键工作的进度及时差利用情况的检查,一是与后续工作的进度有关,二是可以调动非关键工作的资源,支援关键工作。

对逻辑关系执行情况的检查,可以保证质量的同时,搞好与各单位之间的协作。

2. 网络计划执行情况的分析

当采用时标网络计划时,应用实际进度前锋线进行分析,做到对工程的进度有预测,对进度的协调有办法,拖后的进度能赶上,超前完成的有积极效果,能及时总结经验教训。

【例1-4-7】某工程网络计划如图1-4-33所示,在第5天检查时,发现A工作已经完成;B工作已经开始1天;C工作已经开始2天,D工作尚未开始,则据此可绘出实际进度前锋线,并将检查结果分析列入表1-4-7中。

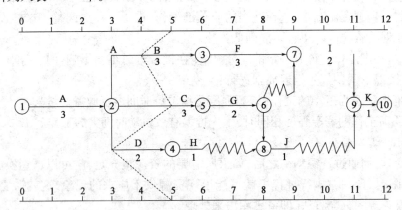

图1-4-33 某工程时标网络进度计划

网络计划检查结果分析　　　　　表1-4-7

工作代号	工作名称	检查时还需作业时间	到计划完成时尚有时间	原有总时差	尚有总时差	情况判断
2—3	B	2	6 − 5 = 1	0	1 − 2 = −1	延期1天
2—5	C	1	7 − 5 = 2	1	2 − 1 = 1	正常
2—4	D	2	7 − 5 = 2	2	2 − 0 = 2	正常

单元二　工程概预算

项目一　公路工程概预算概述

【知识目标】了解工程投资与概预算的关系;掌握概预算的分类、作用与投资额测算体系;掌握概预算编制方法。

【能力目标】通过对公路工程概预算分类、作用及投资额测算体系和概预算编制方法等内容的学习,你应对工程概预算在公路工程建设中的作用、分类及概预算编制方法有了较全面的掌握和认识,为今后能从事造价员、施工员、监理员工作打下良好的知识基础。

【知识引入】我国基本建设投资的管理与控制基本上分为三个层次:第一个层次是国家;第二个层次是项目申报单位,即项目建设单位;第三个层次是施工单位(或承包单位)。投资估算一般是指在投资前期(规划、项目建议书、可行性研究报告)阶段,建设单位向国家申请拟订项目或国家对拟订项目进行决策时,确定建设项目在规划、项目建议书、可行性研究报告等不同阶段的相应投资总额而编制的经济文件。

任务一　概预算制度的形成与发展

任务描述

作为公路工程施工人员,了解和掌握概预算制度的形成与发展,是提高业务水平和工作能力的重要环节。

分组讨论　概预算制度的形成与发展

技能训练

国外概预算制度的形成和发展过程如何?

基本知识

建筑工程概预算制度产生于早期的资本主义国家,其历史可以追溯到16世纪。概预算制度的发展过程大致可分为三个阶段。16世纪到18世纪末,是第一阶段,由测量员对已完工程的工程量进行测量并估价。19世纪初期,是预算工作发展的第二阶段,由预算师在开工之前,按照施工图进行工程量计算,以作为承包人投标的基础,中标后的预算书就成为合同文件的重要组成部分。20世纪40年代发展到第三阶段,建立了投资计划和控制的制度,他们的投资计划相当于我国的初步设计概算或投资估算,作为投资者预测其投资效果,进行投资决策和控制的依据。

我国建立统一的预算制度,是始于大规模经济建设的"一五"计划时期,从原苏联学来的。1958年后,概预算工作中央不再统管,下放给各省、市、自治区管理,不久在"文革"中被作为"修正主义的管、卡、压"进行了批判。1967年废除了预算制度,实行经常费办法,即施工企业的工资和管理费由国家拨付,材料费向建设单位实报实销。这实际上是供给制造成了不讲管理,不讲核算,不讲成本的吃"大锅饭"局面,以致损失浪费严重,投资效果极差。1973年取消经费办法,恢复预算制度。十一届三中全会以后,国家加强了基本建设预算管理,多次部署整顿和加强"三算"的管理工作,要求做到设计要有概算,施工要有预算,竣工要有决算,以促进经济核算,发挥投资的预期效果。同时,国家还组织了设计部门、施工部门和建设银行及各主管部门制订了工程预算、概算定额及各项费用标准,作为编制基本建设概预算的依据。

总之,无论是国外还是国内,概预算制度都是随着商品经济的发展而逐步形成与不断完善的,概预算制度也肯定会进一步得到加强和完善。

任务二 工程投资与概预算

任务描述

作为公路工程施工人员,了解和掌握工程投资与概预算,是提高业务水平和工作能力的重要环节。

分组讨论 工程投资与概预算

技能训练

我国基本建设投资的管理与控制基本上分为几个层次?

基本知识

投资是指为了实现某一特定目的而将其能支配的资源投入社会再生产过程的一种社会实践分组讨论。我国基本建设投资的管理与控制基本上分为三个层次。第一个层次是国家。国家通过基本建设计划和有关政策、法律从宏观上对基本建设投资进行管理和控制。如制订基本建设程序,要求每一个基本建设项目严格遵守基本建设程序。计划部门代表国家根据建设项目可行性研究报告的评审意见来进行项目审批,并按项目的设计概算来控制投资总额。第二个层次是项目申报单位,即项目建设单位。项目建设单位具体对基本建设项目的造价进行控制,自己或委托设计单位编制可行性研究报告,提出项目建议书,并根据批准的可行性研究报告组织设计,据批准的设计概算(或施工图预算)编制标底组织施工招标,确定施工单位和委托监理单位。在施工过程中,委托监理工程师对工程费用进行严格管理。通过这一系列工作对建设成本(或造价)进行控制。第三个层次是施工单位(或承包单位)。建设项目由施工单位具体实施,并在施工前编制施工预算,对工程成本进行严格控制。由此可知,投资本身是一个逐步开展和不断深化的过程,因此,在其运动过程的不同阶段便有不同的测算工作,形成不同的投资额和测算种类。

建设项目从项目决策到竣工交付使用的整个过程中,根据在不同阶段投资额的作用和精度要求的不同,形成了投资估算、设计概算、施工图预算、施工预算、标底、投标报价、结算和决算8种测算方式,并由此构成了建设项目投资额的测算体系。它是基本建设工程投资管理的基本环节。概预算是编制建设工程经济文件的主要依据,也是其他测算方式(投资估算除外)的基础。

任务三 公路工程概预算的分类、作用与投资额测算体系

任务描述

作为公路工程施工人员,了解和掌握公路工程概预算的分类、作用与投资额测算体系,

是提高业务水平和工作能力的重要环节。

分组讨论1　公路工程概预算的分类

技能训练

公路工程概预算的分类是什么？

基本知识

根据我国的设计和概预算文件编制以及管理方法，对公路基本建设工程有如下规定：

(1)采用两阶段设计的建设项目，在初步设计阶段，必须编制总概算。在施工图设计阶段，必须编制施工图预算。

(2)采用三阶段设计的建设项目，除按上述要求外，在技术设计阶段，还必须编制修正概算。

(3)在基本建设全过程中，根据基本建设程序的要求和国家有关文件的规定，除编制概预算文件外，在其他建设阶段，还必须编制以概预算为基础(投资估算除外)的其他有关投资额测算文件。

分组讨论2　概预算的作用

技能训练

概预算的作用是什么？

基本知识

(1)编制基本建设计划、确定和控制基本建设投资额的依据。

(2)设计与施工方案优选的依据。

(3)实行基本建设招标投标，签订工程合同，办理工程拨款、贷款和结算的依据。

(4)施工企业加强经营管理、搞好经济核算、降低工程成本的基础。

(5)对工程进行成本分析和统计工程进度的重要指标。

分组讨论3　投资额测算体系

技能训练

投资额按工程的建设程序进行分类，可分为几类？

基本知识

为了对基本建设工作进行全面而有效的工程造价管理，在项目的各阶段都必须编制有关的造价文件，这些不同造价文件的投资额则要根据其主要内容要求，由不同测算工作来完成。投资额按工程的建设程序进行分类，有如下几种。

一、投资估算

投资估算，一般是指在投资前期(规划、项目建议书、可行性研究报告)阶段，建设单位向国家申请拟订项目或国家对拟订项目进行决策时，确定建设项目在规划、项目建议书、可行性研究报告等不同阶段的相应投资总额而编制的经济文件。它具有如下几个方面的作用：

(1)是国家决定拟建项目是否继续进行研究的依据。

（2）是国家审批项目建议书的依据。

（3）是国家审批建设项目可行性研究报告的依据。可行性研究报告被批准后，投资估算就作为控制初步设计概预算的依据，也是国家对建设项目所下达的投资限额，并可作为资金筹措计划的依据。

（4）是国家编制中长期规划和保持合理投资结构的依据。

根据投资估算的作用不同，其内容的深浅程度也不尽相同，在编制公路工程投资估算时，应按有关规定执行满足各自要求。公路工程投资估算是公路建设项目可行性研究报告中的重要内容，可分为两类：一类是项目建议书投资估算；另一类是工程可行性研究投资估算。

二、概算

概算又分为设计概算和修正概算两种。设计概算和修正概算是指在初步设计或技术设计阶段，由设计单位根据设计图、概算定额、各类费用定额、建设地区的自然条件和技术经济条件等资料，预先计算和确定建设项目从筹建至竣工验收的全部建设费用的经济文件。它是设计文件的重要组成部分，是国家确定和控制公路基本建设投资总额、安排基本建设计划、选择最优设计方案的依据。建设项目的总概算一经批准，在其随后的其他阶段是不能随意突破的。

三、施工图预算

公路基本建设工程不论采用几阶段设计，设计单位在施工图设计阶段均应编制施工图预算。施工图预算是设计单位根据施工图设计的工程量和施工方案，按预算定额和各类费用定额，所编制的反映工程造价的经济文件。它是考核施工图设计经济合理性的依据，对于按施工图预算承包的工程它又是签订建筑安装工程合同、实行建设单位和施工单位投资包干和办理工程结算的依据；对于进行施工招标的工程，施工图预算也是编制工程标底的依据；同时，它也是施工单位加强经营管理、搞好经济核算的基础。

施工图预算必须以施工图图样、说明书、施工组织设计（或施工方案）以及编制预算的法令性文件为依据。

四、施工预算

施工预算是施工单位进行成本控制与成本核算的依据，也是施工单位进行劳动组织与安排，以及进行材料和机械管理的依据，对施工组织和施工生产有着极为重要的作用。

施工预算是指施工阶段，在施工图预算的控制下，施工单位根据施工图计算的分项工程量、施工定额、施工组织设计或分部分项工程施工过程的设计及其他有关技术资料，通过工料分析，计算和确定完成一个工程项目或一个单位工程或其中的分部分项工程所需的人工、材料、机械台班消耗量及其他相应费用的经济文件。施工预算所反映的是完成工程项目的成本，是成本控制的主要目标。

五、标底编制

实行招标的工程项目，一般由招标单位对发包的工程，按发包工程的工程内容（通常由工程量清单来明确）、设计文件、合同条件以及技术规范和有关定额等资料进行编制。标底是一项重要的投资额测算，是评标的一个基本依据，也是衡量投标人报价水平高低的基本指标，在招标投标工作中起着关键作用。其编制一方面应遵守国家的有关规定和要求，另一方面应力求准确。

标底一般以设计概算和施工图预算为基础编制,以其中的建筑安装工程费为主,且不准超过批准的概算或施工图预算。

六、报价

报价是由投标单位根据招标文件及有关定额(有时往往是投标单位的企业定额),并根据招标项目所在地区的自然、社会和经济条件及施工组织方案、投标单位的自身条件,计算完成招标工程所需各项费用的经济文件。报价是投标文件最重要的组成部分,是投标工作的关键和核心,也是决定能否中标的主要依据。因此,能否准确计算和合理确定工程报价,是施工企业在投标竞争中能否获胜的前提条件。中标单位的报价,将直接成为工程承包合同价的主要基础,并对将来的施工过程起着严格的制约作用。承包单位和业主均不能随意更改报价。

报价同施工预算虽然比较接近,但不同于施工预算。报价的费用组成和计算方法同概预算类似,但其编制体系和要求均不同于概预算。

报价和概预算的差别主要体现在两个方面:一是概预算文件必须按国家有关规定进行编制,尤其是各费用的计算,更能体现投标单位的实际水平;二是概预算经设计单位编完后,必须经建设单位或其主管部门、建设银行等审查批准后才能作为建设单位与施工单位结算工程价款的依据;而报价则可以根据投标单位对工程项目和招标文件的理解程度,对预算造价上下浮动,无须预先送建设单位审核。因此,报价比概预算更复杂,也比概预算更灵活。

报价与标底有极为密切的关系,标底同概预算的性质很相近,编制方式也相同,都有较为严格的要求。报价则比标底编制要灵活,虽然两者有很明显的差别,并且从不同角度来对同一工程的价值进行预测,计算结果很难相同,但又有极密切的关系。

七、工程结算

工程项目的建设是一个复杂的过程,涉及的单位都是一些相对独立的经济实体,有着各自的经济利益,在项目建设过程中承担着不同的工程内容,因此,无论公路工程项目采用何种方式进行建设,在建设过程中,各经济实体之间必然会发生货币收支行为。这种在项目建设过程中由于器材采购、劳务供应、施工单位已完工程点的移交和可行性研究、设计任务的完成等经济分组讨论而引起的货币收支行为,就是项目结算。在社会主义商品经济条件下,公路建设项目的建设过程也是一种商品的生产过程,其间所发生的一系列工作和分组讨论最终都要通过结算来做最后评价。

项目结算的主要内容包括货物结算、劳务供应结算、工程(费用)结算及其他货币资金的结算等。货物结算是指建设单位同其他经济单位之间,由于物资的采购和转移而发生的结算;劳务供应结算是指建设单位同其他单位之间,由于互相提供劳务而发生的结算;工程费用结算是指建设单位同施工单位之间,由于拨付各种预付款和支付已完工程等费用而发生的结算;其他货币资金结算是指基本建设各部门、各企业和各单位之间由于资金往来以及他们同建设银行之间,因存款、贷款业务而发生的结算。

工程费用结算习惯上又称为工程价款结算,是项目结算中最重要和最关键的部分,是项目结算的主体内容,占整个项目结算额的75%~80%。工程价款结算,一般以实际完成的工程量和有关合同单价以及施工过程中现场实际情况的变化资料(如工程变更通知、计日工使用记录等)计算当月应付的工程价款。施工单位将实际完成的工作内容、工程量填入各种报表,按月送交驻地监理工程师验收签认,然后向建设单位提交当月工程价款结算单。根据结算应付的工程价款经总监理工程师签认的支付证书,财务部门才能转账。目前,由于各地区施工单位流动资金供应

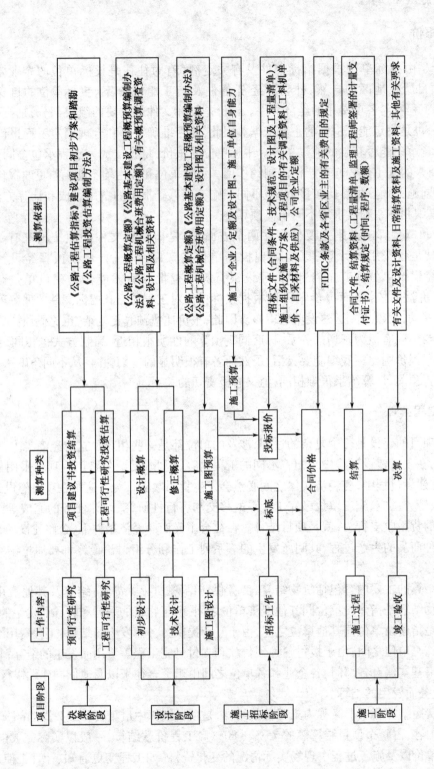

图2-1-1 投资进程和投资预测算关系

方式的差别和具体工程项目的不同,工程价款的结算方法有多种形式,一般为:按月结算;竣工后一次性结算;分段结算;约定的其他结算方式。而实行 FIDIC 条款的合同,则明确规定了计量支付条款,对结算内容、结算方式、结算时间、结算程序给予了明确规定,一般是按月申报,期中支付,分段结算,最终结清。

八、竣工决算

竣工决算是指在建设项目完工后竣工验收阶段,由建设单位编制的建设项目从筹建到建成投产或使用的全部实际成本的技术经济文件。它是公路建设投资管理的重要环节,是公路工程竣工验收、交付使用的重要依据,也是进行公路建设项目财务总结,银行对其实行监督的必要手段。其内容由文字说明和结算报表两部分组成。文字说明主要包括工程概况、设计概算和基本建设规划执行情况、各项技术经济指标完成情况、各项拨款(或贷款)使用情况、建设成本和投资效果的分析以及建设过程中的主要经验、存在的问题和解决意见等。

投资分组讨论的进展顺序及相关工作内容和投资额测算的相互关系如图 2-1-1 所示。

从图 2-1-1 可以看出,估算、概算、预算、标底、报价和结算以及决算都是以价值形态贯穿整个投资过程之中,从申请建设项目、确定和控制基本建设投资额、进行基建经济管理和施工单位进行经济核算,到最后以决算形成企(事)业单位的固定资产,构成了一个有机的整体,缺一不可。总之,各种测算环环相扣,紧密联系,共同对投资额进行有效控制。

任务四 概预算编制方法

📖 任务描述

作为公路工程施工人员,了解和掌握概预算编制方法,是提高业务水平和工作能力的重要环节。

▍分组讨论1 概预算编制依据

技能训练
我国现行的公路工程概预算定额是什么?

基本知识
公路工程基本建设项目概预算应分别以《公路工程概算定额》(JTG/T B06-01—2007)、《公路工程预算定额》(JTG/T B06-02—2007)为依据。编制概预算时应根据概预算定额规定的各工程项目的人工、材料、机械台班消耗量和概预算编制时根据工程所在地的人工费工日单价、材料预算单价和机械台班单价计算出各工程项目的人工、材料、机械台班费用,并按有关取费标准计算各项费用。

(1)国家发布的有关法律、法规、规章、规程等。
(2)现行的《公路工程概算定额》(JTG/T B06-01—2007)、《公路工程预算定额》(JTG/T B06-02—2007)、《公路工程机械台班费用定额》(JTG/T B06-03—2007)。
(3)工程所在地省级交通主管部门发布的补充计价依据。
(4)批准后设计资料。
(5)工程所在地的人工、材料、机械及设备预算价格等。

(6)工程所在地的自然、技术、经济条件等资料。
(7)施工组织设计和工程施工方案。
(8)有关合同、协议等。
(9)其他有关资料。

分组讨论2　概预算文件组成

技能训练

概预算文件的主要组成部分是哪些?

基本知识

概预算文件由封面及目录、概预算编制说明及全部概预算计算表格组成。

一、封面及目录

概预算文件的封面和扉页应按《公路工程基本建设项目设计概算编制办法》中的规定制作,扉页的次页应有建设项目名称,编制单位,编制、复核人员姓名并加盖执业(从业)资格印章,编制日期及第几册共几册等内容。目录应按概预算表的表号顺序编排。

二、概预算编制说明

概预算编制完成后,应写出编制说明,文字力求简明扼要,应叙述的内容一般有以下几个方面:

(1)建设项目设计资料的依据及有关文号,如建设项目可行性研究报告批准文号、初步设计和概算批准文号(编修正概算及预算时),以及根据何时的测设资料及比选方案进行编制等。

(2)采用的定额、费用标准,人工、材料、机械台班单价的依据或来源,补充定额及编制依据的详细说明。

(3)与概预算有关的委托书、协议书、会议纪要的主要内容(或将抄件附后)。

(4)总概预算金额,人工、钢材、水泥、木料、沥青的总需要量情况,各设计方案的经济比较,以及编制中存在的问题。

(5)其他与概预算有关但不能在表格中反映的事项。

三、概预算表格

概预算文件的主要内容和组成部分是概预算表格,它实际上是由一套规定的表格所组成的。公路工程概预算应按统一的概预算表格计算,其中概预算表格的样式相同,只是表头字样有别。概预算表格是一个有机的整体,它们互相联系,共同反映出工程的费用;概预算的材料和机械台班单价及各项费用的计算都应通过表格反映。各种表格的计算顺序及相互关系如图2-1-2所示。

四、甲组文件与乙组文件

概预算文件是设计文件的组成部分,按不同的需要分为两组。甲组文件为各项费用计算表,乙组文件为建筑安装工程费各项基础数据计算表(只供审批使用)。甲、乙组文件应按《公路工程基本建设项目设计文件编制办法》关于设计文件报送份数的要求,随设计文件一并报送。报送乙组文件时,还应提供建筑安装工程费各项基础数据计算表的电子文档和编制补充定额的详细资料,并随同概预算文件一并报送。

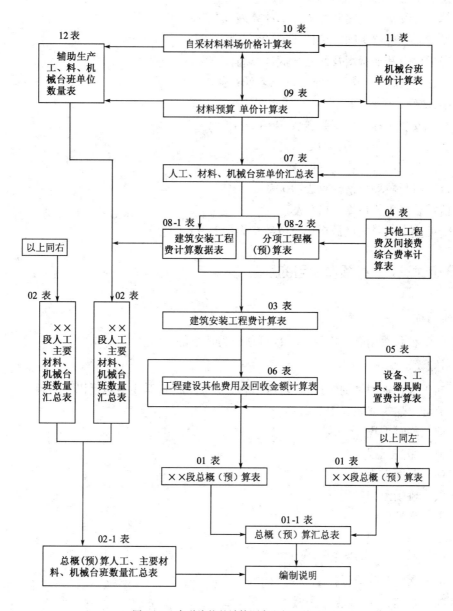

图2-1-2 各种表格的计算顺序和相互关系

乙组文件中的建筑安装工程费计算数据表(08-1表)和分项工程概(预)算表(08-2表)应根据审批部门或建设项目业主单位的要求全部提供或仅提供其中的一种。

概预算应按一个建设项目,如一条路线或一座独立大(中)桥、隧道进行编制。当一个项目需要分段或分部编制时,应根据需要分别编制,但必须汇总编制总概(预)算汇总表。

1. 甲组文件的内容
(1)编制说明
(2)总概(预)算汇总表(01-1表)
(3)总概(预)算人工、主要材料、机械台班数量汇总表(02-1表)

(4)总概(预)算表(01 表)
(5)人工、主要材料、机械台班数量汇总表(02 表)
(6)建筑安装工程费计算表(03 表)
(7)其他工程费及间接费综合费率计算表(04 表)
(8)设备、工具、器具购置费计算表(05 表)
(9)工程建设其他费用及回收金额计算表(06 表)
(10)人工、材料、机械台班单价汇总表(07 表)
2. 乙组文件的内容
(1)建筑安装工程费计算数据表(08-1 表)
(2)分项工程概(预)算表(08-2 表)
(3)材料预算单价计算表(09 表)
(4)自采材料料场价格计算表(10 表)
(5)机械台班单价计算表(11 表)
(6)辅助生产工、料、机械台班单位数量表(12 表)

分组讨论3　概预算项目的划分

技能训练

按不同工程和费用类别概预算项目可划分为几个部分?

基本知识

按不同工程和费用类别概预算项目可划分为三个部分,其主要包括以下内容:
第一部分　建筑安装工程费
第一项　临时工程
第二项　路基工程
第三项　路面工程
第四项　桥梁涵洞工程
第五项　交叉工程
第六项　隧道工程
第七项　公路设施及预埋管线工程
第八项　绿化及环境保护工程
第九项　管理、养护及服务房屋
第二部分　设备及工具、器具购置费
第三部分　工程建设其他费用

项目表中详细内容见《公路工程基本建设项目概算预算编制办法》(JTG B06—2007)附录四。

概预算项目编制应注意事项如下:概预算项目应按项目表的序列及内容编制,不得随意划分。如实际出现的工程和费用项目与项目表的内容不完全相符时,一、二、三部分和项的序号应保留不变,"目""节""细目"可随需要增减,并按项目表的顺序以实际出现的"目""节""细目"依次排列,不保留缺少的"目""节""细目"的序号。如第二部分,设备及工具、器具购置费在该项工程中不发生时,第三部分工程建设其他费用仍为第三部分。同样,路线工程第一部分第六项为隧道工程,第七项为公路设施及预埋管线工程,若路线中无隧道工程项目,但其序号仍保留,公路设施及预埋管线工程仍为第七项。但如"目""节""细目"发生这样的情况时,可依次递补改变序号。

概预算应按一个建设项目(如一条路线或一座独立大、中桥)进行编制。当一个建设项目需要分段或分部编制时,应根据需要分别编制,但必须汇总编制总概(预)算汇总表。

分组讨论4 概预算费用组成

技能训练

概预算文件的组成有哪些?

基本知识

根据《公路工程基本建设项目设计文件编制办法》(JTG B06—2007)的规定,公路工程概预算费用由建设安装工程费,设备、工具、器具及家具购置费,工程建设其他费用,预留费用共四大部分费用组成,见图2-1-3~图2-1-7。

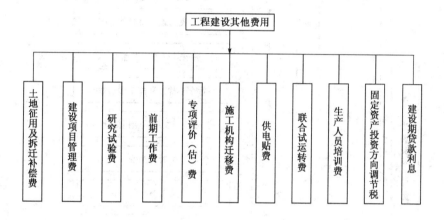

图2-1-3 概预算费用的组成(工程建设其他费用)

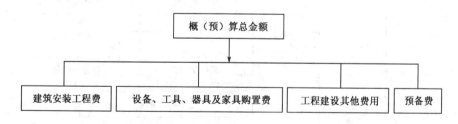

图2-1-4 概预算费用的组成(概预算总金额)

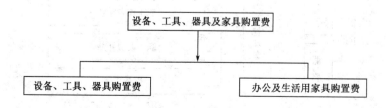

图2-1-5 概预算费用的组成(设备、工具、器具及家具购置费)

图 2-1-6　概预算费用的组成(预备费)

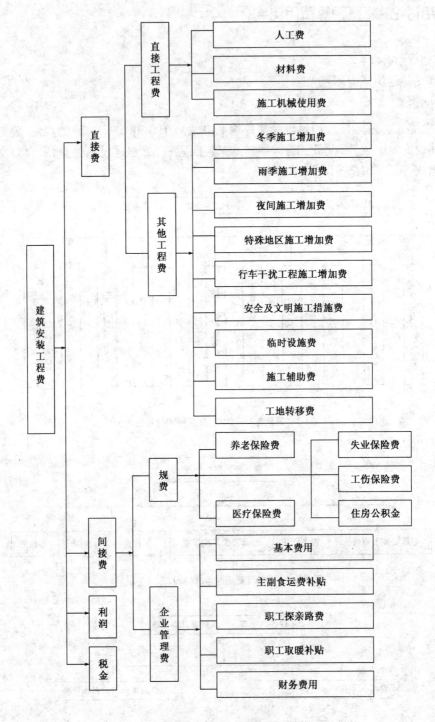

图 2-1-7　概预算费用的组成(建筑安装工程费)

项目二　概预算各种费用概念与计算

【知识目标】 掌握概预算费用的组成及计算方法。

【能力目标】 通过对公路工程概预算各种费用计算方法的学习,你应能较全面掌握公路工程概预算各种费用的名称及计算方法,为今后能从事造价员、施工员、监理员工作打下良好的知识基础。

【知识引入】 建筑安装工程费包括直接费、间接费、利润及税金。直接费由直接工程费和其他工程费组成。间接费由规费和企业管理费两项组成。利润是指施工企业完成所承包工程应取得的盈利。利润按直接费与间接费之和扣除规费的7%计算。税金是指按国家税法规定应计入建筑安装工程造价内的营业税、城市维护建设税及教育费附加等。

任务一　建筑安装工程费计算

任务描述

作为公路工程施工人员,了解和掌握建筑安装工程费计算,是提高业务水平和工作能力的重要环节。

分组讨论　直接费、间接费、利润及税金的计算

技能训练

建筑安装工程费包括的内容主要有哪些?

基本知识

建筑安装工程是施工企业按预定生产目的创造的直接生产成果,包括建筑工程和设备安装工程两大类。它必须通过施工企业的生产分组讨论和消耗一定的资源来实现。

现行的《公路工程基本建设项目概算预算编制办法》(JTG B06—2007)规定,建筑安装工程费由直接费、间接费、利润和税金四部分组成。

一、直接费计算

直接费是指施工企业生产作业直接体现在工程上的费用,即直接使生产资料发生转移而形成预定使用功能所投入的费用。它由直接工程费和其他工程费组成。

直接费是建筑安装工程费的主体部分,它的高低直接决定了工程造价的高低。直接费的多少取决于设计质量、施工方法、概(预)算定额、工程所在地的人工工日单价、材料预算价格、机械台班单价以及工程所在地的其他工程费费率等因素。

直接费的计算方法有以下几个方面:
(1)将工程项目按要求分解成分项工程,并计算各分项工程的工程量。
(2)查阅和套用定额项目表中各分项工程的人工、材料、机械消耗量及定额基价。
(3)根据分项工程的工程量大小和定额的规定计算出各分项工程的人工、材料、机械消耗量及定额基价。

(4)用人工工日单价、材料预算单价和机械台班单价计算出各分项工程的人工费、材料费、机械使用费。

(5)以直接工程费为基数,按其他工程费费率计算其他工程费。

(6)由工、料、机费用和其他工程费求得直接费。

因此,直接费的计算是以直接工程费为基础,以工、料、机预算单价和其他工程费费率为依据来进行的。

直接费由直接工程费和其他工程费组成。

(一)直接工程费计算

直接工程费是指施工过程中耗费的构成工程实体和有助于工程形成的各项费用,它包括人工费、材料费、施工机械使用费。

1. 人工费

(1)概念。人工费是指列入概预算定额的直接从事建筑安装工程施工的生产工人(包括现场内水平、垂直运输等辅助工人)和附属辅助生产单位的工人的人工工日数及工日单价计算的各项费用。但材料采购及保管人员、驾驶施工机械、运输工具的工人、材料到达工地以前的搬运、装卸工人等人员的工资以及由施工管理费支付工资的人员的工资,不应计入人工费。

(2)费用组成。

①基本工资,是指发放给生产工人的基本工资、流动施工津贴和生产工人劳动保护费,以及为职工缴纳的养老、失业、医疗保险费和住房公积金等。

生产工人劳动保护费是指按国家有关部门规定标准发放的劳动保护用品的购置费及修理费、徒工服装补贴、防暑降温费、在有碍身体健康环境中施工的保健费用等。

②工资性补贴,是指按规定标准发放的物价补贴,煤、燃气补贴,交通费补贴,地区津贴等。

③生产工人辅助工资,是指生产工人年有效施工天数以外非作业天数的工资,包括开会和执行必要的社会义务时间的工资,职工学习、培训期间的工资,调动工作、探亲、休假期间的工资,因气候影响停工期间的工资,女工哺乳期间的工资,病假在6个月以内的工资及产、婚、丧假期的工资。

④职工福利费,是指按国家规定标准计提的职工福利费。

(3)计算。

①工日单价,是指公路工程生产工人每工日人工费,即

$$\text{工日单价(元/工日)} = [\text{基本工资(元/月)} + \text{地区生活补贴(元/月)} + \text{工资性津贴(元/月)}] \\ (1+14\%) \times 12 \text{月} \div 240(\text{工日}) \quad (2\text{-}2\text{-}1)$$

式中:基本工资——按不低于工程所在地政府主管部门发布的最低工资标准的1.2倍计算;

地区生活补贴——国家规定的边远地区生活补贴、特区补贴;

工资性津贴——物价补贴,煤、燃气补贴,交通费补贴等。

以上各项标准由各省、自治区、直辖市公路(交通)工程造价(定额)管理站根据当地人民政府的有关规定核定后公布执行,并抄送交通运输部公路司备案,并应根据最低工资标准的变化情况及时调整公路工程生产工人工资标准。

人工费单价仅作为编制概预算的依据,不作为施工企业实发工资的依据。

②人工费。人工费以概预算定额人工工日数乘以每工日人工费计算,即

$$\text{人工费} = \sum (\text{分项工程数量} \times \text{相应项目定额单位工日数} \times \text{工日单价}) \quad (2\text{-}2\text{-}2)$$

式中:分项工程数量——由设计图按工程量计算规则计得的定额单位工程数量;

定额单位工日数——完成一定数量单位的分项工程数量定额规定所需人工工日,由定额可直接查得。

2. 材料费

(1)概念。材料费是指施工过程中耗用的构成工程实体的原材料、辅助材料、构(配)件、零件、半成品、成品的用量和周转材料的摊销量,按工程所在地的材料预算价格计算的费用。

(2)材料预算价格。材料预算价格由材料原价、运杂费、场外运输损耗、采购及仓库保管费组成,即

$$材料预算价格 = (材料原价 + 运杂费) \times (1 + 场外运输损耗率) \times \\ (1 + 采购及保管费费率) - 包装品回收价值 \qquad (2-2-3)$$

①材料原价。各种材料原价按以下规定计算。

a. 外购材料:国家或地方的工业产品,按工业产品出厂价格或供销部门的供应价格计算,并根据情况加计供销部门手续费和包装费。如供应情况、交货条件不明确时,可采用当地规定的价格计算。

b. 地方性材料:地方性材料包括外购的砂、石材料等,按实际调查价格或当地主管部门规定的预算价格计算。

c. 自采材料:自采的砂、石、黏土等材料,按定额中开采单价并加计辅助生产间接费和矿产资源税(如有)计算。

材料原价是材料预算价格最主要的组成部分,应进行仔细调查和分析,按实计取。在编制概预算时,可查阅各省、自治区、直辖市公路(交通)工程造价(定额)管理站编制的本地区的材料价格信息,供编制时使用。

②运杂费。运杂费是指材料自供应地点至工地仓库(施工地点存放材料的地方)的运杂费用,包括装卸费、运费,如果发生,还应计囤存费及其他杂费(如过磅、标签、支撑加固、路桥通行等费用)。材料运杂费的计算如下。

a. 通过铁路、水路和公路运输部门运输的材料,按铁路、航运和当地交通运输部门规定的运价计算运费。

b. 施工单位自办的运输,单程运距 15km 以上的长途汽车运输按当地交通运输部门规定的统一运价计算运费;单程运距 5~15km 的汽车运输按当地交通运输部门规定的统一运价计算运费,当工程所在地交通不便、社会运输力量缺乏时,如边远地区和某些山岭区,允许按当地交通运输部门规定的统一运价加 50% 计算运费;单程运距 5km 及以内的汽车运输以及人力场外运输,按预算定额计算运费,其中人力装卸和运输另按人工费加计辅助生产间接费。

c. 一种材料如有两个以上的供应点时,都应根据不同的运距、运量、运价采用加权平均的方法计算运费。

由于预算定额中汽车运输台班已考虑工地便道特点,以及定额中已计入了工地小搬运项目,因此平均运距中汽车运输便道里程不得乘调整系数,也不得在工地仓库或堆料场之外再加场内运距或二次倒运的运距。

有容器或包装的材料及长大轻浮材料,应按《公路工程基本建设项目概算预算编制办法》(JTG B06—2007)规定的毛重计算。桶装沥青、汽油、柴油按每吨摊销一个旧汽油桶计算包装费(不计回收)。

③场外运输损耗。场外运输损耗是指有些材料在正常的运输过程中发生的损耗,这部分损耗应按规定摊入材料单价内。材料场外运输损耗应按《公路工程基本建设项目概算预算编制办法》(JTG B06—2007)规定计取。

④采购及保管费。材料采购及保管费是指材料供应部门(包括工地仓库及以上各级材料管理部门)在组织采购、供应和保管材料过程中,所需的各项费用及工地仓库的材料储存损耗。

材料采购及保管费,以材料的原价加运杂费及场外运输损耗的合计数为基数,乘以采购保管费费率计算。材料的采购及保管费费率为2.5%。

外购的构件、成品及半成品的预算价格,其计算方法与材料相同,但构件(如外购的钢桁梁、钢筋混凝土构件及加工钢材等半成品)的采购保管费费率为1%。

商品混凝土预算价格的计算方法与材料相同,但其采购保管费费率为零。

(3)材料费计算。

$$材料费 = \sum(分项工程数量 \times 相应项目定额单位材料消耗量 \times 材料预算价格) \quad (2\text{-}2\text{-}4)$$

式中,分项工程数量同前,定额材料消耗量由定额查得。

(4)材料费计算步骤。

①分项并计算工程数量:将工程按要求分项,计算各分项工程的工程量,并按定额单位计算定额工程数量。

②查定额:由各分项工程查相应定额,确定材料的消耗种类及相应数量。

③计算材料预算价格:将定额中所出现的种类材料,按规定分别计算其预算价格。

④计算材料费:先计算各分项工程的材料费,然后计算工程项目的材料费。

⑤有容器或包装的材料及长大轻浮材料,应按《公路工程基本建设项目概算预算编制办法》(JTG B06—2007)规定的毛量计算。桶装沥青、汽油、柴油按每吨摊销一个旧汽油桶计算包装费(不计回收)。

3. 施工机械使用费

施工机械使用费是指列入概预算定额的施工机械台班数量,按相应的机械台班费用定额计算的施工机械使用费和小型机具使用费。计算公式为

$$施工机械使用费 = \sum(分项工程数量 \times 相应项目定额单位机械台班消耗量 \times 机械台班单价) + 小型机具使用费 \quad (2\text{-}2\text{-}5)$$

式中:分项工程数量——同前;

定额机械台班消耗量——由定额直接查得完成一定数量单位的分项工程定额所规定消耗的机械种类和台班数量。

机械台班单价应按交通运输部公布的现行《公路工程机械台班费用定额》(JTG/T B06-03—2007)计算,台班单价由不变费用和可变费用组成。不变费用包括折旧费、大修理费、经常修理费、安装拆卸及辅助设施费等;可变费用包括机上人员人工费、动力燃料费、养路费及车船使用税。可变费用中的人工工日数及动力燃料消耗量,应以机械台班费用定额中的数值为准。台班人工费工日单价同生产工人人工费单价。动力燃料费用则按材料费的计算规定计算。养路费及车船使用税,如需缴纳时,应根据各省、自治区、直辖市及国务院有关部门的规定计算。

当工程用电为自行发电时,电动机械每千瓦时(度)电的单价可由下述近似公式计算

$$A = 0.24 \frac{K}{N} \quad (2\text{-}2\text{-}6)$$

式中:A——每千瓦时电单价(元);

K——发电机组的台班单价(元);

N——发电机组的总功率(kW)。

小型机具使用费是从定额中查出相应项目定额单位所规定的消耗费用与分项工程数量相乘即可。

(二)其他工程费计算

其他工程费是指直接工程费以外施工过程中发生的直接用于工程的费用。内容包括冬季施

工增加费、雨季施工增加费、夜间施工增加费、特殊地区施工增加费、行车干扰工程施工增加费、安全及文明施工措施费、临时设施费、施工辅助费、工地转移费九项。公路工程中的水、电费及因场地狭小等特殊情况而发生的材料二次搬运等其他工程费已包括在概预算定额中,不再另计。

1. 冬季施工增加费

冬季施工增加费是指按照公路工程施工及验收规范所规定的冬季施工要求,为保证工程质量和安全生产所需采取的防寒保温设施、工效降低和机械作业率降低以及技术操作过程的改变等所增加的有关费用。

冬季施工增加费的内容包括以下几个方面:

(1)因冬季施工所需增加的一切人工、机械与材料的支出。

(2)施工机具所需修建的暖棚(包括拆、移),增加油脂及其他保温设备费用。

(3)因施工组织设计确定,需增加的一切保温、加温及照明等有关支出。

(4)与冬季施工有关的其他各项费用,如清除工作地点的冰雪等费用。

全国各地冬季施工气温区划分的标准见《编制办法》附录七。

冬季施工增加费的计算方法,是根据各类工程的特点,规定各气温区的取费标准。为了简化计算手续,采用全年平均摊销的方法,即不论是否在冬季施工,均按规定的取费标准计取冬季施工增加费。一条路线穿过两个以上的气温区时,可分段计算或按各区的工程量比例求得全线的平均增加率,计算冬季施工增加费。

冬季施工增加费以各类工程的直接工程费之和为基数,按工程所在地的气温区选用编制办法规定的取费率来进行计算。

2. 雨季施工增加费

雨季施工增加费是指雨季期间施工为保证工程质量和安全生产所需采取的防雨、排水、防潮和防护措施,工效降低和机械作业率降低以及技术作业过程的改变等所需增加的有关费用。

雨季施工增加费的内容包括以下几个方面:

(1)因雨季施工所需增加的工、料、机费用的支出,包括工作效率的降低及易被雨水冲毁的工程所增加的工作内容等(如基坑坍塌和排水沟等堵塞的清理、路基边坡冲沟的填补等)。

(2)路基土方工程的开挖和运输,因雨季施工(非土壤中水影响)而引起的粘附工具,降低工效所增加的费用。

(3)因防止雨水必须采取的防护措施的费用,如挖临时排水沟,防止基坑坍塌所需的支撑、挡板等费用。

(4)材料因受潮、受湿的耗损费用。

(5)增加防雨、防潮设备的费用。

(6)其他有关雨季施工所需增加的费用,如因河水高涨致使工作困难而增加的费用等。

全国各地雨量区和雨季期划分的标准见《公路工程基本建设项目概算预算编制办法》(JTG B06—2007)附录八。

雨季施工增加费的计算方法,是将全国划分为若干雨量区和雨季期,并根据各类工程的特点规定各雨量区和雨季期的取费标准,采用全年平均摊销的方法,即不论是否在雨季施工,均按规定的取费标准计取雨季施工增加费。一条路线通过不同的雨量区和雨季期时,应分别计算雨季施工增加费或按工程量比例求得平均的增加率,计算全线雨季施工增加费。

雨季施工增加费以各类工程的直接工程费之和为基数,按工程所在地的雨量区、雨季期选用《公路工程基本建设项目概算预算编制办法》(JTG B06—2007)规定的取费率来进行计算。

注:室内管道及设备安装工程不计雨季施工增加费。

3. 夜间施工增加费

夜间施工增加费是指根据设计、施工的技术要求和合理的施工进度要求,必须在夜间连续施工而发生的工效降低、夜班津贴以及有关照明设施(包括所需照明设施的安拆、摊销、维修及油燃料、电)等增加的费用。

夜间施工增加费按夜间施工工程项目(如桥梁工程项目包括上、下部构造全部工程)的直接工程费之和为基数,按《公路工程基本建设项目概算预算编制办法》(JTG B06—2007)规定的夜间施工增加费率来进行计算。

注:设备安装工程及金属标志牌、防撞钢护栏、防眩板(网)、隔离栅、防护网等不计夜间施工增加费。

4. 特殊地区施工增加费

特殊地区施工增加费包括高原地区施工增加费、风沙地区施工增加费和沿海地区施工增加费三项。

(1)高原地区施工增加费。高原地区施工增加费是指在海拔高度1500m以上地区施工,由于受气候、气压的影响,致使人工、机械效率降低而增加的费用。该费用以各类工程人工费和机械使用费之和为基数,按《公路工程基本建设项目概算预算编制办法》(JTG B06—2007)规定的高原地区施工增加费费率来进行计算。

一条路线通过两个以上(含两个)不同的海拔高度分区时,应分别计算高原地区施工增加费或按工程量比例求得平均的增加率,计算全线高原地区施工增加费。

(2)风沙地区施工增加费。风沙地区施工增加费是指在沙漠地区施工时,由于受风沙影响,按照施工及验收规范的要求,为保证工程质量和安全生产而增加的有关费用,内容包括防风、防沙及气候影响的措施费,材料费,人工、机械效率降低增加的费用,以及积沙、风蚀的清理修复等费用。

全国风沙地区公路施工区划见《公路工程基本建设项目概算预算编制办法》(JTG B06—2007)附录九。一条路线穿过两个以上(含两个)不同风沙区时,按路线长度经过不同的风沙区加权计算项目全线风沙地区施工增加费。

风沙地区施工增加费以各类工程的人工费和机械使用费之和为基数,根据工程所在地的风沙区划及类别,按《公路工程基本建设项目概算预算编制办法》(JTG B06—2007)规定的风沙地区施工增加费费率来进行计算。

(3)沿海地区工程施工增加费。沿海地区工程施工增加费是指工程项目在沿海地区施工受海风、海浪和潮汐的影响,致使人工、机械效率降低等所需增加的费用。本项费用由沿海各省、自治区、直辖市交通运输厅(局)制订具体的适用范围(地区),并抄送交通运输部公路司备案。

沿海地区工程施工增加费以各类工程的直接工程费之和为基数,按《公路工程基本建设项目概算预算编制办法》(JTG B06—2007)规定的沿海地区工程施工增加费费率来进行计算。

5. 行车干扰工程施工增加费

行车干扰工程施工增加费是指由于边施工边维持通车,受行车干扰的影响,致使人工、机械效率降低而增加的费用。该费用以受行车影响部分的工程项目的人工费和机械使用费之和为基数,按《公路工程基本建设项目概算预算编制办法》(JTG B06—2007)规定的行车干扰工程施工增加费费率来进行计算。

6. 安全及文明施工措施费

安全及文明施工措施费是指工程施工期间为满足安全生产、文明施工、职工健康生活所发生的费用。该费用不包括施工期间为保证交通安全而设置的临时安全设施和标志、标牌的费用,需要时应根据设计要求计算。安全及文明施工措施费以各类工程的直接工程费之和为基数,按

《公路工程基本建设项目概算预算编制办法》(JTG B06—2007)规定的安全及文明施工措施费费率来进行计算。

注:设备安装工程按规定费率的50%计算。

7. 临时设施费

临时设施费是指施工企业为进行建筑安装工程施工所必需的生活和生产用的临时建筑物、构筑物和其他临时设施的费用等,但不包括概预算定额中临时工程在内。

临时设施包括临时生活及居住房屋(包括职工家属房屋及探亲房屋)、文化福利及公用房屋(如广播室、文体分组讨论室等)和生产、办公房屋(如仓库、加工厂、加工棚、发电站、变电站、空压机站、停机棚等),工地范围内的各种临时的工作便道(包括汽车、畜力车、人力车道)、人行便道,工地临时用水、用电的水管支线和电线支线,临时构筑物(如水井、水塔等)以及其他小型临时设施。

临时设施费用内容包括临时设施的搭设、维修、拆除费或摊销费。

临时设施费以各类工程的直接工程费之和为基数,按《公路工程基本建设项目概算预算编制办法》(JTG B06—2007)规定的临时设施费的费率来进行计算。

8. 施工辅助费

施工辅助费包括生产工具用具使用费、检验试验费和工程定位复测、工程点交、场地清理等费用。

生产工具用具使用费是指施工所需不属于固定资产的生产工具、检验用具、试验用具及仪器、仪表等的购置、摊销和维修费,以及支付给生产工人自备工具的补贴费。

检验试验费是指施工企业对建筑材料、构件和建筑安装工程进行一般鉴定、检查所发生的费用,包括自设实验室进行试验所耗用的材料和化学药品的费用,以及技术革新和研究试验费,但不包括新结构、新材料的试验费和建设单位要求对具有出厂合格证明的材料进行检验、对构件进行破坏性试验及其他特殊要求检验的费用。

施工辅助费以各类工程的直接工程费之和为基数,按《公路工程基本建设项目概算预算编制办法》(JTG B06—2007)规定的施工辅助费的费率来进行计算。

9. 工地转移费

工地转移费是指施工企业根据建设任务的需要,由已竣工的工地或后方基地迁至新工地的搬迁费用。其内容包括以下几个方面:

(1)施工单位全体职工及随职工迁移的家属向新工地转移的车费、家具行李运费、途中住宿费、行程补助费、杂费及工资与工资附加费等。

(2)公物、工具、施工设备器材、施工机械的运杂费,以及外租机械的往返费及本工程内部各工地之间施工机械、设备、公物、工具的转移费等。

(3)非固定工人进退场及一条路线中各工地转移的费用。

工地转移费以各类工程的直接工程费之和为基数,按《公路工程基本建设项目概算预算编制办法》(JTG B06—2007)规定的工地转移费的费率来进行计算。

转移距离以工程承包单位(如工程处、工程公司等)转移前后驻地距离或两路线中点的距离为准;编制概(预)算时,如施工单位不明确时,高速、一级公路及独立大桥、隧道按省会(自治区首府)至工地的里程,二级及以下公路按地区(市、盟)至工地的里程计算工地转移费;工地转移里程数在表列里程之间时,费率可内插计算。工地转移距离在50km以内的工程不计取本项费用。

二、间接费

间接费由规费和企业管理费两项组成。

1. 规费

规费是指法律、法规、规章、规程规定施工企业必须缴纳的费用(简称规费),包括以下几个方面:

(1)养老保险费,是指施工企业按规定标准为职工缴纳的基本养老保险费。

(2)失业保险费,是指施工企业按国家规定标准为职工缴纳的失业保险费。

(3)医疗保险费,是指施工企业按规定标准为职工缴纳的基本医疗保险费和生育保险费。

(4)住房公积金,是指施工企业按规定标准为职工缴纳的住房公积金。

(5)工伤保险费,是指施工企业按规定标准为职工缴纳的工伤保险费。

各项规费以各类工程的人工费之和为基数,按国家或工程所在地法律、法规、规章、规程规定的标准计算。

2. 企业管理费

企业管理费由基本费用、主副食运费补贴、职工探亲路费、职工取暖补贴和财务费用五项组成。

(1)基本费用。企业管理费基本费用是指施工企业为组织施工生产和经营管理所需的费用,内容包括以下几个方面:

①管理人员工资,是指管理人员的基本工资、工资性补贴、职工福利费、劳动保护费以及缴纳的养老、失业、医疗、生育、工伤保险费和住房公积金等。

②办公费,是指企业办公用的文具、纸张、账表、印刷、邮电、书报、会议、水、电烧水和集体取暖(包括现场临时宿舍取暖)用煤(气)等费用。

③差旅交通费,是指职工因公出差和工作调动(包括随行家属的旅费)的差旅费,住勤补助费,市内交通费和误餐补助费,职工探亲路费,劳动力招募费,职工离退休、退职一次性路费,工伤人员就医路费,以及管理部门使用的交通工具的油料、燃料、养路费及牌照费。

④固定资产使用费,是指管理和试验部门及附属生产单位使用的属于固定资产的房屋、设备、仪器等的折旧、大修、维修或租赁费等。

⑤工具用具使用费,是指管理使用的不属于固定资产的生产工具、器具、家具、交通工具和检验、试验、测绘、消防用具等的购置、维修和摊销费。

⑥劳动保险费,是指企业支付离退休职工的易地安家补助费、职工退职金、6个月以上的病假人员工资、职工死亡丧葬补助费、抚恤费、按规定支付给离休干部的各项经费。

⑦工会经费,是指企业按职工工资总额计提的工会经费。

⑧职工教育经费,是指企业为职工学习先进技术和提高文化水平,按职工工资总额计提的费用。

⑨保险费,是指企业财产保险、管理用车辆等保险费用。

⑩工程保修费,是指工程竣工交付使用后,在规定保修期以内的修理费用。

⑪工程排污费,是指施工现场按规定缴纳的排污费用。

⑫税金,是指企业按规定缴纳的房产税、车船使用税、土地使用税、印花税等。

⑬其他,是指上述项目以外的其他必要的费用支出,包括技术转让费、技术开发费、业务招待费、绿化费、广告费、投标费、公证费、定额测定费、法律顾问费、审计费、咨询费等。

基本费用是以各类工程的直接费之和为基数,按《公路工程基本建设项目概算预算编制办法》(JTG B06—2007)规定的基本费用费率来进行计算。

(2)主副食运费补贴。主副食运费补贴是指施工企业在远离城镇及乡村的野外施工购买生活必需品所需增加的费用。该费用是以各类工程的直接费之和为基数,按《公路工程基本建设项目概算预算编制办法》(JTG B06—2007)规定的主副食运费补贴的费率来进行计算。

$$综合里程 = 粮食运距 \times 0.06 + 燃料运距 \times 0.09 + 蔬菜运距 \times 0.15 + 水运距 \times 0.70$$
(2-2-7)

粮食、燃料、蔬菜、水的运距均为全线平均运距;综合里程数在表列里程之间时,费率可内插;综合里程在1km以内的工程不计取本项费用。

(3)职工探亲路费。职工探亲路费是指按照有关规定施工企业职工在探亲期间发生的往返车船费、市内交通费和途中住宿费等费用。该费用是以各类工程的直接费之和为基数,按《公路工程基本建设项目概算预算编制办法》(JTG B06—2007)规定的职工探亲路费的费率来进行计算。

(4)职工取暖补贴。职工取暖补贴是指按规定发放给职工的冬季取暖费或在施工现场设置的临时取暖设施的费用。该费用是以各类工程的直接费之和为基数,按《公路工程基本建设项目概算预算编制办法》(JTG B06—2007)规定的工程所在地的气温区选用职工取暖补贴的费率进行计算。

(5)财务费用。财务费用是指施工企业为筹集资金而发生的各项费用,包括企业经营期间发生的短期贷款利息净支出、汇兑净损失、调剂外汇手续费、金融机构手续费,以及企业筹集资金发生的其他财务费用。

财务费用是以各类工程的直接费之和为基数,按《公路工程基本建设项目概算预算编制办法》(JTG B06—2007)规定的财务费用的费率来进行计算。

3. 辅助生产间接费

辅助生产间接费是指由施工单位自行开采加工的砂、石等材料及施工单位自办的人工装卸和运输的间接费。

辅助生产间接费按人工费的5%计。该项费用并入材料预算单价内构成材料费,不直接出现在概(预)算中。

高原地区施工单位的辅助生产,可按其他工程费中高原地区施工增加费费率,以直接工程费为基数计算高原地区施工增加费(其中:人工采集、加工材料,人工装卸、运输材料按人工土方费率计算;机械采集、加工材料按机械石方费率计算;机械装、运输材料按汽车运输费率计算)。辅助生产高原地区施工增加费不作为辅助生产间接费的计算基数。

三、利润

利润是指施工企业完成所承包工程应取得的盈利。利润按直接费与间接费之和扣除规费的7%计算。

四、税金

税金是指按国家税法规定应计入建筑安装工程造价内的营业税、城市维护建设税及教育费附加等。

计算公式为

$$综合税金额 = (直接费 + 间接费 + 利润) \times 综合税率$$
(2-2-8)

(1)纳税地点在市区的企业,综合税率为3.41%。

(2)纳税地点在县城、乡镇的企业,综合税率为3.35%。

(3)纳税地点不在市区、县城、乡镇的企业,综合税率为3.22%。

任务二 设备、工具、器具及家具购置费

任务描述

作为公路工程施工人员,了解和掌握设备、工具、器具及家具购置费的计算,是提高业务水平和工作能力的重要环节。

分组讨论 设备、工具、器具及家具购置费

技能训练

国产设备原价由哪些部分构成?如何计算国产设备的原价?

基本知识

一、设备购置费

设备购置费是指为满足公路的营运、管理、养护需要购置的达到固定资产标准的设备和虽低于固定资产标准但属于设计明确列入设备清单的设备的费用,包括渡口设备,隧道照明、消防、通风的动力设备,高等级公路的收费、监控、通信、供电设备,养护用的机械、设备和工具、器具等的购置费用。

设备购置费应由设计单位列出计划购置的清单(包括设备的规格、型号、数量),以设备原价加综合业务费和运杂费按以下公式计算

$$设备购置费 = 设备原价 + 运杂费(运输费 + 装卸费 + 搬运费) + \\ 运输保险费 + 采购及保管费 \quad (2\text{-}2\text{-}9)$$

需要安装的设备,应在第一部分建筑安装工程费的有关项目内另计设备的安装工程费。

1. 国产设备原价的构成及计算

国产设备的原价一般是指设备制造厂的交货价,即出厂价或订货合同价。它一般根据生产厂或供应商的询价、报价、合同价确定,或采用一定的方法计算确定。其内容包括按专业标准规定的在运输过程中不受损失的一般包装费,及按产品设计规定配带的工具、附件和易损件的费用,即

$$设备原价 = 出厂价(或供货地点价) + 包装费 + 手续费 \quad (2\text{-}2\text{-}10)$$

2. 进口设备原价的构成及计算

进口设备的原价是指进口设备的抵岸价,即抵达买方边境港口或边境车站,且交完关税为止形成的价格,即

$$进口设备原价 = 货价 + 国际运费 + 运输保险费 + 银行财务费 + 外贸手续费 + 关税 + \\ 增值税 + 消费税 + 商检费 + 检疫费 + 车辆购置附加费 \quad (2\text{-}2\text{-}11)$$

(1)货价:一般是指装运港船上交货价(FOB,习惯称离岸价)。设备货价分为原币货价和人民币货价。原币货价一律折算为美元表示,人民币货价按原币货价乘以外汇市场美元兑换人民币的中间价确定。进口设备货价按有关生产厂商询价、报价、订货合同价计算。

(2)国际运费:是指从装运港(站)到达我国抵达港(站)的运费,即

$$国际运费 = 原币货价(FOB 价) \times 运费费率 \qquad (2\text{-}2\text{-}12)$$

我国进口设备大多采用海洋运输,小部分采用铁路运输,个别采用航空运输。运费费率参照有关部门或进出口公司的规定执行,海运费费率一般为6%。

(3)运输保险费:对外贸易货物运输保险是由保险人(保险公司)与被保险人(出口人或进口人)订立保险契约,在被保险人交付议定的保险费后,保险人根据保险契约的规定对货物在运输过程中发生的承保责任范围内的损失给予经济上的补偿。这是一种财产保险。计算公式为

$$运输保险费 = [原币货价(FOB 价) + 国际运费] \div (1 - 保险费费率) \times 保险费费率 \qquad (2\text{-}2\text{-}13)$$

保险费费率按保险公司规定的进口货物保险费费率计算,一般为0.35%。

(4)银行财务费:一般指中国银行手续费,其可按下式简化计算

$$银行财务费 = 人民币货价(FOB 价) \times 银行财务费费率 \qquad (2\text{-}2\text{-}14)$$

银行财务费费率一般为0.4%~0.5%。

(5)外贸手续费:指按规定计取的外贸手续费,其计算公式为

$$外贸手续费 = [人民币货价(FOB 价) + 国际运费 + 运输保险费] \times 外贸手续费费率 \qquad (2\text{-}2\text{-}15)$$

外贸手续费费率一般为1%~1.5%。

(6)关税:指海关对进出国境或关境的货物和物品征收的一种税,其计算公式为

$$关税 = [人民币货价(FOB 价) + 国际运费 + 运输保险费] \times 进口关税税率 \qquad (2\text{-}2\text{-}16)$$

进口关税税率按我国海关总署发布的进口关税税率计算。

(7)增值税:是对从事进口贸易的单位和个人,在进口商品报关进口后征收的税种。按《中华人民共和国增值税条例》的规定,进口应税产品均按组成计税价格和增值税税率直接计算应纳税额,即

$$增值税 = [人民币货价(FOB 价) + 国际运费 + 运输保险费 + 关税 + 消费税] \times 增值税税率 \qquad (2\text{-}2\text{-}17)$$

增值税税率根据规定的税率计算,目前进口设备适用的税率为17%。

(8)消费税:对部分进口设备(如轿车、摩托车等)征收,其计算公式为

$$应纳消费税额 = [人民币货价(FOB 价) + 国际运费 + 运输保险费 + 关税] \div (1 - 消费税税率) \times 消费税税率 \qquad (2\text{-}2\text{-}18)$$

消费税税率根据规定的税率计算。

(9)商检费:指进口设备按规定付给商品检查部门的进口设备检验鉴定费,其计算公式为

$$商检费 = [人民币货价(FOB 价) + 国际运费 + 运输保险费] \times 商检费费率 \qquad (2\text{-}2\text{-}19)$$

商检费费率一般为0.8%。

(10)检疫费:指进口设备按规定付给商品检疫部门的进口设备检验鉴定费,其计算公式为

$$检疫费 = [人民币货价(FOB 价) + 国际运费 + 运输保险费] \times 检疫费费率 \qquad (2\text{-}2\text{-}20)$$

检疫费费率一般为0.17%。

(11)车辆购置附加费:指进口车辆需缴纳的进口车辆购置附加费,其计算公式为

$$进口车辆购置附加费 = [人民币货价(FOB 价) + 国际运费 + 运输保险费 + 关税 + 消费税 + 增值税] \times 进口车辆购置附加费费率 \qquad (2\text{-}2\text{-}21)$$

在计算进口设备原价时,应注意工程项目的性质,有无按国家有关规定减免进口环节税的可能。

3. 设备运杂费的构成及计算

国产设备运杂费是指由设备制造厂交货地点起至工地仓库(或施工组织设计指定的需要安装设备的堆放地点)止所发生的运费和装卸费;进口设备运杂费是指由我国到岸港口或边境车站起至工地仓库(或施工组织设计指定的需要安装设备的堆放地点)止所发生的运费和装卸费。其计算公式为

$$运杂费 = 设备原价 \times 运杂费费率 \tag{2-2-22}$$

设备运杂费费率见《公路工程基本建设项目概算预算编制办法》(JTG B06—2007)。

4. 设备运输保险费的构成及计算

设备运输保险费是指国内运输保险费,其计算公式为

$$运输保险费 = 设备原价 \times 保险费费率 \tag{2-2-23}$$

设备运输保险费费率一般为1%。

5. 设备采购及保管费的构成及计算

设备采购及保管费是指采购、验收、保管和收发设备所发生的各种费用,包括设备采购人员、保管人员和管理人员的工资、工资附加费、办公费、差旅交通费,设备供应部门办公和仓库所占固定资产使用费、工具用具使用费、劳动保护费、检验试验费等。其计算公式为

$$采购及保管费 = 设备原价 \times 采购及保管费费率 \tag{2-2-24}$$

需要安装的设备的采购保管费费率为2.4%,不需要的费率为1.2%。

二、工器具及生产家具(简称工器具)购置费

工器具购置费是指建设项目交付使用后为满足初期正常营运必须购置的第一套不构成固定资产的设备、仪器、仪表、工卡模具、器具、工作台(框、架、柜)等的费用不包括构成固定资产的设备、工器具和备品、备件,及已列入设备购置费中的专用工具和备品、备件。

对于工器具购置,应由设计单位列出计划购置的清单(包括规格、型号、数量),购置费的计算方法同设备购置费。

三、办公和生活用家具购置费

办公和生活用家具购置费是指为保证新建、改建项目初期正常生产、使用和管理所必须购置的办公和生活用家具、用具的费用。

范围包括行政、生产部门的办公室、会议室、资料档案室、阅览室、单身宿舍及生活福利设施等的家具、用具。办公和生活用家具购置费按表2-2-1的规定计算。改建工程按表2-2-1所列数的80%计。

办公和生活用家具购置费标准 表2-2-1

工程所在地	路线(元/公路公里)				有看桥房的独立大桥(元/座)	
	高速公路	一级公路	二级公路	三、四级公路	一般大桥	技术复杂大桥
内蒙古、黑龙江、青海、新疆、西藏	21500	15600	7800	4000	24000	60000
其他省、自治区、直辖市	17500	14600	5800	2900	19800	49000

任务三 工程建设其他费用

任务描述

作为公路工程施工人员，了解和掌握工程建设其他费用的计算，是提高业务水平和工作能力的重要环节。

分组讨论 工程建设其他费用

技能训练

工程建设其他费用由哪些部分组成？

基本知识

一、土地征用及拆迁补偿费

土地征用及拆迁补偿费是指按照《中华人民共和国土地管理法》及《中华人民共和国土地管理法实施条例》《中华人民共和国基本农田保护条例》等法律、法规的规定，为进行公路建设需征用土地所支付的土地征用及拆迁补偿费等费用。

1. 费用内容

（1）土地补偿费：指被征用土地地上、地下附着物及青苗补偿费，征用城市郊区的菜地等缴纳的菜地开发建设基金，租用土地费，耕地占用税，用地图编制费及勘界费，征地管理费等。

（2）征用耕地安置补助费：指征用耕地需要安置农业人口的补助费。

（3）拆迁补偿费：指被征用或占用土地上的房屋及附属构筑物、城市公用设施等拆除、迁建补偿费，拆迁管理费等。

（4）复耕费：指临时占用的耕地、鱼塘等，待工程竣工后将其恢复到原有标准所发生的费用。

（5）耕地开垦费：指公路建设项目占用耕地的，应由建设项目法人（业主）负责补充耕地所发生的费用；没有条件开垦或者开垦的耕地不符合要求的，按规定缴纳的耕地开垦费。

（6）森林植被恢复费：指公路建设项目需要占用、征用或者临时占用林地的，经县级以上林业主管部门审核同意或批准，建设项目法人（业主）单位按照有关规定向县级以上林业主管部门预缴的森林植被恢复费。

2. 计算方法

土地征用及拆迁补偿费应根据审批单位批准的建设工程用地和临时用地面积及其附着物的情况，以及实际发生的费用项目，按国家有关规定及工程所在地的省（自治区、直辖市）人民政府颁发的有关规定和标准计算。

森林植被恢复费应根据审批单位批准的建设工程占用林地的类型及面积，按国家有关规定及工程所在地的省（自治区、直辖市）人民政府颁发的有关规定和标准计算。

当与原有的电力电信设施、水利工程、铁路及铁路设施互相干扰时，应与有关部门联系，商定合理的解决方案和补偿金额，也可由这些部门按规定编制费用以确定补偿金额。

二、建设项目管理费

建设项目管理费包括建设单位（业主）管理费、工程质量监督费、工程监理费、工程定额测费、设计文件审查费和竣(交)工验收试验检测费。

1. 建设单位(业主)管理费

建设单位(业主)管理费是指建设单位(业主)为建设项目的立项、筹建、建设、竣(交)工验收、总结等工作所发生的费用,不包括应计入设备、材料预算价格的建设单位采购及保管设备、材料所需的费用。

费用内容包括工作人员的工资、工资性补贴、施工现场津贴、社会保障费用(基本养老、基本医疗、失业、工伤保险)、住房公积金、职工福利费、工会经费、劳动保护费;办公费、会议费、差旅交通费、固定资产使用费(包括办公及生活房屋折旧、维修或租赁费,车辆折旧、维修、使用或租赁费,通信设备购置、使用费,测量、试验设备仪器折旧、维修或租赁费,其他设备折旧、维修或租赁费等)、零星固定资产购置费、招募生产工人费;技术图书资料费、职工教育经费、工程招标费(不含招标文件及标底或造价控制值编制费);合同契约公证费、法律顾问费、咨询费;建设单位临时设施费、完工清理费、竣(交)工验收费(含其他行业或部门要求的竣工验收费用)、各种税费(包括房产税、车船使用税、印花税等);建设项目审计费、境内外融资费用(不含建设期贷款利息)、业务招待费、安全生产管理费和其他管理性开支。

由施工企业代建设单位(业主)办理土地、青苗等补偿费的工作人员所发生的费用,应在建设单位(业主)管理费项目中支付。当建设单位(业主)委托有资质的单位代理招标时,其代理费应在建设单位(业主)管理费中支出。

建设单位(业主)管理费以建筑安装工程费总额为基数,按建设单位管理费的费率以累进办法计算。

2. 工程质量监督费

工程质量监督费是指根据国家有关部门规定,各级公路工程质量监督机构对工程建设质量和安全生产实施监督应收取的管理费用。

工程质量监督费以建筑安装工程费总额为基数,按 0.15% 计算。

3. 工程监理费

工程监理费是指建设单位(业主)委托具有公路工程监理资格的单位,按施工监理规范进行全面的监督和管理所发生的费用。

费用内容包括工作人员的基本工资、工资性津贴、社会保障费用(基本养老、基本医疗、失业、工伤保险)、住房公积金、职工福利费、工会经费、劳动保护费;办公费、会议费、差旅交通费、固定资产使用费(包括办公及生活房屋折旧、维修或租赁费,车辆折旧、维修、使用或租赁费,通信设备购置、使用费,测量、试验、检测设备仪器折旧、维修或租赁费,其他设备折旧、维修或租赁费等)、零星固定资产购置费、招募生产工人费;技术图书资料费、职工教育经费、投标费用;合同契约公证费、咨询费、业务招待费;财务费用、监理单位的临时设施费、各种税费和其他管理性开支。

工程监理费以建筑安装工程费总额为基数,按表 2-2-2 的费率计算。

工程监理费费率　　　　表 2-2-2

工程类别	高速公路	一级及二级公路	三级及四级公路	桥梁及隧道
费率(%)	2.0	2.5	3.0	2.5

注:桥梁是指水深大于 15m、斜拉桥和悬索桥等独立特大型桥梁工程;隧道是指水下隧道工程。

建设单位(业主)管理费和工程监理费均为实施建设项目管理的费用,执行时根据建设单位(业主)和施工监理单位所实际承担的工作内容和工作量,在保证监理费用的前提下,可统筹使用。

4. 工程定额测定费

工程定额测定费是指各级公路(交通)工程定额(造价管理)站为测定劳动定额、搜集定额资料、编制工程定额及定额管理所需要的工作经费。

工程定额测定费以建筑安装工程费总额为基数，按0.12%计算。

5. 设计文件审查费

设计文件审查费是指国家和省级交通主管部门在项目审批前，为保证勘察设计工作的质量，组织有关专家或委托有资质的单位，对设计单位提交的建设项目可行性研究报告和勘察设计文件以及对设计变更、调整概算进行审查所需要的相关费用。

设计文件审查费以建筑安装工程费总额为基数，按0.1%计算。

6. 竣(交)工验收试验检测费

竣(交)工验收试验检测费是指在公路建设项目交工验收和竣工验收前，由建设单位(业主)或工程质量监督机构委托有资质的公路工程质量检测单位按照有关规定对建设项目的工程质量进行检测，并出具检测意见所需要的相关费用。竣(交)工验收试验检测费按表2-2-3的规定计算。

竣(交)工验收试验检测费标准　　　　　表2-2-3

项目	路线(元/公路公里)				独立大桥(元/座)	
	高速公路	一级公路	二级公路	三、四级公路	一般大桥	技术复杂大桥
试验检测费	15000	12000	10000	5000	30000	100000

关于竣(交)工验收试验检测费，高速公路、一级公路按四车道计算，二级及以下等级公路按双车道计算，每增加一条车道，按表2-2-3的费用增加10%。

三、研究试验费

研究试验费是指为本建设项目提供或验证设计数据、资料进行必要的研究试验和按照设计规定在施工过程中必须进行试验、验证所需的费用，以及支付科技成果、先进技术的一次性技术转让费。该费用不包括以下几个方面内容：

(1)应由科技三项费用(即新产品试制费、中间试验费和重要科学研究补助费)开支的项目。

(2)应由施工辅助费开支的施工企业对建筑材料、构件和建筑物进行一般鉴定、检查所发生的费用及技术革新研究试验费。

(3)应由勘察设计费或建筑安装工程费用中开支的项目。

计算方法：按照设计提出的研究试验内容和要求进行编制，不需验证设计基础资料的不计本项费用。

四、建设项目前期工作费

建设项目前期工作费是指委托勘察设计、咨询单位对建设项目进行可行性研究、工程勘察设计，以及设计、监理、施工招标文件及招标标底或造价控制值文件编制时，按规定应支付的费用。该费用包括以下几个方面内容：

(1)编制项目建议书(或预可行性研究报告)、可行性研究报告、投资估算，以及相应的勘察、设计、专题研究等所需的费用。

(2)初步设计和施工图设计的勘察费(包括测量、水文调查、地质勘探等)、设计费、概(预)算及调整概算编制费等。

(3)设计、监理、施工招标文件及招标标底(或造价控制值或清单预算)文件编制费等。

计算方法:依据委托合同计列,或按国家颁发的收费标准和有关规定进行编制。

五、专项评价(估)费

专项评价(估)费是指依据国家法律、法规规定须进行评价(评估)、咨询,按规定应支付的费用。该费用包括环境影响评价费、水土保持评估费、地震安全性评价费、地质灾害危险性评价费、压覆重要矿床评估费、文物勘察费、通航论证费、行洪论证(评估)费、使用林地可行性研究报告编制费、用地预审报告编制费等费用。

计算方法:按国家颁发的收费标准和有关规定进行编制。

六、施工机构迁移费

施工机构迁移费是指施工机构根据建设任务的需要,经有关部门决定成建制地(指工程处等)由原驻地迁移到另一地区所发生的一次性搬迁费用。该费用不包括以下几个方面内容:

(1)应由施工企业自行负担的,在规定距离范围内调动施工力量以及内部平衡施工力量所发生的迁移费用。

(2)由于违反基建程序,盲目调迁队伍所发生的迁移费。

(3)因中标而引起施工机构迁移所发生的迁移费。

费用内容包括职工及随同家属的差旅费,调迁期间的工资,施工机械、设备、工具、用具和周转性材料的搬运费。

计算方法:施工机构迁移费应经建设项目的主管部门同意按实计算。但计算施工机构迁移费后,如迁移地点即新工地地点(如独立大桥),则其他工程费内的工地转移费应不再计算;如施工机构迁移地点至新工地地点尚有部分距离,则工地转移费的距离,应以施工机构新地点为计算起点。

七、供电贴费

供电贴费是指按照国家规定,建设项目应交付的供电工程贴费、施工临时用电贴费。

计算方法:按国家有关规定计列(目前停止征收)。

八、联合试运转费

联合试运转费是指新建、改(扩)建工程项目,在竣工验收前按照设计规定的工程质量标准,进行动(静)载荷载试验所需的费用,或进行整套设备带负荷联合试运转期间所需的全部费用抵扣试车期间收入的差额。该费用不包括应由设备安装工程项下开支的调试费的费用。

费用内容包括联合试运转期间所需的材料、油燃料和动力的消耗,机械和检测设备使用费,工具用具和低值易耗品费,参加联合试运转人员工资及其他费用等。

联合试运转费以建筑安装工程费总额为基数,独立特大型桥梁按 0.075%、其他工程按 0.05% 计算。

九、生产人员培训费

生产人员培训费是指新建、改(扩)建公路工程项目,为保证生产的正常运行,在工程竣工验收交付使用前对运营部门生产人员和管理人员进行培训所必需的费用。

费用内容包括培训人员的工资、工资性补贴、职工福利费、差旅交通费、劳动保护费、培训及教学实习费等。生产人员培训费按设计定员和 2000 元/人的标准计算。

十、固定资产投资方向调节税

固定资产投资方向调节税是指为了贯彻国家产业政策,控制投资规模,引导投资方向,调整投资结构,加强重点建设,促进国民经济持续稳定协调发展,依照《中华人民共和国固定资产投资方向调节税暂行条例》规定,公路建设项目应缴纳的固定资产投资方向调节税。

计算方法:按国家有关规定计算(目前暂停征收)。

十一、建设期贷款利息

建设期贷款利息是指建设项目中分年度使用国内贷款或国外贷款部分,在建设期内应归还的贷款利息。费用内容包括各种金融机构贷款、企业集资、建设债券和外汇贷款等利息。

计算方法:根据不同的资金来源按需付息的分年度投资计算。

计算公式如下:

建设期贷款利息 = ∑(上年末付息贷款本息累计 + 本年度付息贷款额 ÷ 2) × 年利率

(2-2-25)

任务四 预 备 费

任务描述

作为公路工程施工人员,了解和掌握预备费的计算,是提高业务水平和工作能力的重要环节。

分组讨论 预备费

技能训练

预备费由哪些部分组成?

基本知识

预备费由价差预备费及基本预备费两部分组成。在公路工程建设期限内,凡需动用预备费时,属于公路交通运输部门投资的项目,需经建设单位提出,按建设项目隶属关系,报交通运输部或交通厅(局、委)基建主管部门核定批准;属于其他部门投资的建设项目,按其隶属关系报有关部门核定批准。

一、价差预备费

价差预备费是指设计文件编制年至工程竣工年期间,第一部分费用的人工费、材料费、机械使用费、其他工程费、间接费等以及第二、三部分费用由于政策、价格变化可能发生上浮而预留的费用及外资贷款汇率变动部分的费用。

1. 计算方法

价差预备费以概(预)算或修正概算第一部分建筑安装工程费总额为基数,按设计文件编制年始至建设项目工程竣工年终的年数和年工程造价增长率计算。

计算公式如下

$$价差预备费 = P \times [(1-i)^{n-1} - 1]$$

(2-2-26)

式中：P——建筑安装工程费总额(元)；
　　　i——年工程造价增长率(%)；
　　　n——设计文件编制年至建设项目开工年 + 建设项目建设期限(年)。

2. 年工程造价增长率

按有关部门公布的工程投资价格指数计算，或由设计单位会同建设单位根据该工程人工费、材料费、施工机械使用费、其他工程费、间接费以及第二、三部分费用可能发生的上浮等因素，以第一部分建安费为基数进行综合分析预测。

3. 其他注意事项

设计文件编制至工程完工在一年以内的工程，不列此项费用。

二、基本预备费

基本预备费是指在初步设计和概算中难以预料的工程和费用。其用途如下。

(1) 在进行技术设计、施工图设计和施工过程中，在批准的初步设计和概算范围内所增加的工程费用。

(2) 在设备订货时，由于规格、型号改变的价差；材料货源变更、运输距离或方式的改变以及因规格不同而代换使用等原因发生的价差。

(3) 由于一般自然灾害所造成的损失和预防自然灾害所采取的措施费用。

(4) 在项目主管部门组织竣(交)工验收时，验收委员会(或小组)为鉴定工程质量必须开挖和修复隐蔽工程的费用。

(5) 投保的工程根据工程特点和保险合同发生的工程保险费用。

计算方法：以第一至三部分费用之和(扣除固定资产投资方向调节税和建设期贷款利息两项费用)为基数，按下列费率计算：设计概算按5%计列；修正概算按4%计列；施工图预算按3%计列。

采用施工图预算加系数包干承包的工程，包干系数为施工图预算中直接费与间接费之和的3%。施工图预算包干费用由施工单位包干使用。该包干费用的内容有以下几个部分：

① 在施工过程中，设计单位对分部分项工程修改设计而增加的费用，但不包括因水文地质条件变化造成的基础变更、结构变更、标准提高、工程规模改变而增加的费用。

② 预算审定后，施工单位负责采购的材料由于货源变更、运输距离或方式的改变以及因规格不同而代换使用等原因发生的价差。

③ 由于一般自然灾害所造成的损失和预防自然灾害所采取的措施的费用(例如一般防台风、防洪的费用)等。

任务五　回收金额

📖 任务描述

作为公路工程施工人员，了解和掌握回收金额的计算，是广大工程施工技术人员提高业务水平和工作能力的重要环节。

▍分组讨论　回收金额

技能训练

概预算定额中回收金额如何计算？

基本知识

概预算定额所列材料一般不计回收,只对按全部材料计价的一些临时工程项目和由于工程规模或工期限制达不到规定周转次数的拱盔、支架及施工金属设备的材料计算回收金额。回收率见表2-2-4。

回 收 率　　　　　　　　　　　　　　　表2-2-4

回 收 项 目	使用年限和周转次数				计 算 基 数
	一年或一次	两年或两次	三年或三次	四年或四次	
临时电力、电信线路	50%	30%	10%		材料原价
拱盔、支架	60%	45%	30%	15%	
施工金属设备	65%	65%	50%	30%	

注:施工金属设备是指钢壳沉井、钢护筒等。

项目三　公路工程概预算文件的编制办法

【知识目标】掌握公路工程建设各项费用编制步骤、计算程序及计算方式。

【能力目标】通过对公路工程建设各项费用编制步骤、计算程序及计算方式等内容的学习,你应对公路工程建设各项费用编制步骤、计算程序及计算方式有全面的掌握和认识,提高学生判断问题和解决问题的能力,为今后能从事造价员、施工员、监理员等岗位工作打下良好的知识基础。

【知识引入】公路工程建设各项费用的计算程序及计算方式。公路初步设计概(预)算表格样式。

任务一　概预算文件编制步骤

任务描述

作为公路工程施工人员,了解和掌握概预算文件编制步骤,是提高业务水平和工作能力的重要环节。

分组讨论　概预算文件编制步骤

技能训练

概预算文件的编制步骤是什么?

基本知识

概预算文件编制质量的高低及各项计算的准确与否,直接关系着国家的经济利益。为了确保概预算文件的编制质量,必须根据工程概预算内在的规律和国家的有关规定,按一定的步骤来进行。概预算编制的基本步骤如图2-3-1所示。

一、熟悉设计图和资料

编制概算、修正概算、施工图预算等文件前,应对相应阶段的初步设计、技术设计和施工图设计内容进行检查和整理,认真阅读和核对设计图及有关表格,若图样中所用材料规格或要求不清时,要核对查实。

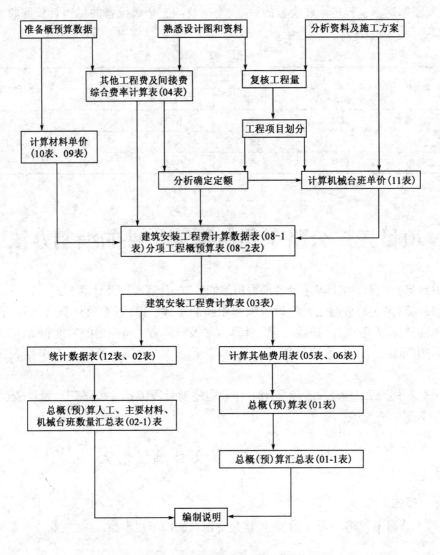

图 2-3-1　概预算编制的基本步骤

二、准备概预算资料

概预算资料包括概预算表格、定额和有关文件等。在编制概预算前,应将有关文件、定额及各类补充定额等准备齐全,且要将概预算表格备齐。

三、分析外业调查资料及施工方案

1. 概预算调查资料分析

概预算资料调查的内容很广,原则上凡对施工生产有影响的一切因素都必须调查,主要是筑路材料的来源(沿线料场及有无自采材料)、材料运输方式及运距,运费标准,占用土地的补偿费、安置费及拆迁补偿费,沿线可利用房屋及劳动力供应情况等。对这些调查资料应进行分析,若有不明确或不全的部分,应另行调查,以保证概预算的准确和合理。

2.施工方案的分析

对于相应设计阶段配套的施工组织设计文件(尤其是施工方案)应认真分析其可行性、合理性、经济性。在编制概预算时,重点应对施工方案进行认真分析。

(1)施工方法:同一工程内容,可以采用不同的施工方法来完成。因此,应重点分析根据工程设计的意图和要求是否同工程实际相结合,选择的施工方法是否最经济。

(2)施工机械:应重点分析是否根据选定的施工方法选配相应的施工机械。

(3)其他方面:运距远近的选择(如土方中取土坑、弃土堆的位置),材料堆放的位置及仓库的设置,人员高峰期设置等是否合理。

四、分项

公路工程概预算是以分项工程概预算表为基础计算和汇总而来的,一般公路工程分项时必须满足如下三个方面的要求:

(1)按照概预算项目表的要求分项。

(2)要符合定额项目表的要求。

(3)要符合费率的要求。

按上面三个方面的要求分项后,便可将工程细目一一引出并填入08表中。

五、计算工程量

在编制概预算时,应对各分项工程量按工程量计算原则进行计算。一是对设计中已有的工程量进行核对,二是对设计文件中缺少或未列的工程量进行补充计算,计算时应注意计算单位和计算规则与定额的计量单位及计算规则一致。将算得的分项工程量填入08表中。

六、查定额

根据分项所得的工程细目(分项工程)即可从定额中查出相应的人工、材料、施工机械名称、单位及消耗量定额值。查出各分项工程的定额基价,并将查得的定额值和定额单位及定额号分别填入08表的有关栏目,再将各分项工程的实际工程换算的定额工程数量乘以相应的定额即可得出各分项工程的资源消耗数量及定额基价,填入08表的数量栏中。

七、基础单价的计算

编制概预算的另一项重要工作便是确定基础单价。基础单价是人工工日单价、材料预算单价和施工机械台班单价的统称。定额中除基价和小额零星材料及小型机具用货币指标外,其他均是资源消耗的实物指标。要以货币来表现消耗,就必须计算各种资源的单价。有关单价的计算方法已在前面介绍,公路工程概预算的基础单价通过09表~11表来计算。

(1)根据08表中所出现的材料种类、规格及机械作业所需的燃料和水电编制09表。

(2)根据08表中所发生的自采材料种类、规格,按照外业料场调查资料编制自采材料料场价格计算表(10表),并将计算结果汇入09表的材料原价栏中。

(3)根据08表、10表中所出现的所有机械种类和09表中自办运输的机械种类,计算工程所有机械的台班单价,即编制机械台班单价计算表(11表)。

(4)根据地区类别和地方规定等资料计算人工工日单价。

(5)将(1)~(4)项所算得的各基础单价汇总,编制人工、材料、机械单价汇总表(07表)。

八、计算分项工程的直接费和间接费

有了各分项工程的资源消耗数量及基础单价,便可计算其直接费与间接费。

(1)将 07 表的单价填入 08 表中的单价栏,由单价与数量相乘得出人工费、材料费、机械使用费,并可算得工、料、机合计费用。

(2)根据工程类别和工程所在地区,取定各项费率并计算其他工程费费率和间接费费率,即编制 04 表。

(3)将 04 表中各费率填入 08 表中的相应栏目,并以直接工程费之和为基数计算其他工程费和间接费。

(4)分别在 08 表中计算直接费和间接费。

九、计算建筑安装工程费

建筑安装工程费通过 03 表计算。

(1)将 08 表中各分项工程的直接费、间接费按工程(单位工程)汇总填入 03 表中的相应栏目。

(2)按税收要求计算出间接费中的计税部分。

(3)按编制办法确定利润、税金的百分率,并填入 03 表的有关栏目。

(4)以(直接费+间接费-利润)为基数计算利润,以(直接费+间接费+利润)为基数计算税金。

(5)合计各单位工程的直接费、间接费、利润和税金,得到各单位工程的建筑安装工程费,总计各单位工程的建安费,得到工程项目的建安费。

十、实物指标计算

概预算还必须编制工程项目的实物消耗量指标,可通过 02 表的计算完成。

(1)将 09 表和 10 表中的人工、材料、机械消耗量汇总编制辅助生产工、料、机单位数量表(12 表)。

(2)汇总 08 表中人工、主要材料、机械台班数量。

(3)计算各种增工数量。

(4)合计(1)~(3)项中的各项数据得出工程概预算的实物数量,即得到 02 表。

十一、计算其他有关费用

按规定计算第二部分至第七部分费用,即编制 05 表和 06 表。

十二、编制总概预算表并进行造价分析

(1)编制总概预算表:将 03 表、05 表、06 表中的各项填入 01 表中相应栏目,并计算各项技术经济指标。

(2)造价分析:根据概算总金额、各单位工程或分项工程的费用比值和各项技术经济指标进行全面分析,对设计提出修改建议和从经济角度对设计是否合理予以评价,找出挖潜措施。

十三、编制综合概预算

根据建设项目要求,当分段或分部编制 01 表和 02 表时,需要汇总编制综合概预算。

(1) 汇总各种概预算表,编制总概(预)算汇总表(01-1 表)。

(2) 汇总 02 表编制总概(预)算人工、主要材料、机械台班数量汇总表(02-1 表)。

十四、编制说明

概预算表格计算并编制完后,必须编制概预算说明,主要说明概预算编制依据、编制中存在的问题、工程总造价的货币和实物量指标及其他与概预算有关但不能在表格中反映的事项。

任务二　各项费用计算程序及编制注意事项

任务描述

作为公路工程施工人员,了解和掌握各项费用计算程序及编制注意事项,是提高业务水平和工作能力的重要环节。

分组讨论　各项费用计算程序及编制注意事项

技能训练

各项费用计算的程序是什么?

基本知识

一、费用计算程序

各项费用之间有着紧密的联系,其计算亦有一定的规律和程序,各项费用的计算程序及计算方式归纳如表 2-3-1 所示。

公路工程建设各项费用的计算程序及计算方式　　　　表 2-3-1

代号	项目	说明及计算式
(一)	直接工程费(即工、料、机费)	按编制年工程所在地的预算价格计算
(二)	其他工程费	(一)×其他工程费综合费费率或各类工程人工费和机械费之和×其他工程费综合费费率
(三)	直接费	(一)+(二)
(四)	间接费	各类工程人工费×规费综合费费率+(三)×企业管理费综合费费率
(五)	利润	[(三)+(四)-规费]×利润率
(六)	税金	[(三)+(四)+(五)]×综合费费率
(七)	建筑安装工程费	(三)+(四)+(五)+(六)
(八)	设备、工具、器具购置费(包括备品备件)	(设备、工具、器具购置数量×单价+运杂费)×(1+采购保管费费率)
	办公及生活家具购置费	按有关规定计算
(九)	工程建设其他费用	
	土地征用及拆迁补偿费	按有关规定计算
	建设单位(业主)管理费	(七)×费率
	工程质量监督费	(七)×费率

续上表

代 号	项 目	说明及计算式
(九)	工程监理费	(七)×费率
	工程定额测定费	(七)×费率
	设计文件审查费	(七)×费率
	竣(交)工验收试验检测费	按有关规定计算
	研究试验费	按批准的计划编制
	前期工作费	按有关规定计算
	专项评价(估)费	按有关规定计算
	施工机构迁移费	按实计算
	供电贴费	按有关规定计算
	联合试运转费	(七)×费率
	生产人员培训费	按有关规定计算
	固定资产投资方向调节税	按有关规定计算
	建设期贷款利息	按实际贷款数及利率计算
(十)	预备费	包括价差预备费和基本预备费两项
	价差预备费	按规定的公式计算
	基本预备费	[(七)+(八)+(九)-固定资产投资方向调节税-建设期贷款利息]×费率
	预备费中施工图预算包干系数	[(三)+(四)]×费率
(十一)	建设项目总费用	(七)+(八)+(九)+(十)

二、概预算表格计算

概预算表格共有15张,其数据的计算按编制办法规定,各表格式样详见本项目任务三。

三、编制注意事项

(1)注意表格之间的内在联系,理清其交叉关系。概预算表格是一个有机的整体,互相联系、相互补充,通过这些表格反映整个工程的资源消耗,因此应熟练掌握各表格之间的内在联系。

(2)08表的工程名称(即01表中项的名称)要按项目填列,应注意将费率相同的各目填列于一张表中,以便于小计。

(3)注意各取费费率适用范围的说明。

(4)使用定额时,一定要注意其小注和章、节说明等。

(5)按地方的规定计算有关费用时,要注意各地规定中的细节要求。

(6)编制中应注意公路工程概(预)算的工程费用中属非公路专业的工程,应执行有关专业的直接费定额和相应的间接费定额。一般工业与民用建筑应执行所在地的地区统一直接费定额和相应的间接费定额,但其他费用应按公路工程其他费用项目划分及计算办法编制。

任务三 公路初步设计概(预)算表格样式

任务描述

作为公路工程施工人员,了解和掌握公路初步设计概(预)算表格样式,是广大工程施工技术人员提高业务水平和工作能力的重要环节。

分组讨论　公路初步设计概（预）算表格样式

技能训练
公路初步设计概（预）算表格的组成部分有哪些？
基本知识

一、扉页的次页格式

××公路初步设计概算

（K××+×××~K××+×××）

第　　册　共　　册

编制：[签字并加盖执业（从业）资格印章]
复核：[签字并加盖执业（从业）资格印章]
（编制单位）
年　　月

二、目录格式

（甲组文件）
（1）编制说明
（2）总概（预）算汇总表（01-1 表）
（3）总概（预）算人工、主要材料、机械台班数量汇总表（02-1 表）
（4）总概（预）算表（01 表）

(5)人工、主要材料、机械台班数量汇总表(02 表)
(6)建筑安装工程费计算表(03 表)
(7)其他工程费及间接费综合费费率计算表(04 表)
(8)设备、工具、器具购置费计算表(05 表)
(9)工程建设其他费用及回收金额计算表(06 表)
(10)人工、材料、机械台班单价汇总表(07 表)
(乙组文件)
(11)建筑安装工程费计算数据表(08-1 表)
(12)分项工程概(预)算表(08-2 表)
(13)材料预算单价计算表(09 表)
(14)自采材料料场价格计算表(10 表)
(15)机械台班单价计算表(11 表)
(16)辅助生产工、料、机械台班单位数量表(12 表)

三、概(预)算表格样式

1. 总概(预)算汇总表(01-1 表)(见表 2-3-2)

总概(预)算汇总表　　　　　　　　　　　表 2-3-2

建设项目名称：　　　　　　　　　　　第　页共　页　01-1 表

项次	工程或费用名称	单位	总数量	概(预)算金额(元)		技术经济指标	各项费用比例(%)	备注
					总计			

编制：　　　　　　　　　　　　　　复核：

填表说明如下：

(1)一个建设项目分若干单项工程编制概(预)算时,应通过本表汇总全部建设项目概(预)算金额。

(2)本表反映一个建设项目的各项费用组成、概(预)算总值和技术经济指标。

(3)本表"项次""工程或费用名称""单位""总数量""概(预)算金额"应由各单项或单位工程总概(预)算表(01 表)转来,"目""节"可视需要增减,"项"应保留。

(4)"技术经济指标"以各项概(预)算金额汇总合计除以相应总数量计算;"各项费用比例"以汇总的各项目概(预)算金额合计除以总概(预)算金额合计计算。

2. 总概(预)算人工、主要材料、机械台班数量汇总表(02-1 表)(见表 2-3-3)

总概(预)算人工、主要材料、机械台班数量汇总表　　　表 2-3-3

建设项目名称：　　　　　　　　　　　第　页共　页　02-1 表

序号	规格名称	单位	总数量	编制范围

编制：　　　　　　　　　　　　　　复核：

填表说明如下：

(1)一个建设项目分若干个单项工程编制概(预)算时,应通过本表汇总全部建设项目的人工、主要材料、机械台班数量。

(2)本表各栏数据均由各单项或单位工程概(预)算中的人工、主要材料、机械台班数量汇总表(02 表)转来,"编制范围"是指单项或单位工程。

3. 总概(预)算表(01 表)(见表 2-3-4)

总 概 (预) 算 表　　　　　　　　　　表 2-3-4

建设项目名称：

编制范围：　　　　　　　　　　　　　　第　页共　页　　01 表

项	目	节	细目	工程或费用名称	单位	数量	概(预)算金额(元)	技术经济指标	各项费用比例(%)	备注

编制：　　　　　　　　　　　　　　　　复核：

填表说明如下：

(1)本表反映一个单项或单位工程的各项费用组成、概(预)算金额、技术经济指标等。

(2)本表"项""目""节""细目""工程或费用名称""单位"等应按概(预)算项目表的序列及内容填写。"目""节""细目"可视需要增减,但"项"应保留。

(3)"数量""概(预)算金额"由建筑工程费计算表(03 表),设备、工具、器具购置费计算表(05 表)、工程建设其他费用及回收金额计算表(06 表)转来。

(4)"技术经济指标"以各项概(预)算金额除以相应数量计算;"各项费用比例"以各项概(预)算金额除以总概(预)算金额计算。

4. 人工、主要材料、机械台班数量汇总表(02 表)(见表 2-3-5)

人工、主要材料、机械台班数量汇总表　　　　　　表 2-3-5

建设项目名称：

编制范围：　　　　　　　　　　　　　　第　页共　页　　02 表

序号	规格名称	单位	总数量	分项统计		场外运输损耗	
						%	数量

编制：　　　　　　　　　　　　　　　　复核：

填表说明如下：

(1)本表各栏数据由分项工程概(预)算基础数据表(08 表)及辅助生产工、料、机械台班单位数量表(12 表)经分析计算后统计得来。

(2)发生的冬、雨季及夜间施工增工及临时设施用工,根据有关附录规定计算后列入本表有关项目内。

5. 建筑安装工程费计算表(03表)(见表2-3-6)

建筑安装工程费计算表 表2-3-6

建设项目名称：
编制范围： 第 页共 页 03表

序号	工程名称	单位	工程量	直接费(元)				其他工程费	合计	间接费(元)	利润(元)费率	税金(元)综合费率	建筑安装工程费	
				直接工程费									合计(元)	单价(元)
				人工费	材料费	机械使用费	合计							
1	2	3	4	5	6	7	8	9	10	11	12	13	14	15

编制： 复核：

填表说明如下：

本表各栏数据之间关系,5~7均由08表经计算转来;8 = 5 + 6 + 7;9 = 8×9 的费率或(5 + 7)×9 的费率;10 = 8 + 9;11 = 5 × 规费综合费率 + 10 × 企业管理费综合费率;12 = (10 + 11 - 规费)×12 的费率;13 = (10 + 11 + 12)×综合税率;14 = 10 + 11 + 12 + 13;15 = 14 ÷ 4。

6. 其他工程费及间接费综合费率计算表(04表)(见表2-3-7)

其他工程费及间接费综合费费率计算表 表2-3-7

建设项目名称：
编制范围： 第 页共 页 04表

序号	工程类别	其他工程费费率(%)										综合费率		间接费费率(%)						企业管理费					
		冬季施工增加费	雨季施工增加费	夜间施工增加费	高原地区施工增加费	风沙地区施工增加费	沿海地区施工增加费	行车干扰工程施工增加费	安全及文明施工措施费	临时设施费	施工辅助费	工地转移费	I	II	规费											
															养老保险费	失业保险费	医疗保险费	住房公积金	工伤保险费	综合费率	基本费用	主副食运费补贴	职工探亲路费	职工取暖补贴	财务费用	综合费率
1	2	3	4	5	6	7	8	9	10	11	12	13	14	15	16	17	18	19	20	21	22	23	24	25	26	27

编制： 复核：

填表说明如下：

本表应根据建设工程项目具体情况,按概(预)算编制办法有关规定填入数据计算。

其中:14 = 3 + 4 + 5 + 8 + 10 + 11 + 12 + 13;15 = 6 + 7 + 9;21 = 16 + 17 + 18 + 19 + 20;27 = 22 + 23 + 24 + 25 + 26。

7. 设备、工具、器具购置费计算表(05表)(见表2-3-8)

设备、工具、器具购置费计算表   表2-3-8

建设项目名称：
编制范围：   第 页 共 页   05表

序号	设备、工具、器具规格名称	单位	数量	单价	金额	说明

编制：   复核：

填表说明如下：

本表应根据具体的设备、工具、器具购置清单进行计算，包括设备规格、单位、数量、单价以及需要说明的有关问题。

8. 工程建设其他费用及回收金额计算表(06表)(见表2-3-9)

工程建设其他费用及回收金额计算表   表2-3-9

建设项目名称：
编制范围：   第 页 共 页   06表

序号	费用名称及回收金额项目	说明及计算式	金额(元)	备注

编制：   复核：

填表说明如下：

表2-3-9应按具体发生的工程建设其他费用项目填写，需要说明和具体计算的费用项目依次相应在说明及计算式栏内填写或具体计算，各项费用具体填写如下。

(1)土地征用及拆迁补偿费应填写土地补偿单价、数量和安置补助费标准、数量等，列式计算所需费用，填入金额栏。

(2)建设项目管理费包括建设单位(业主)管理费、工程质量监督费、工程监理费、工程定额测定费、设计文件审查费、竣(交)工验收试验检测费，按"建筑安装工程费×费率"或有关定额列式计算。

(3)研究试验费应根据设计需要进行研究试验的项目分别填写项目名称及金额，或列式计算或进行说明。

(4)建设项目前期工作费按国家有关规定填入本表，列式计算。

(5)其余有关工程建设其他费用的填入和计算方法，根据规定依此类推。

9. 人工、材料、机械台班单价汇总表(07表)(见表2-3-10)

人工、材料、机械台班单价汇总表   表2-3-10

建设项目名称：
编制范围：   第 页 共 页   07表

序号	名称	单位	代号	预算单价(元)	备注	序号	名称	单位	代号	预算单价(元)	备注

编制：   复核：

填表说明如下：

本表预算单价主要由材料预算单价计算表(09表)和机械台班单价计算表(11表)转来。

10. 建筑安装工程费计算数据表(08-1表)(见表2-3-11)

建筑安装工程费计算数据表　　　　　　　　　　　表2-3-11

建设项目名称：　　　　编制范围：　　　数据文件编号　　　公路等级：

路线或桥梁长度(km)：　　　　路基或桥梁宽度(m)：　　　第　页共　页　　08-1表

项的代号	本项目数	目的代号	本目节数	节的代号	本节细目数	细目的代号	费率编号	定额个数	定额代号	项或目或节或细目或定额的名称	单位	数量	定额调整情况

编制：　　　　　　　　　　　　　　　　　　　复核：

填表说明如下：

(1)本表应逐行从左到右横向跨栏填写。

(2)"项""目""节""细目""定额"等的代号应根据实际需要按"概、预算项目表"及现行《公路工程概算定额》(JTG/T B06-01—2007)、《公路工程预算定额》(JTG/T B06-02—2007)的序列及内容填写。

(3)本表主要是为利用计算机软件编制概预算提供基础数据,具体填表规则由软件用户手册详细制订。

11. 分项工程概(预)算表(08-2表)(见表2-3-12)

分项工程概(预)算表　　　　　　　　　　　表2-3-12

建设项目名称：

编制范围：　　　　　　　　　　　　　　　　第　页共　页　　08-2表

编号	工程项目											合计	
	工程细目												
	定额单位												
	工程数量												
	定额表号												
	工、料、机名称	单位	单价(元)	定额	数量	金额(元)	定额	数量	金额(元)	定额	数量	金额(元)	数量	金额(元)
1	人工	工日												
2	…													
3	定额基价	元												
	直接工程费	元												
	其他工程费	Ⅰ	元											
		Ⅱ	元											
间接费	规费	元												
	企业管理费	元												
	利润及税金	元												
	建筑安装工程费	元												

编制：　　　　　　　　　　　　　　　　　　　复核：

填表说明如下：

(1)本表按具体分项工程项目数量、对应概(预)算定额子目填写,单价由07表转来,金额=工、料、机各项的单价×定额×数量。

(2)其他工程费按相应项目的直接工程费或人工费与施工机械使用费之和×规定费率计算。

(3)规费按相应项目的人工费×规定费率计算。

(4)企业管理费按相应项目的直接费×规定费率计算。

(5)利润按相应项目的(直接费+间接费-规费)×利润率计算。

(6)税金按相应项目的(直接费+间接费+利润)×税率计算。

12. 材料预算单价计算表(09表)(见表2-3-13)

材料预算单价计算表　　　　　　　　　　　　　　　表2-3-13

建设项目名称：

编制范围：　　　　　　　　　　　　　　　　　　　第　页共　页　09表

序号	规格名称	单位	原价(元)	运杂费					原价运费合计(元)	场外运输损耗		采购及保管费		预算单价
				供应地点	运输方式、比重及运距	毛重系数或单位毛重	运杂费构成说明或计算式	单位运费(元)		费率(%)	金额(元)	费率(%)	金额(元)	

编制：　　　　　　　　　　　　　　　　　　　　　复核：

填表说明如下：

(1)本表计算各种材料自供应地点或料场至工地的全部运杂费与材料原价及其他费用组成预算单价。

(2)运输方式按火车、汽车、船舶等及所占运输比重填写。

(3)毛重系数、场外运输损耗、采购及保管费按规定填写。

(4)根据材料供应地点、运输方式、运输单价、毛重系数等,通过运杂费构成说明或计算式,计算得出材料单位运费。

(5)材料原价与单位运费、场外运输损耗、采购及保管费组成材料预算单价。

13. 自采材料料场价格计算表(10表)(见表2-3-14)

自采材料料场价格计算表　　　　　　　　　　　　表2-3-14

建设项目名称：

编制范围：　　　　　　　　　　　　　　　　　　第　页共　页　10表

序号	定额号	材料规格名称	单位	料场单价(元)	人工(工日)单价(元)		间接费(元)[占人工费(%)]	单价		单价		单价	
					定额	金额		定额	金额	定额	金额	定额	金额

编制：　　　　　　　　　　　　　　　　　　　　复核：

填表说明如下：

(1)本表主要用于分析计算自采材料料场价格,应将选用的定额人工、材料、机械台班数量全部列出,包括相应的工、料、机单价。

(2)材料规格用途相同而生产方式(如人工捶碎石、机械轧碎石)不同时,应分别计算单价,再以各种生产方式所占比重根据合计价格加权平均计算料场价格。

(3)定额中机械台班有调整系数时,应在表2-3-14内计算。

14.机械台班单价计算表(11表)(见表2-3-15)

机械台班单价计算表　　　　　　　　　　　　表2-3-15

建设项目名称：

编制范围：　　　　　　　　　　　　　　　　　第　页共　页　11表

序号	定额号	机械规格名称	台班单价(元)	不变费用		可变费用(元)							合计
				调整系数		人工：(元/工日)		汽油：(元/kg)		柴油：(元/kg)		…	
				定额	调整值	定额	金额	定额	金额	定额	金额	定额	金额	

编制：　　　　　　　　　　　　　　　　　　　复核：

填表说明如下：

(1)本表应根据公路工程机械台班费用定额进行计算。不变费用如有调整系数,应填入调整值;可变费用各栏填入定额数量。

(2)人工、动力燃料的单价由材料预算单价计算表(09表)中转来。

15.辅助生产工、料、机械台班单价数量表(12表)(见表2-3-16)

辅助生产工、料、机械台班数量计算表　　　　　表2-3-16

建设项目名称：

编制范围：　　　　　　　　　　　　　　　　　第　页共　页　12表

序号	规格名称	单位	人工(工日)			

编制：　　　　　　　　　　　　　　　　　　　复核：

填表说明如下：

本表各栏数据由自采材料料场价格计算表(10表)统计而来。

单元三 工 程 案 例

项目一 施 工 准 备

【知识目标】掌握施工准备工作的内容与要求;掌握工程施工临时项目与临时设施的修建原则;掌握工程施工准备工程示例。

【能力目标】通过对施工准备等内容的学习,你应对施工过程中应该完成的准备工作内容和要求有全面的了解和掌握,为今后从事工程施工和管理工作奠定良好的职业基础。

【知识引入】公路设施是指为确保公路运营所必需的路基、路面、桥涵、隧道、房屋和各种设备等。这些都是公路建筑的基本工程。

公路的各项基本工程是由准备工作、辅助工作、基本工作等组成。基本工作是公路的主体工作,它构成永久性建筑物。准备工作和辅助工作并不构成永久建筑物,但是各项基本工作顺利进行和如期完成的必需工作,并直接影响基本工作的速度和质量。

准备工作必须在基本工作开工前完成,包括组织准备、施工调查、技术准备及施工现场准备等工作。

辅助工作,是根据公路建筑的需要,修建一些临时工程、设置附属企业及材料供应和运输组织等,以保证工期内的工程运输、居住、通信、水电和材料的供应。辅助工作一部分在基本工作开工以前完成,一部分与基本工作同时进行。

准备工作与准备时期的工作不同,因为在准备时期,除了做准备工作外,还要做许多辅助工作和少量的基本工作(临时工程利用永久建筑物时须提前修筑),两者不能相互混淆。

任务描述

作为公路工程施工人员,了解和掌握施工准备的基本概念,是提高业务水平和工作能力的重要环节。

技能训练

公路施工准备的内容和技术要求有哪些?

背景材料

一、编制说明

1.编制依据

(1)施工承包合同书;
(2)招标文件及施工图;
(3)施工类似工程项目的能力和技术装备水平;
(4)招标文件第二卷技术规范;
(5)《公路桥涵施工技术规范》(JTG/T F50—2011);

(6)《公路路基施工技术规范》(JTG F10—2006);
(7)《公路工程质量检验评定标准 第一册 土建工程》(JTG F80/1—2004);
(8)《公路路面基层施工技术细则》(JTG/T F20—2015);
(9)现行各种公路试验规范;
(10)现场考察和研究所获得的资料;
(11)《公路工程基本建设项目概算预算编制办法》(JTG B06—2007);
(12)《公路工程概算定额》(JTG/T B06-01—2007);
(13)《公路工程预算定额》(JTG/T B06-02—2007);
(14)《公路工程机械台班费用定额》(JTG/T B06-03—2007)。

2. 编制原则

(1)满足业主对工程质量、工期、安全、环保要求。

(2)严格执行施工验收规范、操作规程,严格管理、科学组织,保证每一分项工程质量达优,争创"鲁班奖"。创精品工程,树样板工程,把本合同段高速公路建成科技高速、生态高速、人文高速。

(3)以满足工期要求为核心,以突出重点、兼顾一般为原则,合理进行资源配置,实现快速均衡生产。全面规划,保证重点,统筹安排,精心组织。加强生产管理,提高机械化施工水平和劳动生产率。

(4)以高起点、高标准、高质量为指导原则,科学组织,精益求精,确保工程质量达到国家现行的工程质量验收标准,实现安全生产,文明施工。

(5)合理安排施工计划,统筹组织施工、平衡流水和立体交叉作业,不断加快工程进度。

(6)落实季节性施工措施,确保全年在有效工作日内连续均衡施工。

(7)因地制宜,尽量利用当地资源,减少物资运输量,节约能源。认真进行技术经济比较,选择最优方案,使企业取得最好的经济效益。

(8)精心进行现场布置,节约施工用地,充分利用永久征地,文明施工,搞好环境保护。

(9)实行项目施工,提高施工生产水平,一切从实际出发,做好人力、物力的综合平衡,组织均衡生产。

(10)积极推行先进的施工方法和施工工艺,提高科技含量,采用先进、科学的施工管理手段,以满足施工安全、工程质量、环境保护要求和施工工期为目标。

(11)遵守国家及地方政府的有关方针政策,为振兴经济的腾飞作出贡献。

3. 编制深度

本施工组织设计是根据施工图和施工现场的实际情况以及合同文件要求所编制的实施性施工组织设计,对××工程的施工布置,劳动力、工程材料和施工机械设备等资源的组织和工程质量、工期、安全、环境及文物保护等诸方面的实施起指导作用,直接用于指导××工程项目的施工。

二、工程概况

本项目为××省小西至石山公路,其起点大安,终点与已建合界高速公路相接于石山枢纽互通,路线全长77.84km。第十二合同段路线起于1号隧道内,起点桩号K121+120,终点桩号K124+550,路线全长3.43km。主要工程有1号隧道2615m(单洞长),2号隧道150m(单洞长),李庄特大桥1074.42m,马庄大桥512m,以及主线路基土石方。

1. 工程地质条件情况

本项目位于××省西部,路线走向自北向南。经过区域地形、地貌复杂,本标段属中低山区。本合同段属变质岩与侵入岩相间的中低山工程地质区的Ⅰ4、Ⅰ5亚区。地层以大别山群为主,岩性主要为条带状混合岩、混合片麻岩夹角闪岩、混合花岗岩等深变质岩,岩浆侵入形成的花岗岩、花岗质脉岩,表层存在全~强风化层。ZK123+020~ZK123+250及K122+890~K122+925左侧为崩塌不良工程地质地段。沿线范围内存在大量块石崩塌体,施工中易发生坍塌或飞石。

路堤填方段主要为丘陵间沟谷及山前斜地、低丘地段。沟谷及山前斜地表部分布有薄层软土,宜清除。下部分布砾石、卵石、坡洪积碎石、砾石,松散—中密状,填方路段经碾压密实处理后可直接填筑。路堑挖方主要是在原先废弃铁路路基上,采用松动爆破进行开挖。

本段隧道主要通过的地质条件是长片麻岩,地表有0~3m的第四系覆盖层,岩层自上而下分别为全风化、强风化、弱风化和微风化层。全风化层一般不厚,在1~2m。强风化层厚度不一,多数为3~6m。弱风化层一般较厚,为6~10m;本段地貌属低山区,山坡植被发育较为密集,自然边坡20°~50°,山高坡陡,地形起伏大,局部发育有陡壁,基岩大面积出露。岩石主要为长片麻岩,强风化~微风化,局部全风化~强风化,岩石破碎,节理裂隙发育。地质构造对隧道工程影响不大,项目所在地区抗震设防烈度为7度。

2. 水文情况

(1)本工程地处××河流下游,自西向东,河床成扇形扩展,并且沿线有小河流汇入,农田灌溉、排水渠道密布。

(2)地下水主要储存于上部陆相层黏土和亚黏土中,分布全段,地下水位随地表土质和地表高程变化而变化。地下水位埋藏深度在2.3~5.5m。经沿线水质分析显示,地下水对钢筋混凝土无腐蚀或弱腐蚀,对工程质量无影响。

3. 气象与气候

项目区属北亚热带湿润季风气候类型,具有季风显著、四季分明、气候温和、雨量充沛、光照充足、无霜期长等气候特点。年降水量900~1600mm,梅雨期在6月下旬至7月中旬。

问题

根据工程项目的具体情况,如何编写施工准备的内容和技术文件?

案例分析

大安至石山公路地处皖西南大别山区,是国家重点公路规划中的五纵[东营至香港(口岸)]公路的组成部分,同时也是××省规划"西纵"公路的重要组成部分,它与G105、G318、S210、S209共同构成大别山区公路网主骨架。

一、组织准备

工程施工企业承接施工任务后,组织各级施工管理机构、施工队伍、材料供应及运输管理部门,组织临时设施的建设,进行劳动力训练,与其他单位签订各种协议合同等。成立临时项目指挥部或指挥所等,统一管理、指挥和协调工程施工。

二、施工调查

1. 施工调查的意义

根据施工调查,可以了解和核对线路的全面情况、重点工程情况和沿线的施工条件等,确定符合实际情况的施工布置和施工方法,决定材料来源和运输方法,落实各项辅助工程和附属企业的设置,规划临时工程,是作为编制施工组织设计和概预算的重要依据。施工调查的质量,直接关系到施工设计、施工组织设计和概预算是否经济合理。因此,施工调查既是设计部门勘测设计中的一项重要工作,也是施工企业在基本工程开工前必需进行的一项工作。

2. 施工调查的主要内容及要求

交通运输情况和可供利用的条件以及运价与装卸费等计费办法;当地建筑材料的产地、储量、产量、质量、单价及运输条件等情况;当地水、电、燃料、通信、房屋等可供利用的条件(地点、时间、可供数量)及价格等;当地可雇用的劳动力数量、价格以及技术水平;当地的风俗习惯、医疗条件、生活供应等情况;气象、水文、地质资料;全线工程分布情况与地形特征,特别是与重点工程的施工条件、施工顺序及施工方法等有关的自然条件;当地政府有关购地、租地、补偿和拆迁等文件规定及计费办法;拟建的临时工程、辅助工程及附属企业等设施的现场位置、地形、地貌、水文、地质等情况。综合上述情况提出可资利用的意见。

三、技术准备

1. 接收并核对设计文件

认真阅读施工规范,审核施工图,编写审核报告;进行临设工程的具体设计;编制实施性的施工组织设计;结合工程施工特点,编写技术管理办法、实施细则、针对性的保证措施,备齐必要的参考资料;完成各种临时设施符合性数据的采集;根据合同要求,提供给业主或监理工程师的其他资料。

施工单位收到设计文件以后,在基本工程开工以前,应熟悉文件内容并仔细与现场进行核对,对设计文件中存在的问题及时提请设计单位解决。根据施工现场的需要,对设计文件作必要的补充和编制施工详图及作业细则与技术指标。

2. 交接桩及线路复测

施工单位接收任务后,应会同设计单位进行交接桩工作,然后进行线路复测。

(1)交接桩。

①交接桩的组织工作。由施工单位的技术人员及测工等组成的接桩小组,会同勘测设计部门的交桩,共同进行交接桩与补桩工作。如一条线路由几个施工单位施工,则各施工单位的接桩起讫点应是其管理外两边的一个交点或转点桩。其交界处的中线、水平,应测量相互贯通,互相核对,保持一致。

②交接桩的内容。工程施工单位按照有关图表文件,逐一接收水准基点桩,中线控制桩,三角网的主要控制桩,隧道及桥梁的导线网,重点工程的中心桩,直线上的转点桩和控制桩及曲线的交点桩,副交点桩,缓和曲线和圆曲线的起、终点和曲中点桩等。

③交接桩过程。交接双方按图表对桩位(号)逐一点交,施工单位以仪器复核,做好记录,并检查桩的完好稳定程度,必要时加护桩进行保护。交接桩的验收标准按《公路工程测量技术规则》的有关规定办理。在交接中,如误差超过允许范围时,应由设计单位复核更正。

交接完毕后,根据交接记录,说明交接情况、存在问题及解决方法,双方正式在记录上会签,视为线路交接完成。

(2)线路复测。交接桩完成后,施工单位应进行线路复测和加钉桩号,这是施工前最后一次线路定测工作。内容包括:测定中线位置;复核线路转向角;测设曲线;复核各转点间的直线方向;核对设计单位移交的水准基点,并使用水准基点进行全线纵向水准测量;横断面测量;桥隧等重点工程的位置和中心线的定位测量;临时设施(如生产基地、材料厂、临时场地、施工驻地等)场地测绘等。

3. 施工放样

桥梁施工前用全站仪测设布置中线;用桩橛明确线路的中线;准确测设轴线桩、平面控制三角网基点桩及高程控制的水准基桩等。

4. 测量试验工作安排

(1)根据工程的特点和招标文件要求,本桥在现场设测量队和实验室,以满足施工和质量控制的需要。

(2)测量队由测量工程师、测量工2人组成,实验室由实验室主任、实验员2人组成,试验及测量仪器见表3-1-1。

本项目材料试验仪器和质检设备配备　　　　表3-1-1

序号	设　备	规格型号	单位	数量	配备
1	万能材料试验机	WE—2000	台	1	
2	核子密度仪	RMT5112	台	2	
3	重型击实仪	HG—80	台	2	
4	水泥安定性沸煮箱		台	1	
5	水泥凝结时间测定仪		台	1	
6	水泥筛分设备		套	1	
7	混凝土贯入阻力仪	HG—80	台	1	
8	混凝土标准养护设备		套	2	
9	摇摆式筛析仪	Y5—2	台	1	
10	砂浆沉入度仪		台	2	
11	土样分土器	QF—1	个	2	
12	土壤收缩仪	SS—1	台	1	
13	土壤液塑限测定仪	CYS—3	台	1	
14	混凝土回弹仪	HT225A	台	4	
15	砂轮切割机		台	3	
16	游标卡尺	350mm	个	4	
17	含水率测定仪		套	2	
18	天平		台	1	
19	砂石筛	TP2000C	套	1	
20	钻芯取样仪		台	2	

(3)第一批人员和设备进场后,在10天内完成复测资料,并报监理工程师核批;实验室按技术规范或监理工程师要求完成原材料取样试验及选定配合比等工作。

(4)各种仪器设备的检测鉴定,办理计量合格证书。

(5)施工作业中所涉及的各种外部技术数据。

5. 编制实施性施工组织设计和施工预算

工程开工前,施工单位根据施工调查资料、设计文件、指导性施工组织设计、工程预算及有关规定等资料,结合施工单位的实际情况,分别确定每个建设工程项目的施工方案和组织方法等,编制实施性施工组织设计和施工预算,作为指导施工的技术文件和施工单位内部成本核算、签订承发包合同及验工计价的依据。

四、施工现场准备

1. 用地范围

用地的宽度,应能容纳所有公路建筑物。一般在取土坑或排水沟外留出不小于1m的宽度,作为用地限界。按确定的地界,绘制用地界图,列出用地划定表,埋设地界标。

2. 购地与拆迁

公路占用的土地在施工前必须向地方土地管理部门提出申请,根据有关法令,法规办理征购或租用(包括青苗补偿)。

当施工界限内有建筑物时,在施工前必须拆除或迁移,包括各种房屋、围墙、砖、瓦、石灰窑、电杆、地下管线、坟墓及施工界内的原有道路等,并按有关规定给予一定的补偿。

3. 砍伐树木及拔除树根

对路基范围内和影响行车的林木,在施工前应砍伐或移植。按有关规范的规定,认真处理路堤、车站及水沟范围内的路基基底。

4. 施工地区的排水疏干

为保证路基的稳定,在路基施工前,应按施工过程的需要,做好施工场地的排水疏干工作。对正式工程的排水设施应提前施工,以利于施工场地的疏干。

5. 施工场地的确定

(1) 1号隧道混凝土拌和站:设在ZK122+410左、右洞出口中间空地,占地1500m^2,其中0.15m厚、C15混凝土硬化场地1000m^2,设置100m^3/h混凝土拌和设备一套。

(2) 1号预制场:设在ZK122+600路线右侧50m处,为马庄大桥预制场,占地8000m^2,其中0.15m厚、C15混凝土硬化场地5000m^2,内设置100m^3/h混凝土拌和设备一套。

(3) 2号预制场:设在ZK123+500桥下,为李庄特大桥预制场兼中小构件预制场,占地12000m^2,其中0.15m厚、C15混凝土硬化场地8000m^2,内设100m^3/h混凝土拌和设备一套。

(4) 料场:设在ZK124+000路线右侧250m处,为石料加工场。占地15000m^2,其中0.15m厚、C15混凝土硬化场地10000m^2,内设碎石机和筛分机一套。

(5) 1号弃土场:设在ZK122+400~ZK122+700路线左侧沟内,为1号隧道弃土场,占地24600m^2。

(6) 2号弃土场:设在ZK123+800~ZK124+100路线右侧220m河滩地,为1号隧道和2号隧道弃土场,占地33340m^2。

五、临时房屋

为了确保施工任务的顺利完成,需修建一定数量的生产及生活用的临时房屋。

1. 修建原则

(1) 根据施工调查资料,充分利用沿线已有房屋,结合生产布局,合理安排有利于生产和生活的临时房屋。

(2) 修建标准,应贯彻勤俭的方针,在满足施工需要的前提下,力求结构简单,并尽量利用拼装化房屋或帐篷,便于拆装倒用,以节省工时和费用。

(3) 因地制宜,就地取材。在有条件时,应尽量做到临时工程与永久工程相结合,以减少修建面积。

(4) 在修建时,要节约用地,保护农田灌溉系统。

(5) 临时房屋的位置应与施工、农田水利及交通运输互不干扰;同时避开滑坡、泥石流、坍方等不良地质地段;考虑生活、生产用水及交通运输条件,尽量靠近铁路、公路和水源;避开高压线和高大树木,防止雷电事故;同时便于职工上下班。

(6)结构上要保证安全,考虑采光、防寒、防暑、防漏雨,满足生产生活的要求。

(7)临时房屋的修建与布置,应符合现行的有关防火、雷电防护等安全规定。

2. 临时房屋的布置与面积计算

(1)生产用房。生产用房包括机械电力房、工作间、材料库房、机械棚、车辆棚等。

①机械房。机械房一般要求机体距墙的距离不小于1m,机体间的通道不小于1.5m。常用机械房修筑面积参照有关资料或按经验确定。

②材料库房。材料库尽可能地靠近材料来源地,并充分利用现有交通运输,尽量使正在施工或即将开工的工点材料供应最为便利,且运输费用最省,同时工地布置料库时,应便于材料进出。

a. 确定材料储备量。

$$P = T_e \frac{Q_i K}{T} \tag{3-1-1}$$

式中:P——材料储备量(m^3 或 t);

T_e——储备期(天),按材料来源确定,一般不小于 10 天;

Q_i——材料、半成品的总需要量;

T——有关项目施工的总工作日;

K——材料使用不均匀系数,取 1.2 ~ 1.5。

b. 确定仓库面积。

一般的仓库面积可按下式计算

$$F = \frac{P}{qK} \tag{3-1-2}$$

式中:F——仓库总面积(m^2);

P——仓库材料储备量,由式(3-1-1)确定;

q——每 $1m^2$ 仓库面积能存放的材料数量,见表 3-1-2;

K——仓库面积利用系数(考虑人行道和车道所占面积),一般为 0.5 ~ 0.8。

材料储存指标　　　　　　　　　　　　　　　　表 3-1-2

材料名称	单位	每 $1m^2$ 存料数量	放置高度(m)	放置方法
水泥(袋装)	t	1.5	1.8	堆垛
油毡	卷	15 ~ 22	1.0 ~ 1.5	堆垛
沥青	t	2.2	1.5 ~ 2.0	堆垛
工字钢、槽钢	t	0.7 ~ 1.0	0.6	堆垛
钢筋	t	3.7 ~ 4.2	1.2	堆垛
盘条	t	1.5 ~ 1.9	1.0	堆垛
铁皮、钢板	t	4.0 ~ 4.5	1.0	堆垛
角钢	t	2.0 ~ 3.0	1.0	堆垛
石油沥青	t	0.9	1.75	堆垛
润滑材料	t	0.65 ~ 0.8	1.4	堆垛
汽油	t	0.45 ~ 0.7	1.2 ~ 1.8	堆垛
方木、板材	m^3	1.3 ~ 2.0	2.0 ~ 3.0	堆垛
方木、板材	t	0.75 ~ 1.20	2.0 ~ 3.0	堆垛

特殊材料,如爆炸品、易燃或易腐蚀品的仓库面积,按有关安全要求确定。

在设计仓库时,除满足仓库总面积外,还要正确确定仓库的平面尺寸,即仓库的长度和宽度。仓库的长度应满足装卸要求,宽度要考虑材料存放方式、使用方便和仓库结构形式。

【例 3-1-1】 某水泥混凝土路面工程,路面长度 20km,宽度 7.5m,水泥混凝土为 C30,厚度 26cm,计划工期 3 个月,根据现场施工配合比可知,每 1m³ 混凝土需 42.5 级水泥 365kg,试确定水泥仓库的面积。

【解】

①计算水泥用量。该路面工程需水泥总量为

$Q = 20000 \times 7.5 \times 0.26 \times 365 = 14235000 (\text{kg}) = 14235 (\text{t})$

②计算水泥储备量。按式(3-1-1)计算:水泥储备期取 15d;材料使用不均衡系数取 1.3;施工工期为 90 天。则水泥储备量为

$P = T(QK/T) = 15 \times 14235 \times 1.3 \div 90 = 3084 (\text{t})$

③计算水泥仓库面积。按式(3-1-2)计算仓库面积,每 1m³ 仓库面积能存放水泥用量,查表 3-1-1 袋装水泥每 1m² 1.5t,仓库面积利用系数取 0.7。则

$$F = \frac{p}{qk} = \frac{3084}{1.5 \times 0.7} = 2.937 (\text{m}^2)$$

(2)生活房屋。生活用房包括办公房屋、职工宿舍、文化生活福利建筑等。修建面积的计算应按施工单位的全体人数、房屋使用性质及机构设置情况分别确定,即

$$S = NP \tag{3-1-3}$$

式中:S——建筑面积(m²);

N——工地人数;

P——建筑面积指标,见表 3-1-3。

临时房屋建筑指标(单位:m²/人)   表 3-1-3

序号	临时房屋名称	指标使用方法	参考指标(m²)
一	办公室	按使用人数	3~4
二	宿舍		
1	单层通铺	按高峰期(年)平均人数	2.5~3.0
2	双层铺	按在工地实有人数	2.0~2.5
3	单层床	按在工地实有人数	3.5~4.0
三	食堂	按高峰期平均人数	0.5~0.8
	食堂兼礼堂	按高峰期平均人数	0.6~0.9
四	其他合计	按高峰期平均人数	0.5~0.6
1	医务室	按高峰期平均人数	0.05~0.07
2	浴室	按高峰期平均人数	0.07~0.1
3	理发室	按高峰期平均人数	0.01~0.03
4	俱乐部	按高峰期平均人数	0.1
5	小卖部	按高峰期平均人数	0.03
6	招待所	按高峰期平均人数	0.06
7	其他公用	按高峰期平均人数	0.05~0.1
8	开水房	每间	10~40
9	厕所	按工地平均人数	0.02~0.07

(3)临时驻地。

①项目经理部:设在石山县水吼镇,以租赁房屋为主。
②路基工程队:设在 ZK122+940 路线右侧 40m 处,占地 2000m²。
③桥梁工程一队:设在 ZK123+450 路线右侧 50m 处,占地 2000m²。
④桥梁工程二队:设在 ZK122+650 路线右侧 50m 处,占地 2000m²。
⑤隧道工程一队:设在 ZK122+500 路线右侧 50m 处,占地 2000m²。
⑥隧道工程二队:设在 ZK122+540 路线左侧 50m 处,占地 2000m²。

六、临时道路

在公路工程施工期间,需将大量的劳动力、材料、机械和生活物资等运往沿线各工点。为了保证施工的顺利进行,在开工前,做好贯通全线运输道路的修建是非常重要的。

1. 修建的原则

(1)充分利用有利地形,便道应尽可能顺直通过,以缩短运距。
(2)尽量利用原有道路,如原有道路不能满足运输要求时,可进行改扩建。
(3)应尽量避免与铁路线交叉,以减少施工对行车的干扰,同时尽量避免拆迁建筑物和穿过良田,少占农田。
(4)尽量避免穿过滑坡、崩坍、泥石流等不良地质地段和行车危险地带。如必须选择合理线位,采取防治措施,保证运输安全。

2. 临时施工便道

(1)由地方道路修建施工便道至 1 号隧道出口 ZK122+440,长 350m,占地 2100m²。
(2)由地方道路修建施工便道至 2 号隧道进口 ZK123+020,长 350m,占地 2100m²。
(3)由地方道路修建施工便道至李庄特大桥石山端,长 460m,占地 2760m²。
(4)ZK122+600 路线右侧 50m 处马庄大桥预制场修建便道 100m,占地 600m²。
(5)ZK123+500 桥下李庄特大桥预制场修建便道 100m,占地 600m²。
(6)ZK124+000 右侧 250m 自办料场修建便道 200m,占地 1200m²。
(7)水吼至马庄公路加长 650m。
(8)新建便道路基宽 4.5m,碎石路面宽 4.0m,厚 0.15m。

3. 临时便桥、便涵

(1)便桥:由地方道路跨越潜河至自办料场和弃土场修建钢便桥 1 座,跨径 5×10+2×7.5m,全长 65m。桥宽 4.5m,桥台为浆砌片石。墩基础为 4 根 ϕ500mm 钢管桩,墩顶采用 32a 型工字钢横梁和 50b 型工字钢纵梁,桥面采用木枕。
(2)便涵:施工便道跨越沟渠时修建便涵,便涵采用 ϕ1.5m 圆管涵,共 4 道 28m。

七、临时水电及通信

1. 临时供水

临时供水是为解决施工过程中生活、生产、消防、运输用水而修建的临时工程。隧道施工用水最多,水压要求也高。如果有隧道工程施工的首先要满足隧道施工对用水的要求。

工地临时供水主要要解决的问题有确定用水量、选择供应来源,设计管线等。如工地自行解决供应来源,还应确定相应的设备。

(1)用水量的确定。

$$q_1 = k_1 \sum \frac{Q_1 N_1}{T_1 b} \times \frac{k_2}{8 \times 3600} \tag{3-1-4}$$

式中：q_1——工程用水量(L/s)；

k_1——未预见的施工用水系数，取 1.05~1.15；

Q_1——年(季)度工程量(以实物计量单位表示)；

N_1——施工用水定额，见表3-1-4；

T_1——年(季)度有效作业日(天)；

b——每天工作班数；

k_2——用水不均衡系数，见表3-1-5。

施工用水参考定额 表3-1-4

序号	用水对象	单位	耗水量	备注
1	浇筑混凝土全部用水	m³	1700~2400	
2	拌和普通混凝土	m³	250	
3	拌和轻质混凝土	m³	300~350	
4	混凝土养生(自然养生)	m³	200~400	
5	混凝土养生(蒸汽养生)	m³	500~700	
6	湿润模板	m³	10~15	
7	冲洗模板	m³	5	
8	人工洗石子	m³	1000	
9	机械洗石子	m³	600	
10	洗砂	m³	1000	
11	浇砖	千块	500	
12	砌砖工程全部用水	m³	150~250	
13	砌石工程全部用水	m³	50~80	
14	抹灰	m³	4~6	不包括调制用水
15	搅拌砂浆	m³	300	
16	消化生石灰	t	3000	
17	素土路面路基	m²	0.2~0.3	

施工用水不均衡系数 表3-1-5

序　号	用水名称	系　数
k_2	施工工程用水	1.5
	生产企业用水	1.25
k_3	施工机械、运输机具	2.00
	动力设备	1.05~1.10
k_4	施工现场生活用水	1.30~1.50
k_5	居住区生活用水	2.00~2.50

（2）施工机械用水。

$$q_2 = k_1 \sum Q_2 N_2 \times \frac{k_3}{8 \times 3600} \tag{3-1-5}$$

式中：q_2——施工机械用水量（L/s）；

k_1——未预见的施工用水系数，取 1.05~1.15；

Q_2——同一种机械台数（台）；

N_2——施工机械台班用水定额，见表 3-1-6；

k_3——施工机械用水不均衡系数，见表 3-1-5。

机械用水量参考定额　　　　　　　表 3-1-6

序号	机械名称	单位	耗水量	备注
1	内燃起重机	L/台班·t	15~18	以起重吨数计
2	蒸汽打桩机	L/台班·t	1000~1200	以锤重吨数计
3	内燃压路机	L/台班·t	12~15	以压路机吨数计
4	拖拉机	L/昼夜·台	200~300	
5	汽车	L/昼夜·台	400~700	
6	空气压缩机	L/台班·(m³/min)	40~80	以压缩空气排量
7	内燃动力装置	L/台班·马力❶	120~300	直流水
8	内燃动力装置	L/台班·马力	25~40	循环水
9	锅炉	L/h·t	1000	以小时蒸发量计
10	锅炉	L/h	15~30	以受热面积计
11	电焊机 25 型	L/h	100	
12	电焊机 75 型	L/h	250~350	
13	对焊机	L/h	300	
14	冷拔机	L/h	300	
15	凿岩机 YQ—100	L/min	8~12	
16	01—45{TN—4}	L/min	5	

❶ 1 马力 = 735.499W，下同。

（3）施工现场生活用水。

$$q_3 = \frac{P_1 N_3 k_4}{8 \times 3600 b} \tag{3-1-6}$$

式中：q_3——施工现场生活用水量（L/s）；

P_1——施工现场高峰人数；

N_3——施工现场生活用水定额，视当地气候、工种而定，一般为 20~60L/人；

b——每天工作班数；

k_4——用水不均衡系数，见表 3-1-5。

（4）生活区生活用水。

$$q_4 = \frac{P_2 N_4 k_5}{24 \times 3600 b} \tag{3-1-7}$$

式中：q_4——生活区生活用水量（L/s）；

P_2——生活区居住人数；

N_4——生活区生活用水定额,见表 3-1-7;

b——每天工作班数;

k_5——用水不均衡系数,见表 3-1-5。

生活用水参考定额   表 3-1-7

序 号	用水名称	单 位	耗水量	备 注
1	生活用水	L/人·天	20~30	洗漱、饮水
2	食堂	L/人·天	15~20	
3	淋浴	L/人·次	50	入浴人数按出勤人数30%计
4	洗衣	L/人	30~50	
5	理发室	L/人·次	15	
6	工地医院	L/病床·天	100~150	
7	家属	L/人·天	50~60	有卫生设备
8	家属	L/人·天	25~30	无卫生设备

(5)消防用水量。

消防用水量用 q_5 表示,见表 3-1-8。

消防用水量参考   表 3-1-8

项次	用水项目	按火灾同时发生次数计	耗 水 量
1	居民区消防用水 5000 人以内 10000 人以内 25000 人以内	一次 两次 两次	10 10~15 15~20
2	施工现场消防用水 现场面积 $25×10^4 m^2$ 以内 每增加 $25×10^4 m^2$ 递增	两次	10~15 5

(6)总用水量 Q。由于生活用水是经常性的,施工用水是间断性的,而消防用水又是偶然性的,因此,工地的总用水量 Q 并不是全部计算结果的总和,而应按以下公式计算。

①当 $(q_1+q_2+q_3+q_4)<q_5$ 时,则 $Q=q_5+0.5(q_1+q_2+q_3+q_4)$。

②当 $(q_1+q_2+q_3+q_4)>q_5$ 时,则 $Q=q_1+q_2+q_3+q_4$。

③当工地面积小于 $50000m^2$,而且 $(q_1+q_2+q_3+q_4)<q_5$ 时,则 $Q=q_5$。

(7)水源选择。首先考虑当地自来水作水源;如不行,再另选天然水源。当工地附近缺乏现成的供水管道或虽有供水管道但难以满足施工的使用要求时,才考虑采用江(河水、湖水、水库、泉水、井水)等天然水源。不论采用何种水源,应满足以下要求:水量充足稳定,能保证最大用水量供应;符合生活饮用和生产用水的水质标准,取水、输水、净水设施安全可靠;施工安装、运转、管理和维护方便。

(8)临时供水系统。供水系统由取水设施、净水设施、储水构造物、输水管网几部分组成。取水设施由取水口、进水管及水泵站组成。取水口距河底(或井底)不得小于 $0.25~0.9m$,距冰层下部边缘的距离也不得小于 $0.25m$。水泵要有足够的抽水能力和扬程。

当水泵不能连续工作时,应设置储水构造物,储水构造物一般为水池或水箱,其容量以每小时消防用水量确定,但一般不小于 $10~20m^3$。

输水管网应合理布局,干管一般为钢管或铸铁管,支管为钢管。输水管的直径必须满足输水量的需要。

2. 临时供电

工地临时供电主要要解决的问题有确定用电量、选择供应来源、设计管线等。如工地自行解决供应来源,还应确定相应的设备。

(1)工地总用电量。

$$P = (1.05 \sim 1.10) \times \left(K_1 \frac{\sum P_1}{\cos\varphi} + K_2 \sum P_2 + K_3 \sum P_3 + K_4 \sum P_4 \right) \quad (3\text{-}1\text{-}8)$$

式中:P——工地总用电量($kV \cdot A$);

P_1、K_1——电动机额定功率(kW),需要系数 $K_1 = 0.5 \sim 0.7$,电动机 10 台以下取 0.7,超过 30 台取 0.5;

P_2、K_2——电焊机额定容量($kV \cdot A$),需要系数 $K_1 = 0.5 \sim 0.6$,电动机 10 台以下取 0.6;

P_3、K_3——室内照明容量(kW),需要系数 $K_3 = 0.8$;

P_4、K_4——室外照明容量(kW),需要系数 $K_4 = 1.0$;

$\cos\varphi$——电动机平均功率因数,根据电量和负荷情况而定,最高 $0.75 \sim 0.78$,一般为 $0.65 \sim 0.75$。

(2)选择电源。工地临时用电电源,可以采用由当地电网供给,也可以采用自发电解决,或由当地电网供给一部分,另一部分自发电补足。

(3)配电线路的布置要点。线路应尽量架设在道路的一侧,尽可能采用架空线且尽可能选择平坦路线,保持线路水平,使电杆受力平衡。配电箱要设置在便于操作的地方,并有防雨、防晒设施。各种施工用电动机具必须单机单闸。

3. 临时通信

随着信息技术的发展,在公路工程施工中,为进行调度指挥,并使各施工部门间能及时联系,应设置临时通信设备。要求在工程施工准备期间建立妥当。

临时通信包括有线电话(或网络)、电报、邮政和无线电话等几种形式,目前最常用的为有线电话(或网络)和无线电话。线路可利用国家通信网络进行信息的传输,采用干线、支线、引入线或其设置进行连接。

4. 具体措施

1号隧道、马庄大桥和李庄特大桥采用地方电网,安装 $1000kV \cdot A$ 变压器 1 台,$315kV \cdot A$ 变压器两台,架设临时高压线路 0.5km,其他工点自备发电机组供电。施工用水采用潜河及沿线沟渠水系之水。通信以程控固定电话为主,移动电话为辅。在经理部驻地安装程控电话一部,经理部办公室设一台联网计算机、一台传真机;项目经理部主要负责人和主要作业区负责人配备移动电话,以便随时保持各部门之间的相互联系和协调,同时与业主和监理工程师联系,及时传送工程施工情况。在施工现场配备一定数量的对讲机。

八、燃料供应条件

汽油、柴油从附近城市加油站购买,同时在现场设置一定数量的储油罐,以便施工。

九、材料供应条件

本工程所用水泥由业主指定从××水泥厂自行购买,其他主要材料由业主组织承包人统一采取招标方式采购。对于工程中使用的非招标材料由施工单位自己采购。

十、医疗卫生

项目经理部配备 1 名专职医务工作人员,从公司基地医院选派临床经验丰富的,在急救、卫生、保健方面有多年丰富经验的主治医师 1 名,现场医疗室配备常用医疗设备和药品,以保证及时对病伤员进行医治和现场急救护理,同时做好公共卫生防疫工作。遇有急、难、疑病及时送往附近城市医院医治,以确保全体参建职工的身体健康。

十一、隧道高压供风

在 1 号隧道、2 号隧道的出口处各建风站一座,分别安装 4 台 $30m^3$ 空压机,供应进出口施工用风。

十二、隧道内通风三管两路设置

隧道内采用软质风管悬挂于边墙一侧,进行压入式通风,隧道动力线、照明线分开安装在另一侧的边墙上部。高压水管和高压风管安装在风管同侧临时水沟上方。隧道底部设置施工道路,顺纵坡两侧分别设置排水沟自流排水(排水沟不得侵入边墙基础,并防止基础被浸泡),反向纵坡段每隔 50m 设集水坑一个,自吸水泵排水总管集中排出洞外,并做好道路横向排水坡,确保道路平顺、不积水。各种管线的设置相互不影响,并且保证施工安全。

十三、其他

项目部成立突发事件应急小组,组长由项目经理担任。

项目二　施工进度计划与施工平面图设计

【知识目标】掌握流水作业的安排、施工进度图的绘制;掌握网络图和横道图的计算;掌握施工平面图的绘制;掌握工程示例分析;了解安全生产制度与环境保护措施。

【能力目标】通过对投标和施工准备过程中流水作业的安排、施工进度图的绘制等内容的学习,你应对工网络图和横道图的绘制及参数计算有全面的掌握和认识,为今后能从事造价员、监理员工作打下良好的知识基础。

【知识引入】施工过程,就是生产建筑产品的过程,它是由一系列的施工分组讨论所组成的。

施工过程的基本内容主要是劳动过程,在某些情况下,还包含自然过程,如水泥混凝土硬化过程的养生、渣油路面的成型等。此时,施工过程就是劳动过程和自然过程的结合,是互相联系的劳动过程和自然过程的全部生产分组讨论的总和。

根据各种劳动在性质上以及对产品所起的作用上的不同特点,可以将施工过程划分为以下几个部分:

(1)施工准备过程是指产品在投入生产前所进行的全部生产技术准备工作,如交接桩、线路复测等。

(2)基本施工过程是指直接为完成产品而进行的生产分组讨论,如挖基、砌基础等。

(3)辅助施工过程是指为保证基本施工过程的正常进行所必需的各种辅助生产分组讨论,如机械设备维修、材料加工等。

(4)施工服务过程是指为基本施工和辅助施工服务的各种服务过程,如原材料、半成品、工具、燃料的供应与运输等。

任务描述

作为公路工程施工人员,了解和掌握施工过程的组织原理,是广大工程施工技术人员提高业务水平和工作能力的重要环节。结合施工现场及投标工作需要,本章主要讲述了以下几个方面内容:流水作业的优缺点及组织;网络计划的优缺点、网络图的绘制及参数计算;施工场地平面布置的原则及内容。

技能训练

施工进度计划与施工平面图设计有哪些内容?

背景材料

一、编制说明(同前)

二、工程概况(同前)

三、工程进度计划

本标段于 2004 年 5 月 30 日召开第一次工地会议,由总监理工程师下达开工指令。

根据合同文件要求,本合同工程工期为 35 个月。开工日期为 2004 年 6 月 1 日,竣工日期为 2007 年 4 月 30 日前的 1134 个日历天内工程全部结束,并在施工过程中按照业主和总监理工程师对工程项目总体计划和分阶段计划的要求进行调整。

问题

如何进行工程进度及计划的编制?

案例分析

一、公路施工过程的组成

组织公路工程的施工,必须研究施工过程的组成,以适应施工组织、计划、管理等工作的需要。

按照现行的公路工程设计概预算文件编制办法,将公路工程划分为路基、路面、桥涵、交叉工程、隧道、其他工程及沿线设施、临时工程、管理养护服务房屋八个分项工程。相应于各个分项工程,又划分为若干目。例如桥涵分项工程中,按工程性质与结构的不同,分为漫水工程、涵洞、小桥、中桥、大桥五个目。对于独立大(中)桥工程,亦相应划分为桥头引道、基础、下部构造、上部构造、沿线设施、调治及其他工程和临时工程七个分项工程,各分项工程再细分若干目。公路施工过程是由上述项和目所组成。

施工组织与管理工作,按上述项目可以做总体安排,但更多情况下还要进一步划分。从施工组织的需要出发,公路全部施工过程原则上可依次划分为以下几部分。

1. 动作与操作

动作是指工人在劳动时一次完成的最基本的分组讨论,若干个相互关联的动作组成操作。完成一个动作所耗用的时间和占用的空间是制订定额的重要原始资料。

2. 工序

工序是指在劳动组织上不可分开,而在操作上属于同一类的施工过程。从施工工艺流程看,工序在劳动者、工具和使用的材料等方面不变,若其中一项有了改变,就意味着从一道工序转入另一道工序。如钢筋的制作与绑扎过程中,当钢筋调直后便开始除锈,这时钢筋工放下调直工具,拿起钢丝刷,就表示已由调直钢筋工序转入除锈工序。

3. 工作过程

是由同一个工人或同一小组所完成的在技术上相互关联的工序所组成,可以相对独立完成的某一种细部工程或分部分项工程,如对整个路面工程而言,包括路槽、路肩、垫层、基层、面层等工作过程。

4. 复合过程

为了同一个目的(或同一建筑产品),将组织上彼此有直接关联并先后或交叉或同时进行的几个工作过程结合起来,称为复合过程。如钢筋混凝土构件施工过程,包括钢筋制作,绑扎,模板制、安、拆、混凝土拌和、运送、灌注等工作过程。

因工程性质及施工对象的复杂程度而异,并无统一划分的规定,要以是否有利于科学地进行施工组织与管理而定。

二、施工过程的组织原则

影响施工过程组织的因素很多,如施工性质、施工生产类型、建筑产品结构、材料及半成品性质、机械设备条件、自然条件等,使施工过程的组织变化较多,困难较大,因此,科学、合理地组织施工过程则更为重要。其原则可归纳为以下几个方面。

1. 施工过程的连续性

连续性是指产品在施工过程中的各阶段、各工序在时间上是紧密衔接的,不发生各种不合理的中断现象,表现为劳动对象始终处于被加工状态,或者在进行检验,或者处于自然过程中。保持和提高施工过程的连续性,可以缩短建设周期,减少在制品数量,节省流动资金,可以避免产品在停放等待时可能引起的损失,提高劳动生产率。

2. 施工过程的协调性

协调性是指产品施工各阶段、各工序之间,在施工能力上要保持一定的比例关系,各施工环节的工人数、生产效率、设备数量等都必须互相协调,不发生脱节和比例失调现象。协调性是保证施工顺利进行的前提,可使施工过程中人力和设备得到充分利用,避免产品在各个施工阶段和工序之间的停顿和等待,从而缩短工期。

3. 施工过程的均衡性

施工过程的均衡性又称节奏性,是指企业的各个施工环节都按照施工生产计划的要求,工作负荷保持相对稳定,不发生时松时紧、前松后紧等现象。均衡施工能充分利用设备和工时,避免突击赶工造成的各种损失,有利于保证施工质量、降低成本,有利于劳动力和机械的调配。

4. 施工过程的经济性

施工过程组织除满足技术要求外,必须讲究经济效益。

上述四个方面是相互制约、互为条件的。在进行施工组织时,必须保证全面符合上述四个方面的要求,不可片面单独强调某一方面。

三、施工进度计划的表达方法

1. 横道图

流水施工横道图,其左边列出各施工过程名称,右边用水平线段在时间坐标下画出施工进度。

横道图也称为甘特图,是美国人甘特在20世纪20年代提出的。由于其形象、直观,且易于编制和理解,因而长期以来被广泛应用于施工进度的表达。

用横道图表示的建设工程进度计划,一般包括两个基本部分,即左侧的工作名称及工作时间等基本数据和右侧的横道线部分。如图 3-2-1 所示为用横道图表示的某桥梁工程施工进度计划。该计划明确地表示出各项工作的开始时间和完成时间、工作的持续时间、工作之间的搭接关系,以及整个建设项目的开工时间、完工时间和总工期。

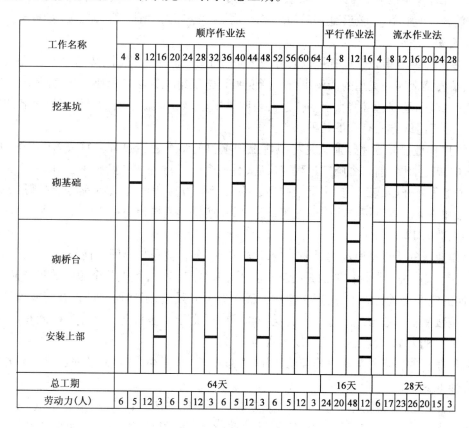

图 3-2-1 施工进度横道图

利用横道图表示工程进度计划还存在着一些不足:
(1)不能明确反映各项工作之间错综复杂的相互关系。
(2)施工日期和施工地点无法表示,只能用文字说明。
(3)工程数量实际分布情况不具体。
(4)仅反映出平均施工强度。它适用于绘制集中性工程进度图、材料供应计划图或作为辅助性的图示附在说明书内用来向施工单位下达任务。

2. 斜线图

斜线图是将横道图中的工作进度线改为斜线表达的一种形式。一般是在左边列出工程对象名称,右边在时间坐标下画出工作进度线。斜线图一般只用于表达各项工作连续作业,即流水施工进度计划,它可以直观地反映出相邻施工过程之间的流水步距。

3. 网络图

用网络图表达的施工进度计划。网络图与横道图、斜线图比较,不但能反映施工进度,而且更能清楚地反映出各个工序、各施工项目之间错综复杂相互联系、相互制约的生产和协作关系。不论是集中性工程,还是线形工程,都可以用网络图表示工程进度计划,这是一种比较先进的工程进度图的表示方法,应大力推广使用。具体绘制方法、参数计算网络优化等将在本书其他部分详细叙述。

四、公路工程组织的基本方法

1. 单段多工序型

单段多工序型是指施工任务不需要或不能划分为若干施工段,即只有一个施工段。而在该施工段需要实施若干个工序。其施工组织较为简单,只需解决各工序的衔接关系,但总工期较长。

2. 多段多工序型

多段多工序型是指施工任务可以划分为多个施工段,而每个施工段又包含多个工序。

现以某公路上同一类型的四座小桥为例说明其施工组织方法。每座小桥为一个施工段,分为分为挖基坑、砌基础、砌桥台、上部构造安装四道工序,如图 3-2-1 所示。设 4 座桥各工序工作量均等,其施工组织方法有以下几种。

(1)顺序作业法。顺序作业法是将拟建工程项目的整个建造过程分解成若干个施工过程,按照一定的施工顺序,前一个施工过程完成后,后一个施工过程才开始施工;或前一个工程完成后,后一个工程才开始施工。如多层结构型的路面工程,先后操作程序是路槽、底基层、基层、连结层、面层和路肩。本例按顺序作业法组织施工,一座桥建完再建另一座桥,总工期为 64 天。施工高峰期人数为 12 人。

顺序作业法的特点是劳动力需要量少,比较均衡,各作业单位是间歇性作业,总工期长。

(2)平行作业法。平行作业法是指当有若干个施工任务时,组织几个相同的工作队,在同一时间、不同的空间上进行施工,适用于拟建工程任务十分紧迫、工作面允许以及资源保证供应的条件。本例按平行作业法组织施工,四座桥同时开工,由于每座桥各工序作业时间相等,所以同时完工。总工期为 16 天。施工高峰期人数为 48 人。

平行作业法的特点是与顺序作业法相比较,总工期短,劳动力需要量特别集中,各作业单位是间歇性作业。

(3)流水作业法。流水作业法是比较先进的一种作业方法,是以施工专业化为基础,将不同工程对象的同一施工工序交给专业施工队(组)执行,各专业队(组)在统一计划安排下,依次在各个作业面上完成指定的操作。前一操作结束后转移至另一作业面,执行同样操作,后一操作则由其他专业队继续执行。各专业队按大致相同的时间(流水节拍)和速度(流水速度),协调而紧凑地相继完成全部施工任务。流水作业符合工艺流程,组织紧凑,有利于专业化施工,是现代化工业产品生产的基本组织形式。对于建筑工程(包括公路在内)亦具有先进性。本例按流水作业法组织施工,每座桥的四道工序分别交给四个专业班组施工,每个专业班组依次进入各桥,执行同一工序作业,总工期为 28 天。施工高峰期人数为 26 人。

流水作业法综合了顺序作业法和平行作业法的优点,克服了它们的缺点。流水施工组织方式具有以下几方面特点:

①科学地利用了工作面,使各道工序紧凑地进行施工,施工队依次转移,减少了停工和窝工现象的产生,加快进度,计算总工期比较合理。

②实现了专业化作业,为工人提高技术水平和进行技术改造、革新创造了有利条件,更好地保证工程质量和提高劳动生产率。

③实现了连续作业,相邻的专业工作队之间实现了最大限度的合理搭接。

④单位时间投入施工的资源量较为均衡,有利于资源供应的组织工作。

⑤为文明施工和进行现场的科学管理创造了有利条件。

五、流水施工的主要参数

为了说明流水施工在时间和空间上的开展情况,我们必须引入一些量的描述,这些量称为流水参数。按参数性质不同,可以分为以下三类。

1. 工艺参数

(1)施工过程数 N。在建设项目施工中,施工过程所包括的范围可大可小,既可以是分部、分项工程,又可以是单位、单项工程,它是流水施工的基本参数之一。施工过程划分的数目多少,粗细程度一般与施工计划的性质和作用、施工方法、工程结构、劳动组织、劳动量大小、劳动内容、范围等因素有关。施工过程的数目一般以 N 表示。

(2)流水强度 V。流水强度又称流水能力、生产能力,流水强度是指某一施工过程在单位时间内所完成的工程量,一般用 V_i 表示。如浇筑混凝土时,每工作班浇筑的混凝土的数量。

流水强度可用下式计算

$$V_i = \sum_{i=1}^{n} \sum_{i=1}^{n} R_i x S_i \tag{3-2-1}$$

式中:R_i——投入施工过程 i 某种施工机械台数或专业工作队工人数;

S_i——投入施工过程第 i 种资源的产量定额;

x——投入施工过程 i 用于同一施工过程的资源种类数。

2. 空间参数

在组织流水施工时,用以表达流水施工在空间布置上所处状态的参数,称为空间参数。空间参数主要有工作面和施工段两种。

(1)工作面。

某专业工种在加工建筑产品时所必须具备的分组讨论空间,称为该工种的工作面。

(2)施工段。

为了有效地组织流水施工,通常把拟建工程项目在平面上划分成若干个劳动量大致相等的施工段落,这些施工段落称为施工段。施工段的数目以 m 表示,它是流水施工的基本参数之一。划分施工段是组织流水施工的基础。划分施工段,一般应遵循以下几个原则:

①同一专业工作队在各个施工段上的劳动量应大致相等,其相差幅度不宜超过 10% ~ 15%。

②为充分发挥工人(或机械)生产效率,不仅要满足专业工程对工作面的要求,而且要使施工段所能容纳的劳动力人数(或机械台数)满足劳动组织优化要求。

③施工段数目多少,要满足合理流水施工组织的要求。

④为保证项目结构完整性,施工段分界线应尽可能与结构自然界线(如沉降缝、伸缩缝等)相一致。

施工段数的确定。施工段数的划分要合理,既不能过多,也不能过少。

a. 当 $m = N$ 时,工作队能连续施工,施工段上始终有工作队施工,即施工段无停歇、等待现象,比较理想。

b. 当 $m > N$ 时,工作队仍能连续施工,但施工段上有停歇现象。这时工作面的停歇并不一定有害,有时还是必要的,如可以利用停歇时间做养护、备料等工作。

c. 当 $m < N$ 时,工作队就不能连续施工而出现窝工。因此,对一个建筑物组织流水施工是不适宜的。

从上述情况可以得出,要想保证专业工作队能够连续施工,施工段数必须满足 $M \geq N$。

3. 时间参数

在组织流水施工时，用以表达流水施工在时间排列上所处状态的参量，均称为时间参数。它主要包括流水节拍、流水步距、工艺间歇、组织间歇、平行搭接和工期六种。

(1) 流水节拍。在组织流水施工时，某个施工过程（或作业班组）在某个施工段上的持续时间，称为流水节拍。流水节拍以 t 表示。

流水节拍数值大小，可以反映流水速度快慢、资源供应量大小。通常有两种确定方法：一种是根据工期要求来确定；另一种是根据现有能投入的资源（劳动力、机械台班数和材料量）来确定。流水节拍按式(3-2-2)计算

$$t_i = \frac{P_i}{R_i b} = \frac{Q_i}{S_i R_i b} \tag{3-2-2}$$

式中：t_i——某施工过程的流水节拍；

P_i——在一个施工段上完成某施工过程所需要的劳动量（或机械台班量）；

Q_i——某施工过程在某施工段的工作量（$i=1,2,3,\cdots,m$）；

S_i——每工日（或台班）的计划产量（产量定额）；

R_i——某施工过程的施工人数（或机械台数）；

b——施工班组数。

(2) 流水步距。在组织项目流水施工时，通常将相邻两个专业工作队在同一施工段上开始施工的合理时间间隔，称为流水步距。流水步距以 $K_{i,i+1}$ 表示。

确定流水步距的原则如下：

①流水步距要满足相邻两个专业工作队，在施工顺序上的相互制约关系。

②流水步距要保证各专业工作队都能连续作业。

③流水步距要保证相邻两个专业工作队，在开工时间上最大限度地、合理地搭接。

④流水步距与流水节拍保持一定关系，它应满足一定的施工工艺、组织条件及质量要求，例如钻孔灌注桩工程，必须保证钻孔与灌注混凝土两道工序紧密衔接（防止塌孔）。

(3) 工艺间歇时间。在组织流水施工时，除要考虑相邻专业工作队之间的流水步距外，有时还需根据建筑材料或现浇构件等的工艺性质，考虑合理的工艺等待间歇时间。如混凝土浇筑后的养护时间等，这些由于工艺原因引起的等待时间，称为工艺间歇时间。工艺间歇时间以 Z_1 表示。

(4) 组织间歇时间。组织间歇时间是指施工中由于考虑组织技术因素，相邻两施工过程在规定的流水步距以外增加的必要间歇时间，如基础开挖后的验槽所占用的时间，这种间歇时间称为组织间歇时间。一般用 Z_2 表示。

(5) 平行搭接时间。工艺搭接时间是指为了缩短工期，在不违反操作规程及工作面允许的条件情况下，一个专业工作队完成部分施工任务后，能够提前为后一个专业工作队提供工作面，使后者提前进入施工段，两者在同一施工段上平行搭接施工，这个搭接的时间称为平行搭接时间。通常用 Z_3 表示。

(6) 工期。工期是指完成一项工程任务或一个流水组施工所需的时间，一般可用下式表示

$$T = \sum K_{i,i+1} + T_n + \sum (Z_1 + Z_2 - Z_3) \tag{3-2-3}$$

式中：$\sum K_{i,i+1}$——流水组中各流水步距之和；

T_n——流水施工中最后一个施工过程的持续时间；

Z_1——技术间歇时间；

Z_2——组织间歇时间；

Z_3——工艺搭接时间。

六、流水施工类型及总工期的确定

流水施工组织方式根据流水施工的节奏不同,通常可分为等节奏流水施工、异节奏流水施工、无节奏流水施工。

1. 全等节拍流水

所谓全等节拍流水,是指各施工过程的流水节拍 t_i 与相邻施工过程之间的流水步距 K 完全相等的流水施工。其特点如下:

(1)所有施工过程在各个施工段上的流水节拍相等。

(2)相邻施工过程的流水步距相等,且等于流水节拍。

(3)专业施工队数等于施工过程数,即每个施工过程成立一个专业施工队,由该队完成相应施工过程所有施工段上的任务。

(4)不存在工艺组织间歇和工艺搭接。

全等节拍流水的施工工期可按下式计算

$$T = (m + N - 1)t \tag{3-2-4}$$

【例 3-2-1】 某工程有 A、B、C、D、E 五个施工过程,每个施工过程划分三个施工段,各施工过程的流水节拍为 2 天,无技术间歇、组织间歇和工艺搭接。试计算工期并绘制施工进度计划。

【解】 由题意知 $m=3$;$N=5$;$t_i=K_{i,i+1}=2$,为全等节拍流水,施工进度计划如图 3-2-2 所示,其总工期为 $T=(m+N-1)t=(3+5-1)\times 2=14$(天)。

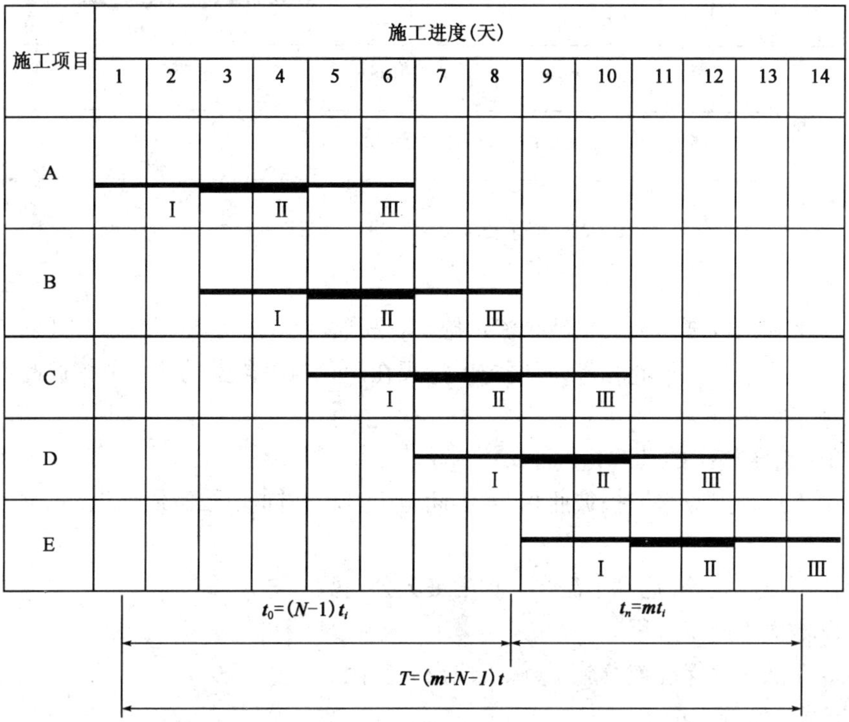

图 3-2-2 全等节拍流水施工进度计划图

全等节拍流水施工,一般适用于施工对象结构简单,工程规模较小,施工过程数不多的工程。

2. 等节拍不等步距的流水施工

等节拍不等步距的流水施工是指各施工过程的流水节拍全部相等,但各流水步距不相等(有的流水步距等于流水节拍,有的流水步距不等于流水节拍)。这是由于各施工过程之间,有的有技术间歇和组织间歇,有的可以安排搭接造成的。其总工期为

$$T = (m+N-1)t + \sum Z_1 + \sum Z_2 - \sum Z_3 \tag{3-2-5}$$

【例 3-2-2】 某工程有 A、B、C、D 四个施工过程,每个施工过程划分三个施工段,各施工过程的流水节拍为 2 天,其中 A 与 B 之间有 1 天的技术间歇,C 与 D 之间有 2 天的组织间歇,无工艺搭接。试计算工期并绘制施工进度计划。

【解】 由题意知 $m=3$;$N=4$;$t_i=2$;$Z_1=1$,$Z_2=2$,$Z_3=0$,其总工期为

$$T = (m+N-1)t_i + \sum Z_1 + \sum Z_2 - \sum Z_3 = (3+4-1)\times 2 + 1 + 2 - 0 = 15(\text{天})$$

绘制施工进度计划如图 3-2-3 所示。

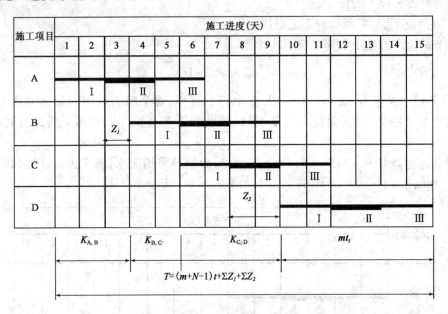

图 3-2-3 等节拍流水不等步距施工进度计划图

3. 异节奏流水施工

异节奏流水施工也被称为成倍节拍流水施工,是指在组织流水施工时,如果同一个施工过程在各施工段上的流水节拍彼此相等,不同施工过程在同一施工段上的流水节拍彼此不等,而互成倍数的流水施工方法。

(1) 异节奏流水施工的基本特点。

① 同一施工过程上流水节拍彼此相等,不同施工过程在同一施工段上的流水节拍彼此不等,但互成倍数。

② 流水步距彼此相等,且等于流水节拍的最大公约数。

③ 专业队数大于施工过程数。

④ 若各专业队能够保证连续施工,施工段没有空闲。

(2) 异节奏流水施工的组织步骤。

① 计算流水步距 K。流水步距等于流水节拍的最大公约数。

② 求各施工过程的专业施工队数目 b_i。施工队数目 b_i 按下式计算

$$b_i = \sum \frac{t_i}{K} \tag{3-2-6}$$

式中：b_i——第 i 个施工过程的专业工作队数目；

t_i——第 i 个施工过程的流水节拍；

K——流水步距。

③计算总工期 T。将专业施工队数目的总和 $\sum b_i$ 看成是施工过程数 N，按等节拍不等步距的流水的方法安排施工进度。由于 $N = \sum b_i$，因此可以按式(3-2-5)来计算总工期

$$T = (m + \sum b_i - 1)K + \sum Z_1 + \sum Z_2 - \sum Z_3 \tag{3-2-7}$$

【例 3-2-3】 有 6 座管涵施工。每座涵管有 A、B、C、D 四个施工过程，由于作业面受限制，只能容纳 4 人同时操作，因此每个专业施工队按 4 人组成时，$t_A = 2$ 天，$t_B = 4$ 天，$t_C = 6$ 天，$t_D = 2$ 天，无技术间歇和组织间歇，无工艺搭接。试计算工期并绘制施工进度计划。

【解】

(1) 计算流水步距 K。流水节拍的最大公约数 $K = 2$。

(2) 求各施工过程的专业施工队数目 b_i。

$b_A = t_A/K = 2/2 = 1$（个）

$b_B = t_B/K = 4/2 = 2$（个）

$b_C = t_C/K = 6/2 = 3$（个）

$b_D = t_D/K = 2/2 = 1$（个）

令施工过程数 $N = \sum b_i = b_A + b_B + b_C + b_D = 1 + 2 + 3 + 1 = 7$

(3) 计算得到总工期。

$T = (m + \sum b_i - 1)K + \sum Z_1 + \sum Z_2 - \sum Z_3 = (6 + 7 - 1) \times 2 + 0 + 0 - 0 = 24$（天）

(4) 绘制施工进度计划。如图 3-2-4 所示。

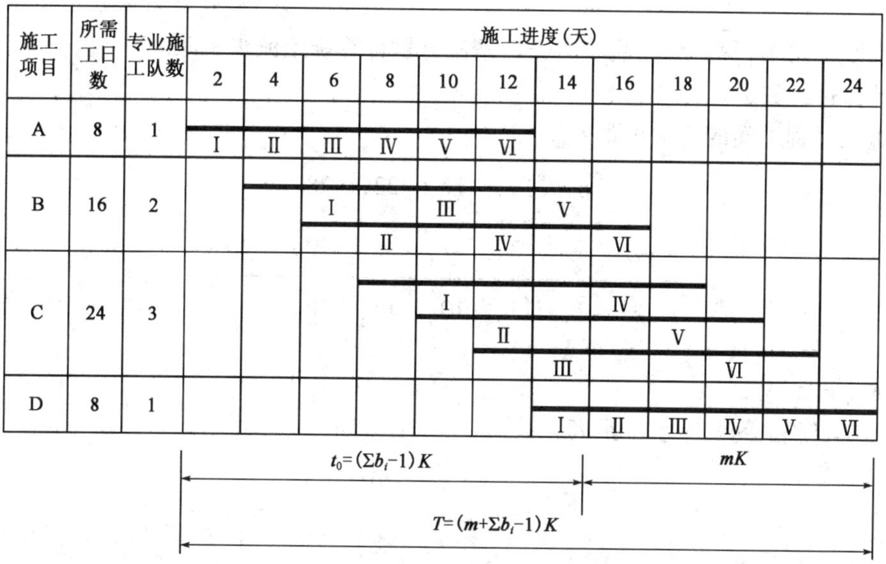

施工项目	所需工日数	专业施工队数	施工进度（天）											
			2	4	6	8	10	12	14	16	18	20	22	24
A	8	1	Ⅰ	Ⅱ	Ⅲ	Ⅳ	Ⅴ	Ⅵ						
B	16	2		Ⅰ		Ⅲ		Ⅴ						
					Ⅱ		Ⅳ		Ⅵ					
C	24	3				Ⅰ			Ⅳ					
						Ⅱ			Ⅴ					
						Ⅲ			Ⅵ					
D	8	1						Ⅰ	Ⅱ	Ⅲ	Ⅳ	Ⅴ	Ⅵ	

$t_0 = (\sum b_i - 1)K$ ； mK

$T = (m + \sum b_i - 1)K$

图 3-2-4 异节奏流水施工进度计划图

4. 无节奏流水施工

无节奏流水施工也被称为分别流水，是指同一施工过程在各施工段上的流水节拍不完全相等的一种流水施工方式。对于道路工程施工来说，沿线工程量的分布都是不均匀的，而大、中型

桥梁或路基土石方的高填深挖,又为集中型工程,因此,无节奏流水施工是流水施工中的普遍方式。

(1)无节奏流水施工的特点。

①每个施工过程在各个施工段上的流水节拍不尽相等。

②相邻施工过程的流水步距彼此不尽相等。

③专业工作队数等于施工过程数。

④各专业施工队能够在施工段上连续作业,但有的施工段之间可能有空闲时间。

(2)流水步距的确定。流水步距的计算可采用潘特考夫斯基法,即"累加数列,错位相减取大差",具体做法为:先分别将两相邻工序的每段作业时间(流水节拍)逐项累加,得出两个数列,然后将后工序的累加数列向后错一位对齐,逐个相减,得到第三个数列,从中取大值(仅取正值)即为两工序施工队组的流水步距 $K_{i,i+1}$。

(3)流水工期的确定。

$$T = \sum K_{i,i+1} + T_n + \sum(Z_1 + Z_2 - Z_3) \tag{3-2-8}$$

【例 3-2-4】 某工程流水节拍如表 3-2-1 所示,试组织流水作业,计算工期并绘制施工进度图。

某工程流水节拍表　　　　　　　表 3-2-1

施工过程\施工段	①	②	③	④	⑤
A	8	6	3	5	6
B	3	4	1	2	3
C	3	4	1	1	2
D	3	5	4	2	2

【解】

(1)流水步距的计算。利用潘特考夫斯基法分别计算确定流水步距。

具体计算过程如下。

A、B 施工过程之间的流水步距 K_{AB}

$$\begin{array}{r} 8,\ 14,\ 17,\ 22,\ 28 \\ (-)\quad\ \ 3,\ \ 7,\ \ 8,\ 10,\ 13 \\ \hline 8,\ 11,\ 10,\ 14,\ \underline{18},\ — \end{array}$$

所以 $K_{AB} = 18$ 天。

B、C 施工过程之间的流水步距 K_{BC}

$$\begin{array}{r} 3,\ 7,\ 8,\ 10,\ 13 \\ (-)\quad\ \ 3,\ 7,\ 8,\ 11,\ 13 \\ \hline 3,\ \underline{4},\ 1,\ 2,\ 2,\ — \end{array}$$

所以 $K_{BC} = 4$ 天。

C、D 施工过程之间流水步距 K_{CD}

$$\begin{array}{r}3,\ 7,\ 8,\ 11,\ 13\\(-)\quad 3,\ 8,\ 12,\ 14,\ 16\\\hline 3,\ \underline{4},\ 0,\ -,\ -,\ -\end{array}$$

所以 $K_{CD}=4$ 天。

(2)流水工期的确定。

$$T=\sum K_{i,i+1}+T_n+\sum(Z_1+Z_2-Z_3)=(18+4+4)+(3+5+4+2+2)+0=42(\text{天})$$

(3)流水作业施工进度计划如图3-2-5所示。

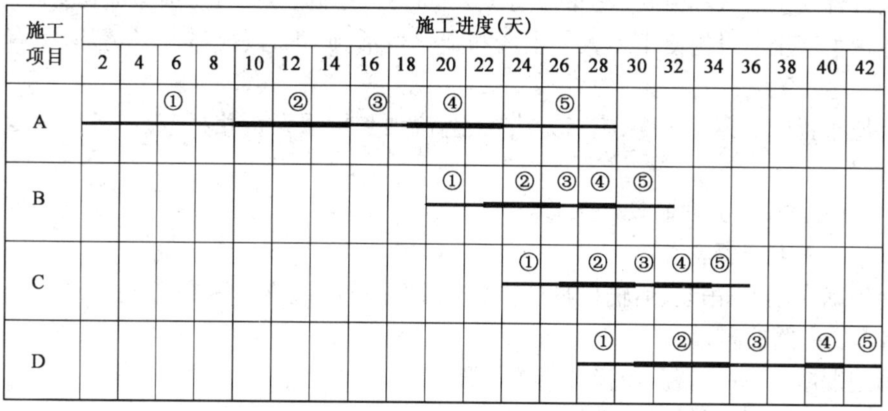

图 3-2-5 无节奏流水施工进度计划图

七、施工平面图设计的依据、原则与步骤

施工场地平面布置图是用来正确处理全工地在施工期间所需各项设施和永久性建筑之间的空间关系,根据施工施工方案、施工进度的要求对施工过程所需的工艺路线、施工设备、原材料堆放、动力供应、场内运输、半成品生产、仓库、料场、生活设施等进行科学规划,并反映在施工总平面上。施工场地平面布置图的比例一般为 1:2000 或 1:1000。

1. 施工平面图设计的依据

(1)有关设计资料,包括工程总平面图、地形地貌土、区域规划图、建设项目范围内有关的一切已有和拟建的各种设施。

(2)建设地区的自然条件和经济条件。

(3)建设项目的建筑概况、施工进度计划和主要施工方案,以便了解各施工阶段情况,合理规划施工场地。

(4)各种材料、半成品的供应计划;施工机械和运输工具一览表和运输方式,以便规划工地内部的存放场地和运输路线。

(5)各类临时设施的性质、形式、面积和尺寸。

(6)各加工车间、场地规模和设备数量、位置。

(7)水源、电源资料。

2. 施工场地平面布置图的规划原则

施工场地平面布置是一项系统工程,在很大程度上取决于施工现场的具体条件。它涉及的因素很广,不可能轻易获得令人满意的结果,必须通过方案的比较和必要的计算与分析才能决定。一般施工平面图规划设计应遵循下列原则：

(1) 在保证施工顺利的前提下，尽量减少施工用地，少占农田，使平面布置紧凑合理。

(2) 合理组织运输，力求材料直达工地，减少二次搬运和场内的搬运距离，并将笨重的和大型的预制构件或材料设置在使用点附近，所有货物的运输量和起重量必须减至最小，保证运输方便、顺畅、经济。

(3) 所有临时性建筑和运输线路的布置，必须便于为基本工作服务，并不得妨碍地面和地下建筑物的施工，并充分利用各种永久性建筑物、构筑物和原有设施，降低临时设施的费用。

(4) 加工等附属企业基地应尽可能设在原料产地或运输集汇点（如车站、码头）。

(5) 附属企业内部的布置应以生产工艺流程为依据，并有利于生产的连续性。

(6) 应符合安全防火和劳动保护的要求，要采取有力措施避免自然灾害的发生。

(7) 各种生产生活设施便于工人的生产和文化生活，施工管理机构的位置必须有利于全面指挥。

(8) 场地布置应与施工进度、施工方法、工艺流程和机械设备相适应，尽量减少专业工种和工程之间的干扰。

3. 施工场地平面布置图的设计步骤

(1) 分析有关调查资料。

(2) 合理确定起重、吊装、运输机械的布置（其直接影响仓库、料场、半成品制备场的位置和水、电线路以及道路的布置）。

(3) 确定混凝土、沥青混凝土搅拌站的位置。

(4) 考虑各种材料、半成品的合理堆放。

(5) 布置水、电线路。

(6) 确定各临时设施的布置和尺寸。

(7) 决定临时道路位置、长度和标准。

八、平面图的类型及主要内容

1. 施工总平面图

施工总平面图是以整个工程为对象的施工平面布置方案。

道路工程施工总平面图应包括以下内容：

(1) 原有河流、居民点、交通路线（公路、铁路、大车道等）、车站、码头、通信、运输点等及工地附近与施工有关的建筑物。

(2) 施工用地范围和工程主要项目，沿路线里程的大中桥、隧道、渡口、交叉口、集中土石方等的位置；道班房、加油站等运输管理服务建筑物位置。

(3) 将施工组织设计的成果，如采料场、附属工厂和基地、仓库、临时动力站（如抽水站、发电所、供热站等）临时便道、便桥、电源线路、变压器位置以及大型机械设备的停放、维修场直接标在图上。

(4) 施工管理机构，如工程局、工程处、施工队及工程指挥系统的驻地。

(5) 其他与施工有关的内容，如地质不良地段、国家测量标志、气象台、水文站、防洪、防风、防火、安全设施等需要表示的内容。

2. 单项工程、分部分项工程施工平面图

该类平面图的布置有两种情况：一种是在施工总平面图的控制下进行布置；一种是以施工总平面图为依据，即基本上按照施工总平面有关内容进行布置。不论哪一种，都应比施工总平面图更加深入、更加具体。

(1) 重点工程施工场地布置图。一般来说,大桥、隧道、立交枢纽等都是重点工程,其施工场地布置图应在有等高线的地形图上按比例绘制。图上应详细绘出施工现场、辅助生产、生活等区域的布置情况,绘出原有地物情况。

(2) 其他单项局部平面布置图。对于大型项目,因施工周期长,管理工作量大,附属、辅助企业多,必要时应绘制其他的平面布置图。这类图主要有以下几种:
①沿线砂石料场平面布置图。
②大型附属企业如沥青混合料拌和厂、预制构件厂、主要材料加工厂(木工厂、机修厂)等平面布置图。
③临时供水、供电、供热基地及管线分布平面图。
④主要施工管理机构的平面布置图。

九、项目应用

1. 路基路面工程进度计划安排(见表3-2-2)

路基路面工程项目进度计划安排   表3-2-2

序号	主要工程项目	开工时间	完成时间	用时(月)
1	施工准备	2004年7月1日	2004年10月31日	4.0
2	清表及地基处理	2004年10月30日	2005年5月29日	7.0
3	路基开挖	2004年11月1日	2006年5月31日	19.0
4	路基填筑	2004年11月1日	2006年5月31日	22.0
5	涵洞、通道工程	2004年11月1日	2005年11月30日	13.0
6	路基防护及排水	2004年12月1日	2006年11月30日	24.0
7	路面工程	2007年1月30日	2007年3月15日	1.5
8	竣工收尾、验交	2007年3月15日	2007年4月30日	1.5

2. 桥梁工程进度计划安排(见表3-2-3)

桥梁工程项目进度计划安排   表3-2-3

序号	工程项目	开工时间	完工时间
(一)马庄大桥			
1	基础、承台	2004年7月1日	2005年4月30日
2	墩台	2004年8月1日	2005年5月31日
3	主跨梁施工及架设	2005年1月1日	2005年9月30日
4	其他工程	2005年6月1日	2005年11月30日
5	桥面系	2006年10月7日	2007年3月5日
(二)李庄特大桥			
1	基础、承台	2004年6月1日	2005年1月31日
2	墩台	2004年9月1日	2005年3月31日
3	主跨梁施工及架设	2005年4月1日	2005年8月31日
4	其他工程	2004年7月1日	2005年5月31日
5	桥面系	2006年10月6日	2007年3月5日

3. 隧道工程进度计划安排(见表3-2-4)

隧道工程进度计划安排　　　　　表3-2-4

序号	工程项目	开工时间	完工时间	综合成洞
(一)1号隧道(1320m)				
1	开挖及支护	2004年6月1日	2007年3月24日	4.7m/月
2	铺底及仰拱	2004年6月16日	2007年3月31日	
3	二次衬砌	2004年7月15日	2007年5月15日	
4	附属工程	2007年5月15日	2007年7月15日	
(二)2号隧道(150m,单口掘进)				
1	开挖及支护	2004年7月16日	2005年2月28日	12.5m/月
2	铺底及仰拱	2004年7月16日	2005年3月15日	
3	二次衬砌	2004年9月1日	2005年4月15日	
4	附属工程	2004年11月1日	2005年6月15日	

4. 主要工程项目及数量(见表3-2-5)

主要工程项目及数量　　　　　表3-2-5

序号	工程项目名称	单位	数量	备注
一、路基工程				
1	区间路基土石方	断面方	38382	
2	站场土石方	断面方	131433	
3	附属圬工	m³	12377	
二、桥涵工程				
1	特大桥	m/座	1074.42/1	
2	大桥	m/座	512/1	
3	盖板箱涵	横延米/座	38.90/1	
三、隧道工程				
1	隧道	延长米/座	1470/2	
2	土石方开挖	m³	9797	
3	喷射混凝土	m³	7333	
4	衬砌混凝土	m³	2575	
5	格栅刚架	t	1233	
6	超前小导管	根	8333	
7	附属圬工	m³	3142	
四、房屋				
1	生产及办公房屋	m²	2097.0	
2	居住及公共福利房屋	m²	130.0	
五、其他运营生产设备及建筑物				
1	给排水管道	m	8018	
2	蓄水池	座	5.00	
3	混凝土路面	m²	2775.00	

5. 劳动力组织计划表及动态图

(1) 劳动力组织计划表(见表3-2-6)。

劳动力组织计划表　　　　　　　　　　　表 3-2-6

序　号	年　　份	阶段(月)	劳动力(人/月)	备　注
1	2004	6～7	50	
2		7～9	100	
3		10～12	150	
4	2005	1～3	150	
5		4～6	200	
6		7～9	200	
7		10～12	200	
8	2006	1～3	150	
9		4～6	150	
10		7～9	100	
11		10～12	100	
12	2007	1～3	50	
13		4	50	

(2) 劳动力组织动态图。劳动力组织动态图如图 3-2-6 所示。

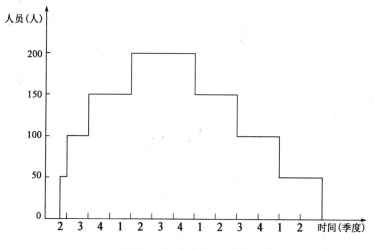

图 3-2-6　劳动力组织动态图

6. 桥梁施工场地布置图及网络图

桥梁施工场地布置图见图 3-2-7。桥梁施工设计进度网络图见图 3-2-8。隧道施工场地平面布置图见图 3-2-9。

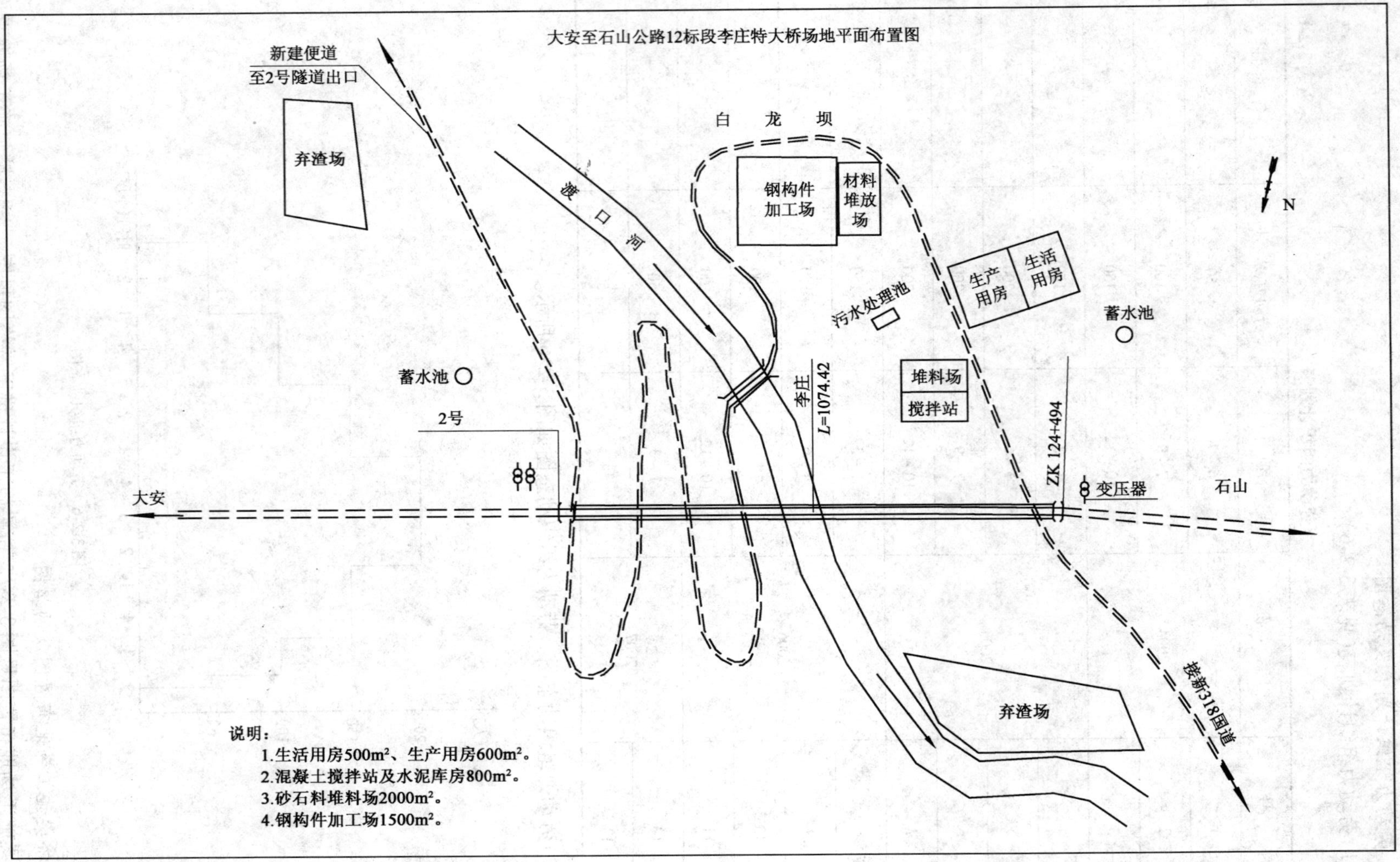

大安至石山公路12标段李庄特大桥场地平面布置图
新建便道
至2号隧道出口
弃渣场
白 龙 坝
钢构件
加工场
材料
堆放
场
渡 口 河
生产
用房
生活
用房
污水处理池
蓄水池
蓄水池
堆料场
搅拌站
李庄
L=1074.42
2号
ZK 124+494
变压器
大安
石山
弃渣场
接新318国道
N
说明：
1.生活用房500m²、生产用房600m²。
2.混凝土搅拌站及水泥库房800m²。
3.砂石料堆料场2000m²。
4.钢构件加工场1500m²。

图3-2-7　桥梁施工场地布置图

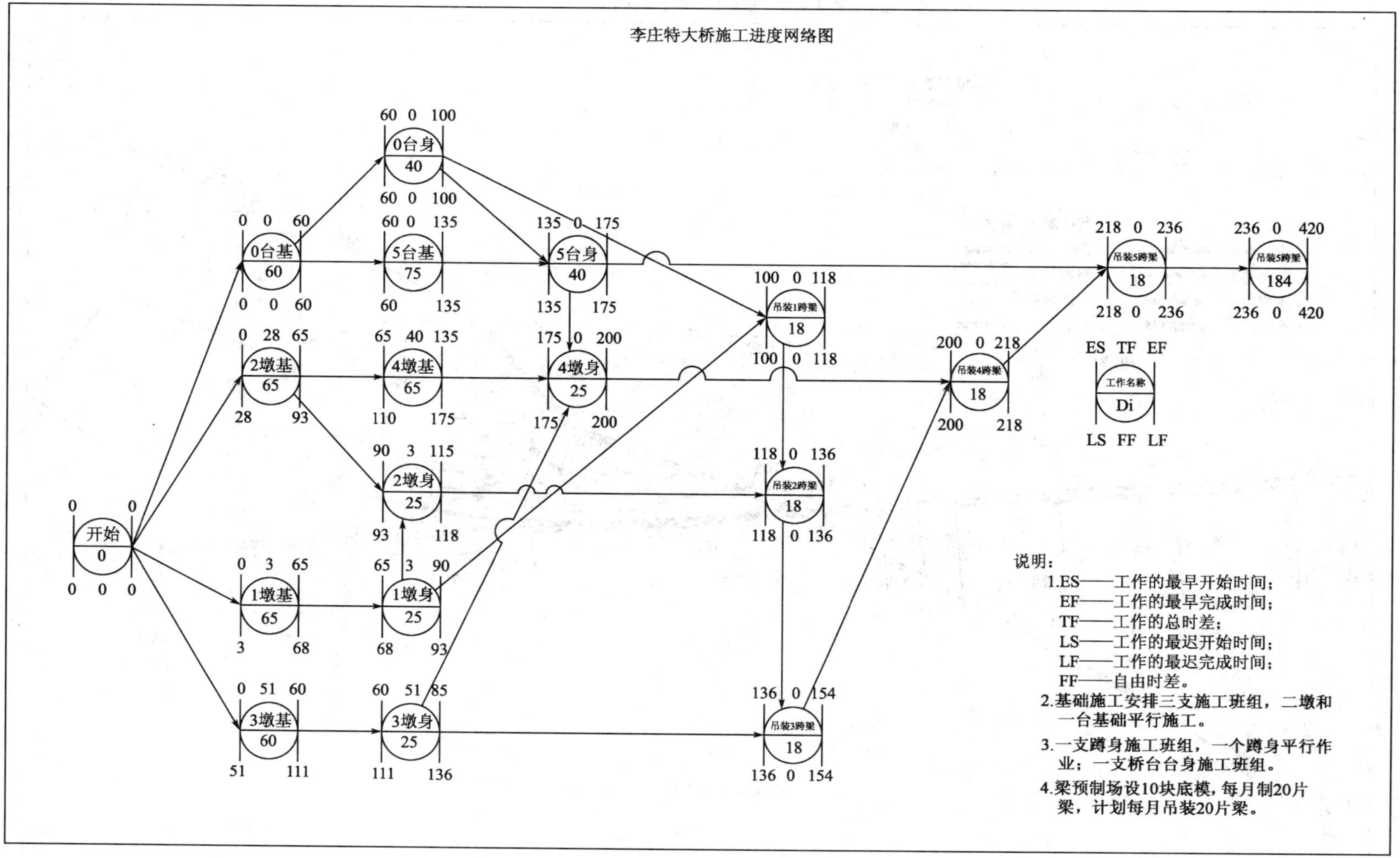
李庄特大桥施工进度网络图
开始
0台基
2墩基
1墩基
3墩基
0台身
5台基
4墩基
2墩身
1墩身
3墩身
5台身
4墩身
吊装1跨梁
吊装2跨梁
吊装3跨梁
吊装4跨梁
吊装5跨梁
ES TF EF
工作名称
Di
LS FF LF
说明：
1.ES——工作的最早开始时间；
EF——工作的最早完成时间；
TF——工作的总时差；
LS——工作的最迟开始时间；
LF——工作的最迟完成时间；
FF——自由时差。
2.基础施工安排三支施工班组，二墩和一台基础平行施工。
3.一支蹲身施工班组，一个蹲身平行作业；一支桥台台身施工班组。
4.梁预制场设10块底模，每月制20片梁，计划每月吊装20片梁。

图3-2-8　桥梁施工计划进度网络图

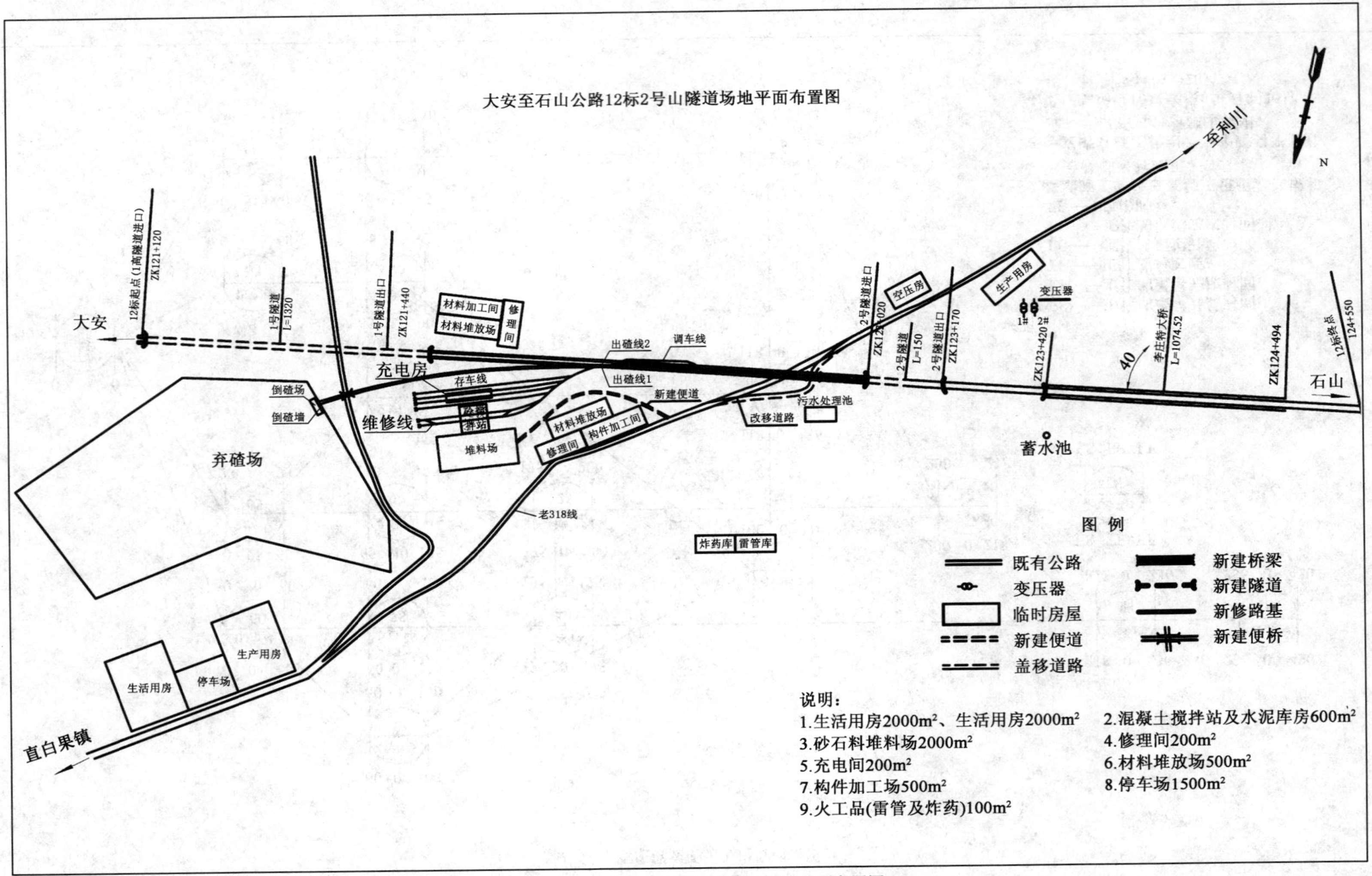

图3-2-9 隧道施工场地平面布置图

项目三　路基、路面工程施工方案的编制

【知识目标】掌握路基、路面施工方案设计;掌握工程施工组织方案的编写要求。

【能力目标】通过对公路工程施工方案内容的学习,你应对公路施工中的各个环节和施工过程有了较好的掌握和全面的认识,且通过学习工程示例,从而进一步加强学生的技能训练,为今后能从事测量员、造价员、施工员、安全员、试验员和技术员等工作奠定了基础。

【知识引入】工程施工方案的选择是决定整个工程全局的关键,施工方案一经决定,则整个工程施工的进程、人力、机械的需要和布置、工程质量、施工安全、工程成本、现场状况等也就随之被规定下来。施工组织的各个方面都无一不与施工方案发生联系而受到重大影响。施工方案的优劣,在很大程度上决定了施工组织设计的质量和施工任务完成的好坏。

选择施工方案的基本要求是科学合理;组织严密;实用性强;施工期限满足业主要求;确保工程质量和施工安全;工料机消耗和施工费用最低。

工程施工方案包括的内容主要有技术方面(施工方法的制订、施工机具的选择)和组织方面(施工顺序的安排、流水施工的组织)。

任务描述

作为公路工程施工人员,了解和掌握施工方案的确定,是提高业务水平和工作能力的重要环节。

背景材料

一、编制说明(同前)

二、工程概况(同前)

三、工程进度计划(同前)

问题

如何进行路基、路面工程施工方案的编写?

案例分析

一、施工机械的选择和使用

在工程施工生产过程中,机械化施工的技术水平在不断进步,机械化施工及其管理是一个在发展中不断学习和进步的过程,各施工单位要面对现状,适应社会的发展,要从工程管理上找原因,挖掘企业潜力,发挥机械管理的优势。随着科学技术的发展,施工机械向着联合型、多功能型、半自动化、自动化、计算机化方向发展。所以要求专业技术人员应顺应形势发展的需要,作为项目管理工作者,要从科学角度掌握机械化施工的客观规律。

1. 机械化施工的作用

(1)机械化施工可以使公路工程设计更为灵活,施工方法更为创新。

(2)机械化施工可优化社会资源,节约社会劳动力。

(3)机械化施工有利于工程成本降低。
(4)机械化施工可缩短工程工期。
(5)机械化施工可提高工程质量。
(6)机械化施工可加快工程进度。

2. 机械化施工组织设计的任务

机械化施工组织设计,关键是在公路工程施工组织设计的原则范围内,或配合其他各方面组织的完成,以机械化施工本身的特点降低外界影响,使机械化施工的作业效率更加提高,保证机械作业的最大使用效率,缩短工期,提高质量,并且在增效减亏方面发挥更大的作用。其主要任务有以下几个方面:

(1)在不同施工环境和施工方案条件下,保证施工机具的最佳选配。
(2)合理布置施工机具的临时用地和工程的机械平面组织设计。
(3)合理确定关键工程的机械化施工组织设计。
(4)掌握各种施工机具的性能和用途。
(5)合理安排机械化施工的进度计划。
(6)合理安排机械数量及使用计划。
(7)加强施工机械保养与施工进度协调统一。

3. 影响机械化施工的因素

(1)气候的影响。在机械生产过程中要产生大量的热,开工前对机械可能遇到的发热、危险情况做到充分的准备。在夏天机械应考虑散热和降温。在冬季气温降低,要做好防冻措施,同时做好施工运转过程中的保温措施。

(2)机械完好性的影响。在施工过程中,对施工机械要进行经常性地维修和保养,这是因为机械在使用过程中总是会消耗、损耗机件,要求机械满负荷运转,只有经常维修和保养,才能达到施工的要求,才能保证施工组织计划的顺利实施。

(3)操作员的影响。操作员是影响机械施工效率的重要因素,是保证机械化施工顺利进行的必要条件。作为操作员:一是要熟知机械操作规程;二是要熟悉技术标准和施工规范;三是要有工作积极性和责任心。

(4)机械配套技术的影响。工程主要施工机械的选择合理,则其配套机械的好坏就会直接影响施工。所以要求配套机械的技术规格应满足工程的技术标准要求;同时配套机械必须具有良好的工作性能和足够的可靠性;且选择时尽量采用同厂家或同品牌的配套机械,一是保证最佳匹配;二是便于维修和保养。

(5)施工方案与机械搭配的影响。机械化施工方案的完成必须要有配套的机械,在型号、功率、容积、效率、功能等方面要达到施工方案的要求,以保证工程进度和工程质量。

(6)机械的耐用台班总数量与使用寿命的影响。机械的耐用总台班是指机械设备从开始投入使用至报废前所使用的总台班数。使用寿命是指在正常施工作业的条件下,在其耐用总台班内,按规定的大修理次数划分的工作周期数。在施工组织管理中,正确估价和计算现场机械的使用寿命和已用总台班,有利于合理处理闲置的台班数量,以保证施工现场机械的连续运转。

4. 机械化施工组织设计的基本原则

(1)工程主要机械的选择、使用、控制应合理,配套机械的选择应与周围环境协调一致。
(2)机械安装调试简便,转场运输方便,工作过程中不形成交叉作业。
(3)降低机械使用费,提高机械使用效率,配套机械协调作业达到经济目标。

(4)工程施工要求连续、高效进行,满足工程质量标准和技术标准。
(5)提高机械的有效利用率,降低工作人员的劳动强度。

5. 机械化施工组织设计的内容

(1)机械化施工总体计划内容。
①确定施工计划总工期。
②重点工程的机械施工方案和方法。
③机械化施工的步骤和操作规程、相关的机械管理人员。
④机械最佳配置、各季度计划台班数量。
⑤机械施工平面设置与机械占地布设。
⑥确定机械施工的总体进度计划。

(2)机械化施工分部分项工程计划内容。
①分部分项工程日进度计划图表。
②工程项目机械配合施工的安排计划(施工方法、机械种类)。
③机械施工技术、安全保证措施。
④机械检修、保养计划和措施。
⑤机械的临时占地布设和现场平面组织措施。

6. 机械的选型与配套的原则

机械的选型配套是一种复杂细致的工作,需要进行科学分析、合理决策、认真研究,把功能上先进和工程使用中合理的工程机械结合起来,把技术标准与经济方案统一起来,认真做好施工机械选型配套工作。

(1)一般原则。
①安全性能好。
②要满足工程施工质量标准。
③实现自动化或节省劳动力。
④能够按照工程要求高效完成既定工程数量。
⑤要与施工现场的土质、地形相适应。
⑥不会损坏施工现场周围的环境和设施。
⑦施工中能降低工程成本和机械使用费。
⑧容易操作和维修、可靠性强、安装调试简便、转场运输容易。

(2)满足的条件。
①工程施工中使用的各种机械技术规格要满足已定工程技术标准。
②在施工工艺允许的情况下,尽可能选择重型机械且为其安排足够的工作量。
③机械必须具有良好的性能和可靠性。

(3)机械配套的基本原则。
①采用合理的施工组织方案。
②配套机械以满足工程使用为原则,尽量减少其数量。
③配套机械必须围绕主导机械选择。
④配套机械和主导机械的工作能力要匹配。
⑤尽量选择和使用同一型号的机械,有利于维修、养护、管理。

(4)注意事项。
①正确选择主导机械。

②合理搭配施工机械的数量。
③配套机械施工的施工段之间要保持相对平衡。
④配套机械作业时,要合理安排闲置台班备用。
⑤机械选型配套时遇到困难,要有其他的选型配套方案。
⑤大型专用机械设备的购置与租赁,在配套选型中要合理,不能造成不必要的浪费。

7. 机械需要量的计算

机械台班需要量可用下式计算

$$M = W_j q_j \quad (台班) \tag{3-3-1}$$

式中：W_j——某种机械施工方数量(m^3);

q_j——某种机械施工方的时间定额(台班/m^3)。

求出施工中所需各种机械的台班数后,再按下式求机械的需要量

$$N = \frac{\sum M}{T_z a} \tag{3-3-2}$$

式中：$\sum M$——各个地段上同一种机械所需要的台班总数;

a——工作班数。

按照计算所需的机械数量,应再增加10%~15%的备用量,以备修理之用。

8. 机械的选择

在机具的选择上,一般应以满足施工方法的需求为基本依据。在某种施工条件下,是以选择施工机具为主来确定施工方法的,所以在选择施工机具时,应注意以下几点。

(1)在现有的或可能获得的机械中进行选择满足工程施工使用的机械。如果某种机械在各方面都比较适合,又不可能得到,就可以不能作为一个选择方案。

(2)所选择的机具必须满足施工的需要,要避免大机小用或性能范围超过使用要求很大。

(3)在选择机具时,要考虑机械之间的互相配套,充分发挥主机械的生产效率。如在土方工程施工中,用自卸汽车运输配合装载机装土时,自卸汽车的数量必须保证装载机能连续不断地工作而不致因等车停歇。同时,汽车的容量也必须要与装载机斗容量相匹配,以保证充分发挥装载机的效力。

(4)在选择施工机具时,要从全局出发,统筹考虑,不仅要考虑到在本工程或某分部工程施工中使用,还要考虑到同一现场上其他工程或其他分部分项工程是否也可以使用。

(5)施工机具的选择,见表3-3-1。

机械选型配套方法 表3-3-1

作业内容		使用机械	摘 要
清除草木	除掉灌木丛、杂草	机动平地机、小型推土机	铲除杂草及表土
	除掉灌木丛、树木漂石	推土机、凿岩机、空气压缩机	根据树木的种类和直径,除了推土板之外,还可使用带耙齿的推土机、伐木机、剪切刀以提高效率
挖方	软土开挖	机械平地机、推土机、拖式铲运机、自行式铲运机	修补道路、整地,短距离挖土运输,中长距离挖土运输
	硬土开挖	中大型推土机、凿岩机、空气压缩机	适应于风化岩、软石、漂石、混合土质;松土器不能使用时采用爆破

续上表

作业内容		使用机械	摘要
挖土装载	一般性挖土装载	装载机、挖掘机、轮式装载机	对于挖掘能力要求不大的较松土质。宜使用轮式装载机；挖掘能力要求较大或土场荒芜时，使用装载机或挖掘机
		装载机、挖掘机、轮式装载机	对于挖掘能力要求不大的较松土质。宜使用轮式装载机；挖掘能力要求较大或土场荒芜时，使用装载机或挖掘机
		拖式铲运机、自行式铲运机	根据运距、地形、土质来选型，松软土质和坡度较大时，一般使用拖式铲运机；运距较长，而现场较好则使用自行式铲运机
		斗轮式挖掘机、挖掘机	土方量较大且集中的工程，挖掘机工作半径大，并可旋转360°
		抓斗式挖掘机、拉铲式挖掘机	抓斗式挖掘机适用于垂直深孔的挖掘，拉铲式挖掘机适用于在河川等底面广的地方开挖
	构筑物基础的开挖	推土机、装载机	大的基础挖掘时，到内部挖掘、装载
		挖掘机、抓斗式挖掘机、拉铲挖掘机	较小的基础挖掘时，在地面位置进行挖掘、装载
铺筑		推土机、铲运机、湿地用推土机、自行式平地机	在一般的铺平工作中搬运机械为推土机或铲运机；用翻斗车运土时，则用推土机、湿地用推土机或自行式平地机来铺土
	大面积或高精度的铺平工作	自行式平地机、湿地用推土机	农田建设、水路填筑的平地、道路填土的平地等
	铺砌材料的铺平	碎石洒布机、沥青路面修整机	铺砌材料的铺平、铺土厚度受到严格限制时，使用碎石洒布机或沥青路面修整机
路面面层铺筑	路拌法施工	石灰洒布机、稳定土拌和机、洒水车、振动压路机	用于二级以下的路面基层施工，对配合比要求严格控制的二级路不适宜
	厂拌法施工	厂拌稳定土拌和设备、自卸汽车、稳定土摊铺机、洒水车、振动压路机	用于一级、二级汽车专用路 高速公路施工，对配合比要求严格的路也适用
	沥青混凝土路面铺筑	沥青混凝土搅拌设备、自卸汽车、沥青混凝土摊铺机、振动压路机、轮胎压路机、撒砂车	用于层铺法施工的高等级公路和次高等级公路的沥青混凝土路面施工
	水泥混凝土路面铺筑	水泥混凝土搅拌设备、水泥混凝土搅拌运输车、轨道式水泥混凝土摊铺机、滑模式水泥混凝土摊铺机、RCC摊铺机、振动压路机、纹理加工机、锯缝机、养生剂喷洒车	对于高等级塑性水泥混凝土路面可用滑模式摊铺机和轨道式摊铺机，RCC路面的摊铺可用带有双强振夯板的沥青混凝土摊铺机或RCC专用摊铺机

二、施工顺序的安排

工程施工顺序具有一定的规律性,所以在工程施工中要认真研究和分析施工顺序的基本因素,制订出最佳的施工顺序。施工顺序安排的原则如下:

(1)要符合工程施工工艺的要求。即工程项目各施工过程之间存在着一定的工艺顺序关系。例如:在桩基础施工中,钻孔后要尽快地灌注混凝土,以防止塌孔,所以两道工序必须紧密衔接。

(2)要遵从合理组织施工过程的基本原则。即符合施工过程的连续性、协调性、均衡性、经济性原则。

(3)要考虑关键工程、重点工程、控制工程的合理施工顺序。例如,公路工程中的大桥、隧道、深堑等,如不在前期完工,可能导致其他工程不能施工(如无法运输材料、机具、工期太长、路面摊铺等),所以要集中力量,重点控制,重点安排。

(4)要考虑施工质量的要求,在安排施工顺序时,要以确保施工质量作为前提条件,如果有影响工程质量问题,要重新安排或者采取必要的技术措施保证工程质量。

(5)要使施工顺序、施工方法、施工机具相协调。例如:在钢筋混凝土梁体施工时,简支梁桥和连续梁桥的施工顺序就显然不相同,由于施工方法不同,所采用的机具设备不同,施工顺序也必然不同。

(6)要考虑水文、地质、气候的影响。在安排施工顺序时,要充分考虑洪水、雨季、冬季、季风、不良地质地段等因素的影响。例如:路基程施工一般应安排在雨季到来之前或雨季结束之后。

(7)要考虑施工期、安全生产、环境保护等要求,力尽使工期最短。

三、路基工程施工方案

1. 施工准备

土方开挖采用机械开挖为主,分段自上而下进行,对于短而深的路堑,土方开挖采用横向全宽挖掘法,路堑较深时可采取多层开挖,对于较长的路堑,土方开挖采用纵挖法。石方开挖采用预裂、光面爆破法。爆破作业以小型爆破及松动爆破为主,减少对岩体的扰动。采用推土机、挖掘机、装载机配合自卸汽车运土石方。

土方填方采用推土机、挖掘机、装载机配合自卸汽车运土石方至填方段填筑路基的方式。填筑采用重型振动式压路机、光轮压路机、轮胎压路机及斜坡碾进行碾压,填筑时严格按"三阶段、四分区、八流程"水平分层填筑法组织实施。填石路堤则严格按照规范要求,选用重型碾压设备,控制每层松铺厚度和机械碾压遍数,切实将路堤碾压密实,保证路基稳定。

防护及排水工程挡土墙、护坡、护岸墙、边沟、排水沟等结合路基工程的施工进度及时施工,严格按照设计图要求施做,确保路基排水畅通、路基及边坡稳定。

(1)交接线路中桩,复核 GPS 点,进行路线贯通测量,内容包括导线、中线及高程的复测,水准点的复查与增设、横断面的测量与绘制等,然后送交测量监理工程师核查,核对无误后进行现场放样测量,放出路基中桩、边桩,并标注路基挖填高度,以及取土坑、借土场、弃土场等的具体位置,并提交监理工程师检查批准。

(2)填料试验:在取土场的填料中取有代表性的土样进行试验,试验方法按《公路土工试验规程》(JTJ 051—1993)执行。试验项目如下:

①液限；
②塑限；
③颗粒大小分析试验；
④含水率试验；
⑤土的承载比试验(CBR)值；
⑥有机质含量试验；
⑦易溶盐含量试验。

把调查和试验结果以书面形式报告监理工程师备案。如所调查、试验的结果与图样资料不符时，提出解决方案报监理工程师审批。

(3)调查路基施工范围内的地质、水文、障碍物、文物古迹的详细情况。

(4)调查沿线电缆、光缆及管线位置、埋深，按设计要求进行改移或埋设明显标志。

(5)修建临时排水设施，做到永临结合，以保证施工场地处于良好的排水状态。

(6)场地清理：施工前将路基用地范围内的树木、灌木、垃圾、有机物残渣及原地面以下30cm内的草皮和表土清除。对妨碍视线、影响行车的树木、灌木丛等进行砍伐或移植及清理。将树根全部挖除，清除的垃圾由装载机配备汽车运至指定堆放区，场地清除完后全面进行填前碾压，使密实度达到设计要求。

(7)拆除工程：根据现场的实际情况、施工、交通需要，制订确实可行的拆除方案，经监理工程师批准后，按设计和规范要求进行拆除工作。

(8)规划作业程序、机械作业路线，做好土石方调配方案。

2. 选择施工方法的原则

施工方法的选择与土石方调配有着极其密切的联系，调配方案不同，施工方法的选择也不同；施工方法不同，调配结果也不同。所以，须采用不同的施工方法和调配方式进行技术经济综合比较后，才能得出经济合理的方案。

在机械施工中，根据工地的具体条件，合理选择施工方法与机械类型，把机械安排到最适宜的工地上去，使机械发挥出更大的作用，以便取得良好的经济效益。选择施工方法与机械类型，一般可按下列原则进行：

(1)在选择机械类型时，应充分考虑技术性能和设备供应情况，并对不同的施工方法进行比较。同时应充分利用施工单位现有施工机械和设备，再根据具体情况考虑适当添置或租赁施工机械和设备。

(2)先解决主要路基工程的控制地段，然后是附属工程项目，但不要截然分开。

(3)先确定大爆破和机械化施工地段，后定其他施工地段。

(4)首先考虑困难复杂及控制工期的施工地段。

3. 施工方法的确定

工程的各个施工过程均可以采用各种不同的方法进行施工，施工方法的确定主要是针对本工程的主要施工过程。突出重点，凡是采用新技术、新工艺、新材料、新设备和对本工程的施工质量起关键作用的项目，或技术复杂，工人操作不熟练的工序，在施工方案中要详细说明施工方法和技术措施，必要时单独编制施工作业设计指导书；对于常见的一般结构形式，工人已熟练掌握的常规做法。在拟订工程施工方法的同时，要明确指出该施工项目的质量标准及确保质量和安全的措施。

施工方法的确定取决于工程特点、工期要求、施工条件、质量要求等因素，所以，各种不同类型工程的施工方法有很大差异。对于同一种工程，其施工作业方法也有多种可供选择，例如：路基填土拌和时,可采用路拌法和厂拌法两种,桥梁安装时可采用木扒杆、吊鱼法、架桥机或起重设备等多种方法。

公路路基土石方施工可采用人力配合小型机械或机械施工。在挖、装、运、卸、夯等各工序间做到配套使用,连续作业,使路基土石方工程施工实现机械化。

(1)土方施工。

①人力施工主要是人工挖土和装土,借助小型机械运土、卸土和夯实。

②机械施工。常用的主要机械有推土机、铲运机、挖掘机和装载机,辅助机械有松土机、自动平地机、羊脚碾压路机、有专门装置的刷坡机、路拱整修机和边(侧)沟开挖机等。

(2)石方施工。石方机械施工的基本作业程序是钻眼、爆破、挖装、运填和压实。常用的爆破方法有炮眼法、药壶法、深孔法和小型药室法等。

一般多采用深孔法,对于石方集中的工点,也可采用大爆破。在石方工程深孔爆破施工中,常用的施工机械有潜孔钻机、凿岩机、铲运机、推土机、挖掘机和自卸汽车等。

4. 主要劳动力、材料、施工机械的安排

(1)劳动力需要量的计算。人力施工劳动力的需要量可按下式计算

$$p = \frac{W_r q_r}{T_z} (人) \quad (3-3-3)$$

式中:W_r——人工施工的施工方数量(m^3);

q_r——施工方劳动定额(工天/m^3);

T_z——日历施工期内的工作天数。

对于在施工机械和运输机械上工作所需的工人人数,可从机械手册或操作作业规范中查得。

根据本合同段工程的特点,为确保施工人员素质,我单位安排具有丰富经验的管理人员和业务能力强的专业技术人员上场,并雇佣当地劳动力参与施工建设,在上场前根据工种分类进行相应的技术培训,考核合格后上岗操作。劳动力需要量计划见表3-3-2;上场主要人员及主要劳动力见表3-3-3。

劳动力需要量计划　　　　　　　　　　表3-3-2

序号	工 种 名 数	最高需用人数	序号	工 种 名 数	最高需用人数
1	钢筋工	8	7	机械工	6
2	混凝土工	8	8	汽车驾驶员	9
3	模板工	6	9	焊工	3
4	水电工	1	10	爆破工	8
5	测量工	2	11	修理工	2
6	试验工	2	12	普通工	10
合计			65		

上场主要人员及主要劳动力　　　　　　　　　　表3-3-3

序号	单位工种	人 数	说　明
一、	项目经理部	23	
1	项目经理	1	
2	总工程师	1	
3	副经理	1	

续上表

序号	单位工种	人数	说明
4	施工技术科	2	科长1人,科员1人
5	安全质量科	3	科长1人,安全工程师1人,质检工程师1人
7	计划财务科	4	科长1人,计划2人,出纳1人
8	物资设备科	3	科长1人,物资1人,设备1人
9	综合办公室	2	主任1人,秘书1人
10	试验检测室	6	主任1人,试验员5人
二、	路基队	48	
1	队长	1	
2	副队长	1	
3	技术主管	1	
4	工程师	2	安全、质检工程师各1人
5	技术工人	40	不包括普通工种
6	后勤人员	3	
三、	总计	65	不包括普通工种

(2)运输工具需要量的计算。有些挖土机械,需要配备一定数量的运输工具(如汽车、其他车辆等),所需的运输工具可根据运输量及运输工具的能力计算。计算公式为

$$N_y = \frac{Q_w}{q_w} \tag{3-3-4}$$

其中

$$q = \frac{q_1 T}{t' + t'' + \frac{2L}{V_{cp}} + t_d} \cdot K_t \tag{3-3-5}$$

式中:N_y——运输工具的需要量(辆);

Q_w——在所计算时间内的运输量(t、m^3等);

q_w——在所计算时间内一辆运输工具的生产率(t、m^3等);

q_1——运输工具的额定载重量(t);

T——完成运输量Q_w所规定(或所计算)的工作时间(min);

t'——装车时间(min);

t''——卸车时间(min);

t_d——等待时间(min);

L——运距(m);

V_{cp}——往返的平均运行速度(m/min);

K_t——运输时间利用系数,0.80~0.95。

根据运输工具的种类和具体条件,对计算出的运输工具需要量,一般尚应增加10%的备用量,以备部分运输工具进行定期检修或不定期的修理。

为保证按期完成本工程,将通过提高机械化作业程度,根据本合同段主要工程内容及项目类别,我单位将组织足够数量的状况良好的机械进场,保证工程顺利开工。主要施工机械明细

见表3-3-4。

主要施工机械明细　　　　　　表3-3-4

类型(种类、型号)	吨位、功率、容积	型号	产地	新旧
挖掘机	112kW	WY27	贵阳	新
挖掘机	155kW	WD790A	杭州	旧
装载机	119kW	ZL40	天津	新
推土机	162kW	TY162	郑州	旧
铲运机	118kW	CL7	郑州	旧
平地机	190kW	PY190	湖南	旧
压路机	25t		洛阳	新
压路机	25t		洛阳	新
工程洒水车		GS8000	武汉	旧
自卸汽车	158kW	T815S	武汉	新
自卸汽车		JGC527	徐州	新
混凝土搅拌机	1.5kW	ZD41-4	郑州	新
空压机	9m³		郑州	新
电焊机			洛阳	新
发电机	50kV·A		郑州	新

(3)材料供应。

①路基填料。本项目沿线为山区和丘陵区,路基填筑主要采用以挖作填的方式,由沿线路基挖方和隧道出渣所得,个别欠方路段就近借用,清除表土(腐殖土)主要用于中央分离带填土基防护工程草绿化用土。沿线黏土料主要分布于低丘覆盖区表部,黏土资源较少,通过载重汽车和拖拉机运输。

②砂、石料、水泥供应。本项目沿线所经渭河较宽坦的河滩均有砂砾分布,大量出产中、粗砂和碎砾石,岩性以石英、长石为主,针片状颗粒及含泥量极少。可用于各种构造物和路基工程。施工单位可直接购买,砂砾的平均运距4~5km。石料的原料储量均较丰富,可以为本项目提供片、块石与碎石等筑路材料。料场石料均为花岗岩,其抗压强度、压碎值、磨耗率等原材料试验和碎石混合料的配合比、黏附性等试验各项指标均满足需要。宝鸡市产水泥,且各项指标均满足要求,价格适中、运输条件优越可满足工程建设用水泥的需要。

③六大材。木材、汽油、柴油可在当地直接购买;宝鸡市盛产水泥,且运输便利;项目用钢材在宝鸡采购,经公路运至工地。

5.土石方施工

(1)施工准备。路堤填筑前,按照设计图和监理工程师的指示,首先选用监理工程师认为适宜的填料铺筑试验路段,并将试验时压实设备类型、最佳组合方式、碾压遍数及碾压速度、每层填料的松铺厚度、最佳含水率、压实系数结果报监理工程师审批签证后,按照审批结果填筑施工。

(2)基底处理。路堤基底处理应先将路基范围内的树根全部挖除,并将坑穴填平夯实。填土范围内原地面表层种植土、生活垃圾、草皮等杂物进行清除,清除深度30cm,清除完成后掺和4%的石灰进行压实,对具有湿陷性的基底要采用冲击碾压,消除湿陷性,提高地基承载能力。

路堤填筑高度和路床总厚度小于154cm的地段,将该深度范围内的地基表土进行超挖并分层回填透水材料压实。

根据技术规范要求,地面横坡不陡于1:10时即可直接填筑路堤,在稳定的横坡上,将表土翻松,再进行填筑;横坡陡于1:5时,应将原地面挖成不小于2m的台阶,台阶面作成2%~4%的内倾斜坡,再进行路堤填筑。

冲击碾压采用25kJ,碾压20遍,加固深度2m,处理面积42365m²。场地清理过程中出现的基坑、坑穴等使用监理工程师批准的材料回填,并达到要求的密实度;对路基填方路段存在的软土、淤泥区,采取挖排水沟疏干积水、换填或其他设计的方案方法处理;场地清理完毕后,及时进行填前碾压,使其密实度达到规定的要求。

本标段有部分既有路基加宽,把原有路基边坡进行清除30cm后,加宽填筑前按设计要求人工将原路基面挖出水平2m宽的台阶后再填土。

(3)路基填筑施工。路堤填方施工工艺流程图见图3-3-1和图3-3-2。

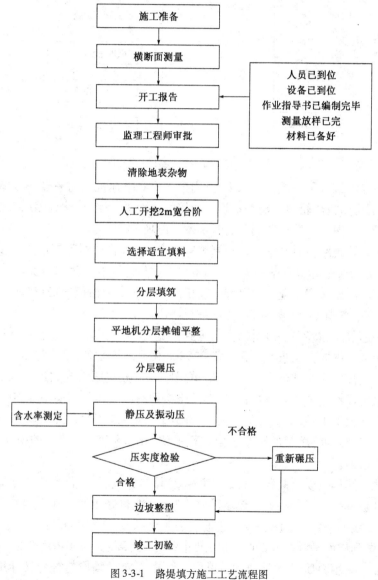

图3-3-1 路堤填方施工工艺流程图

四区段:填筑区→平整区→碾压区→检验区。

八流程:施工准备→基底处理→分层填筑→摊铺平整→机械碾压→检验签证→路面整形→边坡整修。

①分层填筑。路基填筑采取横断面全宽、纵向分层填筑方式。当原地面高低不平时,先从最

低处分层填筑。为保证全断面压实一致,边坡一侧超填30cm,竣工时刷坡整平。

用不同填料填筑路基时,各种填料不得混杂,每一水平层面的全宽范围内用同一种填料进行填筑。为节约摊铺整平时间,堆卸填料时要控制倒土密度。

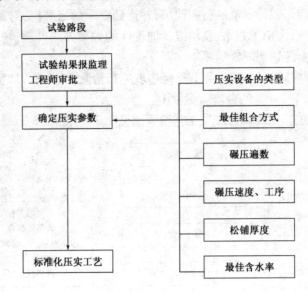

图3-3-2 路堤试验段压实工艺流程图

②摊铺整平。填筑区段完成一层卸土后,用推土机和平地机摊铺平整,做到摊铺面在纵横向平顺均匀,以保证压路机压轮表面能基本均匀地接触地面进行碾压,达到碾压效果。在摊铺的同时,对路肩进行预压,保证压路机压到路肩时不发生滑坡。

③洒水填筑。填筑路基时必须严格控制填料的含水率,要求不得超过土工试验中求得的最佳含水率的2%或低于最佳含水率的3%。当含水率过低时要及时洒水压实。

④碾压压实。碾压压实作业采用重型振动压路机。压实前由值班班长和压路机操作员进行检查,确认层厚及平整程度符合要求后,才能进行碾压。

碾压时第一遍静压,然后先慢后快,由弱振到强振,由外向内纵向进退式进行。横向接头重叠和前后相邻两区段纵向接头重叠不得小于0.5m。做到压实均匀,没有漏压。

压路机操作员按照压实部位密实度标准、填层厚度及控制压实遍数进行碾压。压实遍数由试验人员根据试验段确定的压实参数提供,并严格按照有关规程及试验中提出的办法进行检测。

压实层面碾压大致平整,层面无显著的局部凸凹。雨季施工时,在路基填筑区内要保持排水畅通,每天施工结束后要将填筑的路基表面进行平整,并向路基外做4%的横向排水坡,保证路基面不出现积水浸泡。

⑤路基整修。路堤按设计高程(含预留沉落量)填筑完成后,进行平整和测量,恢复中线,测量高程。按设计坡率用人工挂线刷去超填部分,进行边坡整修压实工作。整修后的边坡达到转折处棱线明显,直线处平整,变化处平顺,边坡刷去超填部分,不得堆积在边坡上,作为一个流程进行整修夯实,做到坡面平顺没有凹凸,几何尺寸满足设计要求,压实密度合格。

⑥检验验证。在填料质量、填筑厚度、填层面纵横方向平整均匀符合设计规定标准的基础上,进行密实度和地基系数的测定。填筑质量的控制主要采用核子密度仪检测,灌砂法、环刀法配合校核。经检验合格签证后,方可转入下道工序。不合格时进行重压直至检验合格为止。

(4)路基开挖。

①土方开挖。本标段路堑主要为单边坡路堑,采用多层横向全宽挖掘法施工,严格按照从上

自下的开挖施工顺序逐级开挖。

路基开挖以机械为主,采用CAT320B型挖掘机,靠近基床顶及边坡部分辅以人工开挖。土石方调运采用T220A型推土机、ZL50C型装载机配合自卸汽车运输。挖运土距离在100m以内,采用推土机施工。挖运土距离在100m以上时,采用挖掘机配合自卸汽车运输。

a. 施工工艺流程。

施工放样→挖截水沟→土方开挖→修整边坡→重复挖运至设计高程→路槽处理。具体见图3-3-3。

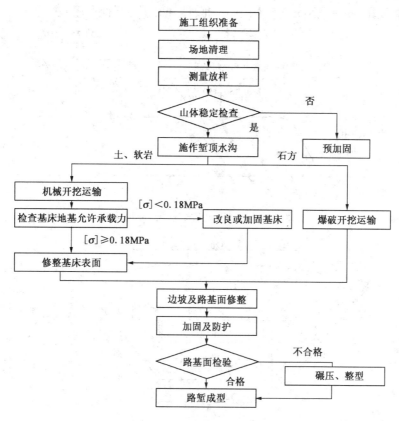

图3-3-3 路基开挖施工工艺

b. 主要施工方法。

路堑边坡:根据测设的边桩位置,当机械开挖至靠近边坡0.1~0.2m时,改为人工修坡。不设圬工防护的边坡,每10m边坡插杆挂线人工刷坡,有防护地段及时做好防护。边坡上由于孤石等造成的坑穴、凹槽,采用挖台阶浆砌片石砌补。路基开挖前首先按设计要求做好截水沟,保证边坡不受地表水冲刷。

基床:土方路堑施工将挖至设计高程时,鉴别核对土石状况,核查基床范围内土质、地基承载力是否满足设计要求,必要时进行补充勘探。如满足要求,测设基床表层断面和高程,按每10m间距挂线,人工开挖基床表层表面,并按规范要求进行修整;如不满足设计要求,对基床进行加固处理,分层填筑到设计高程。

根据规范要求和试验结果预留下沉量,并将路基顶面以下30cm深度范围内用推土机松土器翻松,用重型压路机分层压实,使密实度达到95%以上。弃土不能用作填料时,运至指定的弃土场,并做好防护排水措施。

②石方开挖。对表层风化的软质石方尽可能采用大功率推土机或挖掘机直接开挖,对无法

采用挖掘机和大功率推土机开挖的石质路堑,采用梯段松动控制爆破施工,靠近边坡和路基面预留光爆层。硬质岩层实施光面爆破;软岩和中硬岩边坡实施预裂爆破。

a. 施工工艺流程。

爆破设计→测量放样布眼→钻眼→装药→设置防护→爆破→清除危石→边坡防护→挖运→整修成型。

b. 爆破设计。

石方开挖采用梯段松动控制爆破施工,小型潜孔钻机配合风动凿岩机钻孔,坡面预留光爆层。钻孔布置见图3-3-4及图3-3-5(图中Ⅰ、Ⅱ、Ⅲ、Ⅳ、Ⅴ为开挖顺序)。

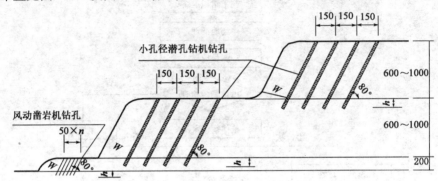

图3-3-4 纵断面钻孔布置(尺寸单位:cm)

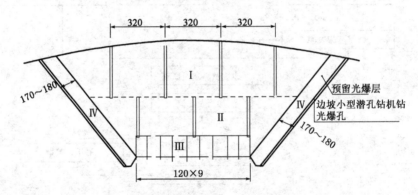

图3-3-5 横断面钻孔布置(尺寸单位:cm)

深挖地段,石方面积较大、挖方较深且数量集中,主要采用小型潜孔钻机钻孔,实施梯段式深孔微差松动控制爆破。

其余地段挖深较浅和方量不大的边坡、路基面修整采用风动凿岩机钻眼,浅孔微差松动控制爆破。

为提高破碎效果,降低大块率,并降低振动效应,均采用大孔距,小排距,梅花形布孔(邻近系数 $m = a/b = 2.0 \sim 2.5$),并采用导爆管毫秒雷管实施逐排微差挤压爆破。

为提高边坡稳定性和美观程度,在本合同段深挖地段采用预留光爆层法进行光面爆破,边坡设计有台阶时分台阶进行光爆,设计无台阶时,从路堑顶沿坡面钻孔一次爆破到位。

边坡光面爆破设计如下

光面孔孔距 $\qquad a = nD \qquad$ (3-3-6)

式中:D——炮孔直径,$D = 100mm$;

n——系数,$n = 6 \sim 10$(岩石坚硬完整时取大值,反之取小值)。

$$L = H/\sin\alpha + h \qquad (3-3-7)$$

式中:α——边坡坡度(钻孔倾角);
h——超钻深度,$h = (0.05 \sim 0.1)H$;
H——台阶高度。

光爆孔与辅助孔的孔底距离 $b_0 = (10 \sim 30)D$(完整、坚硬岩石取大值,反之取小值)。

光爆孔装药结构及药量调整:采用间隔一定距离的药串结构即径向空气间隔装药,为克服孔底夹制作用,孔底加强装药 0.5 倍,加强装药段长度 0.8 ~ 1.5 m。在孔口 1.5 m 不装药,进行加强堵塞,堵塞段以下 1 ~ 2 m 处线装药密度为设计的 1/2。边坡光面爆破装药结构及起爆方法见图 3-3-6。

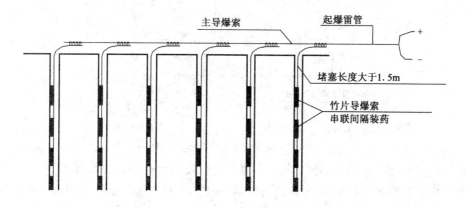

图 3-3-6　边坡光面爆破装药结构及起爆方法

线装药密度 $q_{线}$ 和装药量 $Q_{孔}$:根据经验参数,线装药密度初选如下数值,在施工中试炮后根据现场实际情况调整确定。

$q_{线} = 0.6 \sim 1.0 \text{kg/m}$,硬质完整岩石取大值,反之取小值。

$$Q_{孔} = q_{线} L \tag{3-3-8}$$

式中:$Q_{孔}$——单孔装药量。

选用狄纳米特低爆速、低猛度炸药。

起爆时差 Δt:光爆孔迟后主爆孔起爆,时差为 75 ~ 150 ms。

起爆网络:设计起爆网络同一列(沿线路走向)炮孔均安装同一段别的毫秒雷管,列与列之间跳段起爆,然后用连通管把炮孔中的导爆管连接起来。

软岩和中硬岩边坡实施预裂爆破,为确保预裂爆破质量,保证边坡稳定,在预裂孔与主爆孔之间设一排辅助孔、一排缓冲孔。辅助孔的深度与坡率均与预裂孔一致,辅助孔与预裂孔的排间距:小型潜孔钻机为 1.2 ~ 1.5 m,风动凿岩机爆破为 0.5 ~ 0.6 m;缓冲孔与主爆孔布置形式一致。辅助孔、缓冲孔与主爆孔一同顺序微差起爆。$\phi = 90$ mm 时,辅助孔孔间距为 3 m,孔底距主爆孔 1.2 ~ 1.5 m。$\phi = 40$ mm 时,辅助孔孔间距为 1.5 m,孔底距主爆孔 0.4 ~ 0.5 m。缓冲孔的布置参考主爆孔的布置。预裂爆破设计参数见表 3-3-5。

预裂爆破设计参数　　　　表 3-3-5

钻孔直径 ϕ(mm)	孔间距 S(m)	超钻 J(m)	堵塞长度 L_1(m)	孔底加强装药段长 L_2(m)	线装药密度 q_1(kg/m)
90	1.0	1.0	1.0 ~ 1.5	1.0 ~ 1.5	0.3 ~ 0.4
40	0.5	0.5	0.6 ~ 0.8	0.5 ~ 0.8	0.15 ~ 0.25

光爆孔装药结构及药量调整:采用间隔一定距离的药串结构即径向空气间隔装药,为克服孔底夹制作用,孔底加强装药0.5倍,加强装药段长度0.8~1.5m。在孔口1.5m不装药,进行加强堵塞,堵塞段以下1~2m处线装药密度为设计的1/2。边坡光面爆破装药结构及起爆方法见图3-3-9。

预裂孔、辅助孔、缓冲孔、主爆孔的布置关系见图3-3-7。

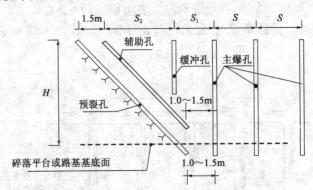

图3-3-7 预裂孔、辅助孔、缓冲孔、主爆孔的布置关系
注:孔底加强装药段范围内的线装药密度增加2~3倍

为确保路基坡面平整坚实,不论采用风动凿岩机还是潜孔钻机钻孔爆破,最底层2m均采用风动凿岩机钻孔爆破,严格控制孔底高程和超钻值,并适当缩小排距和孔距,实施逐排微差起爆。

石质路基渗沟开挖采用两侧沟壁先行预裂爆破,然后沿中心布设一排纵向倾斜孔,人为创造倾斜开面,从外向内依次响炮,松动后采用挖铲挖槽。预裂爆破起爆方法同光面爆破。

③爆破作业。施工工艺详见图3-3-8。

爆破之前清理山体表层植被和覆盖层。覆盖层较厚时,利用推土机清除后进行钻眼;覆盖层较薄及岩溶发育地段,用人工清理植被及岩溶中积土后进行钻眼。

布孔前对爆区进行详细调查(如层理、裂隙、临空面、爆体、台阶平整度、岩石类别及物理力学特征等是否有变化),并对清理后的地表高程进行测量,根据设计孔网参数和挖深进行布孔和确定各钻孔深度,如有需要,对参数进行调整。

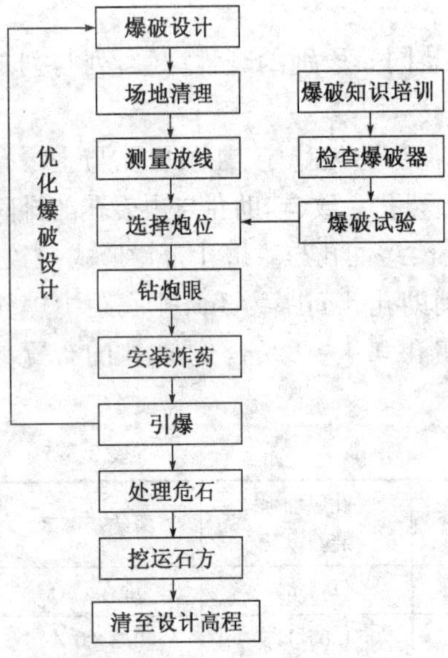

钻孔时选择技术熟练的凿岩工人施工,先由爆破技术人员按参数准确定位布孔,用红油漆标注,便于凿岩人员施工,并把孔深、倾角向凿岩人员进行技术交底,特别是边坡孔的钻孔质量要严加控制,在钻进到一半孔深时,提起钻头,用专用的炮孔测深仪和角度测试仪进行检查,根据钻孔实际情况决定是否调整钻杆倾角和钻机位置,以便进行纠偏,确保边坡孔角度误差不超过±1°,深度误差不超过±5%;孔口位置偏差超过2倍孔径时,重新钻孔。

钻孔完毕后,技术人员对各孔实际孔深、孔距、排距、最小抵抗线和孔倾角进行测量记录,并根据实际孔网参数进行药量计算和装药。爆破施爆之前进行一次试炮,根据试炮对爆破设计进行优化,最终选择适合现场实际的爆破参数和炸药单耗进行爆破施工。

图3-3-8 石方爆破施工工艺

采用人工按设计装药结构进行装药,上部用炮泥进行堵塞,堵塞长度 $L_0=(0.75\sim 1.0)W$,如炮孔有水而无法吹干时,采用防水炸药或其他防水措施。

起爆采用非电毫秒微差雷管延期起爆,对起爆系统各连接点认真检查,确认各连接点连接牢固,无遗漏孔后进行警戒起爆,爆破时进行振动安全监测。

爆破施工时严格控制过量爆破,边坡轮廓爆破半孔率要求达到90%以上,若有个别地方发生超爆或欠挖,超爆凹槽部位采用浆砌片石嵌补,欠挖部位采用人工浅孔爆破或风镐凿平,确保边坡平顺(用3m直尺检验不大于10cm)、稳定。石方路堑的路床顶面高程,必须控制在规定允许范围内并满足图样要求,过高则人工进行凿平,过低则以开挖的石屑或碎石填平并碾压密实稳固。

④爆破防护。防止爆破飞石造成危害的重要措施是加强对炮孔的覆盖,炮孔用"炮被"覆盖,并用编织袋装土压在炮被上,炮被为汽车旧外胎加工编制而成。

6.桥头石灰土填筑

本合同段桥台背及高填方桥头25m范围内采用10%灰土进行填筑,填筑前,先根据设计文件及规范要求进行基底处理,碾压密实,使基底压实度达到90%以上,桥台背与锥坡同时填筑。填筑时根据质量9∶1比例掺入消解后的石灰或磨细生石灰粉,采用机械拌和均匀,在结构物上用红油漆标好每层压实厚度,用自卸汽车将拌和后符合要求的填料运至现场,根据每层松铺厚度将填料用推土机进行摊铺整平,保证每层压实厚度不大于15cm。摊铺时路基形成路拱,并做到大面平整,以保证碾压效果的均匀性。先用压路机(大于16t)静压两遍,然后再由弱振到强振,接近台背时用弱振,直至压实到规定的密实度为止。靠近台背50cm压路机无法达到的地方,采用内燃打夯机进行夯实。

石灰土填筑段采用素土包边,包边厚度1m加两侧各加宽0.3m与石灰土填筑段每层同时进行填筑压实。

填筑时与成型路基接茬部位刷去虚土,分层挖好不小于1m的内倾斜台阶,以保证接茬部位压实的效果。

7.路基试验段施工

根据施工路段填料的不同材质,选择200m主线路基作为试验路段,以确定压实设备的配套类型、最佳组合方式,碾压遍数、碾压速度与压实度相应关系、松铺厚度及压实厚度等,具体施工方法步骤如下:

(1)选择已经碾压合格的路基基底,布置测量点并进行高程抄平,土质填料也取样进行颗粒分析、液塑限、CBR值、标准重型击实等试验。

(2)将试验路段填料运至现场试验段,分别摊铺成不同厚度的松铺段,两种不同厚度之间以渐变形式连接。摊铺使用推土机摊平,平地机整平。

(3)碾压之前,在测量点进行抄平,并做好记录。

(4)使用压路机在不同厚度的松铺段上,用不同的车速进行碾压。碾压三遍后,每再碾压一遍,在测量点和密实度检测点上,进行抄平和密实度试验,并做好记录。

(5)试验段完成后,写出试验段总结,呈报监理工程师,根据监理工程批准后标准,作为大面积施工的依据。

8.一般路基填筑施工

路基填筑采用机械化施工,使用推土机和挖掘机,并配以自卸汽车、自行式平地机、振动压路机,使其生产能力符合工期要求。

基底经监理工程师检查合格后,即进行填筑。对自卸汽车运到工作面的填料,按试验段确定的卸土距离,把土料卸成鱼鳞状,然后先用推土机摊铺用平地机刮平,使其达到试验路段确定的松铺厚度,根据土料的含水率与其最佳含水率比较及时进行洒水及凉晒或伐灰。当地形起伏、高低不平时,由低处按路基纵坡分层填筑,并由两边向中心填筑。为保证路基全断面的压实一致,边坡两侧各加宽0.3m,填筑完成后刷坡整修。

路基压实采用重型振动压路机沿线路纵向进行。压实顺序按先两侧后中间、先慢后快、先静压后振动、由弱振到强振,最后再静压一遍的操作程序进行。碾压前向压路机操作员进行技术交底,内容包括碾压范围、压实遍数、压路机行驶速度等。

碾压时,沿线路纵向行与行之间压实重叠不小于碾轮的1/3且不小于0.4m,各区段纵向搭接长度不小于2.0m。

每层填土压实后,及时进行中线、高程、宽度、平整度、压实度的检测,压实度检测采用环刀法进行。路堤填筑完成后,严格按照设计图进行纵断高程、路基宽度、横坡、平整度、全幅中心线、压实度、边坡坡度进行检测,确保路基施工符合施工规范要求。有预压要求段落先进行预压,卸载后对路基整修。

9. 特殊路基处理施工方案和施工方法

本合同段立交各线位桥头、高填土路段分别采用水泥搅拌桩和高压旋喷桩处理,梅花形布置,部分路段桩顶回填碎石,部分路段桩顶回填碎石铺土工格栅。立交各线位穿越池塘、取土坑、较大沟渠处抽水、清淤、整平,填筑碎石垫层,碎石垫层上、下各铺设一层聚丙烯双向土工格栅。填筑土方时,深度超过2m的沟渠及池塘边坡应进行开镫处理,镫宽1m,高0.5m,铺设2m宽聚丙烯双向土工格栅。工程范围内既有小型沟渠应进行清淤处理后回填。有水沟渠清淤后,首先回填0.5m厚碎石垫层,然后回填素土,分层夯实至原地面;无水沟渠清淤后,直接回填素土,分层夯实至原地面。

10. 水泥搅拌桩施工方案和施工工艺

采用GZB—600型深层搅拌机施工,首先对场地进行清理、机械整平,采用全站仪布设主要控制点,按设计布置各梅花形桩位点,根据被加固土的性质及单桩承载力要求,确定水泥掺入比,水泥掺入比不得小于15%,先进行不少于3根工艺试验桩施工,根据试验桩确定和调整好的技术参数质量控制措施及施工工艺组织施工。

(1)桩机就位:移动搅拌机到指定桩位对中。

(2)预搅拌下沉:开动搅拌机电动机,待一切正常后,放松桩机钻头上钢丝绳向下旋转钻进,直到设计高程。如果土质太硬,钻进困难,可利用灰浆泵喷清水润滑。

(3)制备水泥浆:搅拌下沉到离设计高程1m左右时,开始按配合比拌制水泥浆,压浆前将水泥浆倒入集料斗内。

(4)提升喷浆搅拌:到达设计高程后,开启灰浆泵将水泥浆压入地基内,先原地空转几圈后,再边喷浆边提升搅拌,提升速度严格按试桩确定的速度提升,保证提升至设计桩头位置时,料斗内按设计用量拌制的水泥浆刚好用完。

(5)重复下沉、提升搅拌:为保证水泥浆和土搅拌均匀,将钻机重复搅拌下沉,至设计高程后再提升搅拌。由于桩头部分直接接触上部构筑物,受力较大,为保证桩头受力后不损坏,在重复搅拌的过程中,可在桩头1m的范围内二次喷浆加固。

(6)清洗:成桩完毕后,在集料斗内加入清水,开动灰浆泵对管路进行清洗,以免水泥凝固堵塞管路。

(7)移位:移动钻机至下一桩位继续施工。

水泥搅拌桩施工完成并养生28天后,经监理工程师许可后进行上部施工。

11. 旋喷桩施工施工方案和施工工艺

采用高压旋喷桩机单管旋喷方法施工,对场地进行清理、机械整平,采用全站仪布设主要控制点,按设计布置各梅花形桩位点,先进行不少于3根工艺试验桩施工,根据试验桩确定施工工艺、旋喷参数、浆液配比、钻进和提升速度等组织施工。

钻机就位:钻机安设在设计的孔位上,钻杆保持垂直,其斜度不大于1.5%。

(1)钻机就位。钻机移至设计孔位,使钻头准确对准定位点,调平机械,使立轴、转盘与孔位对正。

(2)射水试验。采用低压(0.5MPa)进行射水试验,检查管路、喷嘴是否畅通,密封是否良好,压力是否正常。

(3)钻孔、制浆。射水试验完毕后即可开钻,同时根据配比的要求配制水泥浆液,并经过两道过滤筛过滤后,贮入泥浆桶备用。

(4)旋喷。当钻孔至设计高程后,停止射水,拧下上面第一根钻杆,放入钢球,堵住射水孔,再重新将钻杆装上,将泥浆桶内的浆液经高压泵加压后,通过输送管送往孔底冒出地面后,钻杆开始旋转、提升,自下而上进行旋喷。

(5)补喷。喷射注浆作业后,由于浆液的析水作用,一般均有不同程度的收缩,使固结体顶部出现凹穴,应及时用水灰比为0.6的水泥浆补喷。

(6)机械清洗。补喷结束,提出钻杆及钻头,进行低压射水,冲洗钻杆、喷嘴。

(7)钻机移位至新孔作业。

12. 沉降与稳定观测

软土地基路堤在施工中应注意填筑过程或之后的地基变形情况,因此必须进行沉降和稳定观测,其观测项目主要为地表沉降量和地表水平位移及隆起量等。观测点的位置和观测方法以及观测仪器的要求应按照设计图和《公路软土地基路堤设计与施工技术细则》(JTG/T D31-02—2013)相关要求执行。预压期的观测在于正确预测施工后沉降,使施工后沉降在允许范围内,为以后的路面施工提供依据。

(1)沉降板的设置。依设计图要求布设沉降观测点,沉降板由钢板、金属测杆和保护杆组成,埋设在碎石垫层或砂石垫层上,注意沉降板与地面接触均匀稳定,并保持立管竖直,用水平仪测量沉降杆的高程作为初始地面高程记入规定表格中,随后开始填土压实。待压实度达到要求后,在测沉降板杆顶高程,两次高差即为该段时间的沉降量,上土时每次接杆50cm测高程,填土压实,测沉降量,依次填土,接杆,观测,填土完成后沉降杆高出填土顶面至少50cm;至填土完成后继续观测路堤下沉量。沉降板设在路堤中心及两侧路肩。

(2)侧向位移桩的设置。位移桩布设在路堤(或反压护道)两侧的坡脚处,边桩(水泥混凝土桩)布设在坡脚外路堤沉降影响范围以外距下坡脚8m的位置处。边桩为C25φ10cm混凝土桩,埋设深度1.2m,桩顶露出地面10cm,桩周上部50cm采用混凝土浇筑固定;位移观测断面按图样要求布设。

(3)观测及填土控制。在填土施工中进行沉降及位移观测,施工期内每填一层观测一次,如果两次填筑时间间隔过长,每3天至少观测一次。根据观测资料对施工填土速率进行控制,同时观测加载后路基位移与沉降量,若路基稳定出现异常情况立即停止路基的填筑,待路基恢复稳定后,继续加载。预压期(8个月)内前两个月必须每周观测一次,以后每两周观测一次。施工期间采取严格的保护措施,一旦发现标杆受拉或位移,马上进行恢复,以保证观测数据的连续性和准确性。

四、路面工程施工方案

公路路面施工可分为垫层、基层及面层施工作业,施工时采用机械施工。在施工各工序间各机械做到配套使用,连续作业,使路面工程施工实现机械化。

1. 施工方案

根据本合同段工程量及交叉工程特点实际情况,拟订施工方案如下:配置一台600t混合料拌和站,自卸汽车20辆,底基层采用推土机粗平、平地机精平、压路机碾压。基层采用一台423摊铺机摊铺,压路机碾压。施工须在路基预压期结束、沉降趋于稳定后进行,施工前将多余的土方卸载,开挖路槽。

2. 试验段

底基层、基层混合料配合比经监理工程师批准后,上报试验段方案,拟订试验路段长度、位置(取半幅200m),试验段摊铺所采用的施工工艺、作业工序及机械设备组合。试验段方案内容均与正常施工时的相同,以检验拌和、运输、摊铺、碾压、养生等计划投入使用设备的可靠性,以及施工工艺的合理性,试验段方案经监理工程师批准后实施,根据实施结果进行试验段总结,确定用于大面积施工的材料、配合比、松铺系数及最佳机械组合。

3. 碎石垫层加铺土工格栅

(1)基底排水晾干回填平整后,再用压路机碾压密实,然后分段铺设土工格栅。碎石垫层粒径最大不超过53mm。

(2)土工格栅铺设:土工格栅铺设前,首先检查所选用的材料规格及性能是否符合设计规定,对地基土有其他配套处治措施的在要完成这些措施后再进行土工格栅施工。铺设格栅时,格栅的纵横向接缝采用尼龙线或涤纶线连接或U形钉连接等方法使格栅间连成整体,格栅间相互搭接宽度不小于15cm。双层格栅上下层接缝至少错开50cm。格栅扭曲、皱折、重叠等,不利于其发挥作用,在铺设时用手拉直,使格栅平顺均匀,铺设的土工格栅每隔1.5~2.0m用U形钉固定于地面。在铺完格栅后,及时填筑碎石。首先,将碎石卸在铺好的土工格栅边缘,采用轻型推土机推送,边卸边摊铺,首先在中心形成一条施工通道,然后由中心通道向两侧对称填筑,全部填完后用平地机将中心超厚部分刮薄,达到设计要求后使用轻型压路机碾压密实。如果是双层土工格栅按照上述方法继续铺设第二层,然后按上述方法回填土。

当格栅上填土超过60cm后,按正常施工方法进行填筑碾压。一切车辆、施工机械不直接在铺好的土工格栅上行走。

4. 底基层施工

本合同段主线底基层为二灰稳定土设计厚度18cm,施工时采用推土机配合平地机一层摊铺压实至设计高程。具体施工方法如下:

(1)准备下承层:施工前先进行路槽压实度检查,并用压路机对表层进行碾压,碾压中如发现表层过干、表土松散,进行适当洒水碾压;如土过湿,发生"弹簧"现象,采用开挖晾晒、换土、掺石灰或水泥等措施进行处理,合格后再进行下步工序施工。

(2)线位恢复:用全站仪每10m一个断面恢复线路中桩,并在两侧路肩上设指示边桩,上标稳定土边缘的设计高程。

(3)混合料拌和:采用厂拌设备进行,根据理论配合比,石灰比例增加0.5%~1.0%,转换成施工配合比,在计算机中进行数据设置,对混合料进行试拌检查合格后,进行拌和施工。

(4)运输及摊铺:根据底基层宽度、厚度、每车的运输量及初步确定的松铺系数,计算每车的堆放间距,进行鱼鳞状堆放,先用推土机摊铺、粗平,然后用平地机将粗平后的混合料精平至松铺层顶面高程,并用轻型压路机静压一遍,检测高程后再精平,直到高程合格。

(5)碾压:高程合格后,压路机及时进行碾压,直线段由外侧向中间进行,在曲线超高地段,由内侧向外侧进行,碾压遍数超过一遍试验总结确定的遍数后,迅速进行灌砂法压实度检测,如不合格立即补压至合格。碾压时禁止在新铺的底基层上急刹车或调头,以保证底基层压实后不受破坏。用胶轮压路机收面碾压。

(6)养生:二灰稳定土底基层在整修、成型、终压检测合格后,及时进行养生,7天内采用透水土工布覆盖养生,土工布表面要保持湿润,7天后可采用洒水养生。在养生期内封闭交通,禁止车辆在其上通过。

(7)横接缝施工:每天施工结束,摊铺在接近端部时用人工将端部混合料摊平铲齐后碾压密实,而后用3m直尺检查平整度,垂直刨除端部层厚不足的部分。

横向接缝的碾压先横向碾压,再纵向碾压。碾压时,压路机先位于已压实的混合料上,伸入新铺层的宽度为15cm,然后每压一遍向新铺混合料移动15～20cm,直到全部在新铺层上为止,再改为纵向碾压。

5.基层施工

本标段基层为二灰碎石设计厚度18cm、水稳碎石基层设计厚度18cm两层,采用ABG423摊铺机摊铺,两侧挂线,自动传感器找平。施工方法如下。

(1)准备下承层:施工前先进行下承层压实度检查,洒水湿润并用压路机对表层进行轻压。

(2)线位恢复及立侧模:用全站仪每10m一个断面恢复线路中桩,在半幅两侧路肩上设指示边桩,并在两点中间位置上用水泥钉定点。测算出三点的摊铺挂线高;在高程两边桩外侧15～25cm处钉钢丝托架,中间点设托盘支架,拉设三条钢丝,在摊铺前把钢丝在托架上按挂线高固定。为了避免碾压时塌肩,在基层两侧用高18cm厚12cm的方木立模,并采用三角形钢钎固定。

(3)混合料拌和:采用厂拌设备进行,根据理论配合比,石灰比例增加0.5%～1.0%,转换成施工配合比,在计算机中进行数据设置,对混合料进行试拌检查合格后,进行拌和施工。

(4)运输及摊铺:混合料出站含水率稍高于最佳含水率,采用ABG423摊铺机双机联铺,根据路基半幅宽度把两台摊铺机分别装成1/3、2/3宽度后就位。第一台摊铺机两侧走钢丝摊铺5～8m后第二台摊铺机开始摊铺,第二台摊铺机内侧传感器设在第一台摊铺机新铺基层顶面上,外侧走钢丝。为预防中间钢丝影响后一台摊铺机摊铺,中间钢丝设专人看护随时撤掉托架。卸料时,自卸汽车起斗倾斜至混合料能靠自重下滑的角度,而后挂空挡,由摊铺机推动其匀速缓慢前进,摊铺机后设专人检查混合料的状态及摊铺厚度,出现离析或厚度问题及时处理。

(5)碾压:与底基层相同。

(6)养生:与底基层相同。

(7)横向接茬处理:每天施工结束,用人工将端部混合料摊平铲齐后碾压密实,而后用3米直尺检查平整度,垂直刨除端部层厚不足的部分,待第二天摊铺时,摊铺机应在已压实面上熨平板下垫垫层(使熨平板高程同虚铺高程)。人工整理接缝处混合料,使其整齐,无超标骨料且无离析。

6.路面施工

路面结构为C35水泥混凝土路面,设计混凝土路面宽为8.2m,厚度26cm,设计弯拉强度不小于5MPa,路面采用左右幅分别施工。

(1)施工准备。

①施工的原材料应在路面施工前通知实验室对各种原材料的性质和成分进行检查,并进行C35混凝土配合比的调配,调配合格并由试验监理工程师批复后方可使用。

②施工路面前应对基层(调平层)进行严格验收,如有缺陷或不合格(裂缝、下沉、超高等)的地段应处理合格后进行。

③施工前恢复中桩,把中桩加密到10m一个,进行水准点加密,进出洞口各设1个临时水准点。

④清除调平层顶面的残渣,然后用高压水冲洗干净。检查模板的厚度,为路面施工安装模板和摊铺混凝土做好施工准备。

⑤路面摊铺施工工艺。

安装模板→安装拉力杆→混凝土的拌和和运输→混凝土摊铺与振捣→整修表面→切缝施工→刻纹。

(2)模板安装。

①在摊铺混凝土之前,应先安装两侧模板,模板高度与混凝土板厚相同。钢模宜选用3号钢材,一般采用槽钢制作。安装模板时,应按放样位置把模板安装在基层上,其两侧在基层上打入钢钎,并用丝杆来固定模板,钢钎间距一般为1.5~2.0m。对弯道和交叉路口边缘处,钢钎应适当加密,模板底与基层间局部出现的间隙可用水泥砂浆填塞,以防漏浆。另半幅路面施工时,将模板中线部分底部砂浆清除,以保证路面强度。

②模板顶面用水准仪检查高程,宽度用钢尺校核,要求高程准确,宽度符合要求,槽钢顶面平顺,钢模接缝无错台,宽度±1cm。不符合要求时要予以调整。施工时,要经常检查模板平面和高程,并严格控制路面厚度。

(3)装设传力杆。

①洞口处与紧急停车带两端各设一道胀缝,胀缝及施工缝应设置传力杆,胀缝传力杆在钢模预留孔内穿过。施工时将沥青浸制的软板紧贴钢模。传力杆的位置和间距按设计要求布设。

②每班施工结束前在封口挡头板处施作ϕ30mm圆钢作传力杆。传力杆身涂2/3的沥青,传力杆安装按杆身的1/2安装,并加固防止振捣时移位。

③凝土浇筑前应检查传力杆位置,安装是否居中,发现问题并及时调整。浇筑时先摊铺传力杆下层混凝土,并用插入式振捣器振实直至传达力杆杆身。校正穿力杆位置后,再浇筑上层混凝土,直至振实及拉平。

(4)混凝土的拌和与运输。

①混凝土拌和之前,水泥、砂、碎石的储量应至少能满足3天的用量。拌和站在炎热的天气应搭设一个遮光棚。施工时,尽量回避高温的中午,可以选择在温度适合的早上、傍晚和晚上浇筑。

②混凝土混合料采用机械搅拌,搅拌站位置应根据施工和运输工具选定,进行搅拌时掌握好混凝土施工配合比,严格控制加水量。应根据砂石料的实测含水率,调整拌和时的实际用水量。混合料组成材料的计量允许误差为:水泥±1%,粗细骨料±5%,水为±1%,外加剂为±2%。搅拌机装料顺序宜为:砂、水泥、碎石。进料后,边搅拌边加水。每盘混合料的搅拌时间取决于搅拌机的性能和混合料的和易性,一般为2~3min。

③混合料采用自卸汽车运输。混合料从搅拌机出料后,运至铺筑施工现场进行摊铺,振捣整平,直至铺筑结束的允许时间。根据水泥初凝时间及施工气温确定。装运混合料,应防漏浆和离析,夏季和冬季有遮盖式保温措施,卸料高度不宜超过1.5m。若出现明显离析时,铺筑时应重新拌匀。每工班混凝土施工做抗折和抗压试件各一组,一组6块。

(5)摊铺与振捣。根据面板厚度和混凝土的坍落度确定混凝土的松铺厚度为30~32cm。混合料均铺后用插入式振捣器,平板式振捣器和振动梁配合作业对混合料进行振捣。靠边角先用插入式振捣器振捣,进行全面插入振捣,插入时的间距应不能超过振捣棒的作用半径的1.5倍,然后用不小于2.2kW平板式振捣器纵横交错全面振捣。在每一位置振捣持续时间以混合料停止下沉,不再冒气泡并泛水泥浆为准,不宜过振,插入式一般为10~15s。用平板振捣器不宜少于30s。平板式振捣器作业完成后,将振动梁架设在钢模上,沿摊铺面振动拖平,最后再用直径100m钢管进行滚压。

(6)表面整修抹平。用滚筒滚压法使路面表面平整、提浆,其提浆厚度约4mm,提浆后用5m方形铝型材整面。整面时用5m方形尺反复精抹找平,再用铁抹板拖抹,小抹子精平,个别部位再用小抹子仔细精抹找补,使之达到平整度要求。

为了保证行车安全、高速,混凝土表面应有一定的粗糙度,因此,在混凝土强度达到75%后在混凝土表面沿路中心垂直的横坡方向进行硬刻槽,深度为4mm,宽度为3mm,刻槽间距在12~24mm随机调整。

(7)接缝施工。

①胀缝(宽度为20mm)施工时,在胀缝处设传力杆间距打孔,经沥青浸制的软木板,而后用按传力杆间距打孔的钢模作挡头板。传力杆一侧3/5涂沥青,并在沥青端每根传力杆套金属套管。每幅胀缝相邻的四个角分别设角隅补强钢筋。

②横向缩缝(宽度为5mm,深度不小于50mm)的施工采用切缝法,当混凝土强度达到设计25%~30%时,采用切缝机切割。要注意掌握切缝的时间及切缝与纵缝的垂直度。

(8)养生与填缝。

①混凝土路面做完后,应立即养生,以防止混凝土板产生收缩缝,保证混凝土水化热过程的进行,采用土工布覆盖洒水养护,养护期为14~21天。

②混凝土板养护期满后,缝槽应及时填充,填缝材料采用聚氯乙烯胶泥,胀缝采用经沥青浸制的软木板。

五、防护、排水与附属工程施工方法

1. 路堑边坡SNS植被防护施工方法

在边坡喷射绿化基材前,先按设计要求清理坡面杂物、清除浮石及松动的岩石、平整坡面、打入锚杆、铺设高强土工网等准备工作。

喷射绿化基材前先试喷,以确定合适的施工方法,试喷效果经监理工程师认可后可大面积施工。

铺设高强土工网时,要张拉紧,网间用扎丝连接,防止基材因重力或雨水冲刷流失。

把拌和好的基材均匀送至喷射机,直接喷覆于坡面。

喷射厚层基材施工注意事项如下:

(1)喷射基材尽可能从正面进行,凹凸及死角部分要充分注意,喷射厚度必须满足设计要求,不得小于10cm。

(2)施工后进行前期养护,养护时间不得少于45天。

(3)养护前编制组织措施,落实人员、水源、工器具。

(4)用高压喷雾器使养护水成雾状均匀地湿润坡面种植基,注意控制好喷头与坡面的距离和移动的速度,保证无高压射流水冲击坡面形成径流,冲走种植基及种子,影响发芽。

2. 路堤墙施工方法

(1)人工开挖基坑,对基底进行承载力试验,当承载力满足设计要求,报请监理工程师认可后方可砌筑墙身。

(2)砌筑时采用两面立杆挂线或样板线,外面线要顺直整齐,逐层收坡,内面线可大致适顺。

(3)施工时片石大面向下,分层砌筑,丁顺结合,砂浆缝饱满。

(4)砌筑严格按施工技术规范设计图进行施工,采用挤浆法施工,石料均匀,色泽一致,勾缝美观。

(5)分段砌筑,按设计的伸缩缝和沉降缝进行分段。各分段的水平缝大体一致。墙背填料必须满足设计要求。

(6)泄水孔布设应高出地面30cm以上,采用15cm×15cm方孔,流水横坡4%,间距2~3m,墙背后设泄水孔处做砂砾反滤层及防渗土工布,上下交错设置,保证泄水管畅通。

(7)路堤挡墙混凝土施工,模板采用整体钢模,混凝土灌注采用泵送混凝土,混凝土由拌和站(楼)拌和,输送车运输。

(8)路堤墙施工注意事项。

①基坑开挖中遇有渗水时,要及时排除,以免基础在砂浆初凝前遭水浸泡。

②在砌筑过程中经常校正线杆,以保证砌体各部位尺寸符合设计。

③砌体分层砌筑,砌筑上层时,不能振动下层,不得在已砌好的砌体上抛掷、滚动、翻转和敲击石块。

④每天工作结束时,工作面要进行覆盖,已砌筑好的墙体要加强养护。

3. 浆砌片石施工方法

(1)在铺砌前应先清理边坡及开挖基坑,经验收合格后,进行施工。如有渗水或其他不良现象出现,应立即采取措施处理。

(2)片石运至工地后,不得受到污染,如粘有泥土或风化石;施工时必须清除,砌筑前要干净并用水湿润。

(3)砂浆按配合比现场拌和,砌体分段砌筑,相邻两工作段砌筑落差,不得超过2cm。施工时按要求设置沉降缝、伸缩缝,接触面保持平整。

(4)铺砌时严格按设计铺设反滤层;护坡泄水孔后反滤层尤其要注意,特别是软基处理地段。

(5)施工采用挤浆法施工,分层错缝,挤紧,砌缝宽度不大于4cm,砂浆饱满,不留有空洞。

(6)砌体的外露部分和坡顶、边口选用较大、较平的石块并稍加修整。

(7)块石浆砌时,表面平整,砌缝顺直、统一,错缝符合要求。勾缝宽度一致。

(8)砌体隐蔽面随砌随刮平,外侧留2cm凹槽缝,在勾缝时一并填塞,采用勾凸缝处理,必须与砌体粘结牢固,平顺美观。

(9)砌筑上层时,注意不振动下层,每段浆砌时,注意不振动其他段落。石块间均匀用砂浆粘结,不直接挨靠。

(10)砌筑后安排专人养护,时间不少于10天;在日平均气温低于5℃或石料受冻时,不施工。

4. 混凝土预制块施工方法

本合同段急流槽预制C30混凝土,为保证预制块施工质量,达到混凝土外观的平整、密实和光滑,提高边坡防护的美观性,采取集中预制、定型钢模、混凝土振动台、压力机压制等措施,具体施工方法如下。

(1)定型钢模:所有混凝土预制块均到专业厂家订制成型钢模板,组合形式为扣接式,便于脱模。

(2)预制场地:平板振捣台上铺8mm厚钢板;并与台面密贴,保持平整、光滑,在预制块翻模时擦抹隔离剂。

(3)压力机压制混凝土:在定型钢模板里填入水灰比较小的干硬性混凝土,模板应有一定的松装高度,以便压制后达到设计要求的尺寸。

(4)混凝土振动台施工:对线型复杂、厚度较厚的混凝土预制块不便于压制时,采用振捣台施工。压制时,采用专用混凝土压制机械一次成型。

(5)养生:混凝土脱模后及时覆盖并养生。采用喷雾器养生;保持湿润7天以上。

(6)堆放:混凝土预制块搬运采用专用工具小心移动后装运,轻拿轻放,防止破坏表面及棱角;竖直堆放,并将不同生产日期的预制块分开堆放;标明生产日期,便于检查和使用。

(7)使用:在预制块经检验合格后方可使用。

5.急流槽

在基层施工后,立即砌筑泄水槽。施工时,按设计位置定位;并与路面横向排水管连接,槽身采用人工挂线开挖,保证顺直、整齐、深度符合要求;坑底及坑壁密实后,铺设砂砾垫层,铺筑C20混凝土块。

6.边沟、排水沟

本合同段的边沟为土沟和混凝土沟。土沟施工与路基土方开挖同步进行,待路基成型后对边沟进行刷坡整修。现浇混凝土边沟开挖采用挖掘机开挖,人工配合整修,模板采用组合钢模板拼装,一次浇筑完毕,采用人工上料,平板振动器或小型捣固棒振捣,抹平,二次收光,施工后及时用草袋覆盖并养生。

7.边坡防护

(1)浆砌片石护坡。

在急流槽施工后,按设计要求刷坡,铺砌浆砌片石,完成边坡防护工程。片石强度大于C30,必须质地均匀,无裂缝,不易风化。砂浆在砌体内必须饱满,不得有悬浆。每隔15m设置一道沉降缝,缝宽2cm,缝内用沥青麻筋或浸沥青的软木板填塞。浆砌片石表面用C7.5水泥砂浆勾平缝。

(2)三维土工网植草防护。

①施工时用小竹竿或小木棍穿于整卷网垫中,顺边坡拉出网垫,四周用竹钉钉住,钉子间距30cm,每平方米10只钉子。钉子长度一般为15cm,边坡上部使用的钉子应长于下部使用的钉子。钉子上端宽度大于网垫孔径的2倍。

②三维网垫搭接长度为5cm,钉子顺势钉入,钉子密度增加一倍,搭接处上层网垫要靠紧,不留间隙。

③草籽播种深度在网垫中,草籽播种后填表土,表土覆盖深度以盖住网垫为主。

④三维土工网施工在雨季2~3个月进行,以利草籽生长。

(3)边坡植草防护。

①种草区域保证有不少于15cm的表土,在播种前,先将表土耙松,平整,清除杂物,并均匀施肥。

②草籽播撒量,在坡面为每1000m²不少于9kg。

③播撒时在无风天气进行,并掺适量砂粒均匀播撒,再将土耙松,并用轻石轻轻压过,再均匀洒水,保持湿润。

④面积种草籽时,可在早春季节进行,并全坡面覆盖薄膜培育。

项目四　桥涵工程施工方案的编制

【知识目标】掌握桥涵工程施工方案的学习;掌握桥涵工程施工方案的编制要求。

【能力目标】通过对桥涵工程施工方案内容的学习,你应对桥涵施工中的各个环节和施工过程有了较好的掌握和全面的认识,且通过学习工程示例,从而进一步加强学生的技能训练,为今后能从事测量员、造价员、施工员、安全员、试验员和技术员等工作奠定了基础。

【知识引入】

一、施工方案的选择

桥涵工程施工可分为基础、墩台(包括墩台身、托盘、顶帽、耳墙、盖梁)或涵身及出入口、桥跨结构等分部分项工程。

1. 桥梁基础工程

依据不同地质和施工条件,按照设计的基础类型(扩大基础、沉井基础、钻孔、挖孔桩基础、打入桩基础、管柱基础等)选择基础施工方法。

2. 墩台工程

按照设计要求,选择模板类型、混凝土运输方式与施工方法。

3. 桥跨结构工程

按照设计要求,钢筋混凝土梁可选择工厂预制和就地制梁来进行架梁或悬臂灌注施工方法。

二、选择施工方法应考虑的问题

(1)工程施工期限。工期是确定施工方案或方法的决定因素。单位桥涵工程应根据业主对建设项目的总工期或全线或单位工程指导性施工组织设计的工期要求,合理地决定施工工期。

一般情况下,桥涵的工期应在同段路基土石方工程完工前完成,以便结合路基土石方工程进行桥头及锥体护坡的填土。小桥涵应尽量在路基开工前修建,避免留有缺口影响路基填筑质量。

(2)工程施工条件。桥涵工程施工条件是选择施工方案或方法的重要因素。要根据工程所在地区的地形、地质、气象、水文、施工季节等施工条件,选择适合工程结构特点的施工方案或方法。如软土地基加固;雨季防淹、防冲措施;冬季防寒保温措施。

(3)桥涵基础施工方法。在桥涵施工中,一般技术比较复杂的是基础工程施工。不同类型的基础,施工方法均不相同,即使是同类型基础,也可能有几种施工方法。

(4)专业化施工。桥涵工程专业性强、工种多、技术难度大。选择施工方法应考虑专业化施工,可保证工程质量和加快施工进度,同时为了连续均衡生产,并结合工期要求,应选择流水作业或平行流水作业组织施工。

(5)施工单位的生产能力。施工单位生产工人文化程度、技术水平、工种等级、实际工作能力、现有机具设备状况以及生产管理人员的素质和管理水平综合考虑。

(6)新技术、新工艺、新方法采用的情况。

(7)尽量采用预制成品、构件,拼装施工。

(8)尽量采用机械施工。

(9)施工方案或方法的经济性。

桥涵工程施工方案或方法,首先要保证工期、质量和安全,还应采取措施降低工程成本提高经济效益。

三、桥涵工程施工顺序

1. 单座桥梁工程施工顺序

桥梁工程施工顺序是指各分部分项工程或作业项目之间的先后施工的次序。

单座桥梁工程施工顺序因桥梁本身的形式、基础类型、施工方法不同而不同。通常将全桥分为下部建筑、上部建筑(包括检查设备)、附属工程三部分。应先将它们各部分的施工顺序安排好,再将三部分联系在一起构成全桥施工顺序。

2. 成组桥涵工程的施工顺序

成组桥涵工程的施工顺序,是指施工单位所管辖的一段线路中所有中、小桥涵的施工顺序。确定施工顺序时,应先按中、小桥涵的结构类型(基础类型、桥式、涵洞构造等)及它们所处的位置,进行分类编组,按流水作业或平行流水作业组织施工。

对编组中的桥涵,其施工顺序应考虑以下几个方面:

(1)应方便施工机具及人员的转移,由近到远或由远到近,以一个方向按顺序施工,尽量不走回头路。避免人员、材料、机具设备往返搬迁,增大运输费用,造成不必要的损耗。

(2)对经验不足、把握不大的工程,应先做试验,在总结经验的基础上再行推广。

(3)要充分发挥专业班组的作用,实现专业化生产,而且要不间断施工,有利于组织流水作业。

(4)充分发挥机械效率,使机具设备能连续工作。对租赁机械更应充分利用,尽量减少停机时间,缩短租赁天数。

(5)对影响其他工程施工进度的桥涵,要提前安排施工,并在其他工程开工前完成。

总之,成组桥涵施工顺序的安排,要使各工期能连续均衡施工,时间要紧凑,劳力不窝工,机具能充分利用,保质、保量、经济、合理、按期完工。

3. 桥涵工程施工顺序安排应注意的事项

(1)首先要研究确定桥涵工程总体施工方案,才能具体安排各分部分项工程施工顺序。

(2)应结合季节、气候、水文条件安排施工顺序。

(3)要遵循施工程序和操作工艺的客观规律,这种客观规律是结构本身所必需的,是不能随意改变的。

(4)要根据施工方法和采用的机械设备确定施工顺序。

(5)施工顺序的安排要确保施工安全和工程质量。

(6)合理选择工作面(即合理确定流水作业组个数)。工作面的安排应全面考虑施工期限、劳动力、机械设备、材料供应等条件。

(7)桥涵工程施工时间和施工顺序安排应考虑与桥涵附近其他建筑物施工的协调配合。

总之,桥涵工程施工顺序应综合上述各种情况,统筹安排,以达到保证工期,确保质量和安全,降低工程成本的目的。

🕘 任务描述

作为公路工程施工人员,了解和掌握桥涵工程施工方案设计,是提高业务水平和工作能力的重要环节。

背景材料

一、编制说明（同前）

二、工程概况（同前）

三、工程进度计划（同前）

问题

如何进行桥涵工程施工方案的编写？

案例分析

一、桥涵工程施工方案、方法与工艺

1. 钻孔灌注桩施工

本桥段基础为钻孔灌注桩，桩身埋置在弱风化泥岩层内，施工时拟采用GPS—15反循环钻机进行钻孔。

钻孔桩基础工程的施工顺序为：平整场地→桩位放样→埋设护筒→钻机就位→钻孔→成孔检查→清孔→安放钢筋笼→安放导管→灌注水下混凝土→拔钢护筒→成桩检查。

（1）泥浆池设置。根据施工现场情况，在桥台侧设置制浆池、储浆池及沉淀池，并采用循环槽连接，溢出泥渣在沉淀池经沉淀后泥渣留在池中，泥浆可自流回孔内，保证泥浆循环使用，避免浪费。

（2）护筒制作与埋设。护筒采用厚为6mm钢板卷焊成整节式钢护筒，护筒的直径比桩径大20cm，焊接牢固不漏水，每节护筒高度为2.0~3.0m，采用直接开挖的方法埋设，护筒埋设时顶部高出地表0.3m，四周用黏土夯填。

护筒埋设前做好桩基测量工作，控制护筒平面位置偏差在5cm以内，倾斜度偏差不大于1%。

（3）机具布置。埋好护筒和备足护壁泥浆后，安置钻机于工作平台上，使钻机稳固，钻头垂直对准桩孔中央。

（4）钻孔。

①钻机钻进时，自制护壁泥浆。在泥浆中掺入膨润土，减小泥浆比重，保证护壁厚度小于3cm，并要经常取样试验，以保证其性能指标稳定，钻孔顺利。护筒内的泥浆顶面，始终高出筒外水位1.5~2.0m，并低于护筒顶面0.3m，以防溢出形成水头压力，保护孔壁免于坍塌。

②桩孔的钻进分班连续作业，中途不停止，经常注意地质的变化并采取渣样，判断土层，做好记录并与地质剖面核对。钻孔时经常对孔深、孔径、孔位、孔形和竖直度等进行检查。开始钻进时适当控制进尺，在护筒刃角处，低档慢速钻进，使刃角处有坚硬的泥皮护壁。

③钻孔在中心距离5m以内的任何桩的混凝土浇筑完毕24h后开始。

（5）检孔。钻进过程中必须经常用检孔器检孔。检孔器用钢筋制成，其外径等于设计孔径，长度等于孔径的4~6倍，每钻进4~6m，接近及通过易缩孔土层或更换钻头时，先用检孔器检孔，完毕后放入新钻头继续钻进。

当检孔器不能沉到原来钻进深度，考虑可能发生了弯孔、斜孔或缩孔现象，采取有效的措施加以排除，处理方案报监理工程师审批后实施。

(6)终孔检查和孔底清理。在钻孔过程中密切观测检查钻孔的深度、直径、位置和孔形,在钻孔达到设计要求的深度后,对孔深、孔位、孔形、孔径及垂直度等进行检查,并请监理工程师验收签证。在终孔检查之后,及时清孔,避免时间过久以致塌孔。孔内清出的钻渣集中堆放,并转运到业主指定的弃渣地点,满足环保要求。

(7)成孔检验。钻孔连续一次完成,达到设计深度时进行清孔,对成孔的孔位、孔深、孔径、孔形、竖直度、泥浆沉淀厚度和孔底土层情况等进行检查,并经监理验收合格后即开始安放钢筋笼。

(8)钢筋笼吊装。钢筋笼在现场钢管导向台上分节制作、存放,制作时按照设计文件要求严格控制外形尺寸。根据钢筋笼长度,在钢筋笼上部设置直径大小均匀的吊环或固定杆;为保证骨架尺寸正确并有足够的保护层,每隔2m对称设置钢筋耳环,使骨架稳定,位置居中。钢筋骨架安装时对正下放,不刮碰孔壁,直至设计高程。安装时在孔口上方安设钢筋笼固定架,使钢筋笼牢固定位,避免灌注混凝土时钢筋笼上浮。

(9)灌注水下混凝土。

①灌注水下混凝土前,经检查桩底沉淀层厚度不大于35cm时方可灌注。

②采用导管法灌注,导管采用5mm钢板卷制,由带有密封槽的法兰盘加胶垫连接而成。导管平顺光滑,直径38cm,每节长度1~5m不等,底节长3m。为防止导管漏水而出现断桩事故,在灌注水下混凝土前对导管进行水密和接头抗拉试验,保证导管不漏水。

③封底。

a.灌注时导管口距孔底为25~40cm,封底前加工一个容积为4.5m^3的大漏斗,以保证第一次埋管深度达到1m以上。

b.混凝土灌注采用剪球法,灌注前先在斗内倒半盘砂浆,以便木球顺利下滑,然后储足混凝土料,剪断铁丝,使混凝土灌入孔内,连续灌注。灌注时保证导管埋入混凝土内的深度不小于2m,及时提升导管。水下混凝土的坍落度控制在18~22cm。

c.为防止钢筋骨架上浮,当灌注至混凝土顶面距钢筋骨架底部1m左右时,降低混凝土的灌注速度。当混凝土上升至骨架底口4m以上时,提升导管,使导管底口高于骨架底部2m以上,然后再恢复正常灌注速度。

d.水下混凝土的灌注高度高出设计高程0.8m,以便保证桩顶的设计高程及混凝土质量。

(10)截桩头及桩的检验。在灌注基桩完成3h后,采取人工凿除其多余部分,注意防止对桩基非清除部分的损坏和扰动。

桩基无损检测:在制作钢筋笼过程中成等边三角形布置3根钢管做检测管,为了保证检测钢管严密不漏水,接头采用钢套管连接,下钢筋笼过程中,上下端焊接钢板封堵严密。桩头处理完毕后,按要求对桩进行无损检测。

2.承台施工

(1)利用全站仪准确放出桥梁中心点,并校准承台的纵、横向轴线,将轴线控制桩延长到基坑外固定,视地质情况放好开挖边桩。

(2)承台基坑用挖掘机开挖,开挖到设计高程后,采用人工清基、整平基底,铺设砂浆底模。

(3)钻孔桩检桩合格后,报监理工程师检查基础的平面位置、高程及基底处理及钻孔桩桩头的处理情况,各项合格后方可进行下道工序。

(4)基坑检验合格后,应立即立模进行混凝土施工,避免基底暴露时间过长。模板采用组合钢模板,支撑牢固。

(5)拆模回填。当承台混凝土达到拆模强度后,即可拆除模板,对称回填土方,并分层夯实,应严格控制回填土的含水率。

3. 墩、台身施工

(1)墩、台身施工工艺。测量放样→绑扎钢筋→立模→浇筑混凝土墩台身→拆除墩台身模板→养生。安设摩擦箍或搭设满堂红脚手架→安设盖梁底模→绑扎钢筋→预埋构件→立侧模→浇筑墩台帽混凝土→拆除模板→养生。

(2)施工方法。

①墩台身施工前,将基础顶面与墩台身连接部位凿毛并冲洗干净。墩柱施工采用大块整体钢模板,肋板采用组合模板。模板在加工厂定型加工好后,汽车运至现场。采用汽车吊立模,整体浇筑,以确保墩台身外观质量。模板使用前检查其刚度和变形情况,防止浇筑混凝土时有明显挠曲和变形。

②钢筋在钢筋棚加工好后,运至现场绑扎、焊接。钢筋垂直主筋接长时,采用对接的直螺纹对接器或套管冷挤压连接,同一柱身横断面内设连接器的钢筋不超过30%,相临主筋连接器的垂直距离应不小于$30d$。

钢筋加工前,先进行质量检查和调直、除锈、除油污。钢筋弯曲、绑扎或焊接时,使用符合规范要求和监理工程师同意的机械设备,按设计图和施工规范的要求进行操作。

③墩台身混凝土施工采用JS500强制式搅拌机集中拌和,混凝土搅拌运输车运输,汽车吊垂直提升,滑槽或串筒入模,机械振捣。在灌注混凝土作业中,不断调整溜槽位置和串筒高度,始终保证混凝土自由卸落度不大于2.0m。由下至上分层浇筑,插入式振动棒振捣,外裹塑料布湿润养生。

④下部支座底座构造钢筋,应与闸墙墙身钢筋相连,使闸墙与底座形成整体。下部墩身为双柱式墩柱时,其柱身主筋埋置在闸墙内,其埋设深度应满足设计及规范要求。

4. 盖梁施工

(1)盖梁底模施工。盖梁采用无支架施工。在墩台身施工完毕,强度达到要求后进行,施工时在墩柱上安装摩擦箍,摩擦箍上套砂箱,在砂箱上横担56b工字钢横梁,横梁上部铺设20cm×20cm方木,方木上部铺设盖梁底模,并将铺设完毕的底模清理干净,均匀涂刷脱模剂,同时利用砂沉箱调整好底模高程。底模采用整体钢模板,槽钢与对拉螺栓加固。

(2)钢筋加工与安装。盖梁钢筋在施工场地绑扎成型后,将钢筋骨架用汽车吊式起重机吊至盖梁底模上。钢筋骨架的钢筋数量、规格、间距分布等必须符合规范规定和设计要求。钢筋骨架牢固,施工垫块按规范要求布置,保证保护层厚度。盖梁钢筋经自检合格报请监理工程师签证认可后方可支立盖梁侧模、端模。

(3)盖梁侧模、端模安装。盖梁侧模、端模采用大块整体钢模板,面板厚度为6mm,其间用螺栓连接。为防止漏浆,模板所有接缝均粘贴橡胶条。为增加侧模刚度,防止胀模,侧模两侧每间距1.0m设20cm槽钢,槽钢之间用对拉螺栓连接加固,端模采用支承加固。侧模、端模安装前必须将模板清理干净,并均匀涂刷好脱模剂。盖梁模板安装完成后,由质检工程师及测量工程师详细检查模板各部位结构尺寸、高程等,自检合格后,报请监理工程师检查,确认钢筋、模板及各种预埋件安装准确并符合规范及设计要求后,方可浇筑盖梁混凝土。

(4)盖梁混凝土施工。

①混凝土浇筑采用先中间、再两边对称均衡的浇筑顺序。

②混凝土搅拌、运输、浇筑、振捣与墩柱相同。

③养生采用塑料布封闭围护洒水养生。

④盖梁或支座底座设桥梁支座垫石,桥梁支座安放在垫石上。

5. 主梁预制

(1)预应力混凝土箱梁。

①主梁预制及安装工程的施工顺序。

场地平整→制作台座→底模清洗、涂脱模剂→在底模上绑扎底板、腹板及隔板钢筋→安装波纹管→安装内模→安装侧模及端模→绑扎顶板钢筋→浇筑混凝土→养生→拆模→养生→张拉→移梁至存梁场→压浆→封端→运梁→安装。

②预制场布置安排

a. 起吊设备。预制场内拟设1台龙门起重机,起吊能力100t,龙门起重机腿高10m,拼装跨度36m,起重横梁采用六四式军用梁,支腿采用六五式军用墩。100t龙门起重机主要负责移梁存放、配合梁的预制、架设及模板和混凝土施工,具体见梁场布置图。

b. 制梁台座。台座为条形整体台座,两端做扩大基础,浇筑20cm厚的C25素混凝土(注意共用台座扩大基础的施工),上铺5mm厚钢板与预埋筋焊接在一起,然后打平作为底模。台座与侧模间用套管螺栓连接加固,并粘贴橡胶条,防止漏浆,保证制梁质量。台座端头做分组讨论节以利于梁长变化时调节其长度,见预制梁台座结构示意图。

成型后的台座应坚实平整,为减少张拉预应力产生的反拱,台座上设置一定的预留反拱度。

坡桥梁段端部设楔形块,其内侧垫硬泡沫塑料,以免张拉预应力钢束时造成楔形块破坏。

c. 模板的制作。

底模:由4根纵向槽钢、角钢横联组成的框架及上铺5mm厚的钢板组成。在台座上铺设底模时,底模槽钢必须与台座混凝土上的预埋钢板焊接牢固。

侧模:为大块整体钢模板,高度与箱梁同高,长度与箱梁横隔板间距相同,面板厚度为6mm。侧模板在工厂加工制作,保证结构尺寸准确,并具有足够的刚度。侧模与底模之间利用穿过底模槽钢的拉杆连接。31m与32m梁中间模板不同规格,做分组讨论节以便使用;端头模板拟做成组合模板以利于施工方便。具体尺寸详见模板设计。

内模:内模为可变式框架结构钢模板,保证拆装方便。箱梁内模分节在地面拼装,拼装完成后,外面缠绕双层塑料薄膜,铁丝捆绑后用起重机或吊车吊装入模。

③施工要点。施工中注意按设计设置反拱,以减小上拱度。混凝土强度达到设计强度的90%后再进行张拉。

④预制箱梁施工方法。

a. 施工顺序。

底模清洗、涂脱模剂→在底模上绑扎底板、腹板及隔板钢筋→安装波纹管→安装内模→安装侧模及端模→绑扎顶板钢筋→浇筑箱梁混凝土→养生→拆模→养生→张拉→移梁至存梁场→压浆→封端。

b. 钢筋加工及安装。钢筋骨架在加工棚下料加工,运到现场后在制梁台座上一次绑扎成型。绑扎顺序如下:底板→腹板→焊接定位网→横隔梁钢筋绑扎→顶板钢筋→检查验收。

注意事项:焊接定位网时,每50cm设一道,高度用自制卡尺控制;锚具、普通钢筋及预埋钢筋位置应牢固准确,避免振捣时钢筋移位。保持锚垫板与螺旋筋中轴垂直,并预先焊好,防止在混凝土振捣过程中造成锚垫板偏斜;钢筋接头全部采用对焊,所有交叉点处均绑扎牢固;在钢筋与模板间设弧形垫块,以保证钢筋保护层厚度。

c. 预应力管道制作与安装。梁体设纵向预应力,锚垫板安装牢固,并与管道中心线垂直。管道采用镀锌钢带卷制而成的波纹管。

波纹管制作和安装:波纹管制作在现场加工。波纹管安装严格按设计位置安装,安装时将波纹管穿入定位网片网眼内,并与定位网片绑扎,安装过程中避免反复弯曲,以防管壁破裂和穿束困难。波纹管的连接采用大一号的波纹管套接,套接重叠长度为20cm,并在接缝左右各5cm长度范围内外缠胶带纸,并用铁丝绑扎5~6道,管道接头处做到无折角、无毛刺、不渗漏,以防堵管或穿束困难。

防堵管措施:适当增加定位钢筋,在波纹管内穿入塑料管以提高波纹管的刚度,并保证管道曲线圆顺,混凝土灌注完成后立即拔出塑料管,并用通孔器检查,管道漏浆时用高压水冲洗管道。

注意事项:灌注混凝土时避免大量倾注,以免挤压管道造成管道变形。钢筋骨架焊接时,火花不得落在波纹管上,以防烧穿波纹管。插入式捣固棒不得接触波纹管,以免造成管道移位或变形。在混凝土灌注前和灌注过程中加强对波纹管安装质量检查。

d. 支立模板。模板采用大块钢模板,多块模板间采用螺栓连接,并加胶皮塞紧缝隙以防漏浆。模板运至梁场,按顺序编号,并标好高低面及垂直度测控点。在支立模板前,先进行模板的试拼与调整,合格后方可支立模板。模板支立采用先中间后两边对称支立方法,通过锤球逐块控制反复调整钢模垂直度,合格后打好立柱下支撑并将上下拉杆上满拧紧。

内模安装:钢筋骨架检查合格后,即可吊装内模。内模拼装,接缝必须严密、平顺、不漏浆,应准确定位,支撑牢固,内模与侧模、内模与底模之间加设钢筋支撑控制尺寸,以免振捣混凝土时内模移位上浮。

侧模安装:模板安装前,模板表面所有杂物必须清除干净,并均匀涂刷好脱模剂。模板安装过程中,所有螺栓必须校紧,模板之间的各个接缝(如侧模与底模、侧模与侧模、侧模与端模之间、隔板部位等一切可能漏浆的部位)必须粘贴好密封条,以防漏浆影响预制梁质量。

模板安装,以校正肋板垂直度为准,同时要保证肋板的结构尺寸。肋板宽度采用侧模与内模之间夹设短钢筋控制。模板校正完成后,模板边缘应顺直。侧模与底模通过螺栓拉杆联接,固定侧模板的上、下对拉螺杆必须上全、校紧,侧模板倒角支承必须采用满支承,且支承必须支立于紧硬地面上,确保支承不下沉造成模板变形。

为了保证箱梁顶板的厚度,采用压杠将内模固定牢固,避免内模上浮。

模板安装采用起重机或吊车。安装时注意以下事项:在整个施工过程中要始终保持模板的完好状态,认真进行维修保养工作。模板在吊运过程中,注意避免碰撞,严禁从吊机上将模板悬空抛落。保证模板洁净,以新机油作脱模剂。立模前准确定出梁的轴线及端模位置。模板的接缝严密平顺、不漏。在安装过程中,要及时对各部分模板进行精度控制,安装完毕后应进行全面检查,若超出容许偏差,及时纠正。模板安装的精度要求见表3-4-1。

模板安装的精度要求 表3-4-1

部　位	检查项目	误差范围(mm)
底模	沿梁长任意两点的高差	≤5
	任意截面横向两点的高差	≤3
	梁跨长度	±5
侧模	梁全长	+5,-10
	梁高	±10
	腹板厚度	+5,-3
	垂直度	±3
	横隔板对梁体的垂直度	±5
	相邻两块钢模拼接高差	±3
端模	垂直度	±3

e. 顶板钢筋绑扎。箱梁模板支立完毕，绑扎顶板钢筋。模板及钢筋自检合格后，及时请监理工程师检验，合格后即可进行下道工序施工。

f. 混凝土的运输与灌注。混凝土拌和采用强制式搅拌机集中拌和，用轻型翻斗车水平运至台座边，用起重机作垂直运输至灌注平台，然后用人工铲入模板内，吊斗出口至灌注平台不宜超过1.0m。灌注混凝土采取从一端向另一端推进，先底板再肋板，最后顶板翼板，水平分层，一次浇筑成型的灌注方法。混凝土分层厚度25cm，且应连续进行浇筑。混凝土的振捣以插入式振动器为主、附着式振动器为辅。插入式振动器到模板距离不宜大于振动半径的0.7倍，振捣分为导振、特振、重振和一般振四个区，振动时间和频率视混凝土密实度而调整，密实的标准是：混凝土停止下沉，不再冒出气泡，表面呈现平坦，泛浆，混凝土灌注肋板部位时，要经常抽动塑料管以防止进入管道内的水泥浆凝固，且设专人看护模板，以防漏浆、跑模、预埋件移位等，随时检查处理。

混凝土浇筑施工要注意如下事项：

浇筑前，要对所有操作人员进行详细的技术交底，并对模板和钢筋的稳固性以及混凝土的拌和、运输、浇筑系统所需的机具设备是否齐全完好进行一次全面检查，符合要求后方可开始施工。

浇筑时，下料应均匀、连续，不要集中猛投而产生混凝土的阻塞。在主梁锚下钢筋密集处，可短时开动侧振或插入式振捣器以加强振捣。分段浇筑时，在混凝土尚未到达的区段内，禁止开动该区段内的附着式振捣器，以免空模振捣而导致模板变形。

浇筑混凝土过程中，设专人观察倒角支承、拉杆、螺栓、有无漏浆情况、钢筋及各种预埋件的位置和稳固情况等，发现问题及时处理。

浇筑过程中要随时检查混凝土的坍落度和干硬性。主梁混凝土采用较小的水灰比，严格控制水泥用量，减少混凝土的收缩与徐变。前后台密切配合，以保证混凝土的质量。

混凝土捣固时避免振捣棒与波纹管接触。

认真填写混凝土浇筑施工原始记录。

g. 养生、拆模。混凝土浇筑完成后即用帆布覆盖，洒水养生。同体养生试块强度超过或达到20MPa后，即可拆模，然后继续覆盖养生。拆卸模板过程中，尽量使用千斤顶、倒链使模板均匀受力，尽量避免锤击造成模板变形或损伤，模板拆卸完成后应及时整修。

h. 预应力施工。预应力锚具采用HVM型锚固体系，预应力钢材采用$\phi 15.24$mm 270级、标准强度为1860MPa低松弛高强度钢绞线。

制作钢丝束。将钢绞线按计算长度下料。下料采用线材切割机切割，下料后进行编束，每1~1.5m绑扎一道，端头2m处每50cm绑扎一道。编束后用铁丝绑扎牢固，为便于穿束，穿入端铜焊制成锥体状，并加以包裹。穿束时采用卷扬机牵引。穿束前用高压水清洗孔内杂物，然后用高压风将水吹净。

张拉准备。梁体混凝土强度达到100%混凝土强度后方可进行张拉，检查锚垫板下混凝土是否有蜂窝和空洞。张拉时千斤顶后严禁站人，张拉人员站在千斤顶侧面操作。不准踩踏攀扶油管，千斤顶内有油压时，不能拆卸油管接头。

千斤顶就位。将工作锚、顶压器、千斤顶、工具锚依次安放就位后，两端同时张拉，保持油压上升速度接近。

张拉。张拉原则：张拉时左右对称张拉。张拉采用张拉力与伸长值双控，以油表读数为准，伸长量作校核。张拉顺序严格按设计要求进行，每束钢束锚下预应力控制应力为1395MPa（未包括锚口应力损失），张拉时应实测钢束与孔道的摩擦系数和锚具的锚口损失，在任何情况下钢束的实际张拉应力不得大于钢束标准强度的80%。

张拉工序:初张拉$10\%\sigma_k$(控制张拉应力的10%,画线记号)→超张拉$103\%\sigma_k$(持荷5min,测延伸量)→锚固张拉σ_k。

各不同跨径不同钢束张拉力的伸长量严格控制在设计及规范要求范围内,要求实测的伸长量与计算的伸长量相差不大于6%,如果计算伸长值与实际伸长值有明显的出入,查明原因并通知监理工程师。

张拉过程:先将预应力束略微予以张拉,以消除钢绞线松弛状态,并检查孔道轴线、锚具和千斤顶是否在一条直线上,并注意使钢绞线中每根钢丝受力均匀。当钢绞线初始应力达到张拉控制的10%时,在钢丝上画上一个记号,作为量测延伸率的参考点,并检查钢丝有无滑动。当预应力加至设计规定值时,预应力束锚固,千斤顶的压力在锚具和预应力束不受振动的方式下予以解除。张拉操作做到三对中和一慢二快,即孔道、锚固、千斤顶对中;大缸充油慢,对中找平动作快。张拉时两侧同步进行,统一指挥,分级进行,每张拉一级观察有无滑丝、断丝现象,出现异常查找原因,立即处理。退楔后,立即在锚圈口钢丝上逐根画线,以观察钢丝是否有滑移或锚塞内缩。

i. 压浆施工。预应力张拉完毕后立即将锚塞周围钢绞线间隙用水泥浆封锚。压浆在张拉完毕24h之内进行,特殊情况下不超过3天,以免钢绞线锈蚀或松弛。孔道压浆采用一次压浆法,其操作程序如下。

配制水泥浆:水泥采用由C425水泥配制的C40水泥砂浆,为获得胶状稠度的水泥浆,减少泌水,在砂浆中掺入适量的微膨润剂,防止砂浆收缩。水泥浆从拌制到压入孔道的间隔时间不超过40min,在压浆过程中不停地搅拌。

压浆前用压力水冲洗管道,观察有无串孔,如有串孔,两孔同时压浆,并对锚具周围的钢丝间缝隙和孔洞进行填封,以防冒浆。

孔道两端各安装压浆嘴一只,并认真检查其阀门是否阻塞,安装、检查压浆设备。打开两端压浆嘴阀门,由一端压入水泥浆,其压力保持0.5~0.6MPa,当另一端由出水至出稀浆再出浓浆时,关闭出浆口阀门,继续压浆。压力达到1MPa时稳压2min,保证压入孔道内的水泥浆密实。然后,关闭压浆阀门,水泥浆终凝后,拆除压浆嘴。

压浆顺序为先下后上,水泥浆压注工作在一次作业中连续进行,压浆机以0.7MPa常压连续进行作业,并装置一个维持孔道压力、能够开闭的喷嘴,在泵的全部缓冲板上部装上1.0mm标准孔的筛式滤净器。

压浆注意事项:为保证压浆密实,在墩顶位置各管道设置排气孔。压浆前用高压水冲洗管道,并用高压风排除孔内积水。压浆顺序先压下面管道,后压上面管道。压浆作业必须一次完成,保证中途不停顿。因故停顿时间超过20min则用清水将已灌入孔道内的水泥浆全部冲去,然后重新压浆。水泥浆从拌制到压入孔道的间隔时间按超过40min控制,在这个时间内不断搅拌水泥浆。压浆后48h内,保证构件温度不低于5℃,如气温过低,则采取保温措施。

j. 封锚。该桥设置伸缩缝处的梁一端要进行封锚,架设安装完毕后进行湿接段施工。孔道压浆完成,待强度达到要求后,进行封锚。首先对梁端面进行凿毛,然后焊接钢筋、支立模板,进行封锚混凝土的浇筑,封锚时严格控制箱梁的长度。

k. 移梁。所有钢绞线张拉、压浆完成后,水泥浆砂浆强度达80%后,用起重机移梁至存梁场。

6. 梁板安装

(1)本桥架梁主要利用穿巷式全方位架桥机架设,由起重机、自行式运梁台车、架桥机组成。

(2)架桥机主要由贝勒桁架组拼而成,架梁由船闸段开始。架设第一孔梁由起重机吊梁至运梁台车上,架桥机横向吊装就位。预制梁安装前,应根据架桥机类型、梁重及架梁顺序,对主梁进行受力检算。

(3)橡胶支座安放时,应保持其上下面与梁底面钢板及墩台支座垫石顶面钢板平整密贴,均匀受力,不得有脱空现象。滑动支座顶面的四氟滑板与不锈钢板间保证干净清洁,能自由滑动,在滑动支座处要设置防尘罩,防止滑动面受灰尘污染。

(4)安全保证措施。

①所参加架梁的工作人员,均经过安全质量知识教育,分工明确。

②高空作业者进行体检,患有心脏病和高血压者,不得登高作业。

③进入架梁现场人员,一律佩戴安全防护用品。

④遇大风、雷雨天气,停止架梁作业。

⑤起落梁及吊装过程中,严禁梁上站人或放其他物品,梁下不准站人或停放其他机具。

7. 横隔板连接、纵向湿接缝施工

箱梁间湿接缝及现浇整体化混凝土一次立模浇筑完成,浇筑前将预制梁接触面混凝土凿毛,并清洗干净,不留积水,保证现浇混凝土与预制梁形成整体。

(1)横隔板连接。箱梁架设前隔板外侧混凝土面进行清理,表面凿毛,注意不破坏混凝土外露部分。架设后在隔板连接处采用小块钢模板做模,侧模尽量与原隔板混凝土密贴,加垫重体海绵条确保不漏浆,两片侧模之间采用套管拉筋,拆模后将拉筋取出。底模采用挑扁担的方式固定在梁顶。混凝土采用与箱梁同强度等级的混凝土灌注,采用小型插入式振捣棒振捣。施工中采用吊篮进行操作,确保安全。

(2)现浇湿接缝。隔板连接施工结束拆除模板后,进行现浇湿接缝施工。采用竹胶版做底模,背面用方木做肋加强。用挑扁担方式立模,将竹胶板采用预埋塑料套管内穿钢筋方式挂在箱梁顶板上,使竹胶板与箱梁翼缘板密贴。钢筋绑扎结束验收合格后,灌注混凝土。混凝土采用与箱梁同强度等级的混凝土,平板式振捣器振捣,覆盖洒水养生。拆模时,用拉绳拉着钢筋缓缓将模板放落。

8. 预应力空心板梁施工

预应力空心板梁施工及架设方法与预应力箱梁相同。

9. 桥面系施工

桥面系及附属工程的施工顺序:清扫桥面→绑扎桥面钢筋→安装滑道→浇筑桥面混凝土→找平→抗滑构造施工→养生→护栏施工→安装伸缩缝。

(1)桥面防水钢筋混凝土施工。

①桥面混凝土施工在主梁湿接缝或铰缝混凝土完成后进行。桥面连续构造连续主筋的无粘接段应保证外包裹材料的施工质量,精心安装底座钢板和软金属嵌缝板条,保证桥面连续的使用功能。

②本桥桥面铺装行车道范围内设坡度为1.5%的双向横坡,以利排水。下层铺装成三角垫高,C50防水混凝土厚10~16.75cm。首先,将桥面混凝土浮浆清凿干净,并用清水冲洗。桥面钢筋网在钢筋加工棚下料,运到现场绑扎。施工时按图样设计的位置预留好伸缩缝的工作槽。桥面混凝土采用翻斗车运输,人工摊铺。摊铺时,先用平板振捣器振捣密实,再用振捣梁振捣。振捣梁走行轨道为槽钢,走行轨道由螺栓与梁顶板固定后,高程可上下调整。振捣梁振捣完成后,利用提浆滚筒提浆,再用刮平板配合人工精平。以上工序平行作业,顺次向前推进。待混凝土初凝后用覆盖洒水养护。

(2)泄水管安装。本桥桥面排水采用横向排水管,在浇筑桥面及护栏底座混凝土时安装。施工中应避免泄水管堵塞。泄水管应按设计间距和位置埋设,管顶略低于桥面铺装混凝土表面。

(3)栏杆安装。

①采用钢制栏杆,由工厂统一制作,现场安装。栏杆进场前认真检查其结构尺寸,满足设计要求后方可进行安装。

②安装时由测量班进行施工放样,控制线型和高程。栏杆安装完毕后,涂刷防锈漆及调和漆。

③质量要求。

a.栏杆牢固顺直美观,接缝无开裂现象,不得有断裂或弯曲现象。

b.栏杆平面偏位允许偏差4mm,扶手平面偏位允许偏差3mm。

c.栏杆柱顶面高差允许偏差4mm。

d.栏杆柱纵、横向竖直度4mm。

e.相邻栏杆扶手高差允许偏差5mm。

(4)防抛网安装。本桥船闸段设防抛网。防抛网采用冲压钢板网,连接件附着在栏杆立柱上。栏杆上的预埋件要求位置准确,顶面水平。施工时,先将防抛网立柱与预埋件稳固连接。钢管立柱与栏杆用抱箍连接,钢管之间和钢管与铁球之间要周边焊接,钢板网与钢管焊接,钢板网需刷银粉,钢管和铁球镀铜。

(5)安装伸缩缝。

①采用的D—80型伸缩缝由工厂组装好运到工地后妥善保管,不得露天存放,并垫离地面至少30cm。

②伸缩装置吊装就位前,将预留槽内混凝土凿毛并清扫干净,扶正预埋锚固钢筋。安装之前,按安装时的实际温度调整组装定位值,并由施工安装负责人检查签字后方可用专用卡具将其固定。

③吊装时必须按照吊点起吊,必要时可再做加强措施,确保安全可靠。安装时,伸缩装置的中心线与桥梁中心线相重合,偏差不超过10mm;伸缩装置顺桥向的宽度应对称分布在伸缩缝的间隙上,并使其顶面高程与设计高程吻合,垫平伸缩装置,然后穿放横向连接水平钢筋,将伸缩装置上的锚固钢筋与梁上预埋钢筋在两侧同时焊牢,放松卡具,使其自由伸缩。

④完成以上工序后,安装模板,按设计图的要求,在预留槽口内浇筑规定强度的混凝土或环氧树脂混凝土。浇筑混凝土时振捣密实,防止混凝土渗入位移控制箱内,并不得将混凝土溅、填在密封橡胶带缝中及表面上,如果发生此现象立即清除,然后进行养护。

质量要求:伸缩缝必须锚固牢靠,不能松动;无阻塞、渗漏、变形、开裂现象;缝宽必须符合设计要求;与桥面高差允许偏差2mm;纵坡允许偏差±0.2%;横向平整度允许偏差3mm。

(6)人行道施工。人行道采用预制混凝土构件,以钢板与主梁预埋钢筋焊接,缘石采用混凝土现场浇筑,按照航电枢纽照明工程的总体要求布设。

二、涵洞工程施工方案、方法与工艺

1. 主要劳动力安排

根据本合同段工程的特点,为确保施工人员素质,在涵洞施工过程中,我单位安排具有丰富经验的管理人员和业务能力强的专业技术人员上场,并雇佣当地劳动力参与施工建设,在上场前根据工种分类进行相应的技术培训,考核合格后上岗操作,具体人员的安排同路基施工人员安排。

2. 盖板箱涵

盖板箱涵基础、边墙身和端翼墙、盖板工程详见框架涵和铁路大、中、小桥施工的有关规定。

盖板采用钢模板在现场进行连续浇筑,在其强度达到设计强度的75%,方可搬运、安装。安装前,应检查盖板及涵洞各部尺寸。安装接触面要凿毛,刷洗干净。安装时先浇水湿润,并用不低于M10水泥砂浆填塞。盖板涵施工允许偏差见表3-4-2。

盖板涵施工允许偏差　　　　　　　　　　　　　　　　表3-4-2

项　目	允许偏差(mm)	项　目	允许偏差(mm)
轴线	20	长度	+100～-50
流水面高程	±20	顶面高程	±15
跨径	±20		

盖板涵的支架拆除和涵顶填土要符合下列规定:
(1)混凝土达到设计强度的75%时,可拆除支架,但必须达到设计强度后方可填土。
(2)当支架未拆除,混凝土达到设计强度的75%时,可涵顶填土,但必须达到设计强度后方可拆除支架。
(3)盖板涵施工质量要符合下列规定:
①涵身顺直。
②进出口与上下游沟槽连接平顺,流水畅通。
③允许偏差应符合表3-4-3要求。

3．圆涵

圆涵基础、管座和端翼墙工程详见框架涵和铁路大、中、小桥施工的有关规定。圆管的顶部弧形面应与管身紧密贴合。安装管节时,要符合预制混凝土盖板允许偏差和检验方法的规定,见表3-4-3。

预制混凝土盖板允许偏差和检验方法　　　　　　　　表3-4-3

序　号	项　目		允许偏差(mm)	实　验　方　法
1	钢筋混凝土盖板	长度	0～-10	尺量检查不少于2处
		宽度	0～-10	尺量检查不少于4处
		厚度	+10～-5	尺量检查不少于5处
		对角线偏差	+10～-5	尺量检查不少于2处

(1)各管节应顺流水坡度安装平顺。管节必须垫稳座实,管内不得留有泥土等杂物。
(2)插口管接口应平直,环形间隙要均匀,并用沥表麻筋等防水材料填塞,不得有裂隙、空鼓、漏水等现象。平接圆管接缝宽度应为1.0～2.0cm,禁止用加大接缝宽度来满足涵洞长度要求,接口表面应平整,并用有弹性的不透水材料嵌塞密实,不得有间断、裂缝、空鼓、漏水等现象。
(3)圆形涵洞施工质量要符合下列规定:
①管身顺直,进出口平整,无阻水现象。
②帽石、端墙或翼墙要平直,无翘曲现象。
③圆形涵洞施工允许偏差应符合表3-4-4规定。

圆形涵洞施工允许偏差(单位:mm)　　　　　　　　表3-4-4

项　目	允许偏差	备　注
轴线	20	
流水面高程	±20	
涵身长度	+100～-50	
管座、基础宽度	≥设计值	
相邻管节底面错牙	3(管径≤100cm);5(管径>100cm)	每一错台段范围内

项目五 隧道工程施工方案的编制

【知识目标】掌握隧道工程施工方案的学习;掌握隧道工程施工方案的编制要求。

【能力目标】通过对桥涵工程施工方案内容的学习,你应对桥涵施工中的各个环节和施工过程有了较好的掌握和全面的认识,且通过学习工程示例,从而进一步加强学生的技能训练,为今后能从事测量员、造价员、施工员、安全员、试验员和技术员等工作奠定了基础。

【知识引入】

为适应国民经济的高速发展,在公路建设中大量采用隧道来满足汽车的行驶速度。公路利用隧道穿越山岭,可使公路平缓顺直、缩短运输里程、提高公路质量、保证运输安全。

在一般情况下,隧道工程是项目施工中的控制工程,其工期是关键工期,特别是长大隧道。为了保证隧道工程施工能在规定的工期内完成,就必须要结合施工单位和现场施工条件,科学、合理地选择施工方案和施工方法;合理地安排施工顺序、施工进度、劳动力组织、材料、机具、设备供应、工地运输道路、辅助项目、附属设施;使隧道施工的各个环节做到:协调、均衡、有节奏地进行生产。保证快速、优质、安全、高效地完成施工任务。

任务描述

作为公路工程施工人员,了解和掌握隧道工程施工方案的编制,是提高业务水平和工作能力的重要环节。

背景材料

一、编制说明(同前)

二、工程概况(同前)

三、工程进度计划(同前)

问题

如何进行桥涵工程施工方案的编写?

案例分析

一、隧道工程施工特点

(1)隧道是地下结构,它受着地质、水文条件的制约,所以,在工程施工中施工环境差、难度大、技术复杂、要求高。

(2)隧道施工是多工序、多工程联合作业的地下施工,在隧道内其工作面窄,出渣、进料运输量大,施工干扰大。为加快施工进度,可采用横洞、斜井、竖井、平行导坑来增加隧道施工的工作面,施工复杂而艰巨。

(3)隧道工程施工大多在深山峻岭中,施工场地狭小,且要使用多种机械设备进行施工。

(4)隧道工程施工工作环境差,劳动条件恶劣,施工时常发生坍塌、涌水、瓦斯等诸多不安全因素。

(5) 地质、水文以及围岩压力复杂多变,在隧道施工过程中经常需要改变施工方法,且要求隧道施工必须连续不间断进行。

二、隧道施工方案及其选择

1. 隧道施工方案选择的原则

隧道施工方案的主要选择依据:地质条件、工期要求、隧道长短、断面大小、施工单位的机械设备情况和施工队伍的技术水平等。在施工方法成熟的情况下,应尽量采用新技术、新工艺、新设备,可以加快施工进度,提高工程质量和生产效率,改善劳动条件。

隧道的施工方法有矿山法、掘进机法、沉管法、顶进法、明挖法、新奥法、盾构法等。在选择施工方案时,要考虑的因素有以下几个方面:

(1) 工程的重要性一般由工程的规模、使用上的特殊要求以及工期的缓急体现出来。
(2) 隧道所处的工程地质和水文地质条件。
(3) 施工技术条件和机械装备状况。
(4) 施工中动力和原材料供应情况。
(5) 工程投资与运营后的社会效益和经济效益。
(6) 施工安全状况。
(7) 有关污染、地面沉降等环境方面的要求和限制。

应该看到,隧道施工方法的选择,是一项模糊的决策过程,它依赖于有关人员的学识、经验、毅力和创新精神。对于重要工程则需汇集专家们的意见,广泛论证。必要时应当开挖试验洞对理论方案进行实践验证。

2. 主要施工机械设备

隧道工程为本标段内的控制性工程,因而在机械设备配备上予以优先保证,并配备先进的机械设备,主要机械设备见表3-5-1。

3. 洞口施工方案

(1) 洞口施工安排。

①隧道洞口工程施工应力争在进洞前基本完成,使隧道施工不受影响。洞口工程数量较大,进洞前难以全部完成时,应配合洞内工程进度安排,分期、分批进行。

②洞口仰坡及土石方应于进洞前做好,山坡危石应及时处理,同时应及早做好洞口排水工程,天沟随挖随砌。洞门宜早做,尤其是地质不良的洞门,更应尽早、尽快完成,以增强洞口稳定,避免与洞内工程相互干扰。

③洞口的桥墩(台)、涵渠、下挡等工程,考虑场地布置及弃渣需要,应在进洞前完成。

④洞口土石方开挖,要控制药量,不宜使用集中药包,以保证边坡、仰坡的稳定。

(2) 进洞方法。隧道洞口所处的地质条件:岩层较破碎、易风化、节理发育、岩层稳定性差。在进洞施工时,须要先护后挖,以保证洞口岩体稳定和施工安全。在选择施工方法上要尽量减少对岩层的扰动,工序安排必须紧凑,尽早尽快完成洞口工程。一般采用半断面或全断面一次开挖完成。遇特殊地质、地形条件可按下列原则选择施工方法。

①当洞口岩层节理发育,切割成块状,边坡、仰坡不稳定时,可先采用锚杆砰固仰坡危石,并且在洞口10m内增设3m长超前锚杆,然后采用洞身施工方法进洞。

②当洞顶覆盖层很薄,正常开挖容易坍顶时,可采用管棚、小导管注浆、地面加固、钢支撑等辅助方法加固围岩,然后采用洞身施工方法进洞。

施工机设备配备 表 3-5-1

工序名称	设备名称	机械型号	数量
钻孔	风动凿岩机	YT28	32
	地质钻机	TXU200	6
装、运渣	轮式侧卸装载机	ZL50	6
	挖掘机	PC200	3
	自卸汽车	10T	15
衬砌	强制式拌和机	JS750	4
	液压衬砌台车	自制	4
	混凝土输送泵	HB30	4
	混凝土运输车		6
施工通风	通风机	TZ—100	3
电力、电器及其他	变压器	635kV·A	1
	变压器	250kV·A	3
	发电机	250kW	3
	低压开关柜	2000A	3
锚、支护	混凝土喷射机	PZU—5	6
	灰浆拌和机	310	4
	灌浆机	UB3	6
	风动凿岩机	YT28	12

③当洞口岩层节理发育,层面倾向洞口,开挖切断层面易坍滑时,可采用先做明洞支顶,然后再进上、下导坑的方法。

④洞口位于陡岩峭壁或地质不良地段,无进洞条件,洞口又为深路堑时,可采用绕行进洞方法。

⑤当山体外侧覆盖层极薄时,可采用横向导坑法进洞,但应加强支撑,及时砌拱。

(3)洞口施工。隧道施工前对所交付使用的隧道中线桩、平面控制导线点及高程控制水准点等按照图样进行详细复测,并进行必要的补充。隧道洞口施工主要包括边仰坡土石方、边仰坡防护、端墙、洞口排水系统等。本合同段内三座隧道,进、出口段地形均较为破碎,易产生坍方。施工时,首先应做好洞顶、洞门及洞口的防排水系统工程,并妥善处理好隧道附近地表的陷穴、裂缝、冲沟等,以免地面积水侵入洞体周围,造成土体坍塌。开挖采用人工配合挖掘机施工,由上而下分层进行,边开挖边刷坡。洞口段开挖时,必须先通过加设锚杆、钢筋网,护坡和喷射混凝土等技术措施加强岩体稳定性。当有坍塌可能时,可先安设长锚杆或管棚等预支护,在辅助施工设施防护下开挖,以策安全。

①洞顶截水沟施工。在仰坡口线5m外定出截水沟的开挖边线,按设计断面尺寸进行截水沟开挖,然后用片石进行截水沟砌筑。砌筑时保证大面平整,砂浆饱满,线条平顺。截水沟每10m设一道沉降缝。

②边仰坡开挖支护。洞顶截水沟施作完成后,按照边仰坡的坡口线和设计坡率进行开挖,采用自上而下分级开挖。土方开挖直接用挖机进行开挖,石方开挖采用松动爆破,挖掘机挖渣,自卸汽车运输。

(4)隧道衬砌支护。认真贯彻国家的技术经济政策,积极而慎重地采用新技术、新材料、新设备、新工艺,使隧道施工符合技术先进、经济合理、质量可靠、安全实用的要求。2号隧道计划从出口端施工,1号隧道和3号隧道从进口端和出口端同时施工,按新奥法原则组织施工,采用复合式衬砌,施工内容包括洞口施工、中导洞开挖及初期支护,中隔墙浇筑及防水层施工,左、右洞开挖及初期支护、洞身衬砌、隧道路面及其他设施施工。本合同段隧道衬砌支护参数见表3-5-2。

隧道衬砌支护参数　　　　表3-5-2

围岩级别	超前支护	初期支护	二次衬砌	中导洞
ⅤA级	拱部φ108mm×6mm超前大管棚环向间距0.5m	拱墙系统锚杆L=4.0m间距0.8m×0.8m;梅花形布置;拱墙钢筋网20cm×20cm;C25喷射混凝25cm;钢格栅间距0.5m	拱墙55cm厚C25钢筋混凝土,仰拱55cm厚C25钢筋混凝土	16工字钢拱部系统锚杆L=3.5m;C20喷射混凝土16cm
ⅤB级	拱部φ50mm×5mm超前小导管环向间距0.5m;纵向间距3m;L=4.5m	拱墙系统锚杆L=4.0m间距0.8m×0.8m;梅花形布置;拱墙钢筋网20cm×20cm;C25喷射混凝25cm;钢格栅间距0.75m	拱墙50cm厚C25钢筋混凝土,仰拱50cm厚C25钢筋混凝土	16工字钢拱部系统锚杆L=3.5m;C20喷射混凝土16cm
ⅣA级	拱部φ25mm中空锚杆;环向间距0.6m;纵向间距3m;L=5m	拱墙系统锚杆L=3.5m间距1m×1m;梅花形布置;拱墙钢筋网20cm×20cm;C25喷射混凝土20cm;钢格栅间距1m	拱墙50cm厚C25钢筋混凝土;仰拱50cm厚C25钢筋混凝土	14工字钢拱部系统锚杆L=3.5m;C20喷射混凝土14cm
ⅣB级		拱墙系统锚杆L=3.5m间距1m×1m;梅花形布置;拱墙钢筋网20cm×20cm;C25喷射混凝土20cm;钢格栅间距1m	拱墙45cm厚C25钢筋混凝土;仰拱45cm厚C25钢筋混凝土	14工字钢拱部系统锚杆L=3.5m;C20喷射混凝土14cm
Ⅲ级		拱墙系统锚杆L=3.5m间距1m×1m;梅花形布置;拱墙钢筋网20cm×20cm;C25喷射混凝土15cm	拱墙40cm厚C25普通混凝土	拱部系统锚杆L=3.5m;C20喷射混凝土14cm

4.中导洞施工

(1)中导洞ⅤA、ⅤB级围岩,拱部设计φ50mm超前小导管,每环12根,L=4m,环距50cm,搭接长度1m,外插角5°~10°。用风钻打孔并配合顶进安装。安装完成后按设计要求注浆,浆液材料为C30水泥浆,注浆压力控制在2MPa以内。待浆液达到一定强度后进行第一榀拱架安装,第一榀拱架紧贴岩面架立,并及时喷射混凝土封闭,再进行中导洞土石方开挖。中导洞采用全断面法开挖。型钢拱架支护,环向φ22mm砂浆锚杆,焊接于拱架腹部,以形成共同支护作用。20cm×20cmφ6.5mm钢筋网片焊接于锚杆,并喷射C20混凝土至设计厚度。中导洞开挖及支护贯通后立即施作中隔墙,中隔墙采用钢模板浇筑C25钢筋混凝土,中隔墙每模8m。

(2)钢拱架在现场制作,采用冷弯加工焊接而成。钢拱架加工后要进行试拼,拼装允许误差为:沿隧道周边轮廓线的误差不应大于±3cm,平面(翘曲)应小于±2cm,接头连接要求每榀之间可以互换。钢拱架的截面尺寸,应满足强度、刚度、稳定性的要求。

(3)钢拱架应按设计位置安设,钢架之间必须用钢筋纵向联接,拱脚必须放在特殊的基础上或原状土上,钢拱架与围岩之间应尽量接近,留2~3cm间隙作为保护层,在安设过程中当钢拱架与围岩之间有较大的间隙时,应设垫块垫紧。

(4)钢拱架施工:钢拱施工艺流程图见图3-5-1。

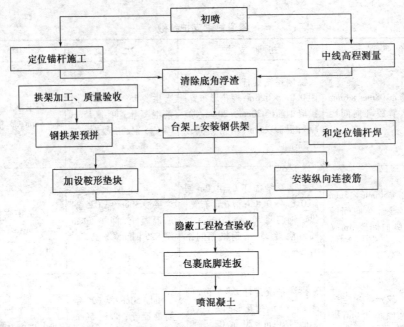

图3-5-1 钢拱架安装工艺流程图

(5)钢拱架应垂直与隧道中线,上下左右偏差应小于±5cm,钢拱架倾斜度应小于±2°;当拱脚高程不准确时,不得用土回填,而应设置钢板调整,使拱脚位于设计高程位置;钢拱架的安设应在开挖后2h内完成;拱脚高度应设在低于上半断面底线以下15~20cm;当承载力不足时,可将钢拱架向围岩方向加大接触面积。

(6)为方便安设,每榀钢拱架一般应分为2~6节,并保证接头的刚度。节数应与断面大小及开挖方法相适应。每榀钢架之间应在纵向设置不小于φ22mm的钢拉杆连接。

(7)钢拱架应安设在隧道横向竖直平面内,其垂直度允许误差为±2°钢拱架的拱脚应有一定的埋置深度,并必须落到原状土上,才能确保拱脚的稳定(即沉降值很少)。

(8)钢拱架的截面高度应与喷射混凝土厚度相适应,一般为10~20cm,且要有保护层;应在初喷混凝土后安装钢拱架,初喷混凝土厚度约为4cm。钢拱架应尽可能多地与锚杆露头及钢筋网焊接,以增强其联合支护的效应。喷射混凝土时,应注意将钢拱架与岩面之间的间隙喷射饱满达到很密实;喷射混凝土应分层、分次、分段喷射完成,初喷混凝土应尽早进行早喷锚,复喷混凝土应在量测指导下进行,即勤量测的基本原则,以保证喷射混凝土的复喷适时有效。

(9)在钢拱架制作和搬运过程中,应将钢拱架构件绑扎牢固,钢拱架的架设应由专人按规定的信号进行指挥,随时观察围岩动态或初喷混凝土层的变化情况,防止落石或坍塌引起伤人事故。

5.洞身施工

方法主要有盾构、新奥法、全断面法、半断面法(正、反台阶法)、漏斗棚架法、蘑菇形开挖法(下导坑法)、上下导坑法、上导坑法、下导坑先拱后墙法、上下导坑先拱后墙法、"品"字形导坑先拱后墙法、侧壁导坑法等。

明洞施工方法的选择应根据地形、地质条件、边仰坡稳定程度、地基承载力和结构类型特点等因素综合考虑。施工中应特别注意安全和结构稳定。明洞施工方法主要有先墙后拱法、先拱后墙法、拱墙交替法等。

棚洞的形式可分为墙式、柱式、刚架式和悬臂式四种。棚洞施工均为明挖。

目前，盾构施工技术是新近发展起来的隧道施工新方法，是隧道工程施工向着机械化、自动化发展方向的一大进步，在有条件的工程项目中得到广泛使用。

(1) 先进行上断面拱部开挖，再进行分弧侧导坑开挖，采用台阶法施工，若围岩无明显变化，围岩稳定时，可用加长台阶开挖，开挖长度一般控制在 0.8~1.2m，分弧侧导坑开挖须加强支护，台阶分部法缺点为施工难度大、钢拱架不好安装及锚杆打孔无法与岩面垂直，以及锚杆不受力。短台阶法优点为钢拱架安装简便，锚杆与岩面能垂直 90°。需加强钢拱架锁脚锚杆的施作并焊接于钢拱脚部以增强拱架的共同支护能力。

(2) 按设计的开挖半径加上预留变形量，准确地在开挖面上画出开挖轮廓线。

(3) 对较软弱围岩开挖时采用台阶分部法，以防止围岩发生较大变形，台阶分部法，又称环形开挖留核心土法，适用浅埋地段，一般环形开挖进尺为 0.5~1.0m，左右不宜过长。导坑或局部开挖，宜采用浅眼爆破，防止振动对支撑结构产生不良影响，合理确定开挖步骤和循环进尺，保持各开挖工序相互衔接，均衡施工。

(4) 采用先拱后墙的程序施工，下部开挖的厚度及用药量应严格控制。严格控制欠挖，避免钢拱架因欠挖衔接不上而侵入二次衬砌。洞身开挖必须加强断面测量工作，防止超欠挖，并配合出渣进行断面检查和清除欠挖，处理危石。

(5) 下半断面开挖时采用单侧落底或双侧交错落底，禁止两侧同时落底，避免上半断面两侧拱脚同时悬空，落底长度视围岩开挖情况而定，一般采用 3m，核心土开挖时严禁采用深眼大爆破，严格控制开挖厚度及用药量。

(6) 台阶开挖采用 YT28 型气腿风钻钻眼、塑料导爆管、非电起爆系统，毫秒雷管微差有序起爆。小型机械配合人工出渣至下台阶。再由正装侧卸式装载机装渣，自卸汽车运弃，弃渣由专人指挥。在施工过程中，合理安排工序，实行"钻爆、装渣、运输、初期支护"机械化一条龙作业，计划半断面循环进尺每天 2~3m。开挖时准确画出各种预埋件具体位置。预埋件尺寸应符合设计要求，严格控制超欠挖。

(7) 施工中必须密切注意围岩及地下水等的变化情况，当施工方法或支护结构不适应实际围岩状态时，必须采取应急措施，并经技术负责人批准后及时采用合适的施工方法或支护结构。

(8) 钻爆设计。采用预裂爆破，并按微振控制爆破设计，塑料导爆管非电起爆。隧道开挖施工中根据预裂爆破设计，结合现场地质情况进行爆破试验并不断修正设计参数，以达到最佳爆破效果。成立爆破作业小组，实行定人、定位、定标准的岗位责任制，精细规范实施并不断优化爆破设计，使施工爆破效果达到最优；其具体技术措施如下：

①测量放线。隧道中线测桩间距，直线上超过 10m，曲线上不超过 5m，每 50m 设一水准点，并在每排炮开钻前准确绘出开挖轮廓线、周边眼、掏槽眼、辅助眼的位置。

每次测量放线时，对上次爆破断面进行检查，对测量数据进行处理；及时调整爆破参数，以达到最佳的爆破效果。

②钻孔作业方法步骤。钻眼前，钻工要熟悉炮眼布置图，严格按照钻爆设计实施；定人、定位，对周边眼、掏槽眼由经验丰富的司钻工司钻；严格控制炮眼间距，误差不得大于 5cm，方向相互平行，严禁相互交错，硬岩残眼率达 80% 以上，中硬岩达 70% 以上，软岩开挖轮廓要圆顺，符合隧道设计轮廓线尺寸的要求；严格控制钻孔外插角度，相邻两茬炮之间错台不得大于 20cm。

③爆破作业的技术要求。

a. 装药作业要定人、定位、定段别。

b. 装药前,所有炮眼必须用高压风吹净尘沫。

c. 严格按设计的装药结构和药量装药。

d. 严格按设计的连接网络实施,注意导爆索的连接方向和连接点的牢固性。

④爆破采用微振控制爆破方法。单段最大超爆药量按下式计算,并对相邻隧道及浅埋段地表构筑物进行振动监测及时调整爆破方案。预裂光面爆破参数见表3-5-3。

$$V = K(Q^{1/3}R)^a \quad (cm/s) \quad (3-5-1)$$

式中:Q——单段最大起爆药量(kg);

R——爆破中心距构筑物距离(m);

K——地质介质系数,$K = 50 \sim 360$;

a——地震波衰减系数,取 $a = 1.5$。

预裂光面爆破参数　　　　　　　　　　　　　　表3-5-3

开挖部位	预裂光面爆破参数									
	炮眼直径(mm)	炮眼间距(mm)		最小抵抗线(m)	岩石环厚度(mm)	炮眼密集系数		装药集中度(kg/m)	
		光面眼	预裂眼			光面眼	预裂眼	光面眼	预裂眼
拱部	35~45	700~800	450~550	0.7~0.9	0.5~0.6	0.8~1.0	0.9~0.95	0.2~0.28	0.2~0.3
边墙	35~5	600~700	500~600	0.6~0.8	0.6~0.7	0.8~1.0	0.9~0.95	0.2~0.28	0.2~0.3

(9)隧道洞身开挖中的炮眼布置方法。

①掏槽眼的布置。合理布置掏槽眼应掌握好炮眼的三度:深度、密度和斜度,并通过计算确定用药量及放炮顺序等。

掏槽眼本身只有一个临空面,且受周围岩石的挤压作用,故常需要采用较大的炸药单位消耗量 k 值和较大的装药系数 a 值以增大爆破粉碎区,并利用爆破冲击波及爆炸产物做功,将岩石抛掷出槽口。为保证掏槽炮能有效地将石渣抛出槽口,常将槽眼比设计掘进进尺深 10~20cm,并采用反向连续装药和用双雷管起爆。

槽口尺寸常在 1.0~2.5m²,要与循环进尺、断面大小和掏槽方式相协调。要求掏槽眼口间距误差和眼底间距误差不得大于5cm。

为了保证掏槽炮眼爆炸后岩渣有足够的膨胀空间,一般要求空眼体积为掏槽口体积的10%~20%。

②辅助眼布置方法。辅助眼的作用是进一步扩大槽体积和爆破量,并逐步接近开挖断面形状,为周边眼创造有利的爆破条件。

辅助眼的布置主要是指炮眼间距 E 值和最小抵抗线 V 值的确定。主要根据岩石软硬和用药量多少,由工地试验确定。其布置原则可参照后述周边眼的布置原则进行,只是 V、E 值及单孔装药量 q 较大些。一般取 $E/V = 0.6 \sim 0.8$ 为宜,并宜采用孔底连续装药。辅助眼应由内向外,逐层布置,逐层起爆,逐步接近开挖断面轮廓形状。

③周边眼的布置方法。周边眼的作用是一种辅助炮眼,目的是成型作用。周边眼爆破后使坑道断面达到设计的形状和尺寸。周边眼的位置一般是沿着设计轮廓线均匀布置,其炮眼间距和最小抵抗线长度均比辅助眼小,目的是使爆破出坑道的轮廓较为平顺和控制超欠挖量。

周边眼的底端位于岩质较松软或较破碎状时,炮眼口应放在设计轮廓线以内,眼底则应根据岩石抗爆破性来确定其位置,应将炮眼方向以 3%~5% 的斜率外插,这就是为了控制超欠挖和便于下一循环钻眼时便于落钻开眼;对于中硬岩层可将周边眼放在设计轮廓线上;对于坚硬岩层可将周边眼放在设计轮廓线以外 10~15cm。此外,为了保证开挖面平整,辅助眼及周边眼应使其眼底落在同一垂直面上,必要时应根据实际情况调整炮眼的深度。

④起爆顺序。预裂爆破法的分区起爆顺序为:周边眼→掏槽眼→辅助眼→底板眼,以减少对围岩的扰动。

(10)出渣及运输。出渣及运输是隧道开挖施工中的重要环节,是影响掘进速度的关键所在,同时也制约着后续工序的顺利进行,在出渣作业(装渣、运渣、卸渣)中要合理选择装、卸渣机具,协调组织、统一指挥,以充分发挥机械设备的效能,从而达到"不积、不乱、不误"的目的。

6. 洞内管道、线路布置

(1)风(水)管道。

①管道尽可能平、顺、直,转弯少,管径一致。

②分风、分水接头和闸阀必须满足施工要求,但数量要尽量减少。

③有平行导坑者,管道从横通道穿入正洞时,可以从轨下穿过,平导支管可考虑向前倒用。

④无平行导坑者,布置在靠空压机旁一侧。

⑤管道与水沟不宜在同一侧,以免影响排水。

(2)动力及照明电线。

①动力、照明电线的截面面积和长度必须根据施工最大用电负荷考虑,一次架设,逐渐随施工掘进向洞内延伸。

②动力电缆与照明电线,可悬挂在同一侧,但必须上、下分开悬挂,不得同悬于一个横担上。

③电线与电缆,必须与风管、水管以及爆破用电线,分别悬挂在隧道两侧。

④爆破电线主线应用绝缘电缆,其主线与区域线均不能与其他电线靠近和交叉。

⑤电线电缆悬挂高度,距人行道地面不得小于 2m。

⑥在较长隧道应考虑信号线路和电话线路的位置。

7. 超前大管棚施工

(1)本段隧道中ⅤA级围岩,超前支护设计为 $\phi108mm \times 6mm$ 超前大管棚,环向间距0.5m。

(2)施工方法。

①施工准备。洞口土方开挖后,搭建管棚作业平台,安装高压风、水管线,检修潜孔钻机和注浆机是否正常。

②预制导向架、导向管和钢花管。导向架由两榀型钢拱架组成,导向钢管内径为 $\phi120mm$,长60cm;用 $\phi16mm$ 钢筋固定。管棚钢管采用 $\phi108mm \times 6mm$ 的钢管制作,管身钻 $\phi6mm$ 的注浆孔,注浆孔纵向间距为15cm,钢管分节长度为9m、6m,钢管之间用管箍螺纹扣连接,管棚尾端10cm处设置 $\phi8mm$ 加劲箍,在管棚尾部加工螺纹扣,用于连接止浆阀和注浆管。见图3-5-2。

③安设导向架。将预制好的导向钢拱架用 $\phi20mm@100cm \times 100cm$ 纵向连接钢筋连接,间距40cm,第一榀拱架紧贴开挖面围岩,安设 $\phi22mm$ 超前锚杆固定,锚杆长度 $L=3.5m$,环向间距1m。两榀拱架按隧道中线、水平和断面净空要求精确定位在开挖面上,将导向钢管用 $\phi16mm$ 固定筋焊接在导向架上,环向间距0.4m,仰角为3°,将两榀拱架用 C25 混凝土封闭,模注混凝土厚度25cm,起固定导向架和注浆止浆作用。

④钻孔。钻孔采用135mm钻头从导向管内钻孔,开孔时,低压慢转。钻机通过脚手架固定,尽量降低钻机的安装高度,以确保钻机的稳定性,保证钻杆平行于导向管方向。钻孔过程中利用全站仪和地质罗盘控制钻孔的孔位和偏角。

⑤管棚施工。每个钻孔终孔后立即下管,钢花管由人工配合钻机顶进,钢管节段间用管螺纹

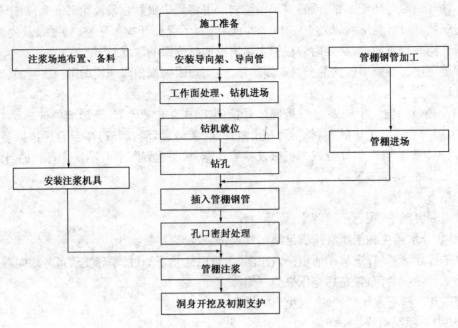

图 3-5-2 管棚施工工艺流程图

扣连接,顶进时 9m、6m 管节搭配使用,保证相邻钢管的节头错开。管棚到位后,钢管与导向管之间用速凝水泥堵严,以防注浆时冒浆。

⑥注浆。浆液采用注浆机灌注,按设计图要求采用定量注浆,当每孔注浆量达到设计注浆量时(每孔注浆数量为 $0.48m^3$),可以结束注浆。浆液材料为水泥单液浆,水灰比为 1:1。施工过程中,为了防止串浆,每钻完一个孔,随即安设钢管,然后进行下一孔的钻孔,最后进行隔孔注浆。

8. 超前小导管施工

本段隧道ⅤB级围岩超前支护设计为 $\phi50mm \times 5mm$ 超前小导管;环向间距为 0.5m,纵向间距 3m,$L=4.5m$;超前小导管采用风钻打孔并配合顶进安装。安装完成后按设计要求注浆,浆液材料为 C30 水泥浆,注浆压力控制在 2MPa 以内;超前小导管施工工艺流程图见图 3-5-3。

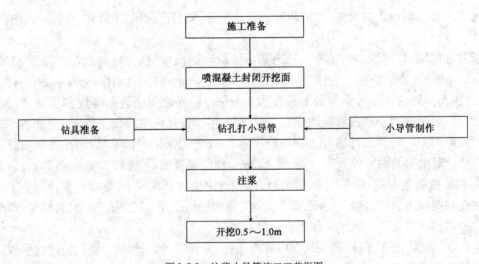

图 3-5-3 注浆小导管施工工艺框图

(1)按设计图布孔,并按照设计外插角进行钻孔。
(2)超前小导管注浆采用 2TGZ—60/210 注浆泵,浆液采用水泥—水玻璃双液浆。初始配合比采用设计参数,实际使用配合比通过试验确定。

(3)以注浆压力作为注浆终结的控制依据,注浆压力一般为 0.6~1.0MPa,观察浆液回流情况。

(4)注浆应采取必要的措施防止串浆、堵管等,注浆时注意注浆压力的变化,及时调整施工设计,使达到最优状态。见图 3-5-4。

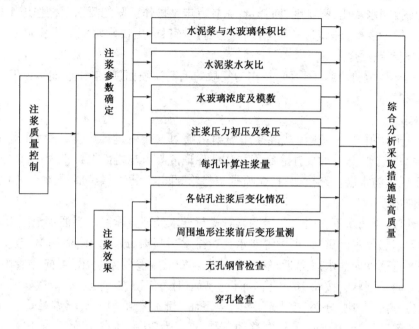

图 3-5-4 注浆质量控制图

9.喷射混凝土施工

(1)初喷(施工工艺流程图见图 3-5-5)。

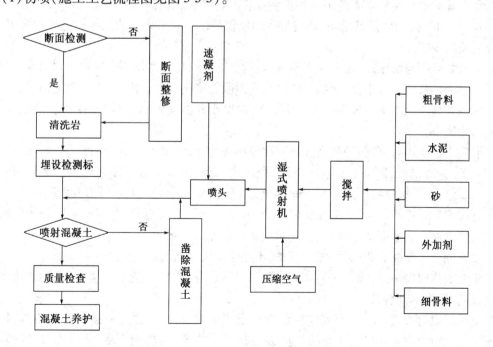

图 3-5-5 初喷施工工艺流程图

①在喷射混凝土作业开始前,应详细检查围岩受喷面,彻底清理危石、浮石,并应由专人仔细检查管路、接头等,防止喷射时发生因软管破损或接头断开等引起的生产及发生工程质量事故。

②初喷混凝土所用材料(如水泥、砂石料、速凝剂),应符合相关技术要求。通过试验确定配合比,施喷前做工艺试验,喷射前认真检查隧道断面尺寸。对欠挖部分及所有开裂、破碎、崩解的破损岩石进行清理和处理。清除浮石和墙角虚渣,并用高压水或高压风冲洗岩面达到清洁干净。

③为准确控制水灰比、密实度、回弹量,派具有丰富操作经验的喷射手操作施工。

④埋设喷层厚度检查标志,一般是在石缝处打铁钉,或用快硬水泥安设钢筋头,并记录其外露长度,以便控制喷层厚度。

⑤初喷 4cm 厚混凝土封闭岩面,并作为复喷的毛糙受喷面,喷射作业面紧跟开挖面,尽量缩短开挖面暴露时间。

(2)复喷。

①喷混凝土采用 TK—961 湿式混凝土喷射机喷射。喷射设计厚度,喷射作业采用分段、分块,先墙后拱。对于特殊岩面要注意喷射操作能保证混凝土与岩面粘接牢固;喷射时注意找平喷射面,以便于铺设防水层。有拱架时,先喷拱架与轮廓间隙,再喷拱架周围,然后再喷拱架。喷射回弹料不再使用。

②涌水地段:当涌水不多时采用半圆软管进行导水处理再喷射。当涌水范围大时,设树状排水管后再喷射。当涌水严重时,可设置泄水孔边排水边喷射,或增加水泥用量,改变配合比。喷混凝土由远而近逐渐向涌水点逼近,然后在涌水点安设导管将水引出,再向导管附近喷射混凝土。无涌水处时半圆软管按每 10m 环向布设。喷射时每工班按抗压和抗折做好两组试件。

③喷射应分段、分块、分部、先墙后拱、自下而上地进行喷射。喷嘴需对受岩面作均匀地顺时针方向螺旋转动,一圈压半圈的横向移动,螺旋直径为 20~30cm,以使混凝土喷射密实。

④喷射时应分段长度不超过 6m,分部为先下后上,分块大小为 2m×2m,并严格按先墙后拱、先下后上的顺序进行喷射,以减少混凝土因重力作用而引起滑动或脱落现象的发生。

⑤掌握好喷嘴与受喷岩面的距离和角度;喷嘴与受喷面垂直,并稍微偏向刚喷射的部位(倾斜角不宜大于 10°),则回弹量最小、喷射效果和质量最佳。对于岩面凹陷处应先喷和多喷,而凸出处应后喷和少喷。

⑥调节好风压与水压;风压与喷射质量有密切的关系,过大的风压会造成喷射速度太高而加大弹量,损失水泥,风压过小会使喷射力减弱,则混凝土密实性差。因此,应视喷射情况适当调整风压。为保证高压水能从喷枪混合室(喷头处)内壁小孔高速射出,应将干拌和料迅速拌均匀,水压稍高于风压。

⑦混凝土一次喷射厚度:一般情况下一次喷射厚度边墙为 5~7cm,拱部 3~4cm(不掺速凝剂)。当掺入速凝剂后,边墙不宜超过 8cm,拱部不宜超过 6cm。分层喷射厚度一般为粗骨料最大料径的 2 倍,如一次喷射厚度小于 5cm 时,使用石子的最大粒径也要求相应减小。

⑧分层喷射间隔不得太短,应在初喷混凝土终结凝后,再进行复喷;当间隔时间较长时复喷前应将初喷混凝土表面清洗干净,且复喷时应将凹陷处进一步找平。

⑨喷射混凝土终凝后 2h 开始喷水养护,不小于 7 天。喷射混凝土表面密实,无干斑、脱落及裂缝。喷射操作时粉尘多,施工中经常洒水防尘,营造一个文明的施工环境,对于渗水层土质地带慎用,以防造成不良后果。

⑩应根据喷射方式(干喷、湿喷或混合喷)、混凝土配合比等,采用合适的降尘措施,控制施工现场空气中粉尘含量。喷射作业的人员必须佩戴防护器具(防尘口罩、防尘面罩、眼镜、胶皮手套、劳保雨鞋等),并定期进行健康检查。

⑪处理管路堵塞时,喷头应有专人看护,以防消除堵塞后,喷头摆动喷射伤人事故。

⑫在喷射混凝土施工时应避免供料、拌和、运输、喷射作业之间的干扰,应有统一的联络信号和联络方法。喷射作业由班组长按规定的联络信号进行指挥,防止因喷射手和机械作业人员之间联络不畅造成事故等。

10. 钢格栅施工

(1)主洞初期支护,ⅤA级围岩、ⅤB级围岩、ⅣA级围岩、ⅣB级围岩均设计有钢格栅,ⅤA级围岩钢格栅间距为0.5m,ⅤB级围岩钢格栅间距为0.75m,ⅣA、ⅣB级围岩钢格栅间距为1m。

(2)钢格栅施工工艺流程图见图3-5-6。

(3)钢格栅加工制作时,构件的连接是关键性工艺。确定各类焊接及螺栓连接质量。钢拱架等材料严格按设计要求及规范进行试验。钢拱架材料须使用批复使用材料,杜绝不合格材料进入施工现场。

(4)为保证支撑架置于稳固的地基上,必要时在基脚处设钢板垫底以增加基底承载力,钢格栅与围岩应尽量靠近,但应留2~3cm间隙作混凝土保护层。钢支撑平面垂直于隧道中线,其倾斜角不大于2°,钢格栅的任何部位偏离垂面不应大于5cm,钢格栅安装时要预留沉落量,以防止出现净空不够的情况。

(5)钢格栅材料规格、质量及性能必须达到设计要求。钢支撑制作时,在场地画出钢格栅设计半径并加入预留变形量的全断面图,并照开挖时上导坑高度及边墙高,并注意分两部分照大样图进行加工,要求尺寸准确,弧形圆顺。

(6)安装前先定出中线及控制钢格栅顶高程,以顶高程用支距法进行钢格栅拱脚线控制安装,保证钢格栅在隧道轴线的垂直面上,避免两拱脚偏位。为使钢格栅准确定位,钢格栅架设前均需预先打入 $\phi22mm$ 定位锚杆,锚入围岩中3m,并用砂浆锚固,

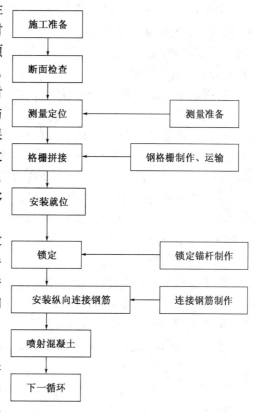

图3-5-6 钢格栅施工工艺流程图

钢筋尾部与钢格栅焊接在一起。当钢格栅架设处有锚杆时就尽量利用锚杆定位焊接,钢支撑拱部或脚部打入4~6根锁脚锚杆并焊接以加强支护,避免拱架落拱时失稳。

(7)钢格栅安装架设完毕后,用 $\phi22mm$ 纵向连接筋以间距为1.0m的环向间距,将两榀钢拱架连接为整体。进行第二与第三榀拱架连接时连接钢管与前一排钢筋错开0.5m,呈梅花布设。焊接牢靠,严禁焊接过火、烧伤。

(8)钢格栅架立后尽快施作喷射混凝土。喷射混凝土厚度的控制采用环向每2m打孔埋入钢筋,钢筋外露面长与喷射厚度相等,保证喷射混凝土厚度符合设计规范要求。并将钢格栅全部覆盖,使钢格栅与喷混凝土共同受力。喷射先从拱脚或墙脚向上喷射以防止上部喷射回弹料虚掩拱脚(墙脚)而不密实,造成拱脚(墙脚)失稳。

11. 锚杆施工

(1)洞身 $\phi25mm$ 中空注浆锚杆施工,Ⅴ级围岩、Ⅳ级围岩主洞初期支护及ⅣA级围岩超前

支护设有φ25mm中空注浆锚杆;具体施工方法如下:

①φ25mm中空注浆锚杆施工工艺流程图。

②在锚杆施工作业前,应检查浮石清理是否彻底、尽量避免凿岩机械的振动对喷射混凝土与受喷面粘结力产生的不良影响。为了锚杆施工的安全,应加强观察,及早发现危险征兆,采取相应的安全技术措施。

③在锚杆施工前,初喷混凝土封闭工作面。检查锚杆材料、类型、规格、质量及性能是否达到设计要求。在开挖轮廓上按设计位置用红油漆准确画出锚杆眼位,用φ60mm钻头打孔,打孔时注意孔位与岩面应垂直90°。施作时画出草图,对孔位进行编号,用钢尺量出孔位间距、孔深及钻孔,打管、注浆过程中认真填写施工记录和质量检测报告。

④水泥砂浆采用已批复使用的配合比施工,随用随拌并按配合比拌和均匀。安装锚杆采用先灌后锚法,先将锚杆粘结剂注入孔中,然后把锚杆插入孔眼,居中插入直至底部。锚杆插入孔内的长度不得短于设计长度的95%。用木塞将杆尾部楔紧,然后注浆,严防在注浆过程中拔管过快,导致水泥浆脱节,注浆不满。

⑤指定专人定期进行锚杆抗拔力试验,防止因锚杆滑脱而造成安全事故。

⑥在注浆作业开始前和结束后,应认真检查、清洗机械管道和接头。检查后,还应经过试运转方可正式作业,以防止发生剧烈振动、管道堵塞等现象。当发生注浆管路或接头堵塞时,需在消除压力之后方可进行拆卸及维修。各种机械电力设备、安全防护装置与用品,应按规定进行定期检验、试验与日常检查,不符合安全技术要求者严禁使用。

⑦注浆人员及所有进入隧道施工工地的人员,必须按规定佩戴防护用品、穿戴防护用具(如胶皮手套、口罩、眼镜、防护罩等)。遵章守纪,听从统一指挥;同时加强安全保卫,禁止闲杂人员进入隧道施工工地。

(2)普通砂浆锚杆施工。

①普通水泥砂浆锚杆是以普通水泥砂浆作为粘结剂的全长粘结式锚杆。本段隧道中导洞初期支护及Ⅲ级围岩主洞初期支护,设计有φ22mm砂浆锚杆。中导洞锚杆参数如下:Ⅴ级围岩锚杆长度$L=3.5$m,间距$0.9m\times 1m$,Ⅳ级围岩锚杆长度为$L=3.0$m,间距$0.9m\times 1m$;Ⅲ级围岩锚杆长度为$L=2.54$,间距$1.2m\times 1.2m$。主洞Ⅲ级围岩锚杆参数为$L=3.5$m,间距$1.2m\times 1.2m$;具体施工方法如图3-5-7所示。

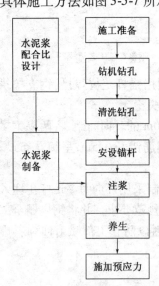

图3-5-7 注浆锚杆施工工艺流程图

②钻孔方向宜尽量与岩层主要结构面垂直。钻孔好后用高压水将孔眼冲洗干净(若是向下钻孔,须用高压风吹净水),并用塞子塞紧孔口,以防止石砟或泥土掉入钻孔内。

③锚杆及粘结剂材料制作,应符合设计要求,锚杆应按设计要求的尺寸截取,外端不用垫板的锚杆应先弯制弯头。

④粘结砂浆应拌和均匀,并调整其和易性,随拌随用,一次拌和的砂浆应在初凝前用完。

⑤先注浆后插杆体时,注浆管应先插到钻孔底;开始注浆后,徐徐均匀地将注浆管往外抽出,并始终保持注浆管口埋在砂浆内,以免浆中出现空洞。

⑥注浆开始或中途停止超过30min时,应用水润滑注浆管及其管路。注浆孔口的压力不得大于0.4MPa。

⑦注浆时应堵塞孔口,注浆管应插至距孔底5~10cm处,随水泥砂浆的注入缓缓均匀拔出,随即迅速将杆体插入,若孔口无水泥

砂浆溢出,应将杆体拔出重新注浆。

⑧锚杆杆体宜对中插入,插入后应在孔口将杆体固定。锚杆杆体插入孔内的长度不宜小于设计规定。

⑨注浆体积应略多于需要体积,将注浆管全部抽出后迅速插入杆体,并可锤击或通过套筒用风钻冲击,使杆体强行插入钻孔。

⑩杆体插入孔内的长度不得短于设计长度的95%,实际粘结长度也不应短于设计长度的95%。注浆是否饱满,可根据孔口是否有砂浆挤出来判断。

⑪杆体到位后,要用木楔或小石子在孔口卡住,防止杆体滑出。砂浆未达到设计强度的70%时,不得随意碰撞,一般规定3天内不得悬挂重物。锚杆安设后,不得随意敲击。

12. 钢筋网

本段隧道主洞及中导洞初期支护均设计有 $\phi 6.5$ mm 钢筋网,间距为 20cm×20cm,详细施工方法如下。

(1) $\phi 6.5$ mm 钢筋规格质量及性能必须达到设计要求。钢筋网按设计要求在洞口场地处分块焊接。将钢筋网片装运至洞内安装。安装须注意钢筋网片切勿侵入二次衬砌,并将网片焊接于锚杆杆体。

(2)钢筋网根据被支护围岩面上的实际起伏形状铺设,应在初喷一层混凝土后再铺设。钢筋网与岩面或与初喷混凝土面的间隙应不小于3~5cm,钢筋网保护层厚度不小于3cm,有水部位不小于4cm。钢筋用前应清除污锈。

(3)为便于挂网安装,将钢筋网先加工成网片,长宽尺寸可以为100~200cm。

(4)钢筋网应与锚杆或锚钉头连接牢固,并尽可能多点连接,以减少喷射混凝土使网筋发生"弦振"现象。锚钉的锚固深度不得小于20cm,以确保连接牢固、安全、可靠。

(5)在开始喷射时,应适当缩短喷头至受喷面的距离,并适当调整喷射角度,使钢筋网背面混凝土达到密实。对于干燥土质段,第一次喷射一定不能太厚,以防鼓起或剥落。

(6)在砂层地段,应注意要紧贴砂层铺挂细钢筋网,并用 $\phi 22$mm 环向钢筋压紧,再喷射混凝土。在正式喷射前先喷一层加大速凝剂掺量的水泥砂浆,并适当减少喷射机的工作风压。

(7)在有水地段,应改变配合比,增加水泥用量;先喷干混合料,待其与涌水融合后,再逐渐加水喷射。喷射时由远而近,逐渐向涌水点逼近,然后在涌水点安设导管将水引出,再在导管附近喷射。

(8)当涌水范围较大时,可设树枝状排水盲沟再喷射;当涌水点不多时,可用开缝摩擦锚杆进行导水处理后再喷射。

13. 仰拱填充施工

(1)围岩的监控量测工作必须及时跟上以观察拱顶、拱脚的收敛情况。据此调整初期支护参数,若变形速率值增大,须立即封闭仰拱。仰拱开挖当遇变形很大的膨胀性围岩时,底面及其两端应预先打入锚杆以便焊接于拱架,再进行开挖。仰拱开挖至控制设计深度,底面圆顺,禁止欠挖,杜绝超挖,机械配合人工清除浮渣。仰拱开挖时交错开挖,排除积水、淤泥,做好排水设施。仰拱开挖时采取措施保证洞内临时交通畅通。

(2)初期支护:钢格栅安装及喷射混凝土要求与拱部要求一致。

(3)仰拱二次衬砌钢筋采用双面焊接,焊接长度要求达到规范要求。水泥、砂、石料严格采用检验合格的材料。二次衬砌防水等级为二级。防渗等级达到S6级。隧道二次衬砌以防水为主,衬砌采用防水混凝土。在二次衬砌中掺入10%的AEA(硅酸钙)抗裂防渗剂(掺量应根据现场进行配合比试验,一般掺量为8%~12%)以提高衬砌结构的防水能力,并降低水泥水化热,提高混凝土抗裂能力。施工中严格采用已批复使用的配合比。施工中采用混凝土罐车运输,输送混凝土配合人工摊铺、振动棒振捣密实,并加强养护。

(4)填充采用钢模板做混凝土模板,模板安装时加强模板加固防止跑模。混凝土填充严格采用已批复使用的配合比施工,片石填充在混凝土施工振捣时采用人工平摆片石。严禁装载机铲石回填,而产生的片石之间的空洞造成混凝土填充不密实。片石回填为混凝土总量的25%~30%,杜绝回填超标。填充施工时将填充设计高程降低2~3cm。有效地控制调平层与路面的厚度,填充高程在模板上用打钉挂线法准确控制高程。

(5)排水在隧道内两侧设置排水沟。每隔30m设置沉砂井,隧道两侧边墙背后设纵向SH—100软式透水管,其纵坡与路面纵坡一致。SH—100软式透水管每5m环向设置1道,及1个三通与横向 $\phi100mm$ PVC排水管对接,使墙背水排入中央排水管内。

(6)沉砂井每30m设置一道C25混凝土方形沉砂井,上盖预制方形钢筋混凝土盖板。

(7)调平层。路面调平层设计厚度15cm的C20素混凝土,仰拱支护及填充片石混凝土完成后可进行调平层施工。调平层采用半幅施工,另半幅保证通车。

①施工工艺流程:清洗填充混凝土顶面杂物→量测高程→安装模板→检测调整高程→浇筑混凝土→拆模→养生→通行。

②施工方法。因前方施工车辆通行,填充顶面一层泥块和石渣。施工调平层前应把这层浮渣清除干净,然后用高压水冲洗干净。填充面清洗干净后要检测高程,保证调平层厚度达到15cm。

③安装模板。高程检测完成后应尽快安装模板,拖延时间过长,清洗过的干净面因交叉施工会重新沉积一层灰土。模板采用钢模施工,尺寸为5000×50×150(单位为mm),模板应安装牢固,可采取模板内、外侧钻孔,预埋钢筋挡住模板,外侧用丝杆和方木支撑固定模板。

④检测模板高程。为了有效地控制调平层厚度和保证路面厚度,将调平层高程下降1cm。调平层顶面高程控制时将测点放在两侧模板上,根据测量结果进行模板高程的调整。使模板顶面平顺,两模板接头平顺,无错台。

⑤浇筑混凝土。混凝土在拌和站集中拌和,罐车运输。浇筑要连续、左右对称进行。插入式振捣密实。混凝土浇筑至高程后,用平板振动提浆,采用滚筒来回滚动、找平,然后用5m长的方形铝型材找平,铁抹子抹平,混凝土施工前要注意原材料质量,混凝土施工配合比、坍落度等必须符合规范要求。混凝土按每工班做一组试件,一组试件为6块。

⑥拆模。混凝土浇筑完工后24h强度达到即可拆模,拆模时间不宜过早,以免影响混凝土强度的继续上升。

⑦养生。调平层采用覆盖养生,用土工布、麻袋等覆盖物保湿,并及时洒水,使混凝土表面始终处于潮湿状态。并确保每天两次的洒水次数。浇筑后在14天内加强喷水养生。

14. 隧道防排水施工

在隧道施工中,常遇到地层渗水或大量涌水,解决好施工期间的防排水问题,是隧道施工中的一项重要工作。排水方式有顺坡排水、机械排水和人工排水三种方式。

(1)本标段内隧道为单拱隧道,主洞初期支护中心的喷射混凝土封闭岩面裂隙,二次模注采用S6防渗混凝土实现自防水,在二次支护间铺设 $350g/m^2$ 无防布和厚1mm的防水卷材。

(2)隧道模注衬砌的施工缝和围岩变化处所设的沉降缝、伸缩缝设置橡胶止水带和止水条。

(3)结构内排水设施,在两次支护间每隔10~15m,设一道环向透水管,在隧道两侧边墙底部和中隔墙顶部设纵向透水管,在隧道两侧边墙底部和中隔墙顶部设透水盲管,环向软管和纵向盲管均应接入隧道纵向排水沟内。

(4)中隔墙每隔10～15m设一道竖向排水软管,其直径为100mm,同墙顶两侧及中间的盲管相联结,形成完整的内外排水系统。中隔墙顶设 EVA 防水板+土工布防水层;中隔墙排水管顶处铺若干碎石以利于渗水及防盲管堵塞,以5m间距一道。

(5)明洞的防排水。明洞开挖边、仰坡外5m设置截水沟;明洞回填表层设黏土隔水层,并结合地形设置纵、横向排水沟。边墙外侧每隔10m设一道竖向盲沟,将水引入纵向排水沟中排出。明洞衬砌外侧铺设外贴式防水层:防水板+无防土工布。

(6)防水板施工。防水板施工为隧道防排水体系中的重要一环,所以控制好防水板施工,可使隧道防水可靠,保证运营其间隧道内不渗、不漏,基本干燥。

①铺设前条件。隧道周边位移速率有明显减缓趋势,水平收敛(拱脚附近)速度小于0.2mm/天或拱顶位移速率小于0.15mm/天及防水铺设前围岩的收量已达总数收敛量的80%以上。

②防水层铺设前的准备工作。量测隧道开挖断面对欠控部分应加以凿除,钢筋网、管道凸出部分先切断后用锤铆平,用砂浆抹平。锚杆的凸出部分,螺头顶预留5mm切断后,用塑料帽处理。喷射混凝土表面凹凸显著部位,矢高与弦长之比超过1/6的部位应修凿、喷补使混凝土表面平顺。

检查自走式热合机及热风焊枪是否完好、用电方便和用电安全;检查350g/m²无防土工布和防水板的技术指标,是否有断裂、变形、穿孔等缺陷,保证材料符合设计规范质量要求。

防水层应满足的材质要求:无纺土工布350g/m²。水板抗拉强度大于或等于12MPa,断裂伸长率大于或等于200%,热处理尺寸变化率小于或等于2.5%,低温弯折性。-20℃无裂纹,抗渗透性0.2MPa,24h不渗透,抗穿孔性,不渗透,剪切状态下的粘合性,$\sigma_{sa} \geq 2N/mm$ 或在接缝处断裂。其他指标均应满足《聚氯乙烯防水卷材》(GB 12952—2011)P型一等品要求。

③防水层铺设主要技术要求。防水板幅宽2.05m,卷材需在燃烧时离火自熄。防水板铺设必须采用无钉铺设施工工艺,接缝采用热风双缝焊接,采用电动空压机及皮管充气针孔进行两条焊缝间的充气检测。检测要求为充气压力为0.25MPa,15min 内气压下降值小于0.025MPa。对于检测不合格的缝,认真检查,采用热风焊枪进行焊接,直到检测合格。

防水层施作应在初期支护变形基本稳定和在二次衬砌灌注前进行。开挖和衬砌作业不得损坏已铺设的防水层。因此,防水层铺设施作点距爆破面应大于150m,距灌筑衬砌处应大于30m,当发现面层有损坏应及时修补。无纺土工布施作前,MF7塑料盲沟按每5m一道环向布设,采用射钉固定。当喷射面渗水时,在渗水面设并引至隧底与侧壁纵向排水管连通。

防水层全断面环向铺设,为了防止水泥浆渗入土工布。首先在喷射混凝土表面把350g/m²无纺土工布用热融衬垫贴上,然后用射钉枪钉上水泥钉将衬垫锚固,水泥钉长度不得小于50mm,平均拱顶3～4点/m²,边墙2～3点/m²。

铺设防水板时,采用双缝自动焊接机铺设,两者粘结剥离强度不得小于防水板的抗拉强度。结合部位不得小于100mm,且粘结剥离程度不得小于母体拉伸强度。

防水板接头焊接前应擦干净,最佳焊接温度和速度应根据试验确定。禁止焊接过火而烧焦、烧穿。防水板松弛适度,不紧绷,无皱折。

15.二次衬砌

(1)在公路隧道及地下工程中常用的支护衬砌形式主要有整式衬砌、复合式衬砌及锚喷衬砌。本隧道采用复合式衬砌,复合式衬砌是由初期支护和二次衬砌所组成。初期支护是帮助围岩达成施工期间的基本稳定。二次衬砌则是提供承受后期围岩的压力。隧道施工工艺见图3-5-8。

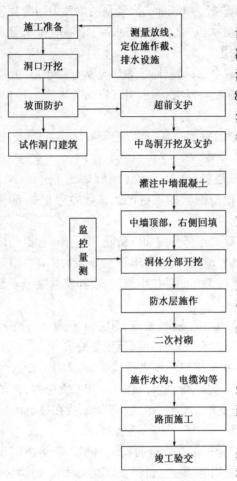

图 3-5-8 隧道施工工艺框图

(2)隧道防排水设计以复合式结构衬砌原则进行设计,隧道二次衬砌以自防水为主。衬砌采用防水混凝土在二次衬砌中掺入10%的AEA(铝酸钙)抗裂防渗剂(掺量应根据现场进行配合比试验,一般掺量为8%~12%)以提高衬砌结构的自防水能力,并降低水泥水化热。提高混凝土抗裂能力。隧道二次衬砌防水等级为二级,防渗等级达到8s。

(3)二次衬砌浇筑前提。

①隧道周边位移速率有明显减缓趋势。

②水平收敛(拱脚附近)速度小于0.2mm/天或拱顶位移速率小于0.15mm/天。

③施作二次衬砌与洞身开挖掌子面保持35~60m。

④其位移与位移速率采用激光隧道位移实时监控系统或机械式收敛计。水平尺及水平仪等实测数据为依据。水平位移与拱顶下沉速度以安全考虑,是指至少7天的平均值,总位移可由回归分析计算求得。

(4)施工准备。

①施工前根据隧道监控量测数据进行分析,充分掌握围岩和初期支护结构的变形和变化规律,当变形到稳定阶段后可进行二次衬砌施工。

②对进场的水泥,砂石(粒径、含水率和含泥量)、外加剂等进行检查,按批复的配合比组织施工。防水板施工前进行洞身断面复测,确保二次衬砌的断面尺寸满足设计及规范要求。

(5)机械要求。

①施工中使用全断面液压台车,配备混凝土拌和站、混凝土运输车、输送泵和4~6根振捣棒等机械进行二次衬砌混凝土浇筑。

②台车钢模板厚1.0cm,表面光滑,接缝严密,有足够的光度和稳定性,接头整齐平顺,台车骨架扎实,不变形。台车半径按规范允许加大5cm。

③拌和站、运输车、混凝土输送泵状况良好无故障,并配备2个维修人员定时检查和维修,将各种机械设备保持在最佳状态。

(6)施工测量。

①在调平层上进行隧道中线打点并根据台车尺寸进行台车轨道的铺设,保证台车中线与隧道轴线在同一条线上及台车断面与洞轴线垂直。保证每板混凝土之间搭接10cm。

②台车就位后进行中线高程测量,并进行台车断面量测,台车断面和高程均满足设计及规范要求。

(7)特殊部位防水。

①环向施工缝是结构自防水的薄弱环节,必须认真做好防水处理。施工缝设置止水条按12m一循环设置。安装前先用背贴式止水带沿施工缝贴着防水板环向安设贴牢。BW—96型橡胶止水条安设前,先用弧形木条沿1/2二次衬砌厚度在挡头板上固定。挡头板脱模后,将木条取出,在下道二次衬砌施工前,将橡胶止水条沿凹槽埋设并加固。

②预埋件施工。在每块混凝土施工时,台车定位后,在衬砌台车上按设计位置安设并固定好注浆嘴。台车脱模后为防止混凝土灌注不密实,在注浆嘴统一注浆。

(8)混凝土浇筑。

①浇筑前检查所有的设备性能,使所有设备保持在最佳状态。

②严格控制混凝土施工配合比。根据现场骨料、细料、含水率合理调整骨料、细料掺量和用水量,按配合比掺入防水剂及抗裂剂。做好原材料的检验,使混凝土具有良好的和易性,搅拌充分、均匀,如有离析或泌水现象应重新搅拌及控制坍落度。

③合理调整混凝土输送泵的速度,使其与混凝土的搅拌时间达到最佳结合。安排专人负责机械操作,避免混凝土搅拌不及时和机械操作而引起堵管。当堵管时及时拆管处理,避免混凝土分层。

④混凝土浇筑时泵管不与台车模板接触,采用临时支撑,防止因强烈振动而引起台车位移和模板变形。管道出口应对准浇注面,防止混凝土喷出时损坏防水板和预埋件。管口与浇筑面距离约1.5m。

⑤除拱顶封口处混凝土浇筑采用泵压捣实外,其余均采用机械振捣,每隔50cm一层振捣,振捣棒插入时要快,提出时间要慢,把握振捣时间,防止振捣过度,影响混凝土质量。

⑥采用左右两侧对称分层浇筑施工,将输送管对准台车泵送窗口,交叉施工。

⑦拱部封顶采用台车预埋注混凝土管共3~4根。由已封顶处逐步退行,混凝土充满拱顶后应保证密实。

16. 辅助设施

在长隧道施工,可利用辅助导坑来增加工作面。即将隧道划分成几段,形成"长隧短做"以加快施工进度。同时在隧道开挖、运物、支撑、衬砌、压缩空气的供应、施工供水与排水、施工供电与照明、施工通风与防尘等作业时,辅助导坑可提供多项辅助作业。

(1)辅助导坑。辅助导坑可分为横洞、平行导坑、斜井和竖井等四种类型。可增加隧道工作面,改善施工通风、排水、运输条件,减少施工干扰,加快施工进度,缩短工期等优点。辅助导坑类型的选择,可根据隧道长度、施工期限、地形、地质、水文和弃渣场等条件,通过技术经济比较综合考虑、合理选择。

(2)供风。在隧道施工中,施工用风一般采用以压缩空气为动力的风动机。

(3)供水。隧道施工中由于采用湿式凿岩、喷雾洒水时,此时不仅要考虑水源和水质问题,同时对水压也有一定要求。

(4)供电。隧道施工中的供电系统可分为动力系统和照明系统。供电系统的架设,是要随着隧道的施工进度的延伸而随时向前移动的,且要确保施工安全和相互之间不干扰。在有瓦斯的隧道内,必须要有防爆措施。

(5)施工通风。隧道施工通风的目的是送进新鲜空气,冲淡、排出有害气体和降低粉尘浓度,以改善劳动条件,从而保证施工安全、洞内工作人员身体健康和提高施工生产效率。

施工通风方式的选择应根据施工方法、设备条件、通风长度和工作面多少来确定。一般常见的通风方式有自然通风、风管通风和巷道通风三种。

(6)施工运输。根据施工方法和开挖断面的大小,隧道运输可选择有轨运输或无轨运输两种方法。

三、隧道监控量测

(1)隧道围岩及初期支护进行监控量测,是隧道工程采用新奥法施工的主要特征之一,是保证隧道施工安全、优化结构设计、提高工程质量的重要手段。同时,隧道现场监控量测也是新奥法复合式衬砌设计、施工的核心技术之一,是本隧道采用信息化设计的重要组成内容之一。隧道断面预设了围岩变形量,并应通过施工现场监控可以掌握围岩和支护在施工过程中的力学动态和稳定性程度,保障施工安全。为评价和修改初期支护参数、力学分析及二次衬砌施作时间提供信息依据,并且积累资料为以后的设计提供类比依据。确保隧道的安全达到隧道施工安全、节约工程投资的目的。

(2)根据本合同段隧道工程的实际,成立由总工程师、专业隧道工程师、质检工程师、技术员等组成的量测小组,每天把量测的结果汇总整理,绘制成时态曲线和空间关系曲线,对隧道全程进行监控量测,同时上报监理工程师审查。特别加强地质和支护状况观察、周边位移和拱顶下沉、地表下沉、围岩压力、锚杆拉拔试验及锚杆轴向力等项目的监测,确保施工安全。

(3)监控量测的目的:根据测得的围岩应力及形变、初期支护的受力状态等动态信息,判断围岩及初期支护的稳定状态,据此确定二次衬砌的施工时间,充分发挥初期支护的作用,根据所测得的信息,修改支护参数,使其更符合实际情况;指导同等地质条件下支护及衬砌的设计与施工。

(4)监控量测项目及方法见表3-5-4。

监控量测项目及方法 表3-5-4

序号	项目名称	方法及工具	测点布置	量测频率			
				1~15天	16天~1个月	1~3个月	3个月以后
1	地质及支护状况观察	岩性、结构面产状及支护裂缝观察或描述,地质罗盘等	开挖后及初期支护后进行	每次开挖后及出初期支护后进行			
2	地表下沉	水平仪、水准尺	每10m一个断面	1~2次/天	1次/2天	1~2次/周	1~3次/月
3	周边位移及拱顶下沉	QJ—85周边收敛仪、水准仪、水准尺、测杆	每10m一个断面	1~2次/天	1次/2天	1~2次/周	1~3次/月
4	围岩压力	各种类型压力盒	每类围岩代表性地段一个断面,每断面内15个测点	1~2次/天	1次/2天	1~2次/周	1~3次/月
5	围岩内部位移	单点、多点杆式或钢丝式位移计	共作3个断面11个钻孔	1~2次/天		1~2次/周	1~3次/月
6	钢支撑内力	钢筋计	每10榀钢支撑设置1对钢筋计	1~2次/天	1次/2天	1~2次/周	1~3次/月
7	锚杆拉拔试验及锚杆轴向力	锚杆测力计及拉拔器	每10m一个断面,每个断面至少做3个锚杆	—	—	—	—

①隧道开挖后及时安装测点,进行围岩、初期支护的周边位移量测;锚杆安设后,适时进行锚杆拉拔力试验。

②各种量测测点,爆破后在距开挖面2m的范围内尽快安设,在爆破后24h或下一次爆破前测读初始读数。

③根据本次项目隧道设计的具体情况,参照有关规范和新奥法设计指南施工中进行量测项目。

(5)必测项目。

①地质和支护状况观察。通过对隧道开挖后岩性,结构面产状及支护裂缝观察或描述来评价隧道的围岩工程地质特点,支护措施的合理性及洞室稳定状态。

②隧道围岩变形量测。通过洞内变形收敛量测来监控洞室稳定状态和评价隧道变形特征,该项是主要量测项目,包括净空收敛量测,拱顶下沉量和围岩内部位移量测。

③隧道地表下沉变形量测。通过对洞口浅埋段地表变形量测监控洞室稳定状态和评价隧道变形特征。

④锚杆抗拔力。锚杆28天的抗拔力平均值大于或等于设计值,最小拔力大于或等于0.9设计值。按锚杆数1%做拔力试验。一组最少3根。

(6)选测项目。应力—应变量测采用应变计、应力盒、测力计等监测钢拱架,格栅支撑,锚杆和衬砌受力变形情况,进而检验和评价支护效果。

(7)围岩稳定性和支护效果分析。通过对量测数据的整理与回归分析,找出其内在的规律,对围岩稳定性和支护效果进行评价,然后采用位移反分析法。反求围岩初始应力场及围岩综合物理力学参数,并与实际结果对比验证。

(8)量测数据的处理与应用。

①根据量测数据绘制时态曲线和空间关系曲线图,进行回归分析,预测可能出现的最大值。根据开挖面状态,对支护类型、间距及稳定性作出综合判断。反馈到监理单位和设计单位,对衬砌结构加以完善,并指导以后施工,增减开挖预留变形量。

②及时据现场量测数据绘制时态曲线和空间关系曲线。

项目六　其他文件施工方案的编制

【知识目标】掌握工程施工的施工组织机构的设置及施工质量保证措施,安全生产措施,环境保护措施和冬、雨季施工措施等内容的组织形式;理解各种施工措施的应用。

【能力目标】通过对工程施工的施工组织机构的设置及施工质量保证措施,安全生产措施,环境保护措施和冬、雨季施工措施等内容的学习,你应对在施工过程中出现的各种质量安全事故能进行分析和预防,同时对各岗位的责任有全面的了解和深入的认识,为今后能从事质检员、安全员、施工员、监理员工作奠定良好的开端。

【知识引入】在工程施工过程中,质量、进度、投资三者关系是经常遇到的问题,三者既是对立的,又是统一的。生产必须安全、安全为了生产。安全制度包括生产制度、教育制度、技术措施制度、交底制度、检查制度、事故分析制度、资料保存、记录制度。冬、雨季施工需要有相应的措施。

施工现场的施工机构一般以项目部的形式组成,它是以具体的施工项目为对象,以实现质量、工期、成本、安全和文明施工相统一的综合效益为目标的项目管理机构,它是在项目负责人领导下,负责施工项目从开工到完工的全过程施工生产经营管理,是企业在某一工程项目上的管理层,同时对作业层负有管理与服务双重功能。

📋 任务描述

作为公路工程施工人员,了解和掌握工程施工的施工组织机构的设置及施工质量保证措施,安全生产措施,环境保护措施和冬、雨季施工措施等内容的设置,是提高业务水平和工作能力的重要环节。

背景材料

一、编制说明(同前)

二、工程概况(同前)

三、工程进度计划(同前)

问 题

如何进行其他文件施工方案的编写?

案例分析

一、组织管理体系

施工机构的组织形式也称组织结构的类型,是指一个组织以什么方式去处理层次、跨度、部门设置和上下级关系。施工项目管理常用的组织形式有如下几种。

1. 组织机构的设置

(1)直线制,见图3-6-1。

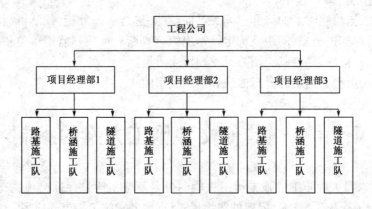

图3-6-1 直线制施工组织形式

直线制施工组织形式特点是组织机构简单、权力集中、命令统一、职责分明、决策迅速、隶属关系明确。此种组织形式仅适用于小型、专业性较强、不涉及多个部门的施工项目。

(2)职能制施工组织形式,见图3-6-2。

职能制施工组织形式特点是加强了项目目标控制的职能化分工,能够发挥职能机构的专业管理作用,提高效益,减轻公司负担。此种组织形式一般适用于大、中型建设项目。

(3)直线职能制施工组织形式,见图3-6-3。

直线职能制施工组织形式特点是实行直线领导、统一指挥、职责清楚且组织目标管理专业化。此种组织形式一般适用于大型建设项目。

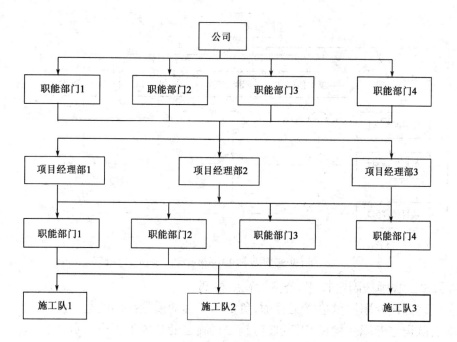

图 3-6-2 职能制施工组织形式

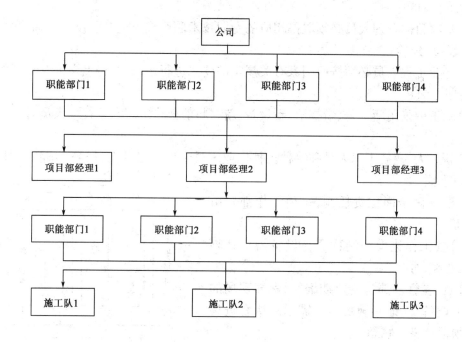

图 3-6-3 直线职能制施工组织形式

（4）矩阵制施工组织形式,见图 3-6-4。

矩阵制施工组织形式特点是加强了各部门的横向联系,具有较大的机动性和适应性,把上下左右集权与分权实行最优的结合,有利于解决复杂难题,有利于施工人员业务能力的培养。此种组织形式一般适用于大型、复杂的建设项目。

2. 质量管理机构

（1）项目经理部成立质量管理领导小组,质量管理领导小组组织机构见图 3-6-5,项目经

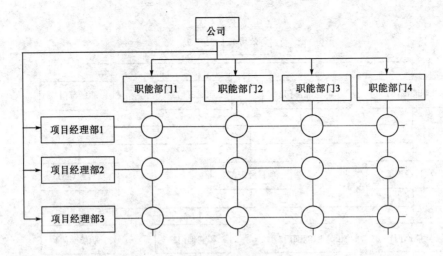

图 3-6-4 矩形制施工组织形式

理任组长,项目总工程师任副组长,办公室设在质检部。

(2)项目经理部设专职质量检查工程师,负责本工程的质量计划的落实。

(3)各施工队设立专职质检员,工班长对其工班施工的分项工程质量负责。

(4)在工程施工中,针对施工中出现的技术难题,进行技术攻关,同时开展 QC 分组讨论,消除质量通病。

(5)本项目的管理人员必须取得相应的专业技术职称或受过专业技术培训,并具有一定的施工及管理经验。

(6)专业工程人员必须按照国家有关规定的要求进行培训,取得上岗证及相应的技术等级证、持证上岗。

(7)施工中采用新工艺、新技术、新设备、新材料前必须组织专业技术人员对操作者进行培训。

(8)新工人,变换工程人员和特种工种作业人员上岗前必须对其进行岗前培训,考核合格后方可上岗。

(9)建立健全岗位责任制,每项工作都要由专人负责。

(10)按工作进度编制物资与设备需求计划表,力求准确,可靠。

(11)机械管理部门要定期维修、保养现场的施工机电设备,保证其满足施工需求。所有进场设备必须保持良好状态。

(12)钢材、水泥、防水材料等物资采购必须按 ISO9001 的采购程序。

(13)强化质量意识,认真贯彻落实"百年大计,质量第一"的方针,把创优工作贯穿到施工生产的全过程,在施工队伍选配、机构设置、施工方案、管理制度等方面紧紧围绕创优目标,以保证和提高工程质量为主线,全面组织优质生产。

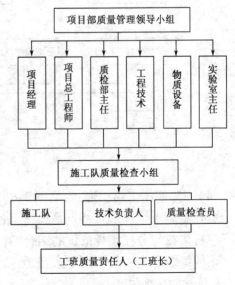

图 3-6-5 质量管理领导小组组织机构

(14)强化以各级第一管理者为首的质量保证体系,配齐配强有关人员,做到各级领导、业务部门、现场指挥、作业班组质量责任明确,考核奖罚及时,充分调动全体职工的创优积极性。

(15)加强与建设、监理、设计单位的密切配合,主动听取监理工程师的意见,实现"四位一体"联合创优的管理格局。

(16)选调精干的管理人员及施工队伍,强化职工质量意识教育。

(17)健全内部检查制度,质检工程师由上级机构派驻,实行施工技术部门管理,质量检查部门监控的监管分立体制,立足自检自控,确保创优目标实现,将现场质检工程师"一次检查合格率"作为考核指标,提高工程检查的严肃性、权威性。

(18)完善激励机制和约束手段,采取定期评比,奖优罚劣,实行质量否决制度,运用经济杠杆作用,确保工程质量。

(19)加强工序质量控制,严格按ISO9001质量保证模式组织生产,依据施工技术规范、质量检验评定标准及招标文件与施工合同条款质量要求制订各工序,各环节的操作标准,工艺标准和检查标准,对工序标准的执行情况作出记录,使各工序衔接有序。

(20)编制切实可行的实施性施工组织设计与施工网络计划。按网络节点工期要求,分阶段控制,实现均衡生产,为保证工程质量创造条件。

(21)工程实验室,负责全标段的工程试验工作,对成品,半成品和原材料进行严格检验控制,确保材料质量合格,资料齐全,试验数据准确;采取有效的试验检测手段,控制工程质量,严把计量关,对所有在用计量设备按规定进行检验标定,合格后投入使用。

(22)加强施工技术管理,坚持技术复核,采取有效的技术管理手段提高工程质量,经理部设精测组,负责本标段的控制测量布网与施工阶段复测工作。工程技术人员做到施工图、技术交底、施工测量及时、准确、无误,实行技术交底复核签字制度,所有图样交底,测量放样资料由技术主管审核签字标识后方能交付施工,各项资料保存完好,以备核查,对收到的设计文件,开工前由总工程师组织有关技术人员进行会审和签认,对存在的问题及时与设计部门联系解决。

3. 质量保证体系

项目经理部根据ISO质量管理标准,建立健全项目经理为第一责任人的工程质量管理领导小组,建立项目经理部、工程队、工班三级质量管理体系。从组织保证、思想保证、目标管理保证、施工质量保证、质量检查保证、经济保证、质量信息保证诸方面建立完善质量保证体系。质量保证体系见图3-6-6。

(1)组织保证、建立完善的质量管理机构。

实行GB/T 19001—2000或ISO9001:2000质量管理模式,建立完善的质量管理机构,成立以项目经理为组长,项目副经理、总工程师为副组长,各科室负责人和施工队主要领导为成员的质量管理领导小组。推行全面质量管理,项目经理部和工程队均成立QC质量领导小组,了解掌握全面质量管理动态,定期召开质量工作分析会,使工程质量始终处于严格的受控状态。质量管理机构详见图3-6-5。

(2)制度保证、落实质量管理人员质量职责。

建立健全工程质量责任制,将质量目标层层分解,制订各级、各部门质量工作岗位责任制,明确具体的质量责任,把质量管理的每项工作、每个环节具体落实到每一个部门、每一个人,切实把质量工作落到实处。各级行政领导、技术负责人对其主管或分管的工程质量终生负责。如发生工程质量事故,都要追究相应的行政和法律责任。

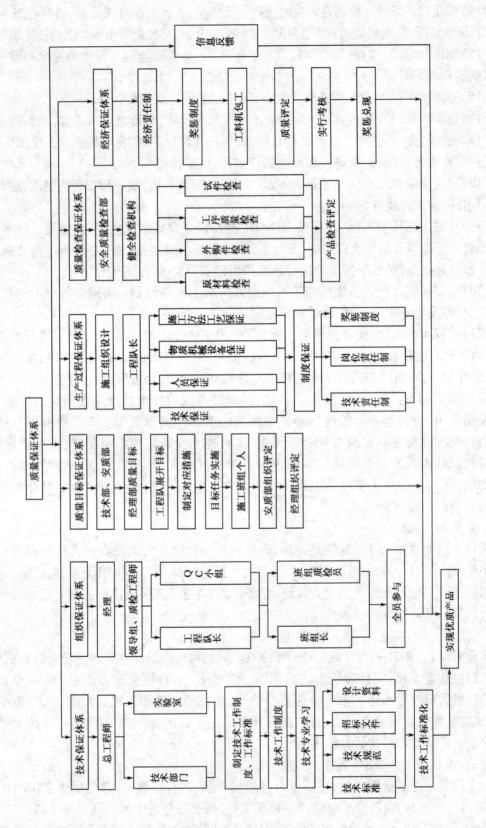

图3-6-6 质量保证体系框图

4. 质量管理责任制

(1)项目经理质量职责。

①项目经理代表本企业履行本工程承包合同,执行质量方针,实现工程质量目标和创优规划,是现场工程质量管理的总负责人。

②负责策划项目质量管理的组织机构,明确人员职责,建立合理的分配和奖惩办法,充分调动参与项目建设所有职工的积极性。

③负责项目合同内的生产经营,安排和调整项目施工计划及进度,调配现场内的物资、资金及人员,对完成项目的施工计划负责,对工程质量、工期、成本、安全、文明生产、环境保护负责。

④主持项目工作会议,审定或签发对内对外的重要文件,对签署的有关工程的变更、洽商、纪要等文件负责。

⑤组织编制职工培训计划,不断提高职工质量意识和操作技能。

(2)项目总工程师质量职责。

①在项目经理的领导下,认真贯彻质量方针和目标,贯彻国家和行业技术标准,认真组织审核图样,主持编制项目工程实施性施工组织设计和施工方案,制订项目工程的质量保证措施,明确其技术保证和质量保证要求,做好技术交底工作。

②制订和实施项目工程质量计划,加强施工过程的控制,主持关键工序攻关和人员培训,制订工艺操作规程,严格项目工程的施工技术和质量检验管理,对因技术管理原因造成的重大质量事故负责。

③制订和实施纠正措施和预防措施,主持对不合格项评审和处置。

④监督检查采购物资的检验和试验及设备的控制。

⑤推广应用统计技术,加强文件和资料的控制,建立质量记录,安排项目图册、文件、资料的分配、签发、保管及日常处理。

⑥推广和应用"四新"技术,编写有关成果报告和技术总结。

(3)质量检查工程师质量职责。

①执行本项目的质量计划,贯彻落实质量目标和创优规划。

②制订质量检查计划,确定重点关键项目的检查方法和检查安排。

③负责本项目的质量检查,控制工程施工的质量标准,把住工程材料进料关和工艺施工质量关,复核测量定位的准确性,确保工程质量符合要求,达到业主满意。

④及时进行质量评定,参与质量事故及不合格工程的分析会,填写好工程施工质量记录,向上级填报有关质量报表。

⑤组织开展质量培训工作,指导并参加 QC 小组分组讨论。

(4)测量工程师质量职责。

①熟悉本项目工程的设计图、技术标准、测量仪器性能及操作规程,对测量工作质量负责。

②严格按测量规范实施工程放样测量,保证工程放样精度符合规定要求。每项测量都要进行复核,保证构筑物各种断面、几何尺寸、中线、水平达到设计及规范要求。

③做好各项测量记录,真实反映工程形成过程的断面尺寸,坐标位置,施工放样和检查结果。并进行技术复核,证实完全符合设计图、技术标准的要求。

④负责管理本单位使用的测量仪器,保证其性能准确、测量结果、数据无误,仪器性能完

全处于良好状态。

(5) 试验工程师质量职责。

①认真执行现行有关检验和试验的标准、规范和规程。

②具体负责生产中的检验工作,熟练操作各类仪器设备,按有关规定进行各类检验和试验。

③指导、监督检验和试验人员开展工作,积极处理检验试验工作中的技术问题。

⑤按时收集、整理检验和试验报告,并及时上报。

⑥参与不合格工程分析和质量事故调查会议,协助提出纠正和预防措施。

(6) 物资采购负责人质量职责。

①遵守国家有关法令、法规和本单位的采购程序、牢固树立"质量第一"的意识。

②根据采购计划,对货源进行比质、比价、比运输条件的综合考虑,按适时、适量、齐备及先近后远的原则,并按分级采购管理的规定实施采购。

③参与对分承包人的评价、产品的验证,对其质量进行监督。产品验证时发现质量问题予以拒收。

④采购物资交仓库负责人验收,验收时若发现问题,仓库负责人予以拒收。

⑤按《中华人民共和国经济合同法》认真逐一审查采购合同条款,把好订货质量关。

⑥签订采购合同应详尽写明各项要求,如质量标准及验收方法、交货时间、交货地点、运输方式、交货方法、付款方式以及违约的处罚等,确保采购工作质量。

(7) 项目经理部其他人员质量职责。

①服从领导安排,认真执行项目质量计划。

②严格按操作规程的要求进行操作,严格执行"三检制",对由于不执行工艺及操作原因而造成的质量事故和不合格工程负责。

③出现质量问题及时向班组长或项目质量负责人、质量工程师反映,并参与原因分析,对不及时自检和不及时反映问题造成的不合格产品负责。

④保证个人质量指标的完成。

⑤严格控制多余物资和混批现象的发生,对由此造成的不合格工程负责。

⑥努力学习质量管理知识,认真执行项目的质量体系文件,贯彻质量方针。

(8) 工程队长质量职责。

①认真执行上级有关确保工程质量的规定、指示,参与制订并实施质量措施,正确指导工班按照技术交底、施工规则、操作规程和各级质量检查制度等进行施工生产,不违章指挥。

②根据工作任务,正确指导工班施工、劳动力安排、建立健全质量管理制度和岗位责任制度,对工程质量中存在的问题,要及时加以解决,一时不能解决的要及时报告项目领导。

③随时检查生产机具、设备等完好情况,保证正常运行操作。

④布置工班工作时,强调质量管理工作,负责组织、督促、检查工班开好班前质量交底会、工前、施工中质量检查和交接班工作。

⑤发生质量事故,立即向上级报告,并参加事故调查分析。

⑥对工程质量情况应及时、准确记录。

(9) 队技术主任质量职责。

①在项目总工程师和工程队长的领导下,认真贯彻质量方针和目标,贯彻国家和行业技

术标准,认真组织审核图样,编制本队工程项目实施性施工组织设计和施工方案,制订工程质量保证措施,明确其技术保证和质量保证要求,做好技术交底工作。

②实施项目工程质量计划,加强施工过程的现场控制,对因技术管理原因造成的质量事故负责。

③推广应用新技术,加强文件和资料的控制,做好质量记录。

5. 工程质量组织保障措施

工程施工质量,关系到工程项目在使用过程中的安全,是确保国家经济健康发展、人民生活安定的重要问题,所以,在工程施工中要严格控制工程质量,使工程项目施工过程中的所有参与人员要牢固地树立"百年大计,质量第一"的思想方针。

在工程施工过程中,质量、进度、投资三者关系是经常遇到的问题,三者既是对立的,又是统一的,所以必须要处理好。在工程施工管理中,必须认识质量、进度、投资三者之间关系,其中质量是主要的方面,只顾追求速度、追求产值而不顾质量是施工企业所不容的。因此,在工程施工组织管理中,必须把工程质量放在第一位。

在工程施工阶段制订的施工施工组织设计,要保证与提高工程施工质量满足工程建设和业主的要求,可以采取以下几项主要措施:

(1)对工程施工人员进行质量培训,提高施工人员的质量意识,保证工程质量。

(2)成立与工程项目有关的各级质量检验、监督、监理机构,坚持专业人员经常性检查和与工程施工有关的人员进行全员性参与检查相结合,贯彻专业检查和班组自检、互检制度,以确保工程施工质量。

(3)认真检查和复核设计图、文件、资料、规范、标准,认真研究业主的设计思想和意图,同时做好各项工作的技术交底。

(4)认真、及时、准确、真实地填报各项工程施工验收报表,对隐蔽工程的验收、签证、施工日志等,要建立专门的技术档案,并且保存好原始记录。

(5)认真执行国家施工验收规范、标准和有关的操作规程,如《公路工程施工质量验收规范》(DGJ 08-119—2005)、《公路工程质量检验评定标准》(JTG F80/1—2012)等。

(6)保持机械、设备、仪器的完好和使用,保证工程施工机械的经常性检修工作。

(7)根据工程项目的要求,要建立、健全工程试验检测机构,试验检测人员必须要经过专业的培训,施工过程中要做好原材料、半成品、构件、设备和工程施工过程中的各项检验检查工作。

(8)对工程施工过程中可能发生的质量事故进行认真的分析和研究,找出产品质量缺陷的原因,制订出相应的措施和解决方法。同时要求严把材料进口关,不合格的产品不允许进场,且采取预防措施,尽可能把质量问题消除在出现之前。

二、工程质量保障措施

确保工程质量是工程施工最基本的前提,也是企业的生命,因此确保工程质量不仅是对业主负责,也是对企业本身负责。通过周密的施工组织设计,严格的施工管理和对本项目进度、质量、成本三方面的控制,确保总目标的实现。为此将采取如下几方面措施:

(1)按照ISO9002质量体系要求、建立完善的质量管理体系和质量保证体系;制订创优规划,使每道工序都在严格的质量监控之下进行,实行全面质量管理;提高全员质量意识,按分项分工序实施专项质量意识教育。

(2)建立健全质量管理及奖惩的规章制度,成立隧道施工工地中心实验室,加强对施工过程质量的检验和监控量测,严禁不合格材料进入任何工序,确保各项工序一次成优。狠抓工序质量的自检、互检与专业检查,确保工程质量优良。

(3)调遣精兵强将,强化施工管理。组建精干的工程项目经理部、成立各种专业队,建立各种管理体系。

(4)科学组织、精心施工、文明施工。运用统筹法、网络技术、系统工程等新技术编制切实可行的实施性施工组织设计,选择最优施工方案,确保工程按计划完成。

(5)各单项工程、各工种均实行项目负责制和岗位责任制,质量指标直接与施工人员经济挂钩,奖优罚劣、重奖重罚,分项分部工程质量指标均列入奖罚内容。

(6)采取多种形式对项目全员进行质量教育,树立"百年大计,质量第一"的思想,强化项目全员的质量意识,施工前有针对性地进行各工种的技术培训,提高施工人员的操作技能,为创优质工程创造条件。

(7)运用科学的管理方法和现代化的检测工程质量,强化工程质量管理,认真执行设计图审核制度,并做好施工技术交底,使每一个施工人员都能做到心中有数,熟悉本工程的技术要求,做到严格按照设计要求施工,严格按照施工规范作业。

(8)加强试验工作,严格检验各种工程材料,严格按照施工配料,确保各部混凝土强度达到设计要求。

(9)项目部与各队设专职质量检查工程师,监督检查项目工程质量。

(10)加强技术管理,把技术标准、技术要求和具体施工方法全面细致地灌输到每一个施工人员头脑中,使他们对自己所承担工程的操作程序、技术要求在心目中清清楚楚、明明白白,并落实到行动上。中线、水平严格执行双检制度,各种资料的收集整理要及时,内容项目要齐全,保证全部竣工资料均从现场取得。

(11)做好质量检查工作,充分发挥质检人员的作用,对每一道工序均进行全面严格的质量检查,实行内部质量上级管理制度,隐蔽工程在业主及监理人员检查签证后方可进行下道工序的施工,确保工程质量。

(12)制订工程项目质量计划、狠抓质量计划流程中各环节的工作,推行工程质量责任制,明确每一个岗位的质量责任,奖优罚劣、奖罚分明,促使全员都把质量放在首位不断提高质量水平。

(13)根据工程特性,提供先进的施工机械和试验仪器,为工程创优夯实基础。

(14)搞好样板工程的试点和经验总结,用样板领路,全面推广,达到创全优工程的目标。

1. 技术保障措施

(1)本企业将针对本工程成立专家技术顾问组,负责对本工程施工方案进行优化,预测和解决施工中的技术、质量、安全难题,确保工程得以顺利进行。

(2)配齐项目各级专业技术人员,项目部设项目总工程师、施工技术科、安质科等质量管理机构;队设技术室。投入本工程的全部专业工程技术人员总数不少于15名,其中高级工程师以上人员不少于2名,工程师不少于10名。

(3)建立施工方案和施工组织设计分级评审制度,施工方案和施工组织设计必须经评审批准后方可用于施工。一般方案项目部组织评审,项目总工程师批准实施;重要方案由企业本部组织评审,经我单位总工程师批准实施。通过对施组和方案的评审可以避免因方案不当而造成的工程质量事故,可以优化和改善施工方案,提高工程质量。

(4)积极开发科技新成果,大力推广应用新技术、新设备、新材料、新工艺,以先进的技术确保高质量的产品。

(5)加强施工技术指导,认真做好设计图自审与会审,充分理解设计意图;逐级进行技术交底,严格按设计图、相关的技术规范及操作规程要求进行施工。技术人员深入现场精心指导,质管与测试人员准确检测、严格把关。强化工序、工种、工艺的质量控制,在一些重点工序建立质量管理体系和质量专人负责,对关键性的工艺开展 QC 分组讨论,组织技术攻关。

(6)工程试验。

①凡参加检测、试验人员(包括工程师、助理工程师、技术员、试验员)必须具备大专以上文化程度,具有工程质量检测,材料试验基本知识和法定计量单位基础知识;持有经考核后统一制发的岗位合格证,未经考核的人员,不得从事试验工作;掌握被检产品的标准(国家标准、行业标准),检验工作按有关规程进行;熟悉掌握测试仪器的工作原理、技术性能、操作程序和方法。

②检验过程中,试验人员应严格按操作规程进行,发现仪器设备故障,应保护现场并及时报告,及时研究采取处理措施,并在该仪器履历簿上记录详细过程;采取规定的追溯措施,要认真做好原始记录,并在记录上签字,对记录的完整性、准确性负责。出具的试验报告应工整、数据准确、结论正确、签字齐全。

(7)质量检查保证,严格标准,层层把关。强化质量检查制度,实行定期检查和经常性抽查相结合,专业检查和自检相结合,外部检查和内部检查相结合,贯彻落实开工前检查、施工中经常性检查、隐蔽工程检查、工程队质量"三检""三工序"检查、定期检查、验工签证、竣工检查等行之有效的质量检查制度。在各级质量检查人员现场检查的基础上,项目经理部组织质量管理领导小组成员每月进行一次全面工程质量检查,层层把关,确保工程质量达到创优要求。

2. 施工质量保证的动态管理和过程控制

(1)根据本段工程特点和质量目标要求,项目经理部配备责任心强,工作经验丰富,技术熟练的工程技术和管理人员,并在施工期间保持相对稳定,调遣质量意识强、专业化程度较高、作风过硬的施工队伍负责本合同段工程的施工。机械设备按先进实用的原则配备。原材料严把采购、进场、使用、检验关,确保工程质量。

(2)加强施工过程中的质量管理工作,严格按设计和规范控制每道工序,实行工序三检制、复核签认制、"五不施工""三不交接"等现场管理制度,做到层层把关、层层检查,使各项工程始终处于受控状态。

(3)大力开展克服质量通病分组讨论,把克服质量通病作为质量管理和创优的基础性工作,根据本合同段工程特点编制下发《常见工程质量通病及预防措施》,结合工程实际对照实施,把克服质量通病工作抓紧抓好,落到实处。

(4)加强外部劳务管理,提高创优的整体水平。坚持外部劳务的岗前培训和持证上岗制度,强化外部劳务的技术培训和质量意识教育,提高外部劳务的作业水平和操作技能,提高全员的整体创优水平。

3. 确保质量记录真实完整

采用各种方式及时搜集质量信息,应用计算机对有关数据进行分析处理。项目经理部质检部门配备一台数码摄像机,各工程队质检工程师配备一台数码相机,确保质量记录真实完整。

按规定要求认真填写各类质量记录,做到内容翔实,签证手续完备。图样审查、设计变更记录、复测记录、隐蔽工程检查证、原材料合格证、试验报告单、施工日志、质量事故报告及处理记录、质量报表等资料分类归档。

4. 质量预控措施

工程施工前,应针对本工程的特点,列出可能影响工程质量的关键项目和特殊过程管理明细表,作为质量控制的管理依据。对于关键项目和特殊过程要制订详细施工方案,必要时编制作业指导书,用于指导施工作业,以保证工程质量符合合同和业主要求,使业主满意。各级施工负责人、工程技术人员及质检人员对工程质量负相应责任,层层签订质量责任书,做到责任落实到位,使各级指挥人员在实施组织指挥中始终坚持"质量第一"的方针,确保工程质量符合要求。见图3-6-7。

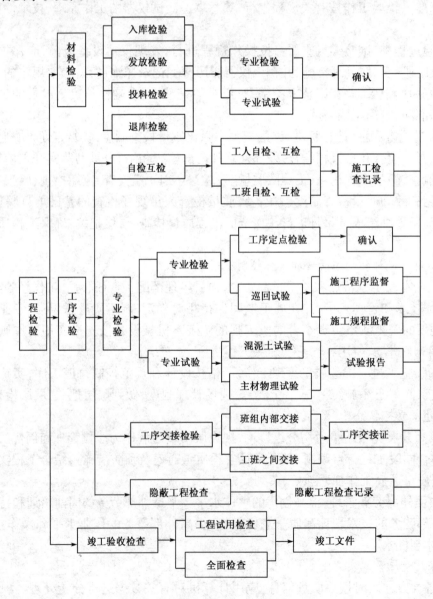

图3-6-7 工程质量检验流程图

(1)质量预控程序,见图3-6-8~图3-6-10。

(2)控制和预防质量通病的措施、办法结合本标段的工程特点,根据以往工程施工中存在的质量通病,分析原因,提出预防措施,并编制详细的《工程质量通病原因分析及预防措施》下发各工程队,组织全体员工进行学习,从而使大家明白质量通病产生的原因及关键环节,在施工中使全体工程建设人员自觉采取预防措施。

(3)防止涵洞缺口路基沉降的措施。涵洞缺口严格按设计填筑渗水土,按设计及规范要求分层填筑,严格控制每层填土厚度,并采用小型机具压实。

(4)防止模板质量通病的措施。涵洞边墙、台帽施工均采用钢模,为了克服模板在制作与安装中对钢筋砼结构与构件存在尺寸偏差、外观不平、支撑不牢的质量通病,采用以下预防措施:模板及支撑架应有足够的强度和刚度,支模时垂直高度要准确,模板上口应对拉。中间应用螺栓拉紧,以承担混凝土的侧压力。

混凝土呈塑性状态时切忌在模板外侧用力拍打,以免造成混凝土下滑,形成根部缺陷。支撑直接在土坑边上,下面应垫以木板,以扩大接触面。

模板接缝应拼装严密,对拼装不密贴的接槎或板缝,采用填实、粘贴封闭和焊接等方法进行处理,保证模板平整、光滑。

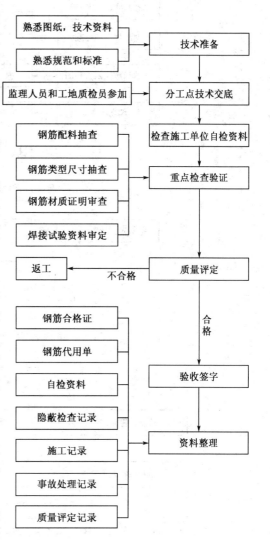

图3-6-8 钢筋质量预控程序图

(5)防止混凝土麻面的措施。模板面清理干净,不得粘有干硬水泥砂浆等杂物。钢模板脱模剂要涂刷均匀,不得漏刷。混凝土必须按操作规程分层均匀振捣密实,严防漏振;每层混凝土均应振捣至气泡排除为止。

(6)防止混凝土露筋的措施。浇筑混凝土前,应检查钢筋位置和保护层厚度是否准确,发现问题应及时修整。为保证混凝土保护层的厚度,要注意固定好垫块。一般每隔1m左右在钢筋上绑一个水泥砂浆垫块。钢筋较密集时,应先配适当的石子。石子最大颗粒尺寸不得超过结构截面最小尺寸的1/4,同时不得大于钢筋净距的3/4。为防止钢筋移位,严禁振捣棒撞击钢筋。混凝土自由倾落高度超过2m时,要用串筒或溜槽等进行下料。拆模时间要根据试块试验结果正确掌握,防止过早拆模。操作时不得踩踏钢筋,如钢筋有踩弯或脱扣者,应及时调直,补扣绑好。

(7)防止混凝土蜂窝预防措施。混凝土搅拌时严格控制配合比,经常检查、保证材料计量准确。混凝土应拌和均匀,颜色一致,其延续搅拌最短时间一般应按60~90s。混凝土自

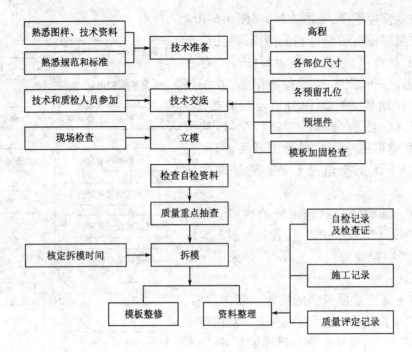

图 3-6-9 模板质量预控程序图

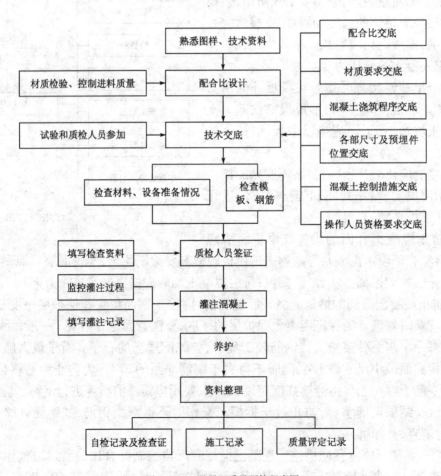

图 3-6-10 混凝土质量预控程序图

由倾落高度一般不得超过2m。在竖向结构中浇筑混凝土,支模前应在边模板下口抹10~15cm宽找平层。开始浇筑混凝土时,底部应先填以50~100mm与浇筑混凝土成分相同的水泥砂浆。混凝土坍落度应严格控制,底层振捣应认真操作。混凝土的振捣应分层捣固。浇筑层的厚度不得超过振动器作用部分长度的1.25倍。捣实混凝土拌和物时,插入式振捣器移动间距不应大于其作用半径的1.5倍;振捣器至模板的距离不应大于振捣器有效作用半径的1/2。为保证上、下层混凝土结合良好,振捣棒应插入下层混凝土5cm。浇筑混凝土时,应经常观察模板、支架、堵塞等情况。

(8)工程检验、报检程序。工程施工过程中严格质量检验、报检程序,每道工序施工前项目部及工程队对作业人员进行技术交底和现场指导,工序完成后按照质量检验评定标准首先由队质检员检验,合格后报项目部质检工程师,质检工程师检验合格后填制相关检验表格并报监理工程师检验,自检不合格的项目应在整改完毕后报监理工程师。质量检验、报检程序见图3-6-11。

5.确保工期的措施

(1)运用先进的管理手段,统筹安排生产计划。

①运用网络计划技术对本合同段工程进行合理安排。明确各单位工程或工序的施工时间,对工程施工进度进行目标管理。对关键线路控制工期的重点工程,做到资源保证,各级领导重点抓,阶段性目标不欠账。一般工程统筹兼顾,动态管理,适时调配资源,科学组织施工,工程进展可控有序,以确保总工期的实现。

②充分运用统计技术对工程进度进行管理。定期召开施工生产会议和工程调度会,总结分析施工生产情况,下达施工生产计划。根据统计的结果,对当前的施工进度做定量分析,提出具体的改进措施,确保下达的计划按时完成。

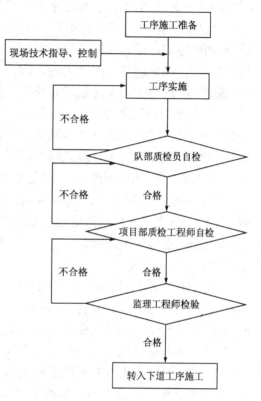

图3-6-11 质量检验、报检程序

③积极开展技术攻关分组讨论,开展技术革新,不断优化施工方案。应用新技术、新工艺、新设备、新材料加快施工进度,确保工期的实现。

(2)建立岗位责任制。实行项目管理,项目经理对施工工期负全责。工期目标管理建立岗位责任制,签订包保责任状,明确各级管理人员的职责,完善考核及奖罚制度,实行分工负责。各职能部门围绕工期制订工作计划,每月检查落实情况,定期召开工程例会,及时掌握施工动态,了解各项目进度情况,对未完成进度计划的查明原因,制订改进措施,使工程进度按计划进行,做到日保旬、旬保月、月保总工期。

(3)调遣精兵强将,以最快的速度进场施工。中标后,我单位立即组成精干的项目指挥机构,调遣过硬的专业施工队伍上场,做到进场快、设营快、开工快。积极创造条件,尽早展开主体施工。

(4)合理资源配置,满足工期要求。根据本合同段的工程需要和施工组织设计安排充足人员、设备和材料。人员的配置要满足施工现场的需要；对配置的施工机械，要加强其使用和管理，充分发挥机械化配套作业优势，努力提高机械化作业程度，对机械设备要定期进行维修保养，保证机械设备正常运转，促进工程施工进度。物资部门要及时根据施工进度计划做好物资的采购和供应工作，确保工程材料按时到位，满足施工生产，保证施工顺利进行。同时根据工程进展需要筹备足够的建设资金，保证工程建设正常进行。雨季施工前备足施工用料，确保施工进度。

（5）优化施工方案，科学组织施工。根据工程的技术难点和环境特点，选择先进的施工方案和施工方法，并对施工方案和施工方法在施工中不断改进和优化，避免或减少各工序之间的相互干扰，从施工方法和工序上寻找加快施工进度的路子，使施工经常处于有组织、有计划、有秩序的调控之中。同时广泛开展小发明、小创造、小革新、小建议、小改进五小分组讨论，加快施工进度。在施工过程中要本着科学的原则，精心组织，合理安排施工，紧紧抓住关键工序，正确处理各工序之间的矛盾，做到环环相扣、井然有序。坚决杜绝计划执行过程中的随意性，使整个施工过程时时处于受控状态。

（6）开展劳动竞赛，掀起施工高潮。工程展开施工后，本着稳扎稳打、稳中求快的原则，根据工程进展情况，适时开展劳动竞赛。开展比进度、比质量、比安全的分组讨论，调动职工的积极性和劳动热情，不断掀起施工高潮，提高劳动生产率，加快施工进度，确保总工期的实现。对在劳动竞赛中作出突出贡献的单位和个人进行表彰奖励。

（7）强化安全、质量工作，确保各项工程施工进度。在施工过程中加强安全教育和管理，施工中根据各工序的特点采取相应切实可行的防护措施，杜绝施工现场各种安全隐患的存在，以此来确保施工生产顺利进行。严格控制工程质量，做到出手必优，一次成优，避免因质量问题返工延误工期。

（8）创造外部条件，确保施工顺利进行。一上场我们就主动与当地政府和人民群众取得联系，组织召开座谈会，通过座谈会的形式使大家互相了解，加深感情。在施工中我们本着修路造福当地人民的思想，在施工期间尽可能地为当地人民群众多做贡献；同时加强施工管理，在施工期间尽可能地减少对当地人民群众的干扰，避免破坏他们的生活环境，取得当地人民群众的信任，减少群众对施工的阻拦，为施工顺利进行创造条件。

（9）做好施工保障工作。细致了解掌握当地水文、天气等方面的信息，制订可行的特殊季节施工措施，合理安排施工顺序，落实到位，保证进度；切实落实施工安全防护措施，以安全保进度；做好设备的选型和配件供应工作，贯彻高效耐用和易修的原则；型号宜少不宜多，备足易损件；做好施工便道的维修和养护，确保施工道路晴雨畅通无阻；搞好文化、生活、卫生线的建设，注重员工的"三餐一宿"，做好生活区的环境美化工作，不断增强全体员工的战斗力，提高工作效率。定期或不定期对员工进行身体健康检查，保证全体员工有良好的身体和精神状态，全身心地投入到施工生产中去。

工期保证体系见图3-6-12。

6. 钢筋质量保证措施

（1）材料进场检验。本工程钢筋采用Ⅰ、Ⅱ级钢筋及钢绞线，供应商提供具有出厂证书和检验报告的合格钢材，并按规定取样送实验室或有资质单位进行试验，鉴定质量合格后方可使用。

（2）钢筋焊接。焊工必须有焊工考试合格证，并在规定的范围内进行焊接操作。钢筋焊接时，严格按照施工工艺标准要求进行。钢筋焊接前，必须根据施工条件进行试焊，合格后方可施焊。

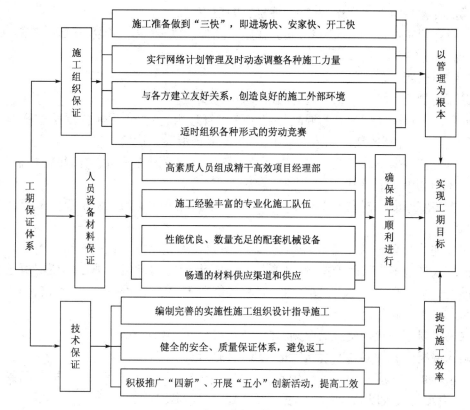

图 3-6-12 工期保证体系框图

（3）钢筋绑扎与安装。

①钢筋的交叉点应采用 22 号铅丝绑扎。

②梁和柱的箍筋，除设计有特殊要求外，应与受力钢筋设置箍筋弯钩叠合处，应沿受力钢筋方向错开设置。

③搭接长度的末端距钢筋弯折处，不得小于钢筋直径的 10 倍，接头不宜位于构件最大弯矩处。受拉区，Ⅰ级钢筋绑扎接头的末端应做弯钩。钢筋搭接处，应在中心和两端用铁丝扎牢。

④钢绞线按设计长度下料，采用砂轮切割，钢绞线安装要求位置准确，安装牢固。张拉前对张拉设备进行检验标定。

7．模板质量保证措施

（1）对桥梁墩台身及预制梁、现浇梁采用特制大块钢模板，由工厂加工。出厂前及使用前均要进行试拼。

（2）模板与混凝土的接触面应涂隔离剂。隔离剂采用合格的脱模剂。模板及其支架在安装过程中，必须设置防倾覆的临时固定设施。拆模前，应检查构件的混凝土是否已达到规定的拆模强度。拆模顺序应按先非承重模板，后承重模板。

（3）对于拼装模板，保持表面平整，堆放整齐，使用时应涂隔离剂。

8．混凝土质量保证措施

（1）混凝土的拌和及运输。

①本标段混凝土均采用拌和站集中拌和，电子计量，混凝土运输车运输。

②搅拌前，应检查拌和、计量控制设备的状态，保证按施工配合比计量拌和，同时根据材

料的状况及时调整施工配合比,调整各种材料的使用量。

③应制订切实可行的运输路线,同时在施工场地内派专人指挥混凝土运输车辆进、出现场,确保现场的连续浇筑。

(2)混凝土浇筑及养护。

①保证混凝土运输时道路畅通,保证浇筑的连续性。

②成立以项目副经理为首的混凝土浇筑施工管理组,主要负责实施混凝土浇筑施工的有关事项,连续供应和按施工工艺组织施工,从而保证混凝土浇筑质量。

③浇筑工艺根据不同部位予以相应调整。不能引起混凝土离析,自卸高度控制在2m以下。大于2m应用串筒、斜槽或溜管等方法浇筑。

④一次浇筑厚度控制在捣固棒长度2/3以内,防止浇筑厚度过大,混凝土间隔浇筑时间不超过60min。

⑤在合理的时间内浇筑完毕,浇筑速度不能过快,否则易使模板侧向压力增大。

⑥捣固人员应随浇筑随振捣,并认真振捣浇筑混凝土的自然流坍面部位混凝土。混凝土以振捣表面呈现泛浆和不再沉落为止,且移动间距不大于作用半径的1.5倍,但不得超振以免引起混凝土翻砂和粗骨料下沉。

⑦振捣时要遵循快插慢拔的原则,并保持与模板5~10cm距离。

⑧结构混凝土养护必须在浇筑完毕12h以内进行。

⑨蓄水养护用水应采用与拌制用水一致的洁净水。采用覆盖浇水,养护时间最少不能低于7天,浇水的次数以保持混凝土表面经常处于湿润状态为宜。

⑩墩身混凝土的养护采用薄膜养护,拆模后立即贴薄膜,养护时间不小于14天。

(3)拆模质量保证措施。

①拆模顺序按后支的先拆,先支的后拆,先拆除非承重部分,后拆除承重部分,重大、复杂的模板拆除应制订相应的拆模方案。

②拆模时间应视混凝土强度发展情况及结构类型而定,并遵照招标文件规定和有关规范。

9. 隐蔽工程的质量保证措施

为确保隐蔽工程质量符合验收标准,保证一次验收合格,杜绝和消灭质量缺陷,采取如下措施:

(1)加强对施工人员"质量第一,顾客至上"的质量意识教育,强化岗位责任制,定期组织技能培训,提高员工的操作技能,开展QC小组分组讨论,消除人为因素造成的工序质量缺陷。

(2)对机械设备定期进行维修和保养,结合本项目的实际情况,配置先进、适用、性能良好、配套的机械设备,消除机械设备因素而造成的工序质量缺陷。

(3)加强物资采购各环节的控制工作,实行定点、定量采购,严格按照检验与试验程序进行控制,消除材料因素造成的工序质量缺陷。

(4)坚持持证上岗,严格施工纪律,按规范组织施工,严格操作规程,消除施工方法不当而造成的工序质量缺陷。

(5)确保工序施工有一个良好的施工环境,加强现场管理,搞好文明施工,消除环境因素的影响。

(6)定期对计量设备进行周期鉴定,保证检验、测量、试验的准确性,推广和应用先进计量设备及快速准确的测试技术,消除检验、测量、试验、设备因素而造成的工序质量缺陷。

(7)项目总工程师应全面对设计图进行审核,掌握现行的各类规范,明确质量标准和要求,做好技术交底,参加人员履行签字手续,形成状态过程的可追溯性。

(8)质检工程师应熟悉和掌握相关的技术规范、设计要求,验收标准,做好工序质量检查记录,负责隐蔽工程检查验收签认,填写工程质量评定表,建立质量事故(隐患)报告处理等行之有效的质量管理制度,使工程质量处于受控状态。

(9)各隐蔽工程项目工序技术负责人,应熟悉设计图,吃透设计文件精神,搞好班组的技术交底工作,并做好质量记录。

(10)隐蔽工程的检查验收坚持自检、互检、专检的"三检制"。以班组检查与专业检查相结合。施工班组在上、下班交接前应对当天完成的工程的质量进行自检,对不符合质量要求的及时予以纠正。

(11)各工序工作完成后,由分管工序的技术负责人,质量检查人员组织工班长,按技术规范进行检验,凡不符合质量标准的,坚决返工处理,直到再次验收合格。

(12)工序中间交接时,必须有明确的质量交接意见,每个班组的交接工序都应当严格执行"三工序制度",即检查上道工序,做好本工序,服务下道工序。

(13)每道隐蔽工程完成并经自检合格后,由监理检验,做好隐蔽工程验收质量记录和隐蔽工程检查签证资料整理工作。

(14)所有隐蔽工程必须经监理工程师签字认可后,方可进行下一道工序,未经签字认可的,禁止进行下道工序施工。

(15)经监理工程师检查验收不合格的隐蔽工程项目,经返工自检和复检合格后,重新填写隐蔽工程验收记录,并向驻地监理工程师发出复检申请,经检查认可后,及时签认手续。

(16)按竣工文件编制要求整理各项隐蔽工程验收记录,并按ISO9001质量标准《文件、资料控制程序》分类归档保存。工序施工中的施工日志、隐蔽工程验收记录、分项、分部工程质量评定记录等资料齐全。按《公路工程质量检验评定标准》(JTG F80/1—2012)要求,用碳素墨水填写,其内容及签字齐全,具有可追溯性。

10. 施工操作的质量保证

施工操作者,是工程质量的直接责任者。单就工序质量来说,施工操作者是关键,是决定因素,因此要做到在施工操作中,坚持自检、互检、交接检制度。明确质量责任制,各工序实行操作者挂牌制,促进操作者自我控制施工质量的意识。在整个施工操作过程中,要贯穿工前有交底、工中有检查、工后有验收的"一条龙"操作管理方法。做到施工操作程序化、标准化、规范化,确保工程质量。

11. 人员素质的质量保证

在工程管理中,"人、机、料、法、环"五要素中,人是决定因素。施工管理层的工程技术人员、专业管理人员、施工操作人员保持相对稳定,保证其工作的连续性及原有操作技能水平。

12. 正确处理进度和质量的关系

进度与质量是对立的统一,没有质量就没有进度。在施工和管理过程中,必须处理好质与量的关系。生产指标、进度(任务)完成后,必须检验质量是否合格。坚持好中求快,好中求省。

13. 施工管理的质量保证

本工程是一项要求时间紧、项目内容多的工程。高速、优质地建设好该工程,对完善公路网络、促进地区的经济建设具有重要意义。为了优质地建设好该工程,维护我单位声誉,展现我单位施工水平,特制订该工程规划目标如下。

(1)实行质量一票否决制,在项目经理和总工程师的领导下,由专职工程师组成质检组负责质量管理工作。各单项工程均实行项目负责制和岗位责任制,质量指标直接与施工人员利益挂钩,奖优罚劣。

(2)定期进行质量大检查,召开工程质量分析例会,消除施工中的质量隐患,处理质量事故,完善质量保证措施,确保质量目标的实现。

(3)工程质量目标。

①分项工程优良率:≥95%,一次施工合格率:≥95%。

②分部工程优良率:≥92%。

③单位工程合格率:100%,优良率:≥90%。

14. 工程质量创优措施

(1)建立创优领导组织,明确创优责任制。为确保工程质量达到我们制订的方针目标,施工期建立全面目标管理,对质量实行全面管理,在现场配有较高素质、专业技术熟练的管理人员,配备性能良好的先进的施工机械和检测设备,认真做好计量,对原材料、半成品的检测工作,建立严格的管理制度,使每个人、每个部门都有明确的职责、目标。

(2)强化创优宣传教育,做好技术培训工作。人事部门要进行安全质量教育和技术培训工作,持证上岗。抓好质量思想教育,强化全员质量意识。牢固树立"百年大计,质量第一"的思想。严格按照质量保证体系的有关程序执行,建立完善的质量保证体系,使各工种、班组以提高工序质量为重点,积极开展重点的攻关型QC小组分组讨论,针对施工现场出现的关键质量问题,开展技术攻关分组讨论,采取预防措施。

(3)全面加强项目管理。创优领导组织由经理部质量领导小组负责,质量工程师负责日常事务工作。经理部、工区、工点负责人为各自的创优负责人,并把创优任务落实到工点,分解到基层作业班组。各级业务部门要按照责任制及业务范围,对创优分组讨论制订相应措施,实施细则及检查考核标准,并贯彻执行。

(4)加强企业管理,提高管理水平,运用先进的管理方法,着重抓好计划的网络技术,材料的分类及财务的量本利分析。确保工程外观质量,混凝土工程做到内实外光,对水泥的品种应使用同一厂家同一品种。

(5)加强施工技术管理。根据创优总目标和年度目标,制订季度安全质量实施计划,并按PDCA循环进行展开。制订全面细致的安全质量保证措施,以抓工序质量来促进全面质量水平的提高。

(6)实行质量一票否决制度。经理部质检工程师为专职质量检查人员,其对质量有监督、检查的职责。一票否决制度,施工中未办理检查签证的一律不得进行隐蔽、覆盖。对严重违背质量工作的行为,有权责令其停工、整改,并对其采取惩罚措施。

(7)应用经济手段,使质量与分配奖罚挂钩,实行重奖重罚。

(8)加强创优工作的检查,督促和协调。各工区每月对创优工作有检查和落实,对存在问题进行协调解决,对解决不了的要及时报经理部。项目经理部每月对创优各项标准完成情况进行全面检查,及时动态地控制施工质量。

(9)严格执行质量保证体系,执行《隧道施工技术规范》(JTG F60—2009)及设计图,对照《公路工程质量检验评定标准》《验收规范》的每一条款来检验施工现场的质量情况,遵照招标文件有关要求施工。

（10）加强原材料、施工过程控制，对洞口开挖、H175型钢、洞门墙、管棚、锚喷支护进行全过程的跟踪，及时发现问题，及时解决问题。

（11）施工技术人员认真熟悉相关设计图，了解设计意图，对设计图进行消化，做施工前的充分准备，多和现场监理工程师沟通，考虑到每个细节，严格执行检查制度，杜绝在上道工序不合格的情况下进入下道工序施工。

（12）加强施工技术管理，严格执行以总工程师为首的技术责任制，使施工管理标准化、规范化、程序化。每星期定时进行质量技术指导会议，严格按照设计文件和施工设计图施工，严格遵守施工规范，严格掌握施工技术标准、质量检查及验收标准。

（13）每道工序施工前进行技术交底，向施工人员明确工序操作规程、施工工艺、质量要求和标准。严把工序质量关。

（14）严格执行工程监理制度，作业队自检，质检部复核合格后通知监理工程师检查。杜绝质量隐患，隐蔽工程经监理工程师签认后再隐蔽。

（15）严格执行技术人员现场轮流值班制度。及时发现和解决施工中的技术问题，严格控制各工序施工；加强跟踪及监督量测工作，掌握第一手围岩动态资料，指导施工。

三、安全生产制度与措施

1. 安全生产的组织工作

在施工生产中保证安全生产，是保护劳动者的生命安全的一项重要措施，也是技术工作的重要内容，所以在劳动过程中必须把生产和安全很好地结合起来。为了能保证安全生产，国务院先后颁布了《工程安全技术规程》《安全技术操作规程》《工人职员伤亡事故报告规程》等法规，且国家对安全生产作出了明确指示，制订了"生产必须安全、安全为了生产"的原则。在计划、检查、总结、评比生产时，同时也必须计划、检查、总结、评比安全工作。

在编制施工阶段的实施性施工组织设计时，应特别强调安全技术措施和安全制度的制订，要把安全生产放在工作的重要位置，在施工生产过程中，要遵守安全规程、贯彻以防为主的方针，提高对事故的预见性，并且成立安全生产领导小组进行施工过程的全方位检查和监督。

在工程施工过程中采用新技术、新结构和新的施工方法时，在新工人、新设备、新工具日益增多等情况下，要根据具体情况，建立健全安全生产机构，在各级行政和技术负责人的领导下，选择懂得安全技术并富有经验的技术骨干部担任专职工作，并能及时发现明显和潜在的危险情况，制止违章作业，能为生产创造安全环境，以防患于未然。

安全技术措施是根据不同的工程和工作条件，在施工方法、平面布置、材料设备上提出保证安全生产的措施、必须遵守和注意的事项。

2. 安全制度

在"生产必须安全、安全为了生产"的原则指导下，制订切实可行的生产管理和技术管理的安全生产规章制度，它是组织职工进行安全生产分组讨论的准则，是保证正常生产的有力工具。

（1）安全生产制度。在生产过程中必须建立健全和认真贯彻执行安全生产责任制，做到分级负责，分片负责，事事有人负责，时时有人负责，责任到人，责任到岗，把安全生产贯彻到各个施工环节中，使安全和生产真正统一。

(2)安全教育制度。经常利用各种形式,广泛开展安全生产宣传分组讨论,组织职工学习有关安全生产的政策、法令,教育职工树立安全和生产统一的思想,自觉遵守安全生产规章制度。

(3)安全技术措施制度。安全技术措施是施工组织设计的重要组成部分,是指导安全生产的技术文件,也是进行施工安全生产交底的重要依据,因此,在工程开工前,没有编制安全施工技术措施的工程一律不准进行施工。

(4)安全交底制度。安全交底是一项经常性的工作,它是具体贯彻安全技术措施的主要方法,在布置生产任务时,对施工安全要提出明确的要求和责任,把施工技术和安全技术同时进行交底,订立安全保证措施,使人人心中有数、个个做到安全。

(5)安全检查制度。施工过程是一个复杂的过程,为了及时发现和消除不安全因素,要进行经常性的施工安全检查,同时根据施工过程和季节变化的特点,定期或不定期进行全员安全教育和全项目安全检查,使安全问题及时发现,及时解决。

(6)事故分析制度。对在工程施工过程中发生质量事故和工伤事故后,应组织有关人员进行实地调查和分析事故的原因,找出事故发生的原因,制订预防措施。

3. 安全施工保证体系

(1)建立安全保证体系见图3-6-13。

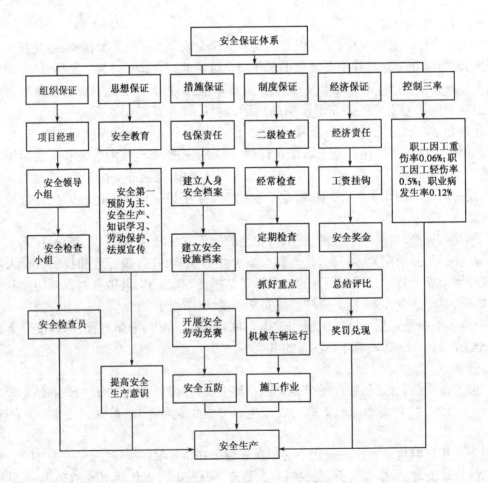

图3-6-13 安全保证体系框图

(2)安全保证措施。

①建立健全安全管理组织机构。根据《职业健康安全管理体系 要求》(GB/T 28001—2011),建立健全安全管理组织机构,成立以项目经理为组长,项目副经理和安全监察长为副组长,项目经理部各科室负责人、各工程队队长为成员的安全管理领导小组,制订切实可行的规章制度,工地设专职安全员,班组设兼职安全员,实行安全生产责任制。

②建立安全岗位责任制。项目经理部与各队等逐级签订安全生产责任状,把安全生产纳入承包考核内容。明确规定各级领导、职能部门、工程技术人员和生产工人在施工生产中的安全责任。

③抓好安全教育和检查。搞好安全法制教育和安全技术培训。在开工前对全体施工人员进行《中华人民共和国安全生产法》及其他有关安全法律、法规学习教育,提高大家的安全意识;同时对全体施工人员分专业、多层次的进行安全操作技术规程培训,使大家按照安全规程进行施工。

建立施工安全准备工作验收制度。每项工程开工前验收内容主要包括施工组织设计是否有安全措施,施工机械设备是否符合技术和安全规定,安全防护设施是否符合要求,施工人员是否经过培训,安全责任制是否建立,施工中可能发生的危险情况是否有预防措施等。

开展安全生产检查分组讨论。项目经理部每月组织一次安全检查,每季项目部和施工队联合组织一次安全大检查。各队每周组织一次安全检查。对重点工程的安全检查工作应加大力度和检查次数。

④加强现场安全管理。以建设安全标准工地为载体,强化施工现场作业控制。各施工队结合工程类别和施工工地的特点,制订出涵洞、路基等详细的工程施工安全保证措施。

(3)现场安全管理以火工品的使用、爆破作业、汽车运输和消防安全为重点,按照有关施工技术安全规则执行。

①根据现场生产特点,制订重点工序操作规程、各类主要生产设备操作规程。项目部建立安全生产责任制,制订相应的考核办法,以确保各项规章制度的落实和实施。

②安全工作领导小组定期组织安全检查。各级安全员要经常深入作业现场检查。一要检查各项制度的落实情况,二要及时发现各种安全隐患。对职能部门开出隐患整改通知书,限期整改。严格按安全生产责任制进行考核。

③项目分部要加强对外来人员及火工品的管理,积极协助当地公安机关共同管好工地及其附近范围内的治安,保障工程顺利开展。

④通过改进施工技术、施工设备、施工工艺等措施,改善劳动条件,提高施工的安全性。

⑤针对本标段路基开挖使用炸药多、频率高、点分散的特点,制订严格的《火工品领用、发放和使用制度》和《爆破操作规程》,责成专人看管炸药,专人领用。爆破作业须由队安全员在场监督的情况下,由专职爆破员实施。未使用完的炸药,由领用人交回炸药库。严禁私自存放,截断火工品流失渠道,避免一切因此可能造成的危险。

⑥利用职工大会或通过张贴墙报、工地广播等,加强对职工的安全生产常识性教育,人人树立"安全第一"的思想。

⑦施工现场、危险作业区、场库、具有安全隐患的地点及各主要交通交叉路口,设立醒目的警告牌、标语牌、指标牌。

⑧加强对机械设备的管理,加强操作人员的技能培训,建立机械设备定期检修制度,树立防患意识,确保机械设备的安全使用。严格操作规程,杜绝违章操作。

⑨职工个人配备安全帽及其他专门防护用具,督促其工作时间认真系戴。

⑩非专业人员严禁从事各危险工种工作,如电工、爆破、高空作业等。特殊工种操作人员在参加培训后,持证上岗。

⑪油库、炸药库设在远离居住区和仓库的位置,库区范围严禁任何火种。

⑫施工及生活用电配置合理,架线规范,严禁私拉乱接,确保用电。

⑬边坡防护施工前,派专人自上而下检查,撬除危石,以防崩落伤人;边坡防护,采用搭架施工时,脚手架架立稳固,人行斜坡道用特制的防滑梯铺设,外侧设立护栏。斜坡道下及作业平台下,严禁站人或停放设备,施工平台上的施工材料、工具稳固堆放,以防跌落伤人。

⑭路堑开挖尽可能避开雨季施工,避免大雨造成山体滑塌,危及人身及机械安全。

(4) 爆破施工安全措施。

①建立现场爆破指挥机构。本段路堑高边坡较多,为确保路基爆破施工安全,设立现场爆破指挥领导小组、技术指导小组、爆破施工小组、安全警戒小组。领导小组设指挥一人,施工调度两人;技术指导小组由路基工程师、地质工程师、爆破工程师等组成;爆破施工小组由若干名富有经验的爆破技术工人组成;安全警戒小组由项目部、队和班组安全员组成。

②制订严格的爆破设计审查制度。鉴于要确保路基边坡稳定及施工安全,爆破方案在遵循有关爆破设计规程的前提下,必须经安全员共同勘查现场,并通过一系列的爆破试验后制订。爆破方案在实施前,报业主和监理工程师批准。

③选用爆破经验丰富、技术熟练的爆破施工队和专业技术人员。在开工前,结合当地环境,地质实际进行爆破的专题培训,使施工操作人员进一步熟悉作业环境;邀请当地公安及民间爆破专家和能手,现场示范;参与爆破施工作业人员,必须通过培训考试,持证上岗。

④建立严格的爆破工作制度。每次爆破设计前,认真进行地形测量和地质观察,依测设结果进行爆破设计。严格依设计进行炮眼施工。在爆破工程师检查验收后,进行装药施工;爆破后,查验有无哑炮;路基工程师、地质工程师、爆破工程师对爆破效果现场作出评价,总结经验,指导下一步施工。

⑤采用科学的检测手段。通过运用罗盘仪,正确确定山体的岩石结构,为炮眼布置提供科学依据;使用爆破振动测试仪,通过实际测出爆区范围的 K、a 值,为施工爆破提供准确的计算数据,把爆破振动控制在安全限度内,保证爆区四周建筑与设施的安全。

⑥做好当地群众的安全告知工作。在开工前,主动将爆破区域绘制好,通过布告或专访宣传,使当地城镇居民对施工爆破有初步的了解;在具体施工过程中,每次爆破施工的前一天,将施工爆破可能影响的范围、时间、爆破特定信号等再次告知附近居民;根据每次爆破施工的范围,在爆破前 $1\sim 2h$ 开始警戒,要委派专人对整个警戒区进行检查,做好居民的思想工作,及时撤除警戒区,确保群众安全。

⑦起爆前的最后确认。在整个爆区各炮眼装药、连线完成后,由爆破工程师、施工班组长对炮区进行认真检查,查看有无漏炮,连线是否正确或有无遗留的炸药、雷管等;确定点炮人员最佳撤离路线,清理撤离道路,使之畅通无阻;在最后警戒信号发出 10min 后起爆。

(5) 路基施工安全保证措施。

①路堑边坡的开挖随挖随护,及时安排专人对边坡上的危石或松石进行清除,防止危石、松石等滚下伤人等事故发生。

②石质路堑开挖需要爆破时,爆破严格按设计装药,一律采用松动爆破。在爆破区设置警戒线,每次爆破前爆破员和安全员检查爆破区和警戒范围,爆破后 15min 以后方准爆破员

进入爆破区检查,安全员同时检查各自警戒范围,确认无异常情况解除警戒后,施工人员和机械方可进场施工。

③土石方在挖装过程中,挖掘机回转半径范围内严禁站人。向车辆卸载时,铲斗不能越过运输车辆驾驶室上空。

(6)交通安全保证措施。

①对施工便道安排专人维修和养护,保证道路畅通。在陡坡和弯道处设置提醒标志,引起驾驶员的注意。紧邻悬崖、陡坡的施工便道处设置混凝土防护墙。

②对驾驶员加强教育,提高驾驶员的自身素质。在车辆行驶过程中驾驶员必须遵守交通规则,不超载、不违章。

③严禁驾驶员酒后驾车和穿拖鞋驾车及无证驾车。在出车前必须对车辆进行检查,认定车辆不存在任何故障后,才方可出车,严禁代故障车辆出行。

(7)消防措施。

①在生活区、停车场、材料库及油料等仓库及机械车辆上,配备一定数量的消防用具,做到有备无患。

②加强消防教育,树立火灾防患意识。要求人人掌握报警方法和灭火器的使用方法,以及一些最基本的灭火途径。

③严格施工及生活用电的接线管理,防止因电引发的火灾事故发生。

④材料库、油库等主要场所要接通工地内电话,确保一旦险情发生,报警迅速及时。

(8)落实安全生产责任制。

①项目经理、副经理、项目总工程师安全职责。

a.对项目安全生产工作承担全面领导和管理责任。

b.认真贯彻执行国家安全生产方针、政策、法规和上级指示、制度、办法,制订本单位有关的安全生产的制度、规定、措施。

c.随时了解本项目安全生产状况,每月召开一次安全例会,分析安全情况、安全趋势,找出存在问题,采取措施并组织实施。

d.施工前,组织制订安全措施。对重点工程、关键工序(部位)和采用新技术、新结构、新工艺作业、冬雨季施工、使用交叉、高空作业及其他危险性大的工程等,组织制订专项安全措施,向参加施工的全体职工进行技术交底,经常检查贯彻执行情况。

e.审定安全技术措施计划,积极组织力量,确保计划实施,并不断改善劳动条件。

f.每月组织一次全项目安全生产大检查,经常深入现场,检查施工方法,劳力组合,设备、工具、生产、安全设施等情况,及时消除隐患,项目部无力量解决的问题,要采取控制措施,并及时上报。

g.组织定期安全教育,工人调换岗位的安全教育。协助上级组织好对特殊工种工人的培训、考试、发证工作。特殊工种必须持证上岗,无证者应及时调离特殊工种岗位。

h.充分发挥安质人员的作用,充分调动他们的积极性,鼓励和支持他们大胆开展工作。

i.向职工代表大会报告安全生产工作和安全措施项目完成情况,负责执行职代会有关安全生产、劳动保护的决议和处理有关提案。

j.督促有关部门按规定及时发放防护、防寒用品,并教育职工正确使用。发生重伤以上事故,要立即亲赴现场,组织抢救、保护现场,防止事态扩大,并将事故及时上报,采取预防重复性事故的措施,主持重伤及多人轻伤重大未遂事故的调查分析。提出事故调查报告。

②安全检查长职责。

a.监督检查项目部贯彻执行国家安全生产的政策、法规以及上级和业主颁发的条例、规则、规定、细则、制度、办法、措施以及开展安全分组讨论等情况。

b.制订详尽的安全施工措施,并监督执行。

c.经常深入施工作业现场,掌握安全动态,提出整改意见,制止违章作业和违章指挥,遇有险情或危及人身安全时,有权暂停生产并指挥作业人员撤离险区,并立即报告有关领导。

d.参加各种有组织的安全生产检查,对查出的问题用通知书等形式及时上报下达,并要求违章单位限期改进。

e.监督、指导队专职安全员的工作。

③安质科长安全职责。

a.监督检查本单位贯彻执行国家安全生产方针、政策、法规以及上级颁发的条例、规则、规定、细则、制度、办法、措施以及开展安全分组讨论等情况。

b.经常深入施工作业现场,掌握安全动态,提出整改意见,制止违章作业和违章指挥,遇有险情或危及人身安全时,有权暂停生产或指挥作业人员撤离险区,并立即报告给有关领导处理。

c.参加安全会议及生产会议,参加伤亡事故与行车事故的调查分析,定期研究事故发生、发展趋势和重大安全问题,提出改进建议和要求。

d.监督检查和配合有关部门进行岗前安全教育及特殊工种工人培训、考试、发证工作。

e.参加项目经理部组织的定期与不定期的安全生产检查,对查出的问题用安全通知书等形式上报下达,限期改进。

f.督促检查劳保经费的使用是否合理;参加工程安全科研成果和技术鉴定。

g.负责制订安全生产管理办法,督促或协助有关部门制定安全技术规则,安全操作细则,施工安全措施,并监督检查执行情况。组织推广安全系统工程等现代化管理办法。

h.及时编写安全工作总结,推广先进典型和经验。

i.负责上报安全事故及安全统计报表。

④施工技术科长安全职责。树立"安全第一、预防为主"的方针,对本单位安全生产工作负技术管理责任。

a.在施技术管理过程中,贯彻执行上级和本单位有关劳动保护工作和工业卫生的指示、方针、政策、规程、规则和有关制度、文件。

b.在制订实施性施工组织设计、施工方案、施工作业计划时,必须同时制订安全措施计划。

c.对临时结构需要进行强度、稳定性安全检算,同时提出施工设计,报项目总工程师(技术负责人)批准,并指定专人进行技术交底。

d.重点工程或技术复杂、危险性大的项目,或采用新技术的工程项目,必须编制专门安全防护措施,并经常检查贯彻执行情况。

e.经常深入现场,检查施工方法、生产过程、工地布置、生产机具设备、安全防护设施和安全生产等方面存在的问题。及时处理不安全因素,纠正制止违章作业,发现险情应立即停止作业,将人员撤离险区,并及时报告单位领导组织处理。

f.负责编制安全技术措施计划。

g.负责提出自制小型机具、防寒、临时生产设施的标准和设计图,经项目总工程师批准后,督促其实施。

h. 制订季节施工防洪、防寒等安全措施,并督促实施。

i. 参加安全生产检查,对其隐患提出整治方案。

j. 参加事故调查处理,并提出预防措施建议。

⑤施工队长安全职责。在项目经理的领导下,在工程技术人员指导下对所当班内的安全生产负责。

a. 认真执行上级有关安全生产的规定、指示,参与制订并实施安全措施,正确指导工班按照技术交底、施工规则、操作规程、安全规则、措施和各级安全制度等进行施工生产,不违章指挥。

b. 建立健全本队安全制度和岗位责任制度,对安全生产中存在的问题,要及时加以解决,一时不能解决的要及时报告项目领导。

c. 随时检查作业环境安全情况和生产机具、设备、道路、安全防护设施等完好情况,保证工人在安全状态下操作。遇有紧急险情,应立即予以制止,并向项目领导报告。

d. 负责组织、督促、检查工班开好班前安全交底会,进行施工中安全检查和安排好交接班工作。

e. 组织工班学习技术操作规程,对工人进行岗位操作教育,及时纠正忽视安全生产的思想,随时制止违章作业,教育工人正确使用机具、安全设备和防护用品。

f. 组织工班正确使用易燃、易爆物品,随时检查其领发、运送使用和退库情况。

g. 发生事故,要立即组织抢救,向上级报告,并保护好现场,参加事故调查分析。

h. 安全分组讨论情况应及时、准确记录。

⑥队专职安全员职责。

a. 落实项目部专职安全检查工程师和队领导传达的有关安全精神和具体整改措施,将措施进一步细化并传达到班组。

b. 坚持现场跟班作业,发现安全隐患及时制止并报告队领导或项目部专职安全检查工程师。

c. 指导班组专职安全员的工作。

⑦工班(组)长安全职责。在队长的领导下,对本班(组)的安全生产负责。

a. 认真贯彻执行上级下达的安全措施、要求,组织工班落实。

b. 以身作则并教育职工严格遵守劳动纪律,严格执行安全技术操作规程、规则、制度,听从安质人员在安全生产上的指导,保证安全施工。

c. 随时注意检查工人操作、工作环境、安全设施、生产机具、设备等安全情况和防护用品的正确使用情况,保证工人在安全状态下操作,发现不安全因素,要立即解决,不能解决的应立即向当班施工负责人报告,若情况紧急应立即停止作业,组织工人撤离作业险区,然后报告有关领导。

d. 坚持"三工制度(即坚持班前安全讲话制度;工中安全检查制度;工后安全评议制度)"。作业前应会同安全员对施工现场、各种机具、设备和安全防护设施进行检查,确认有无问题,并将相关注意事项向工人交代清楚后,方准施工,要始终坚持工间检查和交接制度。

e. 班(组)分散作业时,一般不准单人作业,两人以上时须指定专人负责安全工作。

f. 合理安排劳力,根据工人体能、技术熟练程度和其他特点分配工作,以防发生事故。

g. 固定专人领取、管理易燃、易爆物品和防护用品。经常督促检查并正确使用。

h. 发挥工班安全员作用,支持其工作,认真听取并积极采纳其意见。

i. 发生事故,立即组织抢救和报告,并保护现场,参加事故调查分析。

j. 对不具备安全生产条件的工点、设备,有权拒绝施工和使用,必须坚持特殊工种工人持证操作,对无证的特殊工种工人有权拒绝分配工作,有权拒绝违章指挥。

⑧岗位工人安全职责。在班(组)长领导下,对岗位的安全生产负直接责任,对邻岗的安全负照应责任。

a. 遵守劳动纪律,听从指挥,认真学习安全操作规程、规则、制度,并严格执行。严禁违章作业,并劝阻他人的违章行为。

b. 严格执行岗位责任制,特殊工种须持证上岗操作,不准将机械设备交给无证者操作,未熟悉机械设备性能和操作规程的情况下,不能上岗操作。

c. 爱护和正确使用防护用品,参加各种安全分组讨论,及时反映、处理不安全因素,主动提出改进安全生产工作的建议,积极参加事故的抢救工作。

d. 对上级单位或领导忽视安全的错误决定和行为可以越级上报。

(9)文明施工保证体系。

①建立文明施工保证体系。创建文明施工工地,增强企业的信誉是我单位参建本标段工程建设的目的之一。见图3-6-14。

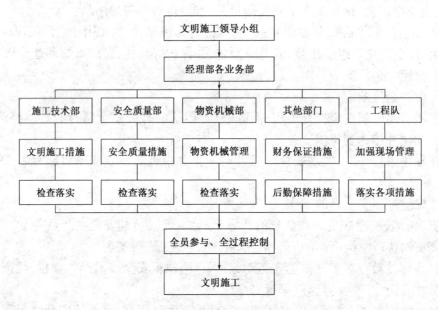

图3-6-14 文明施工组织机构框

a. 建立健全管理组织机构,成立文明施工管理小组。采用多种形式进行加强教育宣传工作,提高全体职工的文明施工意识。制订各项规章制度,并加强检查和监督。

b. 教育全体员工遵守地方的各种法规,团结当地各族人民群众,遵纪守法,行为规范,文明礼貌,保护当地资源;尊重各级地方政府、尊重当地人民群众、尊重当地居民的宗教信仰、尊重民族风俗习惯;搞好路、地及友邻关系。

c. 主动接受业主、监理及设计单位的监督、检查与指导。发现不足,立即整改。服从业主、设计单位、监理单位的组织安排和各方面的工作协调。

d. 项目部及各施工队驻地实行标准化建设,租用民房或自建分组讨论板房格式、布局规范统一,办公、生活区、施工区布置合理、整齐。按规划布置临时设施,建立平面信息管理系统,对各项生产、生活设施实行平面动态管理,定期检查考评,有奖有罚。

②文明施工措施。

a. 积极开展文明施工分组讨论和各项竞赛分组讨论,实行目标管理。项目部分别在场容、场貌、料具管理、环境控制、综合治理等方面确定责任人,采取"标准明确,责任到人"的管理目标责任制,将文明施工落到实处。发扬施工单位的优良传统和作风,依靠当地人民政府和人民群众,积极开展文明共建分组讨论,为人民办好事,造福当地人民。

b. 合理布置施工场地,现场的临时建筑物必须满足业主、监理相关规范化要求,各种设施必须符合规定标准,做到场地整洁、道路平顺、排水畅通、标志醒目、生产环境达到标准作业要求。施工现场设置施工总平面图、工程概况牌、文明施工组织网络牌、安全纪律牌、防火须知牌,规格统一,内容完善,位置醒目。

c. 现场施工材料堆放要整齐,做到横成排、竖成行、散体材料必要时要砌池堆放,材料要设立栏杆堆放。施工用电须有用电规划设计,明确电源、配电箱位置及线路方向,制订安全用电技术措施和电器防火措施,现场设置明确、醒目的标牌。

d. 现场制定安全、保卫制度,专人落实安全、防火等项工作,施工人员必须配戴工作卡,管理人员和作业人员分颜色区别,进入施工现场的人员一律要戴安全帽。

四、冬季与雨季施工措施

(1)在冬季来临时,对于计划在冬季施工的工程,要做好详细的施工计划,准备好工程材料,保温材料及保温设施。

(2)当平均气温低于5℃或最低气温低于0℃时,一般应停止浇筑混凝土和砌筑圬工,特殊地段应采取保温措施,当保温砌筑或保温浇筑时,应将水温和集料适当加温,砂浆或混凝土的流动性应比常温加大。

(3)制拌砂浆或混凝土一次不可太多,要与浇筑速度密切配合,随拌随用。砌筑或浇筑完成部分夜间应盖以草帘等保温材料,直到其强度达到设计强度的70%。

为加速混凝土凝固,缩短保温时间,可在砂浆或混凝土中掺加减水剂及早强剂,其掺加量报监理工程师确认。

1. 建立保证体系

项目部成立以项目经理为组长,项目总工程师及副经理为副组长,项目部各科室参加的抗洪抢险和冬季施工领导小组,全面负责工程施工范围内的工作,各工程队同时成立由队长、安全员、工班长等人组成的抗洪抢险和冬季施工领导小组,具体负责本单位的防汛和冬季施工工作。

(1)项目经理部抗洪抢险和冬季施工领导小组成员。

(2)路基队抗洪抢险和冬季施工小组成员。

(3)桥梁队抗洪抢险和冬季施工小组成员。

(4)隧道队抗洪抢险和冬季施工小组成员。

(5)抗洪、防汛领导小组。

2. 雨季施工措施

(1)现场成立雨季施工领导小组和防汛抢险队,设专人值班,做到及时发现、改进、消除隐患;并且时刻注意天气变化,做好记录。

(2) 认真做好雨季施工准备工作,雨季到来之前一个月,要对各种防雨设备、器材、临时设施与临建工程进行检查,并及时购置、修整,必须配置足够、完好的排水泵。

(3) 雨期施工前,要对施工场地原有排水系统进行检查和加固,必要时增加排水设施,保证水流畅通。

(4) 雨期施工时,要保证现场运输道路畅通,并根据需要加铺石屑等防滑材料,必要时加高加固便道路面。并设置道路排水沟,以防道路泥泞,确保雨季车辆正常通行。

(5) 施工现场要加设排水沟,保证箱梁施工工作面不受雨水浸泡。

(6) 在进行混凝土浇筑前应及时掌握天气预报,避免在中雨以上天气中浇筑混凝土。

(7) 砂石料场应做好排水工作,雨中或雨后恢复作业时要加强骨料含水率的测定工作,及时调整混凝土的用水量,严格控制水灰比,保证混凝土质量。

(8) 雨中浇筑时,浇筑仓面要设置临时防雨篷,浇筑完毕的混凝土面做好覆盖保护工作。

(9) 现场机电设备必须加设防雨罩,采取防潮、防雨、防淹措施,以免损坏设备,雨后对机电设备要进行检查,确认完好后方可使用。

(10) 现场机电设备(配电盘、闸箱、电焊机、水泵等)必须安装好接地安全装置;设备漏电保护装置安全可靠。经常检查照明线路有无混线、漏电,线杆有无埋设不牢、腐蚀等情况,发现问题要及时处理,以保证正常供电。

(11) 高空设备要安装避雷针,做好防雷、接地工作。

3. 预制梁雨季施工

(1) 原材料堆放。预制梁施工中需要使用袋装52.5级水泥,主要用于孔道压浆和封端施工。为了防止在雨季水泥存放时受潮结块,现场水泥集中存放于四周密闭的水泥库房中,水泥库房底部平铺厚5cm木板,木板安放在距离地面50cm高的混凝土支墩上以利于底部通风,木板顶面又铺一层油毡纸以防潮;钢筋底部垫方木存放顶面盖帆布以防雨,砂石料场底面采用15cm厚混凝土硬化,而且设有一定的坡度以利于排水。

(2) 钢筋加工绑扎。钢筋绑扎在绑扎台座内施工,一旦下雨,台座顶面用帆布搭起防雨篷,同时绑扎人员和外面递送半成品人员分开作业,不允许走出台座以免鞋底沾泥而污染钢筋,同时台座底部设有排水沟和集水井以利于抽水。

(3) 模板安装。模板施工时应尽量避开下雨天,如果模板在刷完脱模剂后被雨冲刷则应重新涂抹脱模剂,若模板组拼完成后被雨淋着而积水,则模板内的积水应用空压机将水吹干,下雨时模板表面应避免上人以免弄脏模板表面。

(4) 混凝土施工。

①混凝土施工应尽量避开下雨天,一旦在浇筑过程中突然下雨,应用帆布搭起防雨篷以防雨水灌入混凝土而影响混凝土质量,在每次浇筑混凝土前应测定砂、石料的含水率,及时调整混凝土施工配合比,同时在浇筑过程中试验员随时测定坍落度,以保证施工时混凝土的浇筑质量。

②混凝土浇筑前必须及时了解天气动态,在大雨和中雨时均不得浇筑混凝土,若因工期紧张,小雨时必须浇筑混凝土时,必须准备足够的防雨措施,现场配备覆盖用的彩条布,并设法准备适量的雨篷,以便在淋雨时使用。

③雨季混凝土施工要充分做好运输和劳力准备,使浇筑、振捣成型所用的时间尽量缩短,中间遇雨时,应盖上篷布继续施工,尽量坚持完成。

(5)梁段架设。为了保证施工安全和施工质量,梁段架设施工严禁下雨天进行。

(6)现场准备防洪物资。为了保证现场施工安全,除了与气象、水文部门取得联系外,项目部拟在5号墩位置储存砂袋、木桩、铁线、钢轨等防洪物质,一旦发生洪水,能够保证抗洪人员能及时和四合同段抢险队联合抗洪。

(7)雨季施工的备用机械设备安排情况见表3-6-1。

雨季施工备用机械设备　　　　　　表3-6-1

序号	机械名称	规格	单位	数量	备注
1	发电机	120kW	台	1	
2	装载机	zl2.5	台	1	
3	蒸汽锅炉	1t	台	1	
4	手推车		辆	20	
5	汽车式起重机	25t	台	1	
6	抽水泵		台	10	
7	挖掘机	小松200	台	1	
8	推土机	750kW	台	1	
9	自卸汽车	东风	台	1	

(8)雨季施工安全。

①加强雨季施工期间的安全值班制度,雨季施工前对现场职工进行雨施安全教育,克服麻痹思想。发现险情及时报告,组织好抢险工作。

②加强雨季施工期间的现场安全施工检查力度,组织电工经常对现场内的各种配电箱、施工机械、电焊机等进行检查和维修,将施工隐患提前控制住。

③有现场安全员负责检查落实现场安全防护设施和机械防雨措施即防雷接地设施的贯彻实施情况,并做好检查记录,如发现问题及时上报解决。

④风雨后组织有关人员对工程脚手架等进行检查和维护,及时将发现的安全隐患排除掉。

⑤各种动力、照明线路附近禁止堆放易燃物品,室内照明及现场移动式照明设备有可靠防潮措施,配电箱、电闸箱有防雨措施,严禁私改线路,非电工不得使用电气设备。

⑥施工用脚手架上采取防滑处理,检查铺设的脚手板牢固可靠性,增加防滑条。

⑦要求施工班组执行对施工人员的班前讲话制度,明确强调雨期施工的安全施工注意事项,提高施工人员的自我安全防范意识。

⑧加强检查堆料场的防雨、防雷击、排水措施的执行落实情况。将现场制订的预防措施及交底要求,向下认真进行传达、落实,做到管理跟踪到位。

4.冬季施工技术保证措施

(1)混凝土工程。混凝土拌和站内设置暖棚,在使用水泥等粉料时,提前从库内搬运到暖棚内预热6h以上,方可使用。混凝土拌和用水加热可采用通入蒸气管道加热的方法,加温至80℃左右;视需要对骨料进行加热,根据每天用量集中在室内通过暖气加热。加强混凝土配合比和坍落度控制。投料前,先用热水或蒸气冲洗搅拌机,投料顺序先放骨料,再加水,拌和后,最后加水泥和掺外加剂,搅拌时间较常温时延长50%,直至混凝土拌和均匀为止。

缩短混凝土运输时间,选择最佳路线,确保入模温度,混凝土运输车和输送泵外包裹棉被,减少混凝土装卸次数。混凝土浇筑前,对暖棚进行预热,保持棚内最低温度不低于10℃。模板、钢筋、管道经过预热,表面温度达到5℃以上。混凝土浇筑前,对保温设施加强检查,发现问题及时解决。指派经过培训有工作经验的技术工人进行操作,定员定岗,确保混凝土质量。

(2)钢筋工程。冬季钢筋的闪光对焊宜在室内进行,焊接时环境气温不宜低于0℃,钢筋半成品应提前运抵存料库,焊毕后的钢筋应待完全冷却后才能运往室外。在困难条件下,对承受静力荷载为主的钢筋,闪光对焊的环境气温可适当降低,最低不应低于－10℃。冬季电弧焊接时,有防雪、保温设施,风力超过3级时有挡风措施。并应选用韧性较好的焊条,焊接后的接头严禁立即接触冰雪。为防止接头热影响区的温度梯度突然增大,进行帮条电弧焊或搭接电弧焊时,第一层焊缝先从中间引弧,再向两端运弧;立焊时,先从中间向上方运弧,再从下端向中间运弧;使接头端部的钢筋达到预热效果。各层焊缝焊接采用分层控温施焊。帮条焊时帮条与主筋之间用四点定位焊固定,搭接焊时用两点固定。钢筋的焊接、冷拉要根据实际使用的环境温度选用,并在使用时和环境温度条件下进行配套检验,以满足规范要求的使用标准。

(3)机械设备。所有施工机械在入冬前进行保养,按要求更换冬季机油。每日工作前对所用机械进行预热,并做详细检查,确认无问题后正式作业。施工机械、车辆采用低标号柴油,每日施工完毕后排空水箱余水,防止冻结,对有特别要求的机械开进车库保温。在冰雪天气作业的车辆安装防滑链。机械加强保养,勤检查,多观察,防止设备冻裂。水源及消火栓提前做好保温工作,防止受冻。

5.应急预案

根据雨季施工易发事故,制订应急预案,以供紧急事故发生时作为参考。

(1)成立事故应急组织机构。成立事故应急组织机构领导小组,负责事故突发时的应急处理,要求落实到具体的责任人。

(2)应急小组的职责。事故发生后,应在第一时间报告事故应急指挥领导小组。接到通知后应急小组应在第一时间赶到事故现场,组织协调人员的抢救工作。

(3)触电事故应急响应措施。发生触电事故时,在保证救护者本身安全的同时,应遵循以下应急措施对触电者实施抢救。

①脱离电源。当发现有人触电,首先要尽快切断电源。

注意:救护人千万不要用手直接去拉触电者本人,防止发生救护人触电事故。

脱离电源的方法。应根据现场具体条件,果断采取适当的方法和措施,一般有以下几种方法和措施:

a.如果开关或按钮距离触电地点很近,应迅速拉开开关,切断电源。并应准备充足照明,以便进行抢救。

b.如果开关距离触电地点很远,可用绝缘手钳或用干燥木柄的斧、刀、铁锹等把电线切断。

注意:应切断电源侧(即来电侧)的电线,且切断的电线不可触及人体。

c.当导线搭在触电人员身上或压在身下时,可用干燥的木棒、木板、竹竿或其他带有绝缘柄(手握绝缘柄)工具,迅速将电线挑开。

注意:千万不能使用任何金属棒或湿的东西去挑电线,以免救护人触电。

d.如果触电人的衣服是干燥的,而且不是紧缠在身上时,救护人员可站在干燥的木板上,或用干衣服、干围巾等把自己一只手作严格绝缘包裹,然后用这只手拉触电人的衣服,把他拉离带电体。

注意:千万不要用两只手、不要触及触电人的皮肤、不可拉他的脚,且只适应低压触电,绝不能用于高压触电的抢救。

e.如果人在较高处触电,须采取保护措施防止切断电源后触电人从高处摔下。

②伤员脱离电源后的处理。

a. 触电伤员如神志清醒者,应使其就地躺开,严密监视,暂时不要站立或走动。

b. 触电者如神志不清,应就地仰面躺开,确保气道通畅,并用5s的时间间隔呼叫伤员或轻拍其肩部,以判断伤员是否意识丧失。禁止摆动伤员头部呼叫伤员。坚持就地正确抢救,并尽快联系医院进行抢救,同时立即通知事故应急领导小组。

c. 呼吸、心跳情况判断:触电伤员如意识丧失,应在10s内用看、听、试的方法判断伤员呼吸情况。

看:看伤员的胸部、腹部有无起伏动作。

听:耳贴近伤员的口,听有无呼气声音。

试:试测口鼻有无呼气的气流。再用两手指轻试一侧喉结旁凹陷处的颈动脉有无搏动。

若看、听、试的结果,既无呼吸又无动脉搏动,可判定呼吸心跳已停止,应立即用心肺复苏法进行抢救。

(4)常见伤害事故应急抢救方法。发生人员伤害事故时,必须迅速采取急救措施,防止伤害加剧,并立即联系医疗单位。常见伤害事故的应急措施主要有以下几种:

①创伤止血急护。出血常见于割伤、刺伤、物体打击和碾伤等。如伤者出血量超过800mL时,生命就有危险。因此,及时止血是非常必要和重要的。遇有这类创伤时不要惊慌,可用现场物品(如毛巾、纱布、工作服等)立即采取止血措施,并应立即送医院诊治。

②手外伤急救。在工作中发生手外伤时,首先采取止血包扎措施。如有断手、断指要立即拾起,把断手用干净的手绢、毛巾、布片包好,放在没有裂缝的塑料袋或胶皮袋内,袋口扎紧。然后在口袋周围放冰块雪糕等降温。做完上述处理后,施救人员立即随伤员把断指迅速送医院,让医生进行断指再植手术。切记千万不要在断指上涂碘酒、酒精或其他消毒液。这样会使组织细胞变坏,造成不能再植的严重后果。

③骨折急救。骨骼受到外力作用时,发生完全或不完全断裂时称为骨折。按照骨折端是否与外相通,骨折分为两大类:闭合性骨折和开放性骨折。前者骨折不与外界相通,后者骨折端与外界相通,从受伤的程度来说,开放性骨折一般伤情比较严重。遇有骨折类伤害,应做好紧急处理后,再送医院抢救。

为了使伤员在运送途中安全,防止断骨刺伤周围的神经和血管组织,加重伤员痛苦,对骨折处理的基本原则是尽量不让骨折肢体分组讨论。因此,要利用一切可利用的条件,及时、正确地对骨折做好临时固定,临时固定应注意以下事项。

a. 有开放性伤口和出血,应先止血和包扎伤口,再进行骨折固定。

b. 不要把刺出的断骨送回伤口,以免感染和刺破血管和神经。

c. 骨折固定动作要轻快,最好不要随意移动伤肢或翻动伤员,以免加重损伤,增加伤者疼痛。

d. 夹板或简便材料不能与皮肤直接接触,要用棉花或代替品垫好,以防局部受压。

e. 搬运时要轻、稳、快、避免振荡,并随时注意伤者的病情变化。没有担架时,可利用门板、椅子、梯子等制作简单担架运送。

五、环境保护措施

随着工程施工机械化水平的不断提高,在公路施工时对沿线环境影响及附近居民的生产、生活造成的干扰越来越大。所以,要求施工单位在施工组织设计中应采取各种措施和方法,减少施工对环境的影响。

(1)水资源的保护。在靠近生活水源的地方进行施工时,应用沟壕、堤坝或采取其他措施隔开生活水源,避免污染生活水源;施工污水和废水严禁直接排入江河中,以免造成河流和水源的污染。

（2）大气环境保护及粉尘的防治。在选择设备时要选择低污染、低噪声、振动小的设备,安装空气污染控制系统;沥青、水泥混凝土、稳定土拌和站设置应远离居民聚居地,并采取一定的防尘、防噪声措施;施工时间应符合当地居民的生活习惯;对施工现场和运输道路,配备洒水设备,进行经常性地洒水湿润,减少扬尘;运输水泥、砂、石、土等如有漏失,应及时清扫干净,保持施工现场和施工道路整洁,做到文明施工。

（3）生态环境的保护措施。对施工界限内外的植被、树木等尽量维持原状。施工过程中必须要砍伐的,事先要征得有关部门、所有者和业主的同意,严禁乱砍滥伐;临时用地范围内的裸露地表,要植草或种树进行绿化。借土场、弃土场应采取措施防止水土流失;工程项目完工后及时进行现场清理,并按设计要求采用植被覆盖或其他处理措施;在施工现场和生活区要设置足够的临时卫生设施,经常进行卫生清理,同时在生活区周围种植花草、木,美化生活环境;对各种有害物质按有关规定进行处理,防止对动、植物造成损害。

1. 建立环境保护体系

公路建设旨在改善人类生活空间,造福人类,为此环境保护是一个不可切割的整体,施工实行规范化、标准化及程序化管理模式,把环保、水保等放在重要位置上来认识,并从组织上采取有效保护措施。环境保护管理体系见图3-6-15。

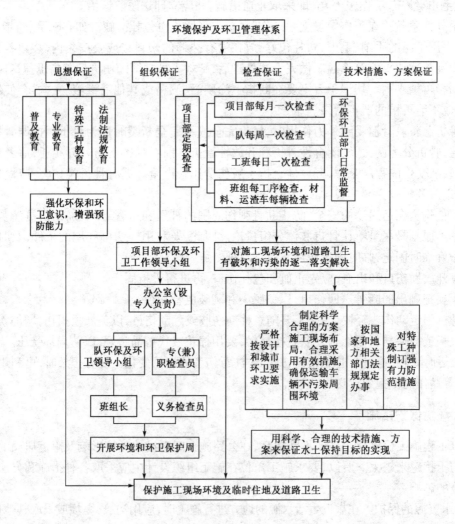

图3-6-15 环境保护管理体系框图

(1)制度保证。实行 GB/T 24001—2016 或 ISO14001:2015 环境管理体系模式,建立健全管理组织机构,成立以项目经理为组长,环境保护科牵头,各业务科室和施工队为成员的环保管理组织机构。认真学习、宣传、贯彻、执行《中华人民共和国环境保护法》《中华人民共和国环境噪声污染防治法》《中华人民共和国水土保持法》等有关法律及当地政府的相关条例和规定。学习本公司关于项目标准化管理相关制度,加强教育宣传工作,提高全体职工的环保、文明施工意识。

(2)建设标准化工地。施工生活场地实行规范化管理,建设文明、标准化工地,各项设施布置合理、材料堆放整齐有标识、机具设备摆放有序,场地合理硬化,防排水系统完善,道路畅通。施工后期筹专项资金用于场地恢复,各项临时设施拆除、处理完善。

2. 环保措施

(1)施工区设专职环保管理人员,并明确岗位责任。施工前对全体员工进行环保法规教育和学习。采取多种形式进行环保宣传教育分组讨论,不断提高职工的环保意识和法制观念。根据现场情况,定期召开环保管理分析会,制订相应的具体措施并加以落实。

(2)施工组织设计中有完整的环保措施,现场环保管理人员必须参与其制订,并确保措施的具体使用符合现场要求并得到落实。

(3)施工现场与施工队签订环保协议书,切实把环保工作落到实处。最大限度地防止空气污染、防扬尘、防施工扰民、防道路遗洒等。

(4)对树木、植被及地下水资源的保护是施工中的环保重点。对合同规定的施工界限内外的植物等尽力维持原状;砍除树木和其他经济植物时,应事先征得所有者和业主的同意,严禁超范围砍伐。

(5)及早施作防护工程、排水工程和裸露地表的植被覆盖,防止水土流失。

(6)施工现场临时道路适当硬化,临时路面采用泥结石路面,并派专人随时洒水,减少道路扬尘。

(7)施工现场的办公室、宿舍、食堂、仓库等临时房屋及生活区经常清扫,保持清洁卫生,并在竣工后及时拆除或清理。清理垃圾时运输车辆必须加以覆盖,防止在道路上遗洒,弃土(垃圾)场等设置应征得业主、当地政府主管部门的同意,垃圾必须分类分别处理,不得随意堆放含有易挥发性的物质。

(8)水泥等易飞扬的材料不得露天存放,必须采用封闭式库房或水泥灌。搬运时应进行覆盖,防止遗洒飞扬。

(9)生活区和固定的生产场地(如拌和场、预制场、桥梁工地等)设置临时厕所及垃圾箱,经常打扫,保持清洁,并定期消毒。

(10)按照当地卫生防疫部门的规定,搞好防病治病,避免流行病和传染病。

(11)防噪声污染措施:现场的强噪声机械设置封闭的机械棚,减少噪声污染,移动式施工机械采取消声器降低机械噪声。对职工加强环保知识教育,禁止人为敲打物体制造噪声。

混凝土振捣时减少棒与钢筋、模板的接触碰撞。装卸物资时轻拿轻放,增强施工人员的防噪声意识,减少噪声扰民。定期对施工现场的噪声进行监测,对不符合要求的超标现象,采取整改措施,保障施工现场环境保护工作的正常运行。

3. 水土保护措施

(1)加大法规的宣传力度,广泛宣传和学习《中华人民共和国水土保持法》《中华人民共和国水土保持法实施条例》等有关法律法规,教育参建职工正确处理修路与减少水土流失,保护环境造福子孙后代的辩证关系,自觉贯彻执行上级政策,切实保护自然环境,保持生态平衡,防止水土流失。

(2)依据设计为水土保持所采取的永久性措施,如弃土(渣)的挡墙、边坡护砌、排水沟以及绿化等项目按设计方案正式的工程标准施工,以达到永久水土保持的效果。

(3)各项治理措施和设计方案要符合有关技术规范要求,做到技术上可行、经济上合理。实施后具有明显的生态效益。全面规划,预防为主,防治结合,化害为利,坚持工程措施与生物措施相结合。

4.弃渣水保防护措施

弃渣弃土场选择地形低洼、不易受水流冲刷的荒地或低产田作为弃渣场地,并要本着"先挡后弃"的原则进行弃渣弃土。

工程开挖地表产生的土、石弃渣,应得到妥善的处理和有效的利用,严禁弃置于河床、水库区和农田,不增加水体的泥砂含量,避免危害下游的工农业生产。

土石方合理调配,主体工程互调余缺,充分利用工程弃渣作为路基填料,并选择石质较好的弃渣作为建筑材料,最大限度地减少弃渣量及弃渣用地。

弃渣场坡脚均按设计标准要求进行支挡防护。各弃土、弃渣场在工程竣工后,根据不同的渣、土类型和条件,采取土地整治工程或恢复植被。

5.路基工程水保措施

(1)在路基施工过程中,在边坡开挖之前,要先行修筑排水沟,以防止水流对边坡的冲刷。

(2)路堑开挖自上而下进行,边坡开挖后立即进行防护处理,或分段开挖、分段防护,以减少边坡的裸露时间;路基填筑自下而上分层进行,设计有路肩挡土墙或坡脚挡护的先施工挡护工程再进行填筑。

6.防水污染措施

(1)施工污水的排放应遵循清污分流、雨污分流的原则,各种施工废油、废液集中储积、集中处理,严禁乱流乱淌,污染水源,破坏环境。

(2)施工作业产生的污水应经过沉淀池沉淀,并经过净化处理,符合要求后进行排放。

(3)废弃垃圾中不得含有有毒有害物质,避免雨水冲洗后对地表、地下水造成污染。

六、材料节约措施

1.钢材节约

(1)增加钢材综合利用效果,钢筋加工向集中加工方向发展。对集中加工后的剩余短料应尽量利用,如制造钢钎、预埋件、U形卡等制品。

(2)加强完善钢筋放样配料工作,提高钢筋加工配料单的准确性,减少漏项,消灭重项、错项。

(3)加强对钢模板、竹跳板、钢管、脚手架管等周转材料的管理,使用后要及时维修保养,不许乱截、垫道、车轧、土埋。

(4)搞好修旧利废工作,对各种铁制工具应及时保养维修,延长使用期限,节约钢材和资金。

2.木材节约

(1)严禁优材劣用,长材短用,大材小用,合理使用木材。拆模后应及时将木模板、木支撑等清点、整修、堆码整齐,防止车轧土埋,尽量减少模板和支撑物的损坏。不准用木制周转材料铺路搭桥,严禁用木材烧火。

(2)加速木制周转材料的周转,注重木制料调剂工作,根据木材质量、长短等情况,规定不同的价格,以利于木材周转使用。

(3)应尽量采取以钢代木以节约木材,尽量用钢脚手架代替木脚手架。

3.水泥节约

(1)零星混凝土用水泥在运输进程中应轻装轻卸,散灰车运输需往返过磅,卸散灰时应敲打灰罐,卸净散灰。因特殊情况需在风雨天运输水泥时,必须做好水泥的遮盖工作。

(2)水泥库要有门有锁,专人管理,水泥库内地面应做到防水防潮,水泥不得靠墙码放,离墙不小于10cm,库内地面一般应高于室外坪30~50cm,在使用时做到先进先出,有散灰及时清理使用。

(3)灌注混凝土时,要有专人对下灰工具、模板、支撑进行检查,防止漏灰、漏浆、跑模。各工序要及时联系,防止超拌,造成浪费。

(4)施工操作中洒漏的混凝土、砂浆应及时清扫利用,做到活完、料净、脚下清。

(5)搞好水泥纸袋的回收、清退工作,纸袋回收率应达到95%以上,完好率达60%以上,严禁开膛、破肚。

4. 砂、石料节约

(1)零星混凝土的砂、石料场必须进行硬化,以防泥土污染而浪费。

(2)精心设计砂浆、混凝土的配合比,适当掺入外加剂,以减少水泥用量。拌和时盘盘计量,以确保工程质量和控制材料用量。

(3)风季必须对砂、石料进行覆盖,以防风沙污染而浪费;

(4)严格控制不合格材料进场,并精心计算材料用量,有目的地进行,且做到工完料尽。

项目七　桥梁预算实例

【知识目标】掌握工程内容及施工图预算文件的编制内容;理解工程内容及施工图预算文件的编制的应用。

【能力目标】通过对工程内容及施工图预算文件的编制等内容的学习,你应对在工程内容及施工图预算文件的编制全面的了解和深入的认识,为今后能从事质检员、安全员、施工员、监理员工作奠定良好的开端。

任务描述

作为公路工程施工人员,了解和掌握工程预算的编制方法,是提高业务水平和工作能力的重要环节。

【知识引入】湖南某地为解决地区交通网的畅通,拟修建一跨湖桥梁以连接干线公路网。在桥位及桥型方面首先提出了比较方案:预应力混凝土连续钢构、预应力混凝土连续梁、预应力混凝土斜拉桥(双索面)。在北环路比线桥位还提出了预应力混凝土斜拉桥(单索面)配系杆方案,且每种方案都有两种桥宽 $B_1=19.5\text{m}$、$B_2=17\text{m}$ 并进行了比较。

背景材料

一、编制说明(同前)

二、工程概况(同前)

三、工程内容

1. 桥型方案

斜拉桥跨越能力大,有利于泄洪及通航安全,同时可利用其跨越能力大的优势,减少深水基础的数量,便于利用枯水季节,集中力量打突击战以缩短工期。同时,斜拉桥轻巧纤细的梁体,给人以赏心悦目的美的享受,与风景秀丽的旅游城市的地位相适应。缺点是施工工艺较复杂,后期养护费用较高,对施工队伍各方面素质要求较高。

通过分析比较,确定了预应力混凝土斜拉桥(双索面)的设计方案。桥型总体布置为 $(24 \times 20m)$ 预应力混凝土简支箱梁 + $(10 \times 50m)$ 预应力混凝土顶推连续梁 + $(130m + 2 \times 310m + 130m)$ 预应力混凝土双索面斜拉桥 + $(10 \times 50m)$ 预应力混凝土简支T梁 + $(114 \times 30m)$ 预应力混凝土简支T梁。桥梁全长5783.5m,其中主桥长1880m。

2. 技术标准

(1) 设计基准期:100年。

(2) 设计安全等级:一级。

(3) 汽车荷载等级:公路—Ⅱ级,人群 $3.5kN/m^2$。

(4) 桥面宽度 = $2 \times 1.75 + 2 \times 0.5 + 4 \times 3.75 = 19.5(m)$。

(5) 通航等级:一级,通航净空 $BH = 125m \times 18m$。

(6) 地震烈度:7级,动峰值加速度为 $0.1g$,地震动反应谱特征周期 $T = 0.35s$。

(7) 桥头接线:河东岸接线按城市道路标准设计,路线长334m,路面宽23m;河西岸接线按二级公路标准设计,路线长3546m,路面宽12m。

问题

如何进行工程内容及施工图预算文件的编制?

案例分析

一、施工方案及工程数量

主桥主孔 $(130m + 2 \times 310m + 130m)$ 斜拉桥基础采用钻孔灌注桩施工工艺,索塔承台利用钻孔施工平台悬挂大型套箱进行浇筑,索塔混凝土采用裸塔法索塔追爬模施工工艺进行浇筑。斜拉桥主梁采用大节距全断面整体浇筑及自行式前支点挂篮进行悬浇施工。

主桥副孔基础均采用大直径钻孔灌注桩施工工艺,变截面桩帽则利用护筒直接浇筑。下部结构双柱式墩身考虑提升模板施工。东岸副孔 $(10 \times 50m)$ 顶推连续梁上部结构利用沿湖架设顶推预制平台,采用多点柔性顶推工艺施工。西岸副孔 $(10 \times 50m)$ 简支梁上部结构则采用架桥机架设。

1. 桥头引道

桥梁西接线引道长3546m,采用二级公路标准,路基宽16m。东接线长334m,采用城市道路标准。填筑路堤土方 $120000m^2$,平均运距6km。排水边沟与公路排水沟砌筑圬工体积 $1552m^3$。软土处理 $3880m^3$。22cm厚水泥稳定碎石基层 $42552m^2$;8cm厚沥青混凝土路面 $42552m^2$。圆管涵13道,盖板涵3道。

2. 大桥

(1) 主桥。主桥的主塔部分钻孔灌注桩基础混凝土 $18245m^3$,水深8m。主桥副孔部分 $2554m^3$,水深4m。桥墩采用柱式墩,混凝土体积 $2471m^3$。索塔混凝土体积 $8610m^3$。斜拉桥上部结构采用三塔斜拉结构,而只有独塔结构与双塔结构,因此作近似处理,将这个三塔斜拉结构分成一个独塔 $2 \times 310m$ 和一个双塔 $2 \times 310m$ 斜拉桥,按桥面宽度10m计算面积。

副孔连续梁桥部分 $(10 \times 50m)$ 混凝土体积 $6540m^3$;副孔简支T梁部分 $(10 \times 50m)$ 混凝

土体积4898m³。

(2)引桥。24×20m引桥桩基混凝土3446m³,桥墩混凝土731m³,其上部简支箱梁混凝土体积3880m³;114×30m预应力简支T梁引桥桩基混凝土34106m³,桥墩7357m³,T梁混凝土28363m³。

3. 调治工程

大桥轴线左右两边500m以内,在沿湖堤岸铺筑M5水泥浆砌片石护坡,按单向护坡2km计算,圬工体积8000m³。

二、施工图预算文件说明

1. 材料运输及加工

(1)木材水运130km。

(2)其他材料供应采用汽车运输。

(3)砂石材料。优先考虑水运,同时也可考虑公路运输方式。新墙河的河砂,质地优良,供应量大,水运距离40km左右。当地石料困难,要从甲地运进,水运距离40km,公路运输30km;砾石来自乙地,水运距离19km,公路运输20km。片石从丙地水运40km至工地,碎石在工地利用片石加工。

2. 文件说明

(1)由于本书篇幅所限,05表、07表未考虑。

(2)费率取值方面参照湘交造字《关于制订公路基本建设工程估算、概算、预算编制办法补充规定的通知》。主副食运费补贴综合里程取10km,工地转移距离按省内企业转移100km计算。

(3)材料单价计算,运杂费按A市地方规定单价计算,公路运价0.55元/(t·km),装卸费3.5元/t。水运价格0.20元/(t·km),装卸费10元/t,不分货物等级及公路航道等级。材料原价取自地方调查单价及A市交通委员会提供的部分供应价格。

(4)不计其他材料费、机械使用费等上涨费。

(5)桥头引道,大体积混凝土冷却管,航空障碍灯体系,斜拉桥镀锌费,螺旋楼梯,观光台,灯柱,收费站,环境保护工程,水利整治,航监、航道保安等费用未计算。

三、施工图预算编制说明

1. 编制依据

(1)原交通部交公路发[2007]《公路工程预算定额》。

(2)原湖南省交通厅湘交造字[2007]《关于制订公路基本建设工程估算、概算、预算编制办法补充规定的通知》。

(3)原交通部交公路发[2007]《公路基本建设工程概算、预算编制办法》。

(4)湖南省A市物价局2006年第三季度《物价信息》。

2. 编制范围

(1)湖南省1804线干线公路,该大桥桥梁全长5783.5m,其中主桥长1880m。

(2)大桥西岸引道接线长3880m;大桥轴线左右两边500m以内,在沿湖堤岸铺筑浆砌片石护坡,圬工体积8000m³。

3.费率与单价

(1)全部费率取自编制依据的相关指标或办法的规定。

(2)人工单价取自补充编制办法,材料单价取自《物价信息》的工地结算价。

(3)征地补偿费按 A 市国土局有关文件计算。

4.造价指标(表3-7-1)

造 价 指 标

表3-7-1

项目内容	单 位	数量或费用	项目内容	单 位	数量或费用
××大桥	桥长米	5783.5	水泥	t	84703
人工	工日	2333585	总造价	万元	50226.63
木材	m³	4289	每延米造价	元	86844.7
钢材	t	21340			

四、示例文件

封面、目录;05 表、07 表均省略;08 表仅以索塔及斜拉桥主塔为例计算。其预算定额计算表格见表2-7-2～表3-7-13。

总 概 (预) 算

表3-7-2

建设项目名称:××市××大桥

编制范围:三塔斜拉桥方案

01 表

项	目	节	工程或费用名称	单位	数量	预算金额(元)	技术经济指标	各项费用比例(%)	备注
			第一部分 安装工程	桥长米	5783.5	382187260	66068	76.09	
一			桥头引道	桥长米	5783.5	23521084	4066.929	4.68	
	1		桥头引道	桥长米	3880	23521084	6062.135		
二			基础	m³/座	5783.5	86144240	14894.83	17.15	
	1		桩基础	m³/座	64243.00/163	86144240	1340.912/52849		
		1	引桥 24×20m	m³/座	3446.00/24	3648545	1058.777/152023		
		2	主桥副孔 114×30mT 梁桩基	m³/座	34106.00/114	35380649	1037.37/310357		
		3	主桥副孔 10×50mT 梁桩基	m³/座	3723.00/10	3866099	1038.44/386610		
		4	主桥副孔 10×50m 顶推梁桩基	m³/座	2554.0/10	5234365	2049.477/523437		
		5	主桥主孔斜拉桥桩基	m³/座	18245.00/5	36760482	2014.830/7352816		
		6	大体积混凝土冷却管	m	8460	1254100	148.24		
三			下部结构	桥长米	5783.5	31220505	5398.203	6.22	
	1		桥台	m³/座	306.00/2	309498	1011.431/154749		
		1	混凝土桥台	m³/座	306.00/2	309498	1011.431/154749		
	2		桥墩	m³/座	20953.00/161	27908198	1475.254/191994		
		1	引桥 24×20m 连续梁桥墩	m³/座	731.00/23	599574	820.211/26068		
		2	主桥副孔 114×30mT 梁桥墩	m³/座	7357.00/113	8962676	1218.251/79316		
		3	主桥副孔 10×50m 顶推梁桩基	m³/座	1297.00/10	1526776	1177.16/152678		

续上表

项目	目	节	工程或费用名称	单位	数量	预算金额（元）	技术经济指标	各项费用比例(%)	备注
		4	主桥副孔 10×50mT 梁桩基	m³/座	1784.00/10	2526673	1416.297/252667		
		5	主桥主孔斜拉桥边墩	m³/座	1174.00/2	1467976	1250.405/733988		
		6	索塔	m³/座	8610.00/3	12724523	1630/4677857		
		7	航空障碍灯体系	个	2	100000	5000		
四			上部构造	桥长米	5783.5	192131556	33220.64	38.25	
	1		行车道体系	m³/m	57773.0/578	17597459	3325.629/33241		
		1	引桥 24×20m 连续梁	m³/m	3880.00/480	7820126	2015.496/16292		
		2	主桥副孔 114×30mT 梁	m³/m	28363.0/342	65302471	2302.382/19094		
		3	主桥副孔 10×50mT 梁	m³/m	4898.00/500	12829800	2619.396/25660		
		4	主桥副孔 10×50m 顶推梁	m³/m	6540.00/500	18131700	2772.431/36263		
		5	主桥主孔斜拉桥	m³/m	14092.00/88	68540125	4842.473/77546		
		6	斜拉索镀锌费	t	1585	3350373	2113.8		
	2		桥面铺装	m³/m	8793.00/578	8767257	997.072/1516		
	3		人行道系	桥长米	5783.5	5014583	867.05		
	4		桥头搭板	m³/m	128.00/16	105205	821.914/6575		
	5		防撞护栏	m	11567	2269916	196.24		
五			沿线设施	桥长米	5783.5	3961831	685.02	0.79	
	1		螺旋楼梯	处	2	634140	317070.00		
	2		观光台	处	1	845520	845520.00		
	3		灯柱	根	386	1544000	4000.00		
	4		桥头标牌	处	10	432914	43291.4		
	5		管理房屋	m²	600	480000	800		
		1	收费站	m²	600	480000	800		
	6		路面标线	m²	5783.5	25257	4.37		
六			调治及其他工程	桥长米	5783.5	6982305	1207.28	1.39	
	1		河床整治	桥长米	5783.5	6982305	1207.28		
		1	两岸护堤	m³/m	8000.000/60	1482305	185.288/247		
		2	水利整治	m³/m	5783.5	2000000	345.81		
		3	航监航道保安	m³/m	5783.5	3000000	518.72		
	2		环境保护工程	处	1	500000	5000000		
七			临时工程	桥长米	5783.5	5081237	878.57	1.01	
	1		便道	km	6	389944	64990.67		

续上表

项目	节	工程或费用名称	单位	数量	预算金额（元）	技术经济指标	各项费用比例(%)	备注
	2	便桥	m/座	300.000/2	3190208	10634.027/15951		
	3	临时码头	m/座	400.000/4	943417	2358.543/23585		
	4	临时轨道铺设	km	3	232693	77564.33		
	5	临时电力线路	km	6	307813	51302.17		
	6	临时电信线路	km	6	17162	2860.33		
八		利润	桥长米	5783.5	24178361.18	4180.58	4.81	
九		税金	桥长米	5783.5	11968949.52	2069.50	2.38	
		第二部分 设备及工器具购置费	桥长米	5783.5	9800	1.694	0	
一		设备购置	桥长米	5783.5				
二		工器具购置	桥长米	5783.5				
三		办公及生活家具购置	桥长米	5783.5	9800	1.694		
		第三部分 其他建设费用	桥长米	5783.5	41903502	5892.849	8.34	
一		土地青苗补偿费	桥长米	5783.5	2941972	508.684		
二		建设单位管理费	桥长米	5783.5	17151530	1400.053		
	1	建设单位管理费	桥长米	5783.5	6185180	386.184		
	2	工程质量监督费	桥长米	5783.5	573200	77.198		
	3	工程监理费	桥长米	5783.5	9552530	823.447		
	4	定额站管理费	桥长米	5783.5	458520	87.491		
	5	设计文件审查费	桥长米	5783.5	382100	25.733		
三		研究试验费	桥长米	5783.5	4300000	743.494		
四		勘察设计费	桥长米	5783.5	17510000	3027.578		
五		供电贴费	桥长米	5783.5		212.674		
		第一至三部分费用合计	桥长米	5783.5	424100562	73068.248	84.44	
		预留费用			51885788		10.33	
		工程造价增长预留费			39165358			
		预备费			12720430			
		建设期贷款利息			26280000		5.23	
		预算总金额			502266350		100	
		桥梁基本造价	桥长米	5783.5	502266350	86844.70		

编制： 复核：

表 3-7-3

人工、主要材料、机械台班数量汇总

建设项目名称：××市××湖大桥
编制范围：三塔斜拉桥方案

02 表

序号	规格名称	单位	总数量	分项统计							场外运输损耗	
				桥头引道	基础	下部构造	上部构造	沿线设施	调治工程	临时工程	辅助生产	其他	%	数量
1	人工	工日	2333585		493837	144107	1195036	20502	7060	36567				
2	机械工	工日	568806		251441	78792	236247		3	2323				
3	原木	m³	634		85	104	218			227				
4	锯材	m³	3655		281	401	1251			1721				
5	Ⅰ级钢筋	t	4605		733	575	3297							
6	Ⅱ级钢筋	t	11761		3610	1759	6393							
7	钢绞线	t	3196			338	2858							
8	高强钢丝	t	1778				1778							
9	波纹管钢带	t	312			38	273							
10	钢材	t	2381		91	356	1851			84				
11	钢丝绳	t	46		3	3	40							
12	电焊条	kg	416135		71698	25179	318973			285				
13	加工钢材	t	1838		1217		52							
14	板式橡胶支座	dm³	8756				8756				241208		195269	
15	毛勒式伸缩缝	t	40				40							
16	钢砂	kg	50266				50266							
17	冷铸墩头锚	kg	257040				257040							
18	钢绞线群锚（3孔）	套	5010			3460	1551							
19	钢绞线群锚（7孔）	套	42443			4768	37675							
20	钢绞线群锚垫板	t	371			49	321							

续上表

| 序号 | 规格名称 | 单位 | 总数量 | 分项统计 ||||||| 场外运输损耗 ||
				桥头引道	基础	下部构造	上部构造	沿线设施	调治工程	临时工程	辅助生产	其他	%	数量
21	扎丝锚具	kg	19602				19602							
22	铁件	kg	243045		12661	52719	165968	61		11635				
23	铁钉	kg	33086		252	32545		2		24				
24	铁丝	kg	66075		9397	7170	48177	2		1328				
25	标线漆	kg	1470					1470						
26	环氧树脂	kg	5027				5027							
27	PE防护料	kg	164903				164903							
28	42.5级水泥	t	84703		32442	8992	41425		761	245				
29	汽油	kg	28270		649		27537		84					
30	柴油	kg	1539349		824544	294436	408668			11701				
31	电	度	26501610		12260862	2153396	12037237			50114				
32	水	m³	332442		14333	30984	146112	405	10040	2568				
33	自然砂	m³	124341								124341		25	2637
34	中(粗)砂	m³	108123		35870	11728	53446		3403	1038			25	2637
35	砂砾	m³	53267				48580		4160				1	527
36	黏土	m³	73419		71241	267				40			3	2138
37	片石	m³	193362				24002		9200	3015	156878			
38	碎石(2cm)	m³	53003		54723	17536	52478		33	58			1	525
39	碎石(4cm)	m³	80379				7249						1	796
40	6~8t光轮压路机	台班	210				175			36				

续上表

| 序号 | 规格名称 | 单位 | 总数量 | 分项统计 ||||||| 场外运输损耗 ||
				桥头引道	基础	下部构造	上部构造	沿线设施	调治工程	临时工程	辅助生产	其他	%	数量
41	8~10t 光轮压路机	台班	245				234			10				
42	12~15t 光轮压路机	台班	245				234			10				
43	250L 混凝土搅拌机	台班	18241		7602	2459	8172			6			195269	
44	60m³ 混凝土输送泵	台班	321			293	28							
45	600kN 桥梁顶推设备	台班	1066				1066							
46	5000kN 预应力拉伸设备	台班	161				161							
47	预应力钢绞线拉伸机	台班	6764			1226	5538							
48	波纹管卷制机	台班	1767			261	1506							
49	5t 汽车式起重机	台班	271		28		241							
50	12t 汽车式起重机	台班	3891		3316	437	138							
51	30kN 单筒慢速卷扬机	台班	29418		5567		23852							
52	150cm 回旋钻机	台班	178		178									
53	250cm 回旋钻机	台班	17995		17995									
54	7~9级电动多级水泵	台班	2920		1114	1257	550							
55	30kV·A 交流电焊机	台班	113096		18656	11432	82966			42				
56	100kV·A 交流对焊机	台班	5367				5367							
57	90kW 内燃拖轮	台班	6313		4551	831	930							
58	150kW 内燃拖轮	台班	6760		3237	1662	1860							
59	150t 工程驳船	台班	27026		12936	6649	7441							

编制：　　　　　　　　　　　　　　　　　　　　　　复核：

表 3-7-4

建筑安装工程费计算

建设项目名称：××市××湖大桥
编制范围：三塔斜拉桥方案

03 表

序号	工程名称	单位	工程量	直接工程费 人工费	直接工程费 材料费	直接工程费 机械费	直接费 合计	其他工程费	合计	间接费(元)	利润(元) 费率7%	税金(元) 综合税率 3.41%	建筑安装工程费 合计(元)	建筑安装工程费 单价(元)
1	2	3	4	5	6	7	8	9	10	11	12	13	14	15
1	桥头引道	m	3880						23521084		1646476	72974	25240534	6505.29
2	引桥 24×20m 连续梁桩基	m³	3446	246849	1744535	1228876	3220260	231859	3452119	196426	255398	133124	4037067	1171.52
3	主桥副孔 114×30mT 梁桩基	m³	3416	2367335	17502344	11357814	31227493	2248379	33475872	1904777	2476645	1290934	39148228	11460.25
4	主桥副孔 10×50mT 梁桩基	m³	3723	273912	2089079	1049286	3412277	245684	3657961	208138	270627	141062	4277788	1149.02
5	主桥副孔 10×50 顶推梁桩基	m³	2554	229605	2232435	2157889	4619929	332635	4952564	281801	366406	190986	5791757	2267.72
6	主桥主孔斜拉桩基	m³	1825.4	1509548	15903620	15032186	32445354	2336065	34781419	1979063	2573234	1341280	40674996	22282.79
7	大体积混凝土冷却管	m³	8460						1254100		87787	45758	1387645	164.02
8	混凝土桥台	m³	306	50744	189591	32833	273168	19668	292836	16662	21665	11293	342456	1119.14
9	引桥 24×20m 连续梁桥墩	m³	731	40382	404181	84630	529193	38102	567295	32279	41970	21877	663421	907.55
10	主桥副孔 114×30mT 梁桥墩	m³	7357	444281	6622470	843841	7910592	569563	8480155	482521	627387	327021	9917084	1347.98
11	主桥副孔 10×50mT 顶推梁桥墩	m³	1297	77602	808738	461215	1347555	97024	1444579	82197	106874	55707	1689357	1302.51
12	主桥副孔 10×50mT 梁桥墩	m³	1784	107454	1377452	745173	2230079	160566	2390645	136028	176867	92191	2795731	1567.11
13	主桥主孔斜拉桥边墩	m³	1174	70842	731043	493773	1295658	93287	1388945	79031	102758	53562	1624296	1383.56
14	索塔	m³	8610	1459192	7811952	1402488	10673632	767434	11441066	1283457	846284	462765	14033572	1629.92
15	航空障碍灯体系	个	2						100000		7000	3649	110649	55324.50
16	引桥 24×20m 连续梁	m³	3880	399655	5933241	569264	6902160	496956	7399116	421010	547409	285333	8652868	2230.12
17	主桥副孔 114×30mT 梁	m³	28363	4708225	47573136	5355581	57636942	4149860	61786802	3515669	4571173	2382691	72256335	2547.56
18	主桥副孔 10×50mT 梁	m³	4898	812328	9482425	1029021	11323774	815312	12139086	690714	898086	468121	14196007	2898.33
19	主桥副孔 10×50mT 顶推梁	m³	6540	792710	14242610	967991	16003311	1152238	17155549	976151	1269219	661571	20062490	3067.66
20	主桥主孔斜拉桥	m³	14092	4926286	44906662	10661596	60494544	4355607	64850151	3689974	4797809	2500824	75838758	5381.69
21	斜拉索镀锌费	T	1858						3170000	180373	234526	122245	3707144	1995.23

续上表

序号	工程名称	单位	工程量	直接费（元） 直接工程费 人工费	材料费	机械费	合计	其他工程费	合计	间接费（元）	利润（元）费率7%	税金（元）综合税率3.41%	建筑安装工程费 合计（元）	单价（元）
22	桥面铺装	m³	8793	409118	6308287	1020708	7738113	557144	8295257	472000	613708	319891	9700856	1103.25
23	人行道系	桥长米	5783.5	1099001	3160250	166695	4425946	318668	4744614	269969	351021	182967	5548571	959.38
24	桥头搭桥	m³	128	7243	76646	8966	92855	6686	99541	5664	7364	3839	116408	909.44
25	防撞护栏	m	1156.7	212972	1754707	35783	2003462	144249	2147711	122205	158894	82822	2511632	2171.38
26	螺旋楼梯	处	2						600000	34140	44389	152883	831412	415706.00
27	观光台	处	1						800000	45520	59186	30850	935556	935556.00
28	灯柱	根	386						1544000		108080	56336	1708416	4425.95
29	桥头标牌	处	10	1819	379642	635	382096	27511	409607	23307	30304	15796	479014	47901.40
30	收费站	600							480000		33600	17514	531114	885.19
31	路面标线	m	5783.5	1574	19669	1049	22292	1605	23897	1360	1768	922	27947	4.83
32	两岸护堤	m³	8000	254864	1053441		1308305	94198	1402503	79802	103761	54085	1640151	205.02
33	环境保护工程	处	1						500000		35000	18244	553244	553244.00
34	水利整治	桥长米	5783.5						2000000		140000	72974	2212974	382.64
35	航监航道保安	桥长米	5783.5						3000000		210000	109461	3319461	573.95
36	便道	km	6	25901	299329	36270	361500	12942	374442	15502	27296	14228	431468	71911.33
37	便桥	m	3000	150389	2572206	140132	2862727	163462	3026189	164019	223315	116401	3529924	1176.64
38	临时码头	m	400	146397	692605	7572	846574	48339	894913	48504	66039	34422	1043878	2609.70
39	临时轨道铺设	km	3	14955	187530		202485	14579	217064	15629	16288	8490	257471	85823.67
40	临时电力线路	km	6	4104	263750		267854	19285	287139	20674	21547	11231	340591	56765.17
41	临时电信线路	km	6	888	14046		14934	1075	16009	1153	1201	626	18989	3164.83
	各项费用合计	桥长米	5783.5	20846175	196337622	54891267	272075064	19519982	328564230	17475719	24178361.2	11968950	382187260	66082.35

编制：　　　　　　　　　复核：

其他工程费、间接费综合费率计算

表 3-7-5

建设项目名称：××市××湖大桥
编制范围：三塔斜拉桥方案
编制 04 表

序号	工程类别	其他工程费费率（%）												间接费费率（%）												
		冬季施工增加费	雨季施工增加费	夜间施工增加费	高原地区施工增加费	风沙地区施工增加费	沿海地区施工增加费	行车干扰工程施工增加费	安全文明施工措施费	临时设施费	施工辅助费	工地转移费	综合费率	规费				综合费率	企业管理费					财务费用	综合费率
														养老保险费 I	养老保险费 II	失业保险费	医疗保险费	住房公积金	工伤保险费		基本费用	主副食运费补贴	职工探亲路费	职工取暖补贴		
1	2	3	4	5	6	7	8	9	10	11	12	13	14	15	16	17	18	19	20	21	22	23	24	25	26	27
1	人工土方		0.31	—	—	—	—	—	0.59	1.57	0.89	0.21	3.57							43.50%	3.36	0.45	0.1	—	0.23	4.14
2	机械土方		0.32	—	—	—	—	—	0.59	1.42	0.49	0.67	3.49							43.50%	3.26	0.35	0.22	—	0.21	4.04
3	汽车土方		0.32	—	—	—	—	—	0.21	0.92	0.16	0.4	2.01							43.50%	1.44	0.37	0.14	—	0.21	2.16
4	人工石方		0.23	—	—	—	—	—	0.59	1.6	0.85	0.22	3.49							43.50%	3.45	0.34	0.1	—	0.22	4.11
5	机械石方	0.06	0.29	—	—	—	—	—	0.59	1.97	0.46	0.43	3.74							43.50%	3.28	0.33	0.22	—	0.2	4.03
6	高级路面		0.29	—	—	—	—	—	1	1.92	0.8	0.83	4.9							43.50%	1.91	0.22	0.14	—	0.27	2.54
7	其他路面		0.28	—	—	—	—	—	1.02	1.87	0.74	0.75	4.66							43.50%	3.28	0.22	0.16	—	0.3	3.96
8	构造物 I	0.06	0.23	0.25	—	—	—	—	0.72	2.65	1.3	0.75	5.71							43.50%	4.44	0.32	0.29	—	0.37	5.42
9	构造物 II	0.08	0.25	0.35	—	—	—	—	0.78	3.14	1.56	0.89	7.05							43.50%	5.53	0.35	0.34	—	0.4	6.62
10	构造物 III	0.15	0.52	0.7	—	—	—	—	1.57	5.81	3.03	1.77	13.55							43.50%	9.79	0.64	0.55	—	0.82	11.8
11	技术复杂	0.08	0.29	0.35	—	—	—	—	0.86	2.92	1.68	1.01	7.19							43.50%	4.72	0.29	0.2	—	0.46	5.67
12	隧道	—	—	—	—	—	—	—	0.73	2.57	1.23	0.71	5.24							43.50%	4.22	0.28	0.27	—	0.39	5.16

工程建设其他费用及回收金额计算

表 3-7-6

建设项目名称：
编制范围：

05 表

序号	费用名称及回收金额项目	说明及计算式	金额(元)	备注
	其他基本建设费		41903502	
一	土地、青苗等补偿费		2941972	
1	征用土地	$172 \times 4800 = 825600$(元)		
2	临时用地	$260 \times 3200 = 832000$(元)		
3	征用菜地	$4 \times 18900 = 75600$(元)		
4	征用鱼塘	$8 \times 17400 = 139200$(元)		
5	菜地补偿	$4 \times 1575 = 6300$(元)		
6	鱼塘补偿	$8 \times 2175 = 17400$(元)		
7	芦苇补偿	$200 \times 2000 = 400000$(元)		
8	砖混楼房	$603 \times 232.5 = 140198$(元)		
9	瓦房平房	$290 \times 132 = 38280$(元)		
10	杂屋	$100 \times 90 = 9000$(元)		
11	围墙	$100 \times 220 = 22000$(元)		
12	水井	$1 \times 480 = 480$(元)		
13	杨树	$9428 \times 4.5 = 42426$(元)		
14	高压电线杆	$14 \times 10000 = 140000$(元)		
15	照明电杆	$18 \times 30009 = 54000$(元)		
16	通信电杆	$15 \times 3000 = 45000$(元)		
17	苗圃补偿	$12.6 \times 1340 = 16888$(元)		
18	耕地占用税	$172 \times 400 = 68800$(元)		一项费用为 2856284
19	征地管理费	$2856284 \times 3\% = 85689$(元)		
二	建设单位管理费		17151530	
1	建设单位管理费	$514.25 + 8210.105 \times 1.27\% = 618.518$(万元)	6185180	
2	工程质量监督费	$38210.105 \times 0.15\% = 57.32$(万元)	573200	
3	工程监理费	$38210.105 \times 2.5\% = 955.253$(万元)	9552530	
4	定额编制管理费	$38210.105 \times 0.12\% = 45.852$(万元)	458520	
5	设计文件审查费	$38210.105 \times 0.10\% = 38.21$(万元)	382100	
三	研究试验费		4300000	
1	试验费		3000000	
2	水利模型试验费		1300000	
四	勘察设计费		17510000	
五		供电贴费		0	
	工程造价增长预留费	$388499119 \times [(1+0.05)^2 - 1]$	39165358	建安费为 382101050
	预备费	$424014352 \times 3\%$	12720430	一至三部分合计为 424014352
	建设期贷款利息		26280000	
	贷款名称:银行贷款	第一年贷款额:$25000000 \times (3-1+1) \times 13.14\%$	9855000	
		第二年贷款额:$25000000 \times (3-1+1) \times 13.15\%$	13140000	
		第三年贷款额:$25000000 \times (3-1+1) \times 13.16\%$	3285000	

编制： 　　　　　　　　　　　　　　复核：

表 3-7-7

分项工程预算

建设项目名称：××市××大桥
编制范围：索塔

06 表

工程项目						索塔			索塔			钢筋工程				索塔合计	
工程细目						立柱			中、上横梁			立柱钢筋（焊接）			横梁钢筋		
定额单位						10m³			10m³			1t					
工程数量						742.1			118.9			933.26			178.74		
定额表号						4-6-5-2			4-6-5-7			4-6-5-10			4-6-5-15		
序号	工料机名称	单位	单价	定额	数量	金额	定额	数量	金额	定额	数量	金额	定额	数量	金额	数量	金额
1	人工	工日	49.2	15.1	11205.71	551320.93	21.1	2508.79	123432.47	10.4	9705.904	477530.48	11	1966.14	96734.09	25386.544	1249017.96
2	C50 水泥混凝土	m³	—				0.042	4.9938	3869.70								
3	原木	m³	774.9	0.063	46.7523	36228.36										51.7461	40098.05
4	锯材	m³	991.18	0.031	23.0051	22802.20	0.383	45.5387	45137.05							68.5438	67939.24
5	光圆钢筋	t	2932.77														
6	带肋钢筋	t	2978.89							1.025	956.5915	2849580.85	1.025	183.2085	545757.97	1139.8	3395338.82
7	型钢	t	4634.13														
8	电焊条	kg	6.13	0.035	25.9735	132701.21	0.045	5.3505	27336.24	4.3	4013.018	24599.80	3	536.22	3287.03	4549.238	27886.83
9	组合钢模板	t	5109.1	0.001	0.7421	3821.82										31.324	160037.45
10	门式钢支架	t	5150.01													0.7421	3821.82
11	铁件	kg	4.8	21.4	15880.94	76228.51	11.8	1403.02	6734.50							17283.96	82963.01
12	铁钉	kg	5.23	0.1	74.21	388.12										74.21	388.12
13	20~22 号铁丝	kg	7.19							1.7	1586.542	11407.24	2.8	500.472	3598.39	2087.014	15005.63
14	42.5 级水泥	t	413.09	5.252	3897.5092	1610022.08	5.252	624.4628	257959.34							4521.972	1867981.41
15	水	m³	2.2	18	13357.8	29387.16	18	2140.2	4708.44							15498	34095.60

续上表

序号	工料机名称	单位	单价	索塔 立柱 10m³ 742.1 4-6-5-2			索塔 中、上横梁 10m³ 118.9 4-6-5-7			钢筋工程 立柱钢筋（焊接） 1t 933.26 4-6-5-10			横梁钢筋 1t 178.74 4-6-5-15			索塔 合计	
	工程项目																
	工程细目																
	定额单位																
	工程数量																
	定额表号			定额	数量	金额	定额	数量	金额	定额	数量	金额	定额	数量	金额	数量	金额
16	中（粗）砂	m³	37.28	5.72	4244.812	158246.59	5.72	680.108	25354.43							4924.92	183601.02
17	碎石（4cm）	m³	18.36	6.97	5172.437	94965.94	6.97	828.733	15215.54							6001.17	110181.48
18	其他材料费	元	1	60.6	44971.26	44971.26	62.4	7419.36	7419.36							52390.62	52390.62
19	60m³/h以内混凝土输送泵	台班	1337.312	0.17	126.157	168711.27	0.33	39.237	52472.11							165.394	221183.38
20	12t以内汽车起重机	台班	728.24	0.02	14.842	10808.54	0.04	4.756	3463.51							19.598	14272.05
21	30kN以内单筒慢速卷扬机	台班	111.516	2.42	1795.882	200269.58	0.19	22.591	2519.26							1818.473	202788.84
22	50kN以内单筒慢速卷扬机	台班	135.412							0.41	382.6366	51813.59	0.43	76.8582	10407.52	459.4948	62221.11
23	电动多级水泵	台班	810.13	0.84	623.364	505005.88	1.02	121.278	98250.95							744.642	603256.82
24	32kV·A以内交流电焊机	台班	161.596							0.62	578.6212	93502.87	0.54	96.5196	15597.18	675.1408	109100.05
25	小型机具使用费	元	1	76.2	56548.02	56548.02	7.1	844.19	844.19	22.9	21371.654	21371.65	25.6	4575.744	4575.74	83339.608	83339.61
26	基价	元				3456701.8			644913.6			3879562			747848.2		8729025.38
27	直接工程费（合计）	元				3702427			674717			3529806			679958		8586909
28	其他工程费	元				266205			48512			253793			48889		617399
29	间接费	规费	元	7.19%			239825			53693			207726			42079		543323
		企业管理费	元	43.50% 5.67%			225021			41007			214530			41326		521884
30	直接费、间接费（合计）	元				4433478			817929			4205855			812252		10269515

索塔合计：人工费：1249018 材料费：6041729 机械费：1296162 直接费：9204308

编制： 复核：

表 3-7-8

分项工程预算

建设项目名称：××市××大桥

编制范围：索塔

07 表

序号	工料机名称	单位	单价	工程项目 工程细目 定额单位 工程数量 定额表号	索塔 垫板、束道、锚固箱 1t 7.6 4-6-5-17		索塔 索毂 1t 4.8 4-6-5-18		索塔 铁梯 1t 2 4-6-5-19		索塔 避雷针 1处 1.7 4-6-5-20		索塔合计	
				定额	数量	金额	定额	数量	金额	定额	数量	金额	定额	数量	金额	数量	金额
1	人工	工日	49.2	23.3	177.08	8712.34	32.1	154.08	7580.736	6.9	13.8	678.96	15	25.5	1254.60	370.46	18226.63
2	带肋钢筋	t	2978.89	0.011	0.0836	387.41				0.504	1.008	3002.72	0.048	0.0816	243.08	1.0896	3245.80
3	型钢	t	4634.13							0.539	1.078	4995.59	0.006	0.0102	47.27	1.1718	5430.27
4	钢板	t	4125.01										0.002	0.0034	14.03	0.0034	14.03
5	圆钢	t	3305.01										0.019	0.0323	106.75	0.0323	106.75
6	钢管	t	4535.01	0.1	0.76	3446.61	1.3	6.24	38.25				0.012	0.0204	92.51	0.7804	3539.12
7	电焊条	kg	6.13	1.1	8.36	51.25	1	4.8	120000.00	12.5	25	153.25				39.6	242.75
8	索毂结构	t	25000													4.8	120000.00
9	钢锚箱	t	9600	1	7.6	72960.00										7.6	72960.00
10	铁件	kg	4.8				16.6	79.68	382.46				3	5.1	24.48	84.78	406.94
11	其他材料费	元	1	1.2	9.12	9.12	117.2	562.56	562.56	88.6	177.2	177.20	6	10.2	10.20	759.08	759.08
12	30kN以内单筒慢速卷扬机	台班	111.516	2.23	16.948	3077.69	1.22	5.856	653.04							5.856	653.04
13	80kN以内单筒慢速卷扬机	台班	181.596	1.67	12.692	2050.98										16.948	3077.69
14	32kV·A以内交流电焊机	台班	161.596	40	304	304.00	0.19	0.912	147.38	0.62	1.24	200.38				14.844	2398.73
15	小型机具使用费	元	1													304	304.00
16	定额基价	元				90257.60			129129.6			8524.00			1834.3		229745.50
17	直接工程费（合计）	元				90999			129364			9208			1793		231365
18	规费	元	7.19%			6543			9301			662			129		16635
19	间接费	企业管理费	元	43.50%			3790			3298			295			546		7929
			5.67%			5531			7862			560			109		14062
20	直接费、间接费合计	元				106863			149826			10725			2577		269990
21																	

索塔合计：人工费：18227　材料费：206705　机械费：6433　直接费：248000

编制：　　　　　　　　　　　　　　　复核：

表 3-7-9

分项工程预算

建设项目名称：××市××大桥
编制范围：索塔

	工程项目		预应力钢筋、钢丝束及钢绞线									
	工程细目		钢绞线束长20m/控,每吨18.9束									
	定额单位		1t									
	工程数量		122.3									
	定额表号		4-7-20-15									
序号	工料机名称	单位	单价	定额	数量	金额	定额	数量	金额	定额	数量	金额
1	人工	工日	49.2	31.9	3901.37	191947				3901.37		191947
2	水泥浆	m³		(0.18)		0						
3	光圆钢筋	t	2932.77	0.025	3.0575	8967				3.0575		8967
4	钢绞线	t	6680.17	1.04	127.192	849664				127.192		849664
5	波纹管钢带	t	7200	0.108	13.2084	95100				13.2084		95100
6	电焊条	kg	6.13	0.4	48.92	300				48.92		300
7	钢绞线群锚	套	126.49	38.26	4679.198	591872				4679.198		591872
8	20~22号铁丝	kg	7.19	0.9	110.07	791				110.07		791
9	32.5级水泥	t	402.72	0.243	29.7189	11968				29.7189		11968
10	其他材料费	元	1	39.7	4855.31	4855				4855.31		4855
11	预应力钢绞线拉伸设备	台班	146.036	4.02	491.646	71798				491.646		71798
12	波纹管卷制机	台班	245.072	0.56	68.488	16784				68.488		16784
13	32kV·A以内交流电弧焊机	台班	161.596	0.3	36.69	5929				36.69		5929
14	小型机具使用费	元	1	44	5381.2	5381				5381.2		5381
15	定额基价	元				1710855						1710855
16	直接工程费	元				1855358						1855358
17	其他直接费	元	7.19%			133400						133400
18	间接费	规费	43.50%			83497						83497
		企业管理费	5.67%			112763						112763
19	直接费与间接费合计	元				2185018						2185018

索塔合计：人工费:191947 材料费:1563518 机械费:99893 直接费:1988759

编制： 复核：

08 表

表 3-7-10

材料预算单价计算

建设项目名称：××市××大桥

编制范围：三塔斜拉桥方案

09 表

序号	规格名称	单位	原价(元)	供应地点	运输方式、比重及运距	毛重系数或单位毛重	运杂费构成说明或计算式	单位运费(元)	原价运费合计(元)	场外运输损耗 费率(%)	场外运输损耗 金额(元)	采购及保管费 费率(%)	采购及保管费 金额(元)	预算单价(元)
1	原木	m³	720.00	A县	水运130km	1.0	130×0.2+10	36.0	756.00			2.5	18.90	774.9
2	锯材	m³	931.00	A县	水运130km	1.0	130×0.2+10	36.0	967.00			2.5	24.18	991.18
3	光圆钢筋	t	2800	B市	汽运105km	1.0	105×0.55+3.5	61.25	2861.25			2.5	71.52	2932.77
4	带肋钢筋	t	2845	B市	汽运105km	1.0	105×0.55+3.5	61.25	2906.25			2.5	72.64	2978.89
5	型钢	t	4500	B市	汽运32km	1.0	32×0.55+3.5	21.10	4521.10			2.5	113.03	4634.13
6	钢绞线	t	6500	C市	汽运25km	1.0	25×0.55+3.5	17.25	6517.25			2.5	162.92	6680.17
7	电焊条	kg	5.96	C市	汽运25km	1000	(25×0.55+3.5)/1000	0.02	5.98			2.5	0.15	6.13
8	组合钢模板	t	4960	C市	汽运38km	1.0	38×0.55+3.5	24.4	4984.40			2.5	124.61	5109.10
9	铁件	kg	4.65	C市	汽运38km	1100	(38×0.55+3.5)/1100	0.02	4.67			2.5	0.12	4.80
10	铁钉	kg	5.08	C市	汽运38km	1100	(38×0.55+3.5)/1100	0.02	5.10			2.5	0.13	5.23
11	20~22号铁丝	kg	7.00	C市	汽运38km	1100	(38×0.55+3.5)/1100	0.02	7.02			2.5	0.17	7.19
12	钢管	t	4400	C市	汽运38km	1.0	38×0.55+3.5	24.4	4424.4			2.5	110.61	4535.01

续上表

序号	规格名称	单位	原价(元)	供应地点	运输方式、比重及运距	毛重系数或单位毛重	运杂费构成说明或设计算式	单位运费(元)	原价运费合计(元)	场外运输损耗 费率(%)	场外运输损耗 金额(元)	采购及保管费 费率(%)	采购及保管费 金额(元)	预算单价(元)
13	钢板	t	4000	C市	汽运38km	1.0	38×0.55+3.5	24.4	4024.4			2.5	100.61	4125.01
14	圆钢	t	3200	C市	汽运38km	1.0	38×0.55+3.5	24.4	3224.4			2.5	80.61	3305.01
15	门式钢支架	t	5000	C市	汽运38km	1.0	38×0.55+3.5	24.4	5024.4			2.5	125.61	5150.01
16	波纹管钢带	t	7000	C市	汽运38km	1.0	38×0.55+3.5	24.4	7024.4			2.5	17561	7200
17	钢绞线群锚	套	99.0	C市	汽运38km	1.01	38×0.55+3.5	24.4	123.4			2.5	3.08	126.49
18	42.5级水泥	t	345.00	D市	汽运92km	1.01	92×0.55+3.5	54.10	399.10	1.0	3.99	2.5	10.00	413.09
19	32.5级水泥	t	335.00	D市	汽运92km	1.01	92×0.55+3.5	54.10	389.10	1.0	3.89	2.5	9.73	402.72
20	中(粗)砂	m³	13.26	江河口	船运1.5,19km	1.0	(24×0.2+10)×1.50	22.22	35.48	2.5	0.89	2.5	0.91	37.28
21	2cm碎石	m³	14.63	工地	下班人装翻斗车运1.33 km	1.01	[(3.43+0.35×12.3)×90.48+6.3×17×(1+5%)]/100	8.12	22.75	1.0	0.69	2.5	1.73	24.48
22	4cm碎石	m³	24.48	工地	工地内加工同上	1.01								18.36

编制: 复核:

表 3-7-11

自采材料料场价格计算

建设项目名称：××市××大桥
编制范围：三塔斜拉桥方案

10 表

序号	定额号	材料规格名称	单位	料场价格	人工(工日)单价49.2(元)		间接费(元.人工费5%)	自然砂单价(元)			片石单价 5.14(元)			（ ）单价(元)			（ ）单价(元)	
					定额	金额		定额	金额		定额	金额		定额	金额		定额	金额
1	8-1-4-4+6	人工采中(粗)砂	100m³	1326.26	74.3		1263.1	63.16										
2	8-1-5-4	砂砾	100m³	1312	73.5		1249.5	62.48										
3	8-1-6-3	人工捡清片石	100m³	514.08	28.8		489.6	24.48										
4	8-1-5-8	砂砾石	100m³	1358.39	76.1		1293.7	64.69			116.9			600.86				
5	8-1-9-3	2cm碎石	100m³	14.63	48.3		821.1	41.06										

编制：　　　　　　　　　　　　　　　　　　　　　　复核：

表 3-7-12

机械台班单价计算

建设项目名称：××市××大桥
编制范围：三塔斜拉桥方案

11 表

序号	定额号	机械规格名称	台班单价(元)	不变费用(元) 定额	不变费用(元) 调整系数:1 调整值	人工:17(元/天) 定额	人工:17(元/天) 金额	可变费用 汽油:5.8(元/kg) 定额	可变费用 汽油:5.8(元/kg) 金额	可变费用 柴油:5.4(元/kg) 定额	可变费用 柴油:5.4(元/kg) 金额	可变费用 电:1.2(元/kW·h) 定额	可变费用 电:1.2(元/kW·h) 金额	养路费及车船使用费	合计
1	458	6~8t 光轮压路机	274.38	117.18	117.18	1	49.2			20	108				157.2
2	459	8~10t 光轮压路机	301.49	122.69	122.69	1	49.2			24	129.6				178.8
3	461	12~15t 光轮压路机	392.29	170.29	170.29	1	49.2			32	172.8				222
4	569	250L 混凝土搅拌机	150.59	37.79	37.79	1	49.2					53	63.6		112.8
5	1316	60m³ 混凝土输送泵	1337.312	849.95	849.98	1	49.2					365.11	438.132		487.332
6	623	900kN 预应力拉伸机	117.38	33.38	33.38	1	49.2					29	34.8		84
7	626	5000kN 预应力拉伸机	307.2	174	174							111	133.2		133.2
8	627	预应力钢绞线拉伸机	146.036	126.56	126.56							16.23	19.476		19.476
9	630	波纹管卷制机	245.072	119.9	119.9	2	98.4					22.31	26.772		125.172
10	675	1t 机动翻斗车	142.3	39.1	39.1	1	49.2			10	54			10	103.2
11	698	5t 汽车式起重机	356.94	174.34	174.34	1	49.2	23	133.4					30	182.6
12	1451	12t 汽车式起重机	728.24	387.11	387.11	2	98.4			44.95	242.73			70	341.13
13	1499	30kN 单筒慢速卷扬机	111.516	17.22	17.22	1	49.2					37.58	45.096		94.296

单元三　工程案例

续上表

序号	定额号	机械规格名称	台班单价(元)	不变费用(元) 调整系数:1 定额	调整值	人工:17(元/天) 定额	金额	汽油:5.8(元/kg) 定额	金额	柴油:5.4(元/kg) 定额	金额	电:1.2(元/kW·h) 定额	金额	养路费及车船使用费	合计
14	1500	50kN 单筒慢速卷扬机	135.412	20.08	20.08	1	49.2					55.11	66.132		115.332
14	1501	80kN 单筒慢速卷扬机	181.596	51	51	1	49.2					67.83	81.396		130.596
15	1666	直径150mm 电动多级水泵	810.13	80.83	80.83	1	49.2					566.75	680.1		729.3
16	866	32kV·A 交流电焊机	161.596	7.24	7.24	1	49.2					87.63	105.156		154.356
17	879	100kV·A 交流电焊机	346.31	23.51	23.51	1	49.2					228	273.6		322.8
18	950	注塑机	0	0	0										0
19	967	100t 工程驳船	287.2	139.6	139.6	3	147.6								147.6
20	968	150t 工程驳船	390.2	193.4	193.4	4	196.8								196.8
21	887	250×150 碎石机	299.06	55.46	55.46	1	49.2			36	194.4				243.6
22															

表 3-7-13

辅助生产工、料、机械台班数量计算

建设项目名称：××市××大桥

编制范围：三塔斜拉桥方案

序号	定额号	规格名称	单位	总数量	人工(工日) 定额	人工(工日) 数量	自然砂(m³) 定额	自然砂(m³) 数量	片石(m³) 定额	片石(m³) 数量	汽油(kg) 定额	汽油(kg) 数量	柴油(kg) 定额	柴油(kg) 数量	电力(度) 定额	电力(度) 数量
		Ⅰ、自采材料														
1	8-1-4-4+6	砂砾	100 m³	1081.23	74..3	80335	115	124341								
2	8-1-5-4	砂砾	100 m³	532.67	73.5	39151.25										
3	8-1-6-3	人工挖清片石	100 m³	364.34	28.8	10492.99										
4	8-1-9-3	2cm碎石	100 m³	1334.00	48.3	64432.2			117.6	156878						
...	...	Ⅱ、自办运输	...		...	...	...	...	...	...	...	...	...	...	...	...
		合计				194411.4		124341		156878						
		Ⅲ、燃烧能源														
1	458	6~8t光轮压路机	台班	210	1	210							20	4200		
2	459	8~10t光轮压路机	台班	245	1	245							24	5880		
3	461	12~15t光轮压路机	台班	245	1	245							32	7840		
4	569	250L混凝土搅拌机	台班	18241	1	18241									53	966773

续上表

序号	定额号	规格名称	单位	总数量	人工(工日) 定额	人工(工日) 数量	自然砂(m³) 定额	自然砂(m³) 数量	片石(m³) 定额	片石(m³) 数量	汽油(kg) 定额	汽油(kg) 数量	柴油(kg) 定额	柴油(kg) 数量	电力(度) 定额	电力(度) 数量
5	604	60m³混凝土输送泵	台班	321	1	321									348	111708
6	623	900kN预应力拉伸机	台班	256											29	7685
7	626	5000kN预应力拉伸机	台班	161											111	17871
8	627	预应力钢绞线拉伸机	台班	6764											25	169100
9	630	波纹管卷制机	台班	1767	2	3534									39	68913
10	698	5t汽车式起重机	台班	271	1	271					23	6233				
11	700	12t汽车式起重机	台班	3891	2	7782							31	120621		
12	709	30kN单筒慢速卷扬机	台班	29418	1	29418									37	1088466
13	710	50kN单筒慢速卷扬机	台班	53760	1	53760									56	3010560
14	822	5~6级电动多级水泵	台班	2920	1	2920									467	1363640
15	866	30kV·A交流电焊机	台班	113096	1	113096									87	9839352
…	…	…	…	…	…	…	…	…	…	…	…	…	…	…	…	…
		合计				568806						28270		1539349		26501610
						(230043)						(6233)		(138541)		(16644068)

(统计09、10、11表入02表)合计

编制：   复核：

250

单元四 公路工程造价管理系统简介

项目一 公路工程概预算文件的编制

【知识目标】掌握公路工程概预算文件编制方法、常用软件的操作和使用。

【能力目标】通过公路工程概预算软件的学习,你应能够完成公路工程概预算文件的编制。

【知识引入】编制一份公路概预算文件的基本流程,首先新建建设项目及造价文件,确定后软件将自动进行初始化并进入系统主界面,然后切换到取费程序,选择费率并确定项目属性的基本参数,开始编制预算书文件,添加项目,项目表建立完成之后,通过定额计算或数量单价的方式对第一部分费用建筑安装工程费进行组价,通过基数计算和数量单价的方式对第二、三部分费用进行计算。再进行工料机的汇总分析,确定预算单价,直接输入或者计算运费、原价即可。当量、价、费确定之后,就可以直接预览、打印、输出报表了。

任务描述

作为公路工程施工技术人员,了解和掌握公路工程造价管理系统的使用与操作,是提高业务水平和工作能力的重要环节。

技能训练

如何掌握公路工程造价管理系统的使用与操作?

基本知识

一、同望 WECOST 编制概预算文件的操作流程

第一步:新建建设项目及造价文件。
第二步:选择费率,确定参数设置。
第三步:编制预算书文件。
第四步:工料机汇总分析。
第五步:预览、打印、输出报表。

二、新建建设项目及造价文件

(1)首先,双击桌面【同望 WECOST 公路工程造价管理系统】图标,登录软件,如图 4-1-1 所示。

(2)新建建设项目。

练习1:编制琼海二级公路改建项目一个标段的施工图预算。

操作:在【项目管理】界面—【右键】—【新建】—【建设项目】,如图 4-1-2 所示。

图 4-1-1

图 4-1-2

在弹出的窗口中,输入编号与建设项目名称,选择编制类型即可,如图4-1-3所示。

(3)新建造价文件,如图4-1-4所示。

注意:在编制概预算时,建设项目文件名称一般以建设项目的名称命名,项目分段文件名称一般以编制范围命名。也可从[文件]—[新建建设项目]或[新建造价文件]分别新建建设项目和项目分段文件。

然后,输入该建设项目的相关属性,即完成建设项目及造价文件的新建。

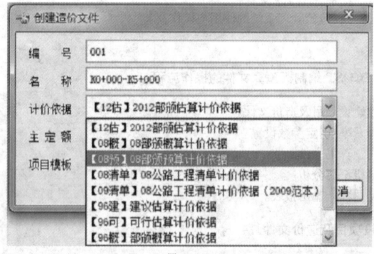

图 4-1-3

双击【造价文件】或右键【打开】,即可进入到软件预算书界面。如图4-1-5所示。

三、选择费率,确定参数设置

工程费率主要是指公路工程的其他直接费、现场经费、间接费等费的费率,上述各项费用按部颁编制办法采用定额直接工程费乘费率方式计算,根据项目所在地具体施工情况选择不同的费率标准。

软件操作:切换到【取费程序】,然后分别选择、设置相关参数即可,如图4-1-6所示。

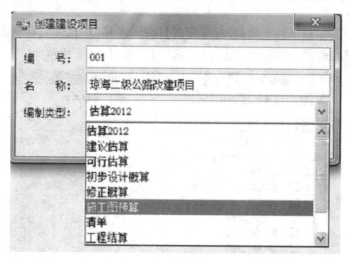

图 4-1-4

	基本信息	
	属性	值
1	文件编号	001
2	文件名称	K0+000~K5+000
3	计价依据	08部颁预算计价依据
4	工程类别	路线
5	起止桩号	K0+000~K5+000
6	公路公里	5.0
7	公路等级	汽车专用二级
8	建设性质	改建
9	车道	4
10	大桥等级	
11	桥长米	0.0
12	桥梁(或路基...	0.0
13	平均养护月数	2
14	建管费累进办法	08建管费部颁标准
15	累进系数	1.0
16	年造价上涨率%	0.0
17	上涨计费年限	1.0
18	编制人单位	广州同望软件有限公司
19	编制人	赖雄英
20	编制人资格证号	手机: 15802023789
21	编制时间	2012-06-08
22	复核人单位	广东同望科技股份有限公司
23	复核人	董雨莉
24	复核人资格证号	QQ: 1977159238
25	复核时间	
26	审核人单位	同望科技
27	审核人	同望科技
28	审核人资格证号	
29	审核时间	

图 4-1-5

	设置项目	设置值
1	工程所在地	海南
2	费率标准	([2011]83号)海...
3	冬季施工	不计
4	雨季施工	II区6个月
5	夜间施工	计
6	高原施工	不计
7	风沙施工	不计
8	沿海地区	不计
9	行车干扰	1001~2000
10	施工安全	计
11	临时设施	计
12	施工辅助	计
13	工地转移 (km)	0
14	基本费用	计
15	综合里程 (km)	0
16	职工探亲	计
17	职工取暖	不计
18	财务费用	不计
19	辅助生产	计
20	利润	计
21	纳税地点	市区
22	养老保险(%)	20
23	失业保险(%)	2
24	医疗保险(%)	6.5
25	生育保险(%)	0.5
26	住房公积金(%)	8
27	工伤保险(%)	1

图 4-1-6

四、编制预算书文件

1. 建立项目表

首先,建立标准项:点击右上角的【标准模板】图标,展开[项目表],如需添加哪些分项,直接双击该分项名称或在前面打勾选择点击[添加选中]。如图4-1-7所示。

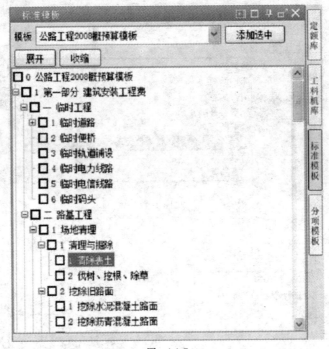

图 4-1-7

练习:建立如下项目表(见图4-1-8)。

编号					标识	名称	单位	工程量	工程量2
1	001				工程	K0+000-K5+000		0.00	
2	1				项	第一部分 建筑安装工程费	公路公里	5.00	0.00
3		一			项	临时工程	公路公里	5.00	0.00
4		二			项	路基工程	km	5.00	0.00
5			1		项	场地清理	km	5.00	0.00
6				1	项	清理与掘除	m2	5.00	0.00
7				1	项	清除表土	m3	3000.00	0.00
8			2		项	挖方	m3	50000.00	
9				1	项	挖土方	m3	50000.00	
10				1	项	挖路基土方	m3	50000.00	
11			3		项	填方	m3	30000.00	
12				1	项	路基填方	m3	30000.00	
13				2	项	利用土方填筑	m3	30000.00	
14			6		项	防护与加固工程	km	5.00	
15				2	项	坡面防护	m3/m2	20000.00	
16				3	项	浆砌片石护坡	m3/m2	20000.00	
17		三			项	路面工程	km	5.00	
18			3		项	路面基层	m2	76000.00	
19				2	项	水泥稳定类基层	m2	76000.00	
20		四			项	桥梁涵洞工程	m/座	50.00	0.00
21			3		项	小桥工程	m/座	50.00	0.00
22				5	项	预应力混凝土空心板桥	m/座	50.00	0.00
23	2				项	第二部分 设备及工具、器具购置费	公路公里	0.00	0.00

图 4-1-8

注意: 建立建设项目的项目表后,要注意输入各单位工程、分部工程和分项工程的工程数量。

一个完整的项目表建立之后,就可以通过套定额、定额调整和数量单价的方式,对建筑安装工程费的各分项进行组价。用数量单价或者基数计算的方式对第二、三部分费用进行造价计算,逐一完成本建设项目的预算编制。

2. 套定额组价

由于现在只是建立、划分了工程,但具体费用多少,需要通过套定额组价分析计算,得出综合单价与合价。

【定位】到分项工程如【临时道路】—打开【定额库】—【选择定额】—套用【组价】,如图 4-1-9 所示。

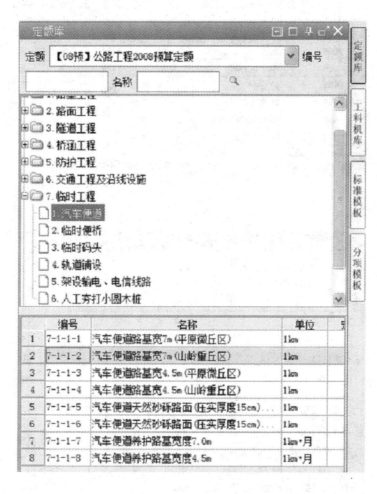

图 4-1-9

双击定额编号或名称,即可完成定额的套用。

然后点击【分析计算】,即可查看该分项工程的建安费、合价、单价。

3. 定额调整(或抽换)

由于在实际编制概预算时,并不是所有的定额都和实际情况一样,这时就需要进行定额调整,或者定额抽换。

在同望软件中,需要进行定额调整时,主要在【定额调整】对【标准换算 BZ】【混合料配比 PB】【子目系数 XS】、稳定土、单价调整进行相关的操作即可。如图 4-1-10 所示。

图 4-1-10

(1)举例:换水泥砂浆号 M5 号换成 M7.5 号。

输入定额:1-2-3-1,在"人材机"界面,右键"替换工料机",选择替换水泥砂浆型号。如图 4-1-11 所示。

然后,在弹出的工料机窗口中,找到 M7.5 号水泥砂浆,双击确定即可。在工料机中,水泥、中(粗)砂的消耗量自动根据内置公式乘系数调整。如图 4-1-12 所示。

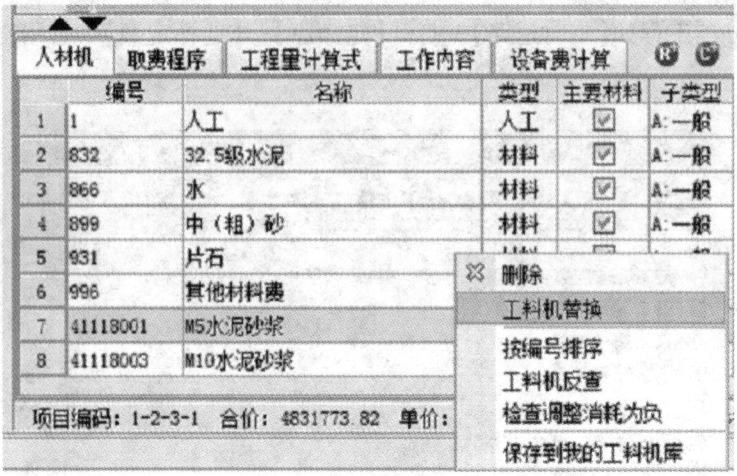

图 4-1-11

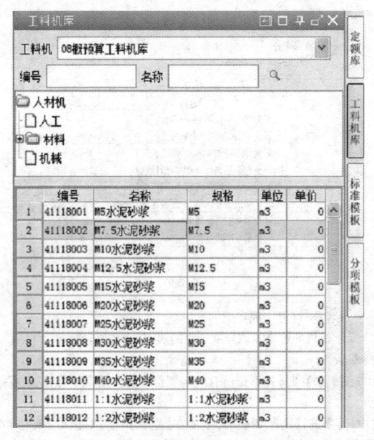

图 4-1-12

(2)举例:如何替换商品混凝土。

输入定额:4-6-10-2,在[人材机]界面—右键[替换工料机],选择替换商品混凝土型号,双击确定即可。

替换完成后,水泥、中(粗)砂、碎石的消耗量自动调整为零,水要养生,所以仍有消耗量。这里需要注意的是,取费类别选择构造物Ⅲ。在编制办法中有规定,在处理[工料机]预算单价时,要确定购买的商品混凝土是到场价格还是需要运输。

(3)举例:沥青路面可调油石比。

新定额沥青路面是按一定的油石比编制的,当设计采用的油石比与定额不同时,可按设计油石比调整定额中的沥青用量。

套用定额:2-2-11-1,在[混合料配比 PB]—在[调整为]中输入设计油石比,石油沥青的消耗量根据内置公式自动计算。如图 4-1-13 所示。

在同望软件中,已经把预算定额书中的一些附注说明部分做成了选项的形式,做预算时,直接根据实际情况,在选项前面打勾选择即可。

(4)举例:如何将"挖竹根"调整成"挖芦苇根"。

输入定额:1-1-1-10,在[标准换算]下,在相应的选项中打勾选择即可,人工消耗自动根据软件内置公式乘系数。如图 4-1-14 所示。

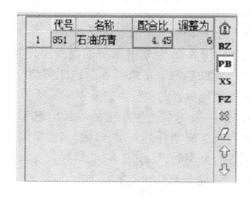 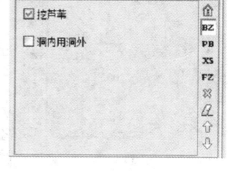

图 4-1-13　　　　　　　　　　　　　图 4-1-14

(5)举例:灌注桩可根据不同的桩径选择调整系数。

套用定额:4-4-5-43,当设计桩径与定额桩径不同时,可根据施工情况选择实际桩径。点附注条件,选择实际桩径,在前面打勾选择即可,无须其他任何操作,定额自动乘系数,单价自动计算。如图 4-1-15 所示。

(6)举例:如何调整 10t 车运输 10.2km。

输入定额:1-1-11-9,在[标准换算]—输入实际值:10.2km 即可,定额名称自动变化,单价、金额自动计算。如图 4-1-16 所示。

注意:定额项目 1-1-11 自卸汽车运土、石方及 1-1-22 洒水汽车洒水中,均按不同的运输距离综合考虑了施工便道的影响,考虑到运输距离越长产生其生产效率越高,因此,定额规定仅适用于平均运距在 15km 以内的工程;当运距超过 15km 时,应按工程所在地社会运输的有关规定计算运费。

关于运距,定额规定:当运距超过第一个定额运距单位时,其运距尾数不足一个增运定额单位的半数时不计,超过半数时按一个增运定额运距单位计算。例如,平均运距为 10.2km 时,套用第一个 1km 和运距 15km 以内的增运定额 18 个单位后,尾数为 0.2km,不足一个增运定额单位(0.5km)的半数(0.25km),因此不计;如平均运距为10.3时,0.3km已经超过一个增运定额单位(0.5km)的半数(0.25km),因此计,增运单位则合计为19个。

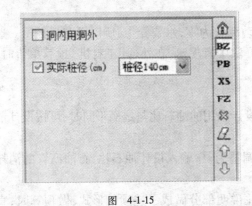

图 4-1-15

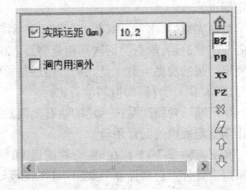

图 4-1-16

使用增运定额时要注意两点:平均运距不扣减第一个1km;平均运距为整个距离内直接套用,不是分段套用。例如,15t以内自卸汽车运输路基土方,平均运距为10.2km时,定额台班数量为5.57+0.61×18=16.55(台班);平均运距为10.3时,定额台班数量为5.57+0.61×19=17.16(台班)。而不是分段套用5km以内、10km以内、15km以内的定额。

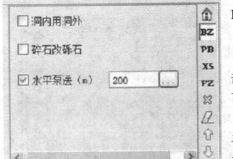

图 4-1-17

(7)举例:如何调整水平泵送运距200m。

输入定额:4-2-8-18泵送井壁普通混凝土定额,单击定额调整—辅助定额—输入实际泵送距离200m即可,人工、机械消耗量自动调整。如图4-1-17所示。

注意:定额中采用泵送混凝土的项目均已包含水平和向上垂直泵送所消耗的人工、机械,当水平泵送距离超过定额综合范围时,可按表4-1-2增列人工及机械消耗量。向上垂直泵送不得调整。

	编号	标识	名称	单位	工程量	工程量2	取费类别	合价
1	001	工程	K0+000-K5+000		0.00			44788845.62
2	1	项	第一部分 建筑安装工程费	公路公里	5.00	0.00		42577921.00
3	2	项	第二部分 设备及工具、器具购置费	公路公里	0.00	0.00		23200.00
4	三	项	办公及生活用家具购置	公路公里	0.00	0.00		23200.00
5	3	项	第三部分 工程建设其他费用	公路公里	0.00	0.00		2187724.62
6	二	项	建设项目管理费	公路公里	0.00	0.00		2187724.62
7	(一)	项	建设单位管理费	公路公里	0.00	0.00		1020698.68
8	(二)	项	工程监理费	公路公里	0.00	0.00		1064448.03
9	(三)	项	设计文件审查费	公路公里	0.00	0.00		42577.92
10	(四)	项	竣(交)工验收试验检测费	公路公里	0.00	0.00		60000.00
11	4	项	第一、二、三部分费用合计	公路公里	0.00	0.00		44788845.62
12	10	项	预备费	元	0.00	0.00		
13	20	项	预算总金额	元	0.00	0.00		44788845.62
14	21	项	其中:回收金额	元	0.00	0.00		
15	22	项	公路基本造价	公路公里	0.00	0.00		44788845.62

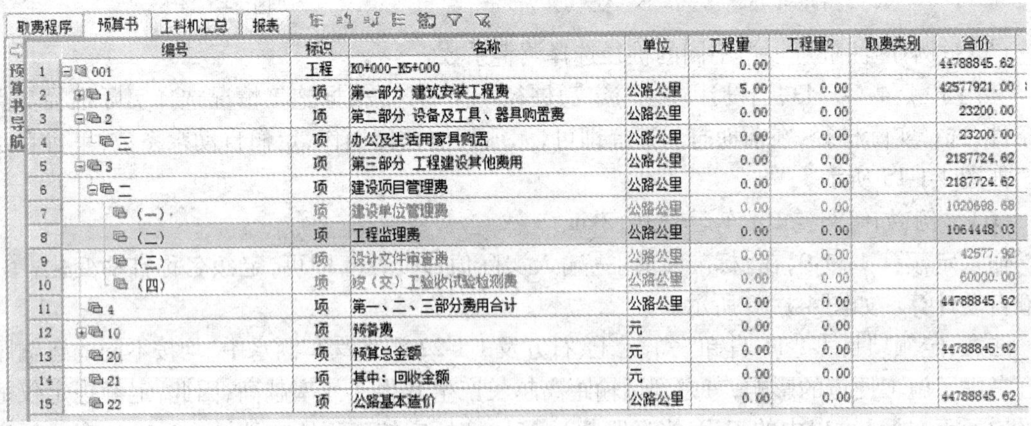

图4-1-18

4. 计算第二、三部分费用

第二、三部分费用是指设备及工具、器具购置费和工程建设其他费用,很多工程项目费用,在编制办法已经规定好计算公式了,在同望软件里,只是添加上相关的项目,然后点击【分析计算】即可。如果没有明确规定费用计算公式,我们再根据实际情况输入计算公式即可,在这里主要通过基数计算和数量单价的方式确定费用。

注意：根据财综【2008】78号文，工程质量监督费、工程定额测定费已经取消。施工机构迁移费、供电贴费、固定资产投资方向调节费目前已不计。

五、工料机汇总分析

操作要点包括人工单价、材料计算、机械单价。工料机窗口汇总显示了本造价文件所有定额内包含的工料机，我们可以直接在此修改或计算工料机的预算单价。工料机单价的处理，主要是调整人工、机械工、各种材料的预算单价。

1. 确定人工、机械工单价

可以通过同望软件[帮助]—[定额说明]，查看各省的补充编办，即《××省级公路基本建设项目概预算编制办法补充规定》，看人工是多少。确定好后，在人工的预算单价列直接输入即可。

如果机械工跟人工一样，我们直接输入，确定机械工单价后，所涉及的机械单价自动进行单价分析。

注意：人工费单价仅作为编制概预算的依据，不作为施工企业实发工资的依据。

2. 计算材料预算价格

材料预算价格，是指材料到工地仓库的价格，不是材料的出厂价格，也不是市场价格。如果知道材料预算价，即到场价格，直接在预算单价处输入修改即可。

练习：输入材料预算单价（见表4-1-1）。

表4-1-1

名称	单位	预算单价	名称	单位	预算单价
光圆钢筋	t	3900.00	汽油	kg	11.3
带肋钢筋	t	4000.00	柴油	kg	8.95

（1）材料预算价由原价、运费、场外损耗费、采购及保管费组成。

  计算公式=（原价+运费）×(1+场外运输损耗率)×(1+采购及保管费费率)

其中

    运费=（运距×运价+装卸费+杂费）×单位重×毛重系数

原价又称供应价、购买价、出厂价，对自采材料而言，称料场价。

（2）运费计算[原价已知]。对用需要计算运费的材料，在【计算】打勾，然后输入运输工具、原价、运价等参数，即可完成工料机预算单价的计算。

练习：计算片石运费（见图4-1-19）。

名称	起讫地点	原价	运价	运距	装卸费	装卸次数	预算价
片石	料场-工地	60	0.52	15	8	1	

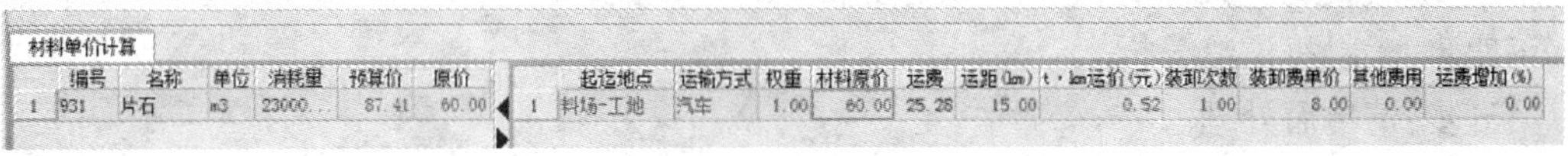

编号	名称	单位	消耗量	预算价	原价	起讫地点	运输方式	权重	材料原价	运费	运距(km)	t·km运价(元)	装卸次数	装卸费用	其他费用	运费增加(%)
1	931	片石	m3	23000	87.41	60.00	料场-工地	汽车	1.00	60.00	25.28	15.00	0.52	1.00	8.00	0.00	0.00

图 4-1-19

3. 计算机械台班价格

施工机械台班单价由不变费用和可变费用组成。不变费用一般不允许修改。可变费只要在材料计算中确定机械工单价、动力燃料单价,机械台班费用自动计算。

注意:当人工、机械工单价和一些材料的预算价修改完以后,机械单价自动进行单价分析。切换到[机械单价]窗口。在这里注意一点,由于我国发展与改革委员会在2009年发文取消了养路费,并把这部分费用折算到油价中,所以在同望软件里应选择不含养路费车船税标准即可。

在这里,我们选择海南省的标准即可,如图4-1-20所示。

图 4-1-20

六、预览、打印、输出报表

确定好量、价、费后,就可以输出报表。

项目二 公路工程清单计价文件的编制

【知识引入】同望 WECOST 招标投标版,一般为施工单位和业主使用,进行公路工程项目招标、清单报价、单价审核、单价变更、标底等。

由于招标投标版本和概预算版本的开发依据不同,因此在软件中有某些按钮的名称也有所不同,比如标底版的清单,我们进行清单添加时是点击清单范本,但在概预算里就是项目表。但在总体结构上,清单报价主要是比概预算多了一个分摊和调价。

任务描述

作为公路工程施工技术人员,了解和掌握公路工程清单计价文件的编制,是提高业务水平和工作能力的重要环节。

技能训练

如何掌握公路工程清单计价文件的编制与操作?

基本知识

一、清单报价造价文件的操作过程

第一步:新建建设项目。
第二步:取费设置。
第三步:编辑造价文件。
第四步:工料机汇总分析。
第五步:清单后处理。
第六步:生成报表。
详见图4-2-1。

二、软件操作讲解

1. 导入工程量清单

在「预算书」界面,软件提供导入 EXCEL 工程量清单功能。软件根据清单编号自动排序,用户可使用工具栏上 的调整。

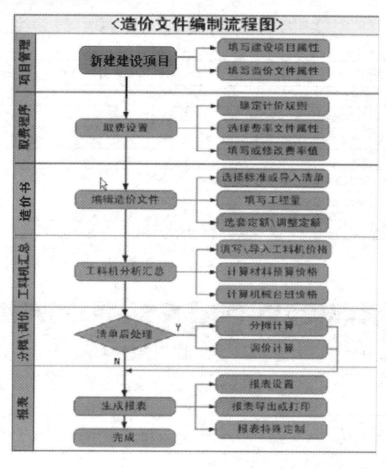

图 4-2-1

EXCEL 模板 1 见图 4-2-2。
EXCEL 模板 2 见图 4-2-3。

2. 允许一份文件同编号材料不同价格(见图 4-2-4)

3. 分摊(见图 4-2-5)

(1)按清单金额比重。
(2)按集中拌水泥混凝土用量。
(3)按沥青混合料用量分摊。

4. 调价——正向调价(见图 4-2-6)

5. 调价——反向调价(见图 4-2-7)

6. 输出单价分析表

在「调价」界面,打勾需要输出单价分析表的清单项目,在「报表」界面,浏览单价分析表。

三、公路工程概预算项目表(见表 4-2-1)

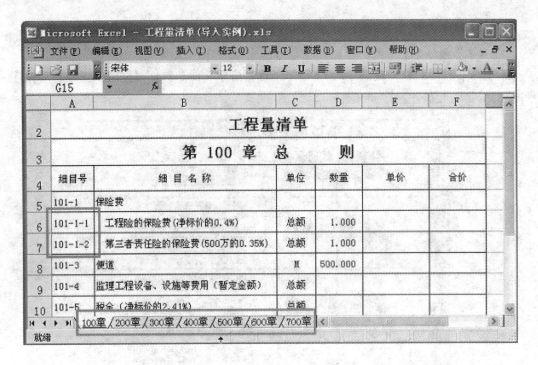

图 4-2-2

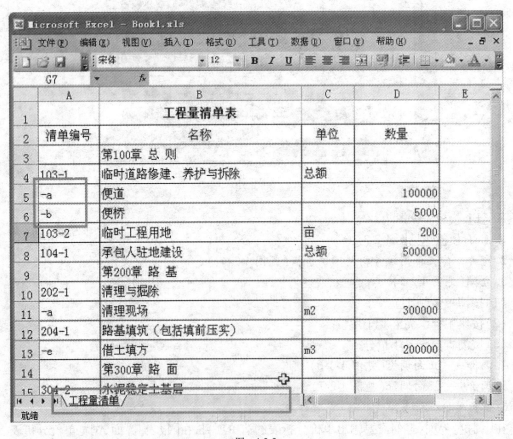

图 4-2-3

图 4-2-4

图 4-2-5

图 4-2-6

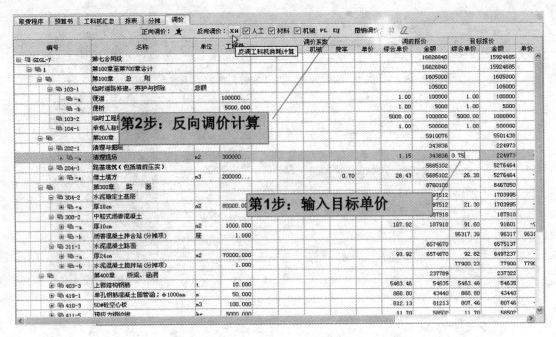

图 4-2-7

表4-2-1

项	目	节	细目	工程或费用名称	单位	备 注
				第一部分　建筑安装工程费	公路公里	建设项目路线总长度（主线长度）
一				临时工程	公路公里	
				临时道路		新建便道与利用原有道路的总长
			1	临时道路的修建与维护	km	新建便道长度
			2	原有道路的维护与恢复	km	利用原有道路长度
				…	km	
		2		临时便桥	m/座	指汽车便桥
		3		临时轨道铺设	km	
		4		临时电力线路	km	
		5		临时电信线路	km	不包括广播线
		6		临时码头	座	按不同的形式划分节或细目
二				路基工程	km	扣除桥梁、隧道和互通立交的主线长度,独立桥梁和隧道为引道或接线长度
	1			场地清理	km	
		1		清理与掘除	m²	按清除内容的不同划分细目
			1	清理表土	m³	
			2	伐树、挖根、除草	m²	
				…		

264

续上表

项目	目	节	细目	工程或费用名称	单位	备 注
			2	挖除旧路面	m²	按不同的路面类型和厚度划分细目
			1	挖除水泥混凝土路面	m²	
			2	挖除沥青混凝土路面	m²	
			3	挖除碎(砾)石路面	m²	
				…		
			3	拆除旧建筑物、构筑物	m³	按不同的构筑材料划分细目
			1	拆除钢筋混凝土结构	m³	
			2	拆除混凝土结构	m³	
			3	拆除砖石及其他砌体	m³	
				…		
		2		挖方	m³	按不同的地点划分细目
			1	挖土方	m³	
			1	挖路基土方	m³	
			2	挖改路、改河、改渠土方	m³	
				…		
	1		2	挖石方	m³	按不同的地点划分细目
			1	挖路基石方	m³	
			2	挖改路、改河、改渠石方	m³	
				…		
			3	挖非适用材料	m³	
			4	弃方运输	m³	
		3		填方	m³	
			1	路基填方	m³	按不同的填筑材料划分细目
			1	换填土	m³	
			2	利用土方填筑	m³	
			3	借土方填筑	m³	
			4	利用石方填筑	m³	
			5	填砂路基	m³	
			6	粉煤灰及填石路基	m³	
				…		
			2	改路、改河、改渠填方	m³	按不同的填筑材料划分细目
			1	利用土方填筑	m³	
			2	借土方填筑	m³	
			3	利用石方填筑	m³	
				…		
			3	结构物台背回填	m³	按不同的填筑材料划分细目
			1	填碎石	m³	

续上表

项	目	节	细目	工程或费用名称	单位	备注
				…		
				特殊路基处理	km	指需要处理的软弱路基长度
	4	1	1	软土处理	km	按不同的处治方法划分细目
			2	抛石挤淤	m³	
			3	砂、砂砾垫层	m³	
			4	灰土垫层	m³	
			5	预压与超载预压	m²	
			6	袋装砂井	m	
			7	塑料排水板	m	
			8	粉喷桩与旋喷桩	m	
			9	碎石桩	m	
			10	砂桩	m	
			11	土工布	m²	
			12	土工格栅	m²	
				土工格室	m²	
				…		
		2	1	滑坡处理	处	按不同的处理方式划分细目
			2	卸载土石方	m³	
			3	抗滑桩	m³	
				预应力锚索	m	
				…		
		3	1	岩溶洞回填	m³	按不同的回填材料划分细目
				混凝土	m³	
				…		
		4	1	膨胀土处理	km	按不同的处理方法划分细目
				改良土	m³	
				…		
		5	1	黄土处理	m³	按黄土的不同特性划分细目
			2	陷穴	m³	
				湿陷性黄土	m²	
				…		
		6		盐渍土处理	m²	按不同的厚度划分细目
				…		
				排水工程	km	按不同的结构类型分节
	5	1	1	边沟	m³/m	按不同的材料、尺寸划分细目
			2	现浇混凝土边沟	m³/m	
			3	浆砌混凝土预制块边沟	m³/m	

续上表

项目	目	节	细目	工程或费用名称	单位	备注
			4	浆砌片石边沟	m³/m	
				浆砌块石边沟	m³/m	
				…		
		2	1	排水沟	处	按不同的材料、尺寸划分细目
			2	现浇混凝土排水沟	m³/m	
			3	浆砌混凝土预制块排水沟	m³/m	
			4	浆砌片石排水沟	m³/m	
				浆砌块石排水沟	m³/m	
				…		
		3	1	截水沟	m³/m	按不同的材料、尺寸划分细目
			2	浆砌混凝土预制块截水沟	m³/m	
				浆砌片石截水沟	m³/m	
				…		
		4	1	急流槽	m³/m	按不同的材料、尺寸划分细目
			2	现浇混凝土急流槽	m³/m	
				浆砌片石急流槽	m³/m	
				…		
		5		暗沟	m³	按不同的材料、尺寸划分细目
				…		
		6		渗(盲)沟	m³/m	
				…		
		7		排水管	m	按不同的材料、尺寸划分细目
				…		
		8		集水井	m³/个	按不同的材料、尺寸划分细目
				…		
		9		泄水槽	m³/个	按不同的材料、尺寸划分细目
				…		
	6			防护与加固工程	km	按不同的结构类型分节
		1	1	坡面植物防护	m²	按不同的材料划分细目
			2	播种草籽	m²	
			3	铺(植)草皮	m²	
			4	土工织物植草	m²	
			5	植生袋植草	m²	
			6	液压喷播植草	m²	
			7	客土喷播植草	m²	
				喷混植草	m²	
				…		

续上表

项目	目	节	细目	工程或费用名称	单位	备注
		2	1	坡面污工防护	m³/m²	按不同的材料和形式划分细目
			2	现浇混凝土护坡	m³/m²	
			3	预制块混凝土护坡	m³/m²	
			4	浆砌片石护坡	m³/m²	
			5	浆砌块石护坡	m³/m²	
			6	浆砌片石骨架护坡	m³/m²	
			7	浆砌片石护面墙	m³/m²	
				浆砌块石护面墙	m³/m²	
				…		
		3	1	坡面喷浆防护	m²	按不同的材料划分细目
			2	抹面、捶面护坡	m²	
			3	喷浆护坡	m²	
				喷射混凝土护坡	m³/m²	
				…		
		4	1	坡面加固	m²	按不同的材料划分细目
			2	预应力锚索	t/m	
			3	锚杆、锚钉	t/m	
				锚固板	m³	
				…		
		5	1	挡土墙	m³/m	按不同的材料和形式划分细目
			2	现浇混凝土挡土墙	m³/m	
			3	锚杆挡土墙	m³/m	
			4	锚碇板挡土墙	m³/m	
			5	加筋土挡土墙	m³/m	
			6	扶壁式、悬臂式挡土墙	m³/m	
			7	桩板墙	m³/m	
			8	浆砌片石挡土墙	m³/m	
			9	浆砌块石挡土墙	m³/m	
			10	浆砌护肩墙	m³/m	
				浆砌(干砌)护脚	m³/m	
				…		
		6		抗滑桩	m³	按不同的规格划分细目
				…		
		7	1	冲刷防护	m³	按不同的材料和形式划分细目
			2	浆砌片石河床铺砌	m³	
			3	导流坝	m³/处	
			4	驳岸	m³/m	

续上表

项	目	节	细目	工程或费用名称	单位	备注
三				石笼 …	m³/处	
		8		其他工程 …	km	根据具体情况划分细目
				路面工程	km	
	1			路面垫层	m²	按不同的材料分节
		1		碎石垫层	m²	按不同的厚度划分细目
		2		砂砾垫层 …	m²	按不同的厚度划分细目
	2			路面底基层	m²	按不同材料分节
		1		石灰稳定类底基层	m²	按不同的厚度划分细目
		2		水泥稳定类底基层	m²	按不同的厚度划分细目
		3		石灰粉煤灰稳定类底基层	m²	按不同的厚度划分细目
		4		级配碎(砾)石底基层 …	m²	按不同的厚度划分细目
	3			路面基层	m²	按不同材料分节
		1		石灰稳定类基层	m²	按不同的厚度划分细目
		2		水泥稳定类基层	m²	按不同的厚度划分细目
		3		石灰粉煤灰稳定类基层	m²	按不同的厚度划分细目
		4		级配碎(砾)石基层	m²	按不同的厚度划分细目
		5		水泥混凝土基层	m²	按不同的厚度划分细目
		6		沥青碎石混合料基层 …	m²	按不同的厚度划分细目
	4			透层、黏层、封层	m²	按不同的形式分节
		1		透层	m²	
		2		黏层	m²	
		3	1	封层	m²	按不同的材料划分细目
			2	沥青表处封层	m²	
				稀浆封层 …	m²	
		4		单面烧毛纤维土工布	m²	
		5		玻璃纤维格栅 …	m²	
	5			沥青混凝土面层	m²	指上面层面积
		1		粗粒式沥青混凝土面层	m²	按不同的厚度划分细目
		2		中粒式沥青混凝土面层	m²	按不同的厚度划分细目
		3		细粒式沥青混凝土面层	m²	按不同的厚度划分细目

续上表

项目	节	细目	工程或费用名称	单位	备注
		4	改性沥青混凝土面层	m²	按不同的厚度划分细目
		5	沥青玛琋脂碎石混合料面层	m²	按不同的厚度划分细目
			…		
			水泥混凝土面层	m²	按不同的材料分节
	6	1	水泥混凝土面层	m²	按不同的厚度划分细目
		2	连续配筋混凝土面层	m²	按不同的厚度划分细目
		3	钢筋	t	
			其他面层	m²	按不同的类型分节
	7	1	沥青表面处治面层	m²	按不同的厚度划分细目
		2	沥青贯入式面层	m²	按不同的厚度划分细目
		3	沥青上拌下贯式面层	m²	按不同的厚度划分细目
		4	泥结碎石面层	m²	按不同的厚度划分细目
		5	级配碎(砾)石面层	m²	按不同的厚度划分细目
		6	天然砂砾面层	m²	按不同的厚度划分细目
			…		
			路槽、路肩及中央分隔带	km	
	8	1	1	挖路槽	m²	按不同的土质划分细目
			2	土质路槽	m²	
			石质路槽	m²	
		2	培路肩	m²	按不同的厚度划分细目
		3	1	土路肩加固	m²	按不同的加固方式划分细目
			2	现浇混凝土	m²	
			3	铺砌混凝土预制块	m²	
			浆砌片石	m²	
			…		
		4	中央分隔带回填土	m³	
		5	路缘石	m³	按现浇和预制安装划分细目
			…		
			路面排水	km	按不同的类型分节
	9	1	1	拦水带	m	按不同的材料划分细目
			2	沥青混凝土	m	
			水泥混凝土	m	
		2	1	排水沟	m	按不同的类型划分细目
			2	路肩排水沟	m	
			中央分隔带排水沟	m	
			…		
		3	1	排水管	m	按不同的类型划分细目

续上表

项目	目	节	细目	工程或费用名称	单位	备注
四			2	纵向排水管	m	
				横向排水管	m/道	
				…		
			4	集水井	m³/个	按不同的规格划分细目
				…		
				桥梁涵洞工程	km	指桥梁长度
				漫水工程	m/处	
	1	1		过水路面	m/处	
		2		混合式过水路面	m/处	
				涵洞工程	m/道	按不同的结构类型分节
	2	1	1	钢筋混凝土管涵	m/道	按管径和单、双孔划分细目
			2	1—φ1.0m 圆管涵	m/道	
			3	1—φ1.5m 圆管涵	m/道	
				倒虹吸管	m/道	
				…		
		2	1	盖板涵	m/道	按不同的材料和涵径划分细目
			2	2.0m×2.0m 石盖板涵	m/道	
				2.0m×2.0m 钢筋混凝土盖板涵	m/道	
				…		
		3	1	箱涵	m/道	按不同的涵径划分细目
				4.0m×4.0m 钢筋混凝土箱涵	m/道	
				…		
		4	1	拱涵	m/道	按不同的材料和涵径划分细目
			2	4.0m×4.0m 石拱涵	m/道	
				4.0m×4.0m 钢筋混凝土拱涵	m/道	
				…		
				小桥工程	m/座	按不同的结构类型分节
	3	1		石拱桥	m/座	按不同的跨径划分细目
		2		钢筋混凝土矩形板桥	m/座	按不同的跨径划分细目
		3		钢筋混凝土空心板桥	m/座	按不同的跨径划分细目
		4		钢筋混凝土 T 形梁桥	m/座	按不同的跨径划分细目
		5		预应力混凝土空心板桥	m/座	按不同的跨径划分细目
				…		
				中桥工程	m/座	按不同的结构类型或桥名分节
	4	1		钢筋混凝土空心板桥	m/座	按不同的跨径或工程部位划分细目

续上表

项	目	节	细目	工程或费用名称	单位	备 注
		2		钢筋混凝土T形梁桥	m/座	按不同的跨径或工程部位划分细目
		3		钢筋混凝土拱桥	m/座	按不同的跨径或工程部位划分细目
		4		预应力混凝土空心板桥	m/座	按不同的跨径或工程部位划分细目
				…		
				大桥工程	m/座	按桥名或不同的工程部位分节
5		1	1	××大桥	m²/m	按不同的工程部位划分细目
			2	天然基础	m³	
			3	桩基础	m³	
			4	沉井基础	m³	
			5	桥台	m³	
			6	桥墩	m³	
				上部构造	m³	注明上部构造跨径组成及结构形式
				…		
		2		…		
				××特大桥工程	m²/m	按桥名分目,按不同的工程部位分节
6		1	1	基础	m²/m	按不同的形式划分细目
			2	天然基础	m³/座	
			3	桩基础	m³	
			4	沉井基础	m³	
				承台	m³	
				…		
		2	1	下部构造	m³/座	按不同的形式划分细目
			2	桥台	m³	
			3	桥墩	m³	
				索塔	m³	
				…		
		3		上部构造	m³	按不同的形式划分细目,并注明其跨径组成
			1			
			2	预应力混凝土空心板	m³	
			3	预应力混凝土T形梁	m³	
			4	预应力混凝土连续梁	m³	
			5	预应力混凝土连续刚构	m³	

续上表

项目	目	节	细目	工程或费用名称	单位	备注
			6	钢管拱桥	m³	
			7	钢箱梁	t	
			8	斜拉索	t	
			9	主缆	t	
				预应力钢材	t	
				…		
		4	1	桥梁支座	个	按不同规格划分细目
			2	矩形板式橡胶支座	dm³	
			3	圆形板式橡胶支座	dm³	
			4	矩形四氟板式橡胶支座	dm³	
			5	圆形四氟板式橡胶支座	dm³	
				盆式橡胶支座	个	
				…		
		5	1	桥梁伸缩缝	m	指伸缩缝长度,按不同规格划分细目
			2	橡胶伸缩装置	m	
			3	模数式伸缩装置	m	
				填充式伸缩装置	m	
				…		按不同的材料划分细目
		6	1	桥面铺装	m³	
			2	沥青混凝土桥面铺装	m³	
			3	水泥混凝土桥面铺装	m³	
				水泥混凝土垫平层	m³	
				防水层	m³	
				…		指桥梁长度,按不同的类型划分细目
		7	1	人行道系	m	
			2	人行道及栏杆	m³/m	
			3	桥梁钢防撞护栏	m	
			4	桥梁波形梁护栏	m	
			5	桥梁水泥混凝土防撞墙	m	
				桥梁防护网	m	
				…		指桥梁长度,按不同类型划分细目
		8	1	其他工程	m	
			2	看桥房及岗亭	座	
			3	砌筑工程	m³	
				混凝土构件装饰	m²	

续上表

项	目	节	细目	工程或费用名称	单位	备注
五				…		
				交叉工程	处	
	1			平面交叉道	处	按不同的交叉形式分目
		1		公路与铁路平面交叉	处	按不同的类型分节
		2		公路与公路平面交叉	处	
		3		公路与大车道平面交叉	处	
				…		
	2			通道	m/处	按结构类型分节
		1		钢筋混凝土箱式通道	m/处	
		2		钢筋混凝土板式通道	m/处	
				…		
	3			人行天桥	m/处	
		1		钢结构人行天桥	m/处	
		2		钢筋混凝土结构人行天桥	m/处	按结构类型分节
	4			渡槽		
		1		钢筋混凝土渡槽	m/处	
		2		…		
				分离式立体交叉	处	按交叉名称分节
	5	1	1	××分离式立体交叉	处	按不同的工程内容划分细目
			2	路基土石方	m³	
			3	路基排水防护	m³	
			4	特殊路基处理	km	
			5	路面	m²	
			6	涵洞及通道	m³/m	
			7	桥梁	m²/m	
		2		…		
				…		
	6	1	1	××互通式立体交叉	处	按互通名称分目（注明其类型），按不同的分部工程分节
			2	路基土石方	m³/km	
			3	清理与掘除	m²	
			4	挖土方	m³	
			5	挖石方	m³	
			6	挖非适用材料	m³	
			7	弃方运输	m³	
			8	换填土	m³	
			9	利用土方填筑	m³	

续上表

项目	节	细目	工程或费用名称	单位	备 注
		10	借土方填筑	m³	
		11	利用石方填筑	m³	
			…		
	2	1	结构物台背回填	m³	
		2	特殊路基处理	km	
		3	特殊路基垫层	m³	
		4	预压与超载预压	m²	
		5	袋装砂井	m	
		6	塑料排水板	m	
		7	粉喷桩与旋喷桩	m	
		8	碎石桩	m	
		9	砂桩	m	
		10	土工布	m²	
			土工格栅	m²	
			土工格室	m²	
			…		
	3	1	排水工程	m³	
		2	混凝土边沟、排水沟	m³/m	
		3	砌石边沟、排水沟	m³/m	
		4	现浇混凝土急流槽	m³/m	
		5	浆砌片石急流槽	m³/m	
		6	暗沟	m³	
		7	渗(盲)沟	m³/m	
		8	拦水带	m	
		9	排水管	m	
			集水井	m³/个	
			…		
	4	1	防护工程	m³	
		2	播种草籽	m²	
		3	铺(植)草皮	m²	
		4	土工织物植草	m²	
		5	植生袋植草	m²	
		6	液压喷播植草	m²	
		7	客土喷播植草	m²	
		8	喷混植草	m²	
		9	现浇混凝土护坡	m³/m²	
		10	预制块混凝土护坡	m³/m²	
		11	浆砌片石护坡	m³/m²	

续上表

项	目	节	细目	工程或费用名称	单位	备 注
			12	浆砌块石护坡	m³/m²	
			13	浆砌片石骨架护坡	m³/m²	
			14	浆砌片石护面墙	m³/m²	
			15	浆砌块石护面墙	m³/m²	
			16	喷射混凝土护坡	m³/m²	
			17	现浇混凝土挡土墙	m³/m	
			18	加筋土挡土墙	m³/m	
			19	浆砌片石挡土墙	m³/m	
				浆砌块石挡土墙	m³/m	
				…		
		5	1	路面工程	m²	
			2	碎石垫层	m²	
			3	砂砾垫层	m²	
			4	石灰稳定类底基层	m²	
			5	水泥稳定类底基层	m²	
			6	石灰粉煤灰稳定类底基层	m²	
			7	级配碎(砾)石底基层	m²	
			8	石灰稳定类基层	m²	
			9	水泥稳定类基层	m²	
			10	石灰粉煤灰稳定类基层	m²	
			11	级配碎(砾)石基层	m²	
			12	水泥混凝土基层	m²	
			13	透层、黏层、封层	m²	
			14	沥青混凝土面层	m²	
			15	改性沥青混凝土面层	m²	
			16	沥青玛琦脂碎石混合料面层	m²	
			17	水泥混凝土面层	m²	
			18	中央分隔带回填土	m³	
				路缘石	m³	
				…		
		6	1	涵洞工程	m/道	
			2	钢筋混凝土管涵	m/道	
			3	倒虹吸管	m/道	
			4	盖板涵	m/道	
			5	箱涵	m/道	
				拱涵	m/道	
		7	1	桥梁工程	m²/m	

续上表

项目	目	节	细目	工程或费用名称	单位	备注
			2	天然基础	m³	
			3	桩基础	m³	
			4	沉井基础	m³	
			5	桥台	m³	
			6	桥墩	m³	
				上部构造	m³	
				…		
		8		通道	m/处	按隧道名称分目,并注明其形式
				隧道工程	km/座	按明洞、洞门、洞身开挖、衬砌等分节
六				××隧道	m	
	1	1	1	洞门及明洞开挖	m³	
			2	挖土方	m³	
				挖石方	m³	
				…		
		2	1	洞门及明洞修筑	m³	
			2	洞门建筑	m³/座	
			3	明洞衬砌	m³/m	
			4	遮光棚(板)	m³/m	
			5	洞口坡面防护	m³	
				明洞回填	m³	
				…		
		3	1	洞身开挖	m³/m	
			2	挖土石方	m³	
			3	注浆小导管	m	
			4	管棚	m	
			5	钢拱架(支撑)	t/榀	
			6	喷射混凝土	m³	
				钢筋网	t	
				…		
		4	1	洞身衬砌	m³	
			2	现浇混凝土	m³	
			3	仰拱混凝土	m³	
				管、沟混凝土	m³	
				…		
		5	1	防水与排水	m³	
			2	防水板	m²	

续上表

项	目	节	细目	工程或费用名称	单位	备 注
			3	止水带、条	m	
			4	压浆	m³	
				排水管	m	
				…		
		6	1	洞内路面	m²	按不同的路面结构和厚度划分细目
			2	水泥混凝土路面	m²	
				沥青混凝土路面	m²	
				…		
		7	1	通风设施	m	按不同的设施划分细目
			2	通风机安装	台	
				风机启动柜洞门	个	
				…		
		8	1	消防设施	m	按不同的设施划分细目
			2	消防室洞门	个	
			3	通道防火闸门	个	
			4	蓄（集）水池	座	
				喷防火涂料	m²	
				…		
		9	1	照明设施	m	按不同的设施划分细目
				照明灯具	m	按不同的设施划分细目
				…		
		10		供电设施	m	按不同的内容划分细目
		11	1	其他工程	m	
			2	卷帘门	个	
			3	检修门	个	
				洞身及洞门装饰	m²	
				…		
				××隧道	m	
七	2			公路设施及预埋管线工程	公路公里	
				安全设施	公路公里	按不同的设施分节
	1	1		石砌护栏	m³/m	
		2		钢筋混凝土防撞护栏	m³/m	按不同的形式划分细目
		3		波形钢板护栏	m	按不同的材料划分细目
		4		隔离栅	km	
		5		防护网	km	
		6		公路标线	km	按不同的类型划分细目

278

续上表

项目	目	节	细目	工程或费用名称	单位	备注
			7	轮廓标	根	
			8	防眩板	m	
			9	钢筋混凝土护柱	根/m	按不同的规格和材料划分细目
			10	里程碑、百米桩、公路界碑	块	
			11	各类标志牌	块	
			12	…		
				服务设施	公路公里	按不同的设施分节
	2	1		服务区	处	按不同的内容划分细目
		2		停车区	处	按不同的内容划分细目
		3		公共汽车停靠站	处	按不同的内容划分细目
				管理、养护设施	公路公里	按不同的设施分节
	3	1	1	收费系统设施	处	按不同的内容划分细目
			2	设备安装	公路公里	
			3	收费亭	个	
			4	收费天棚	m²	
			5	收费岛	个	
			6	通道	m/道	
			7	预埋管线	m	
				架设管线	m	
				…		
		2	1	通信系统设施	公路公里	按不同的内容划分细目
			2	设备安装	公路公里	
			3	管道工程	m	
			4	人(手)孔	个	
				紧急电话平台	个	
				…		
		3	1	监控系统设施	公路公里	按不同的内容划分细目
			2	设备安装	公路公里	
				光(电)缆敷设	km	
				…		
		4	1	供电、照明系统设施	公路公里	按不同的内容划分细目
				设备安装	公路公里	
				…		
		5	1	养护工区	处	按不同的内容划分细目
				区内道路	km	
				…		
			1	其他工程	公路公里	

续上表

项目	目	节	细目	工程或费用名称	单位	备注
	4		2	悬出路台	m/处	
			3	渡口码头	处	
			4	辅道工程	km	
			5	支线工程	km	按附录一计算
				公路交工前养护费	km	
				绿化及环境保护工程	公路公里	
八				撒播草种和铺植草皮	m²	按不同的内容分节
	1	1		撒播草种	m²	按不同的内容划分细目
		2		铺植草皮	m²	按不同的内容划分细目
		3		绿地喷灌管道	m	按不同的内容划分细目
				种植乔、灌木	株	按不同的内容分节
	2	1	1	种植乔木	株	按不同的树种划分细目
			2	高山榕	株	
				美人蕉	株	
				…		
		2	1	种植灌木	株	按不同的树种划分细目
			2	夹竹桃	株	
				月季	株	
				…		
		3	1	种植攀缘植物	株	按不同的树种划分细目
			2	爬山虎	株	
				葛藤	株	
				…		
		4		种植竹类植物	株	按不同的内容划分细目
		5		种植棕榈类植物	株	按不同的内容划分细目
		6		栽植绿篱	m	
		7		栽植绿色带	m²	
				声屏障	m	按不同的类型分节
	3	1		消声板声屏障	m	
		2		吸声砖声屏障	m³	
		3		砖墙声屏障	m³	
				…		
				污水处理	处	按不同的内容分节
	4			取、弃土场防护	m³	按不同的内容分节
	5			…		
				管理、养护及服务房屋	m²	
九				管理房屋	m²	

续上表

项目	目	节	细目	工程或费用名称	单位	备注
	1	1		收费站	m²	
		2		管理站	m²	
		3		…		
				养护房屋	m²	按房屋名称分节
	2	1		…		
				服务房屋	m²	按房屋名称分节
	3	1		…		
				第二部分 设备及工具、器具购置费	公路公里	
				设备购置费	公路公里	
				需安装的设备	公路公里	按不同设备分别计算
一				监控系统设备	公路公里	按不同设备分别计算
	1	1		通信系统设备	公路公里	按不同设备分别计算
		2		收费系统设备	公路公里	按不同设备分别计算
		3		供电照明系统设备	公路公里	
		4		不需安装的设备	公路公里	按不同设备分别计算
				监控系统设备	公路公里	按不同设备分别计算
	2	1		通信系统设备	公路公里	按不同设备分别计算
		2		收费系统设备	公路公里	按不同设备分别计算
		3		供电照明系统设备	公路公里	按不同设备分别计算
		4		养护设备	公路公里	
		5		工具、器具购置	公路公里	
二				办公及生活用家具购置	公路公里	
				第三部分 工程建设其他费用	公路公里	
				土地征用及拆迁补偿费	公路公里	
				建设项目管理费	公路公里	
	1			建设单位(业主)管理费	公路公里	
	2			工程质量监督费	公路公里	
	3			工程监理费	公路公里	
	4			工程定额测定费	公路公里	
	5			设计文件审查费	公路公里	
	6			竣(交)工验收试验检测费	公路公里	
三				研究试验费	公路公里	
四				建设项目前期工作费	公路公里	
五				专项评价(估)费	公路公里	
六				施工机构迁移费	公路公里	
七				供电贴费	公路公里	
八				联合试运转费	公路公里	

续上表

项	目	节	细目	工程或费用名称	单位	备注
九十一				生产人员培训费	公路公里	
				固定资产投资方向调节税	公路公里	
				建设期贷款利息	元	
				第一至三部分费用合计	元	
				预备费	元	
				1. 价差预备费	元	预算实行包干时列系数包干费
				2. 基本预备费	元	
				概(预)算总金额	元	
				其中:回收金额	元	
				公路基本造价	元	
					公路公里	

思 考 题

一、填空题

1. 网络计划就是用网络图表达的进度计划,通常有_____和_____两种表示方法。
2. 一个网络图由任务_____、_____、_____四个基本要素组成。
3. 网络图中箭头节点的编号应_____箭尾节点的编号。
4. 网络图的_____、_____和_____称为网络图的三要素。
5. _____工作不消耗工作时间,只表述逻辑关系。
6. _____是为了完成任务所投入的人力、材料、机械设备的资金等的统称。
7. 网络图是由_____和_____组成的_____、有限的网络图形。
8. 网络图绘制过程中,严禁出现_____回路。一张网络图中只允许有_____个起始节点和_____个终节点。
9. 网络计划的种类有_____、_____、_____。
10. 施工组织的基本方法中有单段多工序型和多段多工序型,通常有_____作业法、_____作业法、_____作业法。
11. 施工准备工作是为了保证_____和_____正常进行而必须事先做好的各项准备工作。
12. 道路桥梁设施是指为确保道路桥梁运营所必需的_____、_____、_____、_____、_____和各种设备。
13. 根据_____,可以了解和核对线路的全面情况、重点工程情况和沿线的施工条件等。
14. 道路桥梁工程_____准备是一切施工准备工作的基础。
15. _____是为了保证施工期间的工程运输、居住、通信、水电供应等临时修建的工程。
16. 临时运输便线,在施工中为了解决某一重点工程的材料运输问题,在技术上可行、经济上合理的条件下,可在_____或_____铺设临时运料便线。
17. 临时给水的水源有_____和_____两种。
18. 道路桥梁施工中,需要大量的_____、_____。
19. 运输路线的选择,在新建道路桥梁,应根据现有的_____和_____来决定。
20. 运输材料尽可能从发料地点直接运至工地,以减少_____和_____损耗。
21. _____是公路线路的基础,它与桥梁、隧道组成了公路的整体,是公路线路的重要组成部分。
22. 路基工程包括_____、_____路基土石方工程及路基_____。
23. 机械施工中,能不能充分发挥机械效能,取决于_____和_____。
24. _____是选择施工方法的主要影响因素。
25. 土石方调配还是_____和_____的依据。
26. 路堑内开挖的石方,不仅可填_____,而且还可以用_____和_____、_____以及_____。
27. 实施性施工组织设计文件组成及内容有_____、_____、_____。
28. 道路桥梁工程的施工顺序,一般均为_____、_____和_____,接着是_____。

29. 当土石方调配在经济运距范围内,但需跨越数量较大的填挖地段时,可能出现工期限制,在这种情况下,需要进行_____,确定施工顺序,以保证在规定期限内完成路基施工任务。

30. _____的调配,常采用线调配法,即沿线路中心线调配土石方。

31. 桥梁基础有_____、_____、_____、_____等。

32. 施工设计进度图包括_____、_____、_____、_____。

33. 气象资料是编制施工组织设计,确定_____和_____及施工顺序不可缺少的依据,是影响施工的重要因素。

34. 调查研究施工条件越详细具体,对_____,_____,科学指导施工就越有利。

35. 桥涵工程施工可分为_____、_____、_____及出入口桥跨结构等分部分项工程。

36. 机械化施工具有_____,缩短工期,_____,减轻繁重的体力劳动,提高工效,_____,促进工厂化施工,降低工厂成本,提高企业经济效益等优越性。

37. 桥涵工程的工作分类有_____、_____、_____。

38. 明挖基础(扩大基础)施工顺序:_____→草袋围堰(有地表水时)→_____→坑壁支护→_____→砌石或立模灌注混凝土基础。

39. 一般实体墩台就地灌注施工顺序:_____→模板制作或组合钢模板试拼→模板安装→_____→预埋接榫(接茬钢筋)→_____。

40. 桥涵工程施工作业组织方法有_____、_____、流水作业法、_____。

41. 在道路桥梁建设中,用隧道穿越高山峻岭,具有_____、提高线路质量、_____等诸多优点。

42. 隧道施工过程和方法是多种多样的,目前在经常采用的矿山法中大致有_____、_____和_____三大类。

43. 隧道施工(特别是长隧道),常要利用辅助坑道来增加工作面,将隧道分割成几段,形成"_____""_____",以加快施工进度。

44. 辅助坑道分为_____、_____、_____、_____四种类型。

45. 隧道施工用水量的大小与隧道长度、_____、_____、施工人数及当地气候等因素有关。

46. 隧道施工方法的选择,应以地质条件为主要依据,结合工期、_____、断面大小、_____、_____等因素综合考虑。

47. 在隧道工程的设计阶段、_____、_____、_____,都必须编制相应的施工组织设计文件。

48. 隧道施工进度图有_____、_____、_____三种形式。

49. 横道图表示方法适用于_____、_____作为辅助的图示。

50. 采用网络图形式进行隧道施工工序分析,既能反映施工进度,又能反映各工序和各施工项目_____和_____。

51. 劳动定额有_____定额和_____定额两种表现形式。它们之间的关系是_____和_____。

52. 按定额反映的物资消耗量分类,定额分为_____定额、_____定额和_____定额。

53. 定额具有_____性、_____性、_____性、_____性、系统性和统一性。

54. 按定额的编制程序和用途可以将定额分为工序定额、_____定额、_____定额、_____定额、_____指标和估算指标。

55. 建筑安装工程定额无论按何种方法分类,且内容都包含着按生产要素分类这个因素,即_____定额、_____定额、_____定额。这三种定额是制订其他各种定额的基础。

56. 定额的二重性即_____和_____,主要取决于定额管理的二重性。

57. 概算定额是以_____为基础。

58. _____是指列入概(预)算定额的直接从事建筑安装工程施工的生产工人开支的各项费用。

59. 施工机械使用费由_____和_____组成。

60. 人工费费用组成有_____、_____、_____、_____和生产工人_____。

61. 材料按列算范围分类,可分为_____、_____、_____和_____。

62. 工程材料预算价格的组成有_____、_____和_____。

63. 按国家关于直接费划分的规定,运杂费应计入_____费中。

64. 道路桥梁工程材料运杂费是指材料自_____运至工地所发生的有关费用(如火车运输的取送车费等)以及按运输费、装卸费、其他有关运输的费用之和计取的_____及_____。

65. 运杂费的内容有_____、_____、_____、_____、_____和_____。

66. 材料运距是指从材料的供应地点到_____或_____的实际距离。

67. 建筑安装工程费包括_____、_____、_____和_____。

68. 直接费包括_____、_____、_____、_____和填料费。

69. 个别概算是编制_____的基础,是详细反映个别工程类别和某些重大、特殊工点的主要概算费用的文件。

70. 现场经费是指为_____、_____和管理所需的费用。

71. 建设管理费的内容包括_____,土地征用、拆迁建筑物手续费和_____。

72. 概算与预算的不同之处表现在_____不同、_____不同、_____不同、依据的定额和图样资料不同及编制的范围不同。

73. 概算分为_____和_____两种。

74. 标底一般以_____和_____为基础编制,以其中的_____为主,且不超过批准的_____。

75. 项目结算的主要内容包括_____、_____、_____及其他货币资金的结算等。

76. 概预算按建设阶段分为_____、_____、_____、_____。

77. 个别概算的编制一般采用两种方法,即_____和_____。

二、判断题

1. 道路桥梁的各项基本工程是由准备工作、辅助工作、设计工作来完成的。( )
2. 施工准备工作包括组织准备、技术准备、施工现场准备三项准备。( )
3. 路基工程的工作内容由准备工作、基本工作及整修工作三部分组成。( )
4. 流水作业的主要参数有施工队数、流水节拍、流水步距。( )
5. 组成建筑物的各分部分项工程或作业项目的施工过程,可分为辅助施工过程、搭接施工过

程和穿插施工过程。 ( )
6. 流水作业法分为细部流水和工艺组合工程流水。 ( )
7. 道路桥梁石方施工,要求钻孔、挖、装、运、填、压机械具有设备能力大、效率高、轻便灵活等性能。 ( )
8. 常用的爆破方法有炮眼法、爆破、挖装和小型药室法。 ( )
9. 因气候情况决定了在规定的工期内的有效工作天数、合理地进行土石方调配,对确保路基施工期限、降低工程造价是十分重要的。 ( )
10. 在路基土石方调配中,除了合理安排区间路基土石方本身的利用和取弃土外,还应充分考虑与其他工程的相互利用和配合,以减少施工方数和降低工程造价。 ( )
11. 在组织路基土石方工程的施工中,必须正确地解决、合理地进行土石方调配,使土石方的利用达到最大限度,减少施工方数。 ( )
12. 基底处理:清除地面的树根腐殖土等杂物,并根据地面坡度,用推土机整平或自上而下挖台阶,并随挖随填筑压实,保持台阶的稳定,整平压实必须达到设计要求的密实度。 ( )
13. 如路堑石方数量较少不敷应用时,应先满足填石路堤的需要。 ( )
14. 对桥隧、站场及附属工程等的弃土要合理利用,避免由于施工不当或考虑不周造成取、弃土多占农田的不良后果。 ( )
15. 施工单位的土方机械和运输设备的供应与购置条件,对机械的选择有无任何的作用。 ( )
16. 桩基础(亦称明挖基础)分基坑开挖和基础建造两部分。 ( )
17. 挖孔桩承台基坑开挖和承台建造,不可参照挖基础的基坑开挖和钢筋混凝土基础建造的进度安排。 ( )
18. 桥梁施工场地的选择,要视桥址处的地形、地貌及河流状况而定。 ( )
19. 基础混凝土灌注,基坑采用导管法,有水基坑采用串筒法。 ( )
20. 沉井下沉既可采用排水下沉,又可采用不排水下沉。 ( )
21. 组织准备包括审核设计文件(如施工图、测量资料等)进行施工调查,编制技术交底书、施工图预算和施工预算。 ( )
22. 主导工作对施工资源占用量大,并控制工期,影响后续工作,所以是该工程的重点。 ( )
23. 桩孔的开挖顺序,以先挖孔后挖承台基坑比较好,这样便于排除地面水,并且挖孔时孔口场地平整宽敞,利于操作。 ( )
24. 挖孔过程中,随着深度加深,应经常检查有害气体浓度,施工中应备有通风设备。 ( )
25. 有基圆涵施工顺序:准备工作→砌筑基础→安装圆管→灌注护管混凝土→砌筑出入口→灌注帽石混凝土→防水层及防护层→沉降缝。 ( )
26. 隧道是一种修建在地下的工程建筑物,它已被广泛地应用在包括道路桥梁在内的交通、市政、人防和国防等部门。 ( )
27. 目前,我国隧道工程施工中已较普遍地采用了新奥法;岩石中隧道施工只采用钻爆法掘进。 ( )
28. 隧道供水包括隧道工程施工、生活和生产用水供给。 ( )
29. 隧道供电必须满足动力和照明需要,并确保施工安全。 ( )
30. 棚洞形式分为墙式和柱式两种。 ( )

31. 所有库房布置均应充分考虑防洪、防潮、防水和防泥石流等,尤其是水泥、炸药库,并应避开高压线。( )
32. 隧道施工过程一般可分为施工准备过程、辅助施工过程和竣工验收过程。( )
33. 隧道施工过程的时间组织主要解决工程项目的施工作业方式。( )
34. 隧道坑道开挖这一分项工程的施工程序是放样、钻眼、装药、引爆、通风除尘、寻帮找顶、装渣、出渣等。( )
35. 流水作业以施工专业化为基础,优点是前一工序可迅速为后一工序让出工作面,从而加快了工程进度。( )

三、选择题

1. 绘制双代号网络图时,下列节点编号原则不正确的是( )。
   A. 不可重复编号　　　　　　　　B. 箭头节点编号应大于箭尾结点编号
   C. 必须依次连续编号　　　　　　D. 可以间隔不连续编号

2. 关于双代号网络图中的虚箭线,下列说法不正确的是( )。
   A. 唯一功能是用以正确表述相关工作的逻辑关系
   B. 其所代表工作不消耗时间
   C. 其所代表的工作不消耗资源
   D. 虚箭线有时也代表实工作

3. 某建筑共8层,每层为一施工段,共有5个施工过程,各组织一个专业队进行等节奏流水施工,无搭接无间歇,合同要求工期为72天,则共同的流水节拍应为( )天。
   A. 6　　　　　　　　　　　　　　B. 4
   C. 3　　　　　　　　　　　　　　D. 2

4. 施工调查的主要项目有( )。
   A. 交通运输(道路桥梁、公路、水运)现状、发展规划和可供利用的条件以及运价与装卸费等的计费办法
   B. 当地的风俗习惯、医疗卫生、生活供应、文化教育等情况
   C. 当地农作物种、收季节,可供利用劳动力的工种、人数以及沿线可承包工程的施工单位的能力、信誉等
   D. 先进施工经验、先进技术及科研成果等资料

5. 在筹措资金时要考虑的原则有( )。
   A. 把利息的高低作为选择资金来源的主要标准,尽量利用低利率贷款。用自有资金时也应考虑其时间价值
   B. 施工企业也需垫支部分自有资金,但在占用时间的数量方面必须严加控制,以免影响整个企业生产经营活动的正常进行
   C. 资金收入与支出对比
   D. 资金支出的测量是从筹措资金和合理安排调度资金角度考虑的,一定要反映出资金支出的时间价值,以及合同实施过程中不同阶段的资金需要

6. 对于特大桥、高桥(50m及以上)、技术复杂的大中桥、跨度≥100m的拱桥在编制施工组织时应以( )为单元。
   A. 由分期分段施工要求而定　　　B. 每座桥
   C. 施工单位　　　　　　　　　　D. 组成桥涵

7. 施工计划进度图不包括( )。
   A. 劳动力动态图　　　　　　　　　B. 施工进度图
   C. 桥梁立面及平面图和桥址处纵剖图　D. 施工场地平面布置图
8. 施工调查研究的目的是( )。
   A. 充分了解桥涵工程具体施工条件　B. 进一步熟悉设计文件
   C. 拟订降低工程成本措施　　　　　D. 选择施工方案和施工方法
9. 下列各项不属于桥涵工程实施性施工组织设计程序的是( )。
   A. 熟悉施工技术和安全技术规范、规则　B. 编制施工计划进度图
   C. 编制主要工程数量表　　　　　　　　D. 编制各种计算表或计划表
10. 施工调查研究中气象资料包括( )。
    A. 冬季结冰日期
    B. 河流在不同季节的常水位
    C. 冬季降雪量大小,冰冻期限,地层最大冻结深度
    D. 夏季最高降水量
11. 扩大基础(即明挖基础)基坑开挖可以选择的机械有( )。
    A. 装载机　　　　　　　　　B. 铲运机
    C. 挖掘机　　　　　　　　　D. 自卸汽车
12. 下列各项中不属于打入桩基础施工方法的是( )。
    A. 锤击沉桩　　　　　　　　B. 振动沉桩
    C. 射水沉桩　　　　　　　　D. 吸泥机吸泥下沉
13. 下列各项属于选择最佳施工方案和方法应考虑的因素的是( )。
    A. 施工单位的生产能力　B. 当地劳动力的使用情况
    C. 当地农作物的成熟季节　D. 施工单位的机械配备情况
14. 桥涵建筑工业化施工的优点不包括( )。
    A. 加快施工进度,缩短施工期限
    B. 提高机械化水平,减轻工人劳动强度
    C. 降低工厂成本,提高经济效益
    D. 减少劳动力及技术人员的配备
15. 下列各项工作不属于桥涵工程基本工作的是( )。
    A. 桥梁墩台和涵洞主体工程　　B. 桥头引线工程
    C. 布置施工场地,清除场内障碍物　D. 桥跨及桥面系工程
16. 下列各项不属于隧道工程施工特点的是( )。
    A. 作业的循环性强　　　　　　B. 作业空间大
    C. 作业的综合性强　　　　　　D. 施工过程是动态的
17. 下列各项属于山岭隧道施工方法的是( )。
    A. 矿山法　　　　　　　　　　B. 掘进机法
    C. 盾构机法　　　　　　　　　D. 明挖法
18. 隧道施工辅助设备中有轨运输的原则不包括( )。
    A. 尽量减少会车时间及编组调车时间
    B. 保证列车运输和行人的安全
    C. 保持运输畅通

D. 需要大型自卸汽车配备装渣机装渣

19. 下列施工是近期发展起来的隧道施工新方法的是（　　）。
    A. 新奥法　　　　　　　　　　B. 矿山法
    C. 掘进机法　　　　　　　　　D. 沉管法

20. 下列各项属于单线隧道施工方法的是（　　）。
    A. 上下导坑先拱后墙法　　　　B. "品"字形导坑先拱后墙法
    C. 侧壁导坑法　　　　　　　　D. 漏斗棚架法

21. 隧道工程的总进度，往往受（　　）等关键作业项目的进度所控制。
    A. 开挖和运输　　　　　　　　B. 炮眼的个数
    C. 炮眼的大小　　　　　　　　D. 岩石硬度

22. 隧道工程的实施性施工组织设计不包括（　　）。
    A. 工程概况　　　　　　　　　B. 施工准备工作的安排
    C. 材料数量　　　　　　　　　D. 施工准备工作

23. 隧道工程的指导性施工组织设计不包括（　　）。
    A. 施工条件（含材料供应）　　B. 施工期限安排及其依据
    C. 采用新技术、新工艺、新材料和新方法　　D. 施工组织进度图

24. 下列各项不属于隧道施工作业方式有（　　）。
    A. 顺序作业　　　　　　　　　B. 循环作业
    C. 平行作业　　　　　　　　　D. 前后作业

25. 隧道施工过程的组织主要解决的问题有（　　）。
    A. 施工空间组织　　　　　　　B. 施工进度
    C. 施工作业方式　　　　　　　D. 施工规划

26. 下列各项定额中不是按主管部门及执行的范围划分的是（　　）。
    A. 建筑工程定额　　　　　　　B. 全国统一定额
    C. 地方统一定额　　　　　　　D. 企业定额

27. 下列是劳动定额制订方法的是（　　）。
    A. 观察法　　　　　　　　　　B. 经验估工法
    C. 试验法　　　　　　　　　　D. 统计法

28. 下列费用应计入材料费的是（　　）。
    A. 周转材料的摊销　　　　　　B. 施工机械用的燃料、油料价格
    C. 办公用的纸张、账表的费用　D. 材料的二次搬运费

29. 施工机械使用费由（　　）组成。
    A. 人工费、燃料动力费、养路费及车船使用税
    B. 不变费用和可变费用
    C. 折旧费、大修理费、经常修理费、安拆及进出场费
    D. 维修费、养护费

30. 施工机械使用费中不变费用由（　　）组成。
    A. 人工费、燃料动力费、养路费及车船使用税
    B. 一类费用和二类费用
    C. 折旧费、大修理费、经常修理费、安拆及进出场费
    D. 维修费、养护费

31. 下列费用中,不属于特殊地区施工增加费的是(   )。
    A. 冬季施工增加费   B. 行车干扰施工增加费
    C. 工程监理费   D. 风沙地区施工增加费
32. 道路桥梁概算中关于施工措施费的计算,下列表述正确的是(   )。
    A.(人工费+施工机械使用费)×相应费率
    B.(人工费+材料费+运杂费)×相应费率
    C. 定额直接费×相应费率
    D. 定额直接工程费×相应费率
33. 行车干扰施工增加费属于(   )。
    A. 工程建设其他费   B. 施工机械使用费
    C. 间接费   D. 施工措施费
34. 下列费用中,不属于其他直接费的是(   )。
    A. 冬季施工增加费   B. 行车干扰施工增加费
    C. 工程监理费   D. 风沙地区施工增加
35.(   )是立项的依据。
    A. 预可行性研究   B. 可行行研究
    C. 初步设计   D. 施工图设计
36. 道路桥梁概算价差调整是指基期与概算编制期、工程结算期间,对基期价格所做的合理调整,本办法所指的价差均以(   )年度为基期。
    A. 1995   B. 1996
    C. 1997   D. 1998
37. 道路桥梁概算中基期是设计概算编制期所发生的各项差价,属静态投资部分,由设计单位在编制概算时,按价差调整方法计算,列入(   )。
    A. 个别概算   B. 综合概算
    C. 总概算   D. 以上三个都不对

四、名词解释

1. 网络图   11. 概算指标   21. 财务费用
2. 总时差   12. 估算指标   22. 税金
3. 自由时差   13. 材料费   23. 其他措施费
4. 工期优化   14. 施工机械使用费   24. 设备购置费
5. 施工段   15. 人工费   25. 施工措施费
6. 流水作业   16. 建安费   26. 间接费
7. 基本定额   17. 直接费   27. 综合概算
8. 定额   18. 直接工程费   28. 总概算
9. 预算定额   19. 预备费   29. 报价
10. 施工定额   20. 企业管理费   30. 竣工结算

五、简答题

1. 网络图的概念、分类、优缺点是什么?
2. 网络图的绘制规则是什么?网络图的三要素是什么?
3. 网络计划的绘制规则是什么?
4. 工期优化的步骤是什么?

5. 流水作业法概念是什么？有哪些优点？
6. 施工段划分时应考虑的原则有哪些？
7. 什么是准备工作，辅助工作和基本工作，它们都包括哪些内容？
8. 准备工作与准备时期的工作有什么不同？
9. 为什么要进行施工调查？主要调查哪些项目？
10. 道路桥梁工程施工前应做哪些技术准备工作？
11. 怎样计算临时房屋需要修建的面积？修建临时房屋应遵循哪些原则？
12. 临时公路如何选线比较合理？
13. 施工组织中怎样计算用电负荷？
14. 附属企业一般有哪些？应如何设置？
15. 工程运输在道路桥梁建筑中有什么作用？如何选择运输方法？运输量应如何计算？
16. 路基工程有哪些特点？编制施工组织设计的意义何在？
17. 路基工程主要包括哪些工程项目和工作内容？
18. 路基工程施工组织设计需要解决的基本问题是什么？
19. 路基土石方工程施工中常用的施工方法和施工机械有哪些？
20. 选择土方机械和石方施工机械时应考虑哪些因素？如何合理选择？
21. 土石方调配的基本目的和要求是什么？
22. 土石方调配应遵守哪些基本原则？
23. 区间路基土石方调配的基本原理是什么？如何确定最大经济运距？
24. 横向运距如何确定？当重载方向有上下坡时，如何确定实际运距？
25. 简述概略调配法的方法原理及特点。
26. 在土石方调配中，如何考虑与其他工程相互利用和配合？
27. 简述方格法的调配原理及特点。如何计算方格内的土石方数量？
28. 如何计算路基工程施工所需的劳动力、机械及运输工具的需要量？
29. 路基工程实施性施工组织设计文件组成及内容包括哪些？
30. 怎样计算路基工程的施工进度和编制路基工程施工进度图？
31. 桥涵工程施工有哪些特点？
32. 桥涵工程施工组织设计编制依据有哪些？
33. 桥涵工程实施性施工组织设计的文件组成及内容包括哪些？
34. 说明桥涵实施性施工组织设计的编制程序。
35. 为什么要进行施工调查研究？调查研究的具体内容有哪些？
36. 选择最佳施工方案和方法应考虑哪些因素？
37. 为什么要大力推广桥涵建筑工业化和机械化施工？
38. 桥涵工程包括哪些基本工作？如何划分桥涵工程的主导工作和非主导工作？
39. 沉井基础、钻孔桩基础施工顺序及挖孔桩基础桩孔开挖顺序如何安排？
40. 安排桥涵工程的施工顺序应注意哪些事项？如何安排成组桥涵施工顺序？
41. 隧道工程有哪些特点？编制其施工组织设计意义何在？
42. 简述隧道工程实施性施工组织设计的文件组成及内容、编制依据和编制程序。
43. 隧道施工中有哪些辅助设施，各起什么作用，如何计算？
44. 洞内施工运输有几种方法？各有什么特点？
45. 选择隧道施工方法应考虑哪些因素并注意哪些问题？

46. 隧道工程各作业项目施工进度指标如何确定？试举例说明。
47. 简述隧道施工进度图的编制方法及注意事项。
48. 隧道洞口施工场地布置包括哪些内容？怎样合理安排？
49. 隧道洞内管线如何合理布置？
50. 试比较书中例题施工进度图的两种表示方法的优缺点。
51. 什么是基本定额？劳动定额表现形式？两者之间有何关系？
52. 定额的性质和分类是什么？
53. 编制企业定额的意义是什么？
54. 人工费不包括哪些内容？
55. 施工机械使用费的构成有哪些？
56. 材料按供应渠道不同的分类有哪些？
57. 什么是人工费？综合工费包括哪些内容？其标准如何确定？
58. 材料预算价格由哪些费用组成？其材料预算价格如何确定？
59. 什么是机械使用费？机械使用费包括哪些内容？其机械使用费预算价格如何确定？
60. 火车运输的运程及运价如何确定？汽车运价如何确定？
61. 什么是运杂费？运杂费包括哪些内容？试举例说明运杂费如何分析计算。
62. 什么是填料费？填料费预算价格如何确定？
63. 运杂费的内容有哪些？
64. 运杂费的编制依据是什么？
65. 施工措施费包括哪些内容？施工措施费预算价格如何确定？
66. 什么是特殊地区增加费？特殊地区增加费包括哪些内容？特殊地区增加费预算价格如何确定？
67. 什么大型临时设施和过渡工程费？大型临时设施和过渡工程费包括哪些内容？大型临时设施和过渡工程费预算价格如何确定？
68. 间接费包括哪些内容？间接费预算价格如何确定？
69. 基本建设投资及对应的投资测算体系是什么？
70. 概预算的分类有哪些，它们之间的区别是什么？
71. 概预算的编制依据是什么？
72. 概算与预算的联系与差别是什么？
73. 综合预算费用组成及计算方法是什么？
74. 如何填写综合预算表？
75. 总概算费用组成及计算方法是什么？
76. 如何填写总概算表？

六、计算题

1. 某公路工程需在某一路段修建4个结构形式与规模完全相同的涵洞，施工过程包括基础开挖、预制涵管、安装涵管和回填压实。如果合同规定，工期不超过50天，则组织固定节拍流水施工时，流水节拍和流水步距是多少？试绘制流水施工进度计划。

2. 某粮库工程拟建三个结构形式与规模完全相同的粮库，施工过程主要包括挖基槽、浇筑混凝土基础、墙板与屋面板吊装和防水。根据施工工艺要求，浇筑混凝土工程1周后才能进行墙板与屋面板吊装。各施工过程的流水节拍见下表，试分别绘制组织四个专业工作队和增加相应专业工作队的流水施工进度计划。

施工过程	流水节拍(周)	施工过程	流水节拍(周)
挖基槽	2	吊装	6
浅基础	4	防水	2

3. 某基础工程包括挖基槽、作垫层、砌基础和回填土 4 个施工过程，分为 4 个施工段组织流水施工，各施工过程在各施工段的流水节拍见下表（时间单位：天）。根据施工工艺要求，在砌基础与回填土之间的间歇时间为 2 天。试确定相邻施工过程之间的流水步距及流水施工工期，并绘制流水施工进度计划。

施工过程	施工段			
	①	②	③	④
挖基槽	2	2	3	3
作垫层	1	1	2	2
砌基础	3	3	4	4
回填土	1	1	2	2

4. 某工程包括三幢结构相同的砖混住宅楼，组织单位工程流水，以每幢住宅楼为一个施工段。已知以下几个条件。

(1) 地面 ±0.000m 以下部分按土方开挖、基础施工、底层预制板安装、回填土 4 个施工过程组织固定节拍流水施工，流水节拍为 2 周。

(2) 地上部分按主体结构、装修、室外工程组织加快的成倍节拍流水施工，各由专业工作队完成，流水节拍分别为 4 周、4 周、2 周。

如果要求地上部分与地下部分最大限度地搭接，均不考虑间歇时间，试绘制该工程施工进度计划。

5. 已知工作之间的逻辑关系如下列各表所示，试分别绘制双代号网络图和单代号网络图。

(1)

工作	A	B	C	D	E	G	H
紧前工作	C、D	E、H	—	—	—	D、H	—

(2)

工作	A	B	C	D	E	G
紧前工作	—	—	—	—	B、C、D	A、B、C

(3)

工作	A	B	C	D	E	F	G	H	I	J
紧前工作	E	H、A	J、C	H、I、A	—	—	H、A	—	—	E

6. 某网络计划的有关资料如下表所示，试绘制双代号网络计划，并在图中标出各项工作的 6 个时间参数。最后，用双箭线标明关键线路。

工作	A	B	C	D	E	F	G	H	I	J	K
持续时间	22	10	13	8	15	17	15	6	11	12	20
紧前工作	—	—	B、E	A、C、H	—	B、E	E	F、G	F、G	A、C、I、H	F、G

7. 某网络计划的有关资料如下表所示,试绘制双代号网络计划,在图中标出各个节点的最早时间和最迟时间,并据此判定各项工作的6个时间参数。最后,用双箭线标明关键线路。

工作	A	B	C	D	E	G	H	I	J	K
持续时间	2	3	4	5	6	3	4	7	2	3
紧前工作	—	A	A	A	B	C、D	D	B	E、H、G	G

8. 某网络计划的有关资料如下表所示,试绘制单代号网络计划,在图中标出各项工作的6个时间参数及相邻两项工作之间的时间间隔。最后,用双箭线标明关键线路。

工作	A	B	C	D	E	G
持续时间	12	10	5	7	6	4
紧前工作	—	—	—	B	B	C、D

9. 工程流水节拍如下表,请组织流水作业,计算工期并绘制横道图,若A、B、C、D 4队每队人数为10人、15人、20人、15人,绘制横道图和劳动力动态图并判断劳动力均衡与否。

施工过程	①	②	③	④	⑤
A	8	6	3	5	6
B	3	4	1	2	3
C	3	4	1	3	2
D	3	5	4	4	6

10. 已知网络计划如下图所示,箭线下方括号外数字为工作的正常持续时间,括号内数字为工作的最短持续时间,箭线上方括号内数字为优选系数。要求工期为12,试对其进行工期优化。

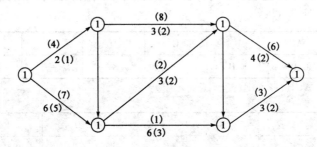

11. 六层楼施工,每层为1个施工段,每层3个施工过程,流水节拍为4天,请组织流水作业,求工期,若A、B、C三队每队人数为15人、20人、25人,绘制横道图和劳动力动态图并判断劳动力均衡与否。

序号	施工过程 (人数/班)	施工进度																			
		2	4	6	8	10	12	14	16	18	20	22	24	26	28	30	32	34	36	38	40	42
1																						
2																						
3																						

12. 程流水节拍如下表,请组织流水作业,计算工期并绘制横道图若 A、B、C、D 4 队每队人数为 15 人、20 人、25 人、15 人,绘制横道图和劳动力动态图并判断劳动力均衡与否。

施工过程	①	②	③	④	⑤
A	5	3	4	5	5
B	4	5	4	3	3
C	4	3	4	4	3
D	6	5	6	5	3

13. 网络图的时间参数有哪些?如下图所示,用作业法求网络计划参数,并找出关键线路,求出计算工期。

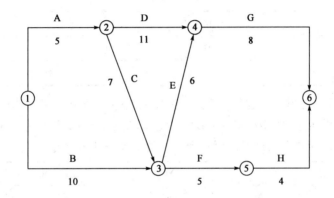

14. 已知网络计划如下图所示,计算时间参数,并画出关键线路(需计算工作的时间参数 ES、EF、LS、LF、TF、FF)。

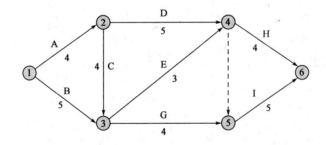

15. 某工程流水节拍如下表所示,请组织流水作业,计算工期并绘制横道图,若 A、B、C、D 4 队每队人数为 10 人、15 人、20 人、15 人,绘制横道图和劳动力动态图并判断劳动力均衡与否。

施工过程	①	②	③	④	⑤
A	8	6	3	5	6
B	3	4	1	2	3
C	3	4	1	3	2
D	3	5	4	4	6

16. 某工程队全员 300 人(其中,生产工人占 85%),负责某隧道进口端施工(单线隧道机械开挖),每天进度为 4m。临时房屋为 1500m² (砖墙、油毡屋面),拟设水池一座,计算水池容积。

17. 人力挖松土,土层厚度小于 0.3m,时间定额为 0.450 工日/10m³,则产量定额为多少? 若时间定额降低 15%,则产量定额提高百分之多少? 每日应多挖多少松土? 产量定额提高到多少?

18. 已知浆砌片石工程中基础工程,工日定额为 0.853 工日/m³,试求其相应的产量定额? 若时间定额降低 30%,则产量定额提高多少?

19. 某单项概(预)算工程包括了甲、乙、丙、丁 4 个工地,各工点 A 片石产地的距离及各工点需要片石数量见下表,汽车运输,求平均运距。

工 地	各工点至 A 片石产地的实际距离(km)	片石数量(m³)
甲	9.3	200
乙	14.6	270
丙	27.8	180
丁	34.8	144

20. 根据《道路桥梁工程预算定额》第一章路基工程中的挡土墙工程,第一节浆砌片石挡土墙,LY—455 为 C75 混凝土,所用材料为 C425 水泥 816kg、片石 12.3m³、中粗砂 3.98m³。预算定额基价 483.61 元。设计要求采用 C100 混凝土,计算此预算定额基价。

定 额 编 号		LY—455	LY—456	单价(元)
项目	单位	C75	C100	
人工	工日	21.19	21.22	
C425 普通水泥	kg	816.00	1037.00	0.16
片石	m³	12.30	10.3	13.44
中粗砂	m³	3.98	3.86	12.73
小、中方	m³	0.010	0.010	5.67
杉木脚手杆 φ100	m³	0.010	0.010	8.97
镀锌低碳钢丝 φ2.8-5	kg	1.70	1.70	12.98
铁件	kg	0.30	0.30	10.86
其他材料费	元	3.44	3.44	33.75
水	t	3.100	3.100	0.89
基价	元	483.61	519.19	

参 考 文 献

[1] 中华人民共和国行业标准.JTG B06—2007 公路工程基本建设项目概算预算编制办法[S].北京:人民交通出版社,2007.
[2] 中华人民共和国行业标准.JTG/T B06-01—2007 公路工程概算定额[S].北京:人民交通出版社,2007.
[3] 中华人民共和国行业标准.JTG/T F50—2011 公路桥涵施工技术规范[S].北京:人民交通出版社,2011.
[4] 中华人民共和国行业标准.JTG F10—2006 公路路基施工技术规范[S].北京:人民交通出版社,2006.
[5] 中华人民共和国行业标准.JTG/T F20—2015 公路路面基层施工技术细则[S].北京:人民交通出版社,2015.
[6] 中华人民共和国行业标准.JTG F60—2009 公路隧道施工技术规范[S].北京:人民交通出版社,2009.
[7] 中华人民共和国行业标准.JTG/T B06-03—2007 公路工程机械台班费用定额[S].北京:人民交通出版社,2007.
[8] 中华人民共和国行业标准.JTG/T F60—2009 公路隧道施工技术细则[S].北京:人民交通出版社,2009.
[9] 中华人民共和国行业标准.JTG F71—2006 公路交通安全设施施工技术规范[S].北京:人民交通出版社,2006.
[10] 中华人民共和国行业标准.JTG F90—2015 公路工程施工安全技术规范[S].北京:人民交通出版社,2015.
[11] 中华人民共和国行业标准.JTJ 002—1987 公路工程名词术语[S].北京:人民交通出版社,1987.
[12] 王首绪.公路施工组织及概预算[M].北京:人民交通出版社,2007.
[13] 李明华.铁路工程施工组织与概预算[M].北京:中国铁道出版社,2006.
[14] 李朝晖.公路施工技术[M].北京:人民交通出版社,2007.
[15] 余丹丹.桥梁工程[M].北京:中国水利水电出版社.2011.
[16] 黄成光.隧道工程[M].北京:人民交通出版社,2008.
[17] 卜昭海.施工机械[M].北京:人民交通出版社,2011.